21世纪经济与管理精编教材 · 金融学系列

商业银行业务管理（第二版）

Management of Commercial Banks

2nd edition

杨 宜◎主 编
张 峰◎副主编

北京大学出版社
PEKING UNIVERSITY PRESS

图书在版编目(CIP)数据

商业银行业务管理/杨宜主编．—2版．—北京：北京大学出版社，2015.8
(21世纪经济与管理精编教材·金融学系列)
ISBN 978-7-301-26240-5

Ⅰ.①商…　Ⅱ.①杨…　Ⅲ.①商业银行—银行业务—业务管理—高等学校—教材　Ⅳ.①F830.33

中国版本图书馆CIP数据核字（2015）第205575号

书　　名	商业银行业务管理（第二版）
著作责任者	杨　宜　主编　　张　峰　副主编
策划编辑	徐　冰
责任编辑	马　霄
标准书号	ISBN 978-7-301-26240-5
出版发行	北京大学出版社
地　　址	北京市海淀区成府路205号　100871
网　　址	http://www.pup.cn
电子信箱	em@pup.cn　　QQ：552063295
新浪微博	@北京大学出版社　@北京大学出版社经管图书
电　　话	邮购部62752015　　发行部62750672　　编辑部62752926
印 刷 者	北京大学印刷厂
经 销 者	新华书店
	787毫米×1092毫米　16开本　19.5印张　451千字
	2009年7月第1版
	2015年8月第2版　2017年7月第2次印刷
印　　数	4001—7000册
定　　价	42.00元

前　言

商业银行业务管理是教育部确定的全国普通高等院校金融学专业主干课程，是一门理论与实践相结合的应用课程，属于微观经济学的范畴，侧重于介绍我国商业银行经营管理中人财物、责权利的关系，以及如何营运资金、谋求最佳经济效益。它以我国商业银行业务与经营为主要研究对象，以《中华人民共和国商业银行法》《贷款通则》和巴塞尔协议等法规和国际惯例为依据，吸收当代发达国家商业银行经营管理的经验，从理论和实际结合的角度全面讲述商业银行负债业务、资产业务、中间业务、零售业务等各种业务的操作规程和资本管理、资产负债管理及风险管理的经营策略。该课程具有理论性、政策性、实用性和操作性强的特点。

近三十年来，随着金融全球化的迅速发展，商业银行的经营模式、管理理论和管理方法均发生了重大变化。尤其是2008年始于美国华尔街进而迅速蔓延至全球的金融危机，以及近年来迅速兴起的互联网金融均对商业银行的经营管理带来了严峻的挑战，令世界各国的银行对业务经营与风险管理更加重视。鉴于巴塞尔协议Ⅱ在资本金要求及风险核算等方面表现出的缺陷，巴塞尔委员会在2010年12月发布了巴塞尔协议Ⅲ，旨在通过更加严格的资本金及风险核算要求提高银行体系自身的风险防范及承受能力。我国金融监管机构在吸取美国金融危机的教训、借鉴发达国家监管措施以及巴塞尔协议Ⅲ等最新办法的基础上，结合国内银行业的实际情况，先后颁布了《商业银行流动性风险管理指引》（2009）、《银行业金融机构国别风险管理指引》（2010）、《商业银行杠杆率管理办法》（2011）、《商业银行资本管理办法（试行）》（2012）、《商业银行全球系统重要性评估指标披露指引》（2014）、《商业银行并购贷款风险管理指引》（2015）等一系列监管办法和规则制度。本教材吸收了近几年国内外商业银行经营管理实践中的新经验和商业银行经营管理研究的新成果，结合我国商业银行经营管理的发展动态，采用规范分析与实证分析相结合的方法，在全面介绍商业银行业务及其操作程序的基础上，重点介绍商业银行经营创新的理念及其发展趋势。

本教材适用于金融学、工商管理、财务管理、电子商务等经济管理类专业的本科学生，也可供高校师生、银行从业人员、政府有关部门使用。

本书由北京联合大学商务学院院长杨宜教授担任主编，北京联合大学管理学院金融系副主任张峰副教授担任副主编，北京联合大学金融专业部分老师参加了编写工作。具体分工如下：第一章、第五章、第十一章由谢博婕博士撰写；第二章、第三章、第十二章由肖文东博士撰写；第四章、第九章由房燕副教授撰写；第六章、第十章、第十四章由杨宜教授撰写；第七章、第十二章由张峰副教授撰写；第八章由中国农业银行北京惠新东桥支行万晓丹撰写。最后，由杨宜、张峰负责全书的统稿工作。在本书的编写出版过程中，始终得到北京大学出版社领导和责任编辑马霄的关心和指导，在此向他们表示诚挚的感谢！

作者经验及水平有限，恳请得到读者的批评、指正。

编者

2015年7月

☆致教师

为方便教学，强化理论与实践的结合，帮助学生理解并掌握重要知识点，本教材特别为您准备了：

——商业银行业务管理架构图，为您一目了然地呈现出商业银行的内部运作，增强教学的逻辑性；

——案例导读和思考题，用现实问题引导学生展开思考，增强教学的目的性。

——大量拓展阅读和典型案例，让学生带着刚刚获得的理论知识回到现实中去。

——丰富的配套电子资源，包括教学用电子课件、复习思考题、案例分析、模拟试题等，使用本书作为教材的教师填写书后的申请表，可以免费获得这些资源。

依据编者长期的教学经验，特别推荐课时为 48 学时。如果用书院校的实际课时比推荐课时多，可以增加教辅资源中的案例分析，并适当安排课内实验环节。如果实际课时比推荐课时少，可以略讲证券投资业务和其他业务的内容。

☆致学生

——本书每章开始的案例导读和思考题是特别为你们准备的，希望你们从多彩的现实经济图画中展开思考，明白此章学习的意义；

——为了帮助你们学习，特别介绍如下网站，从这些网站中可以搜集到很多材料，无论对扩展你的知识面还是完成老师布置的作业都是非常有帮助的。

中国银行业监督管理委员会 http：//www. cbrc. gov. cn
中国人民银行 http：//www. pbc. gov. cn
国际清算银行—巴塞尔委员会 http：//www. bis. org
中国证券报—中证网 http：//www. cs. com. cn
金融时报 http：//www. ftchinese. com
中国银行业协会 http：//www. china - cba. net
中国农村金融网 http：//www. zgncjr. com
中国信托业协会 http：//www. xtxh. net
新浪财经 http：//finance. sina. com. cn
上海证券交易所 http：//www. sse. com. cn
深圳证券交易所 http：//www. szse. cn
中国互联网金融研究院 http：//www. cecr. com. cn
中关村互联网金融研究院 http：//www. czifi. org
以及各个商业银行的网站。

目录 Contents

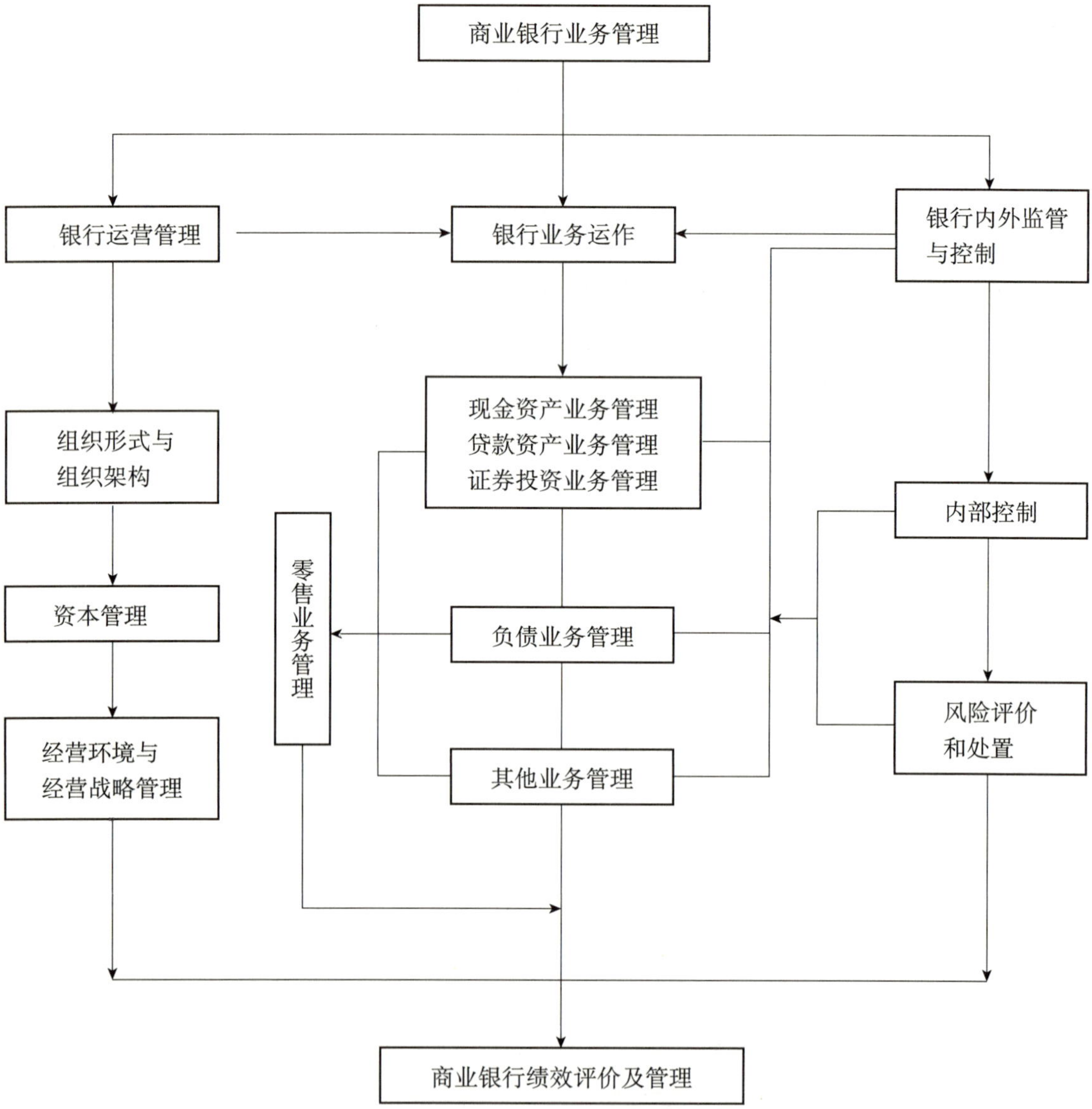

商业银行业务管理架构图

第一章

商业银行概论

学习目标

- 了解商业银行的起源与发展
- 掌握商业银行的特征与职能
- 理解商业银行的经营原则
- 了解商业银行的组织形式与组织结构
- 了解商业银行的经营环境

案例导读

我国国有商业银行改革历程(1978—2015)

在过去的37年里,国有商业银行进行了一系列卓有成效的改革,从执行信贷发放任务的"财政出纳",逐步转变为符合公司治理规范、按照市场规则运作的现代企业,逐渐成长为真正追求利润和效率的市场主体。依据不同时期的不同特征,可以将我国国有商业银行的改革历程划分为四个阶段。

第一阶段(1978—1993):恢复四大专业银行,开始企业化改革探索

在这一阶段,主要是改变过去高度集中型的金融机构体系,确立二级银行体制。1979年2月,国务院批准恢复组建中国农业银行,作为从事农业金融业务的专业银行。1979年3月,专营外汇业务的中国银行从中国人民银行中分离出来,完全独立经营。同年8月,中国人民建设银行也从财政部分设出来,专门从事固定资产贷款和中长期投资业务,后更名为中国建设银行。这些专业银行各有明确的分工,打破了人民银行独家包揽的格局。1983年9月,国务院决定中国人民银行单一行使中央银行职责,同时设立中国工商银行,经营原中国人民银行办理的工商信贷和储蓄等经营性业务。这一步骤标志着我国金融机构体系的重大变革,即中央银行体制的正式建立。至此,传统的人民银行"大一统"的金融体制被打破,以中国人民银行为核心、四大专业银行为主体的金融机构体系正式形成,这是我国国有商业银行发展的真正起点。

此阶段四大国有专业银行的全国性银行的地位决定了其必然统揽全国政策性业务,承担执行国家产业政策、保证国家重点建设资金需要的职能。而且,由于金融市场尚不发达,国家难以依靠市场调节经济,专业银行也就成为国家宏观调控的主要传导渠道。虽然四大国有专业银行在一定程度上拥有了运用信贷资金的自主权力,但前提是必须遵守和完成国家下达的信贷计划。从这一阶段起,国有银行在为经济建设提供金融支持的同时也累积了大量的不良资产,以不良贷款为特征的"历史包袱"由此产生。

第二阶段(1993—2003):"商业银行"概念的提出及商业化改革的开始

1993年12月,党的十四届三中全会提出建设社会主义市场经济体制的目标。同时,国务院《关于金融体制改革的决定》正式提出建立以国有商业银行为主体的金融体系,实施由国家专业银行向国有商业银行的战略性转变。为此,国务院先后批准设立了三家政策性银行(国家开发银行、中国进出口银行、中国农业发展银行),承担原专业银行办理的政策性金融业务,力图解决国有专业银行"一身兼两任"的问题。1995年7月,《中华人民共和国商业银行法》正式颁布实施,从法律上明确了工、农、中、建四家银行是实行"自主经营、自担风险、自负盈亏、自我约束"的国有独资商业银行。

1997年亚洲金融危机之后,国有企业大面积陷入经营困境,致使国有商业银行不良资产剧增,中央政府于1998年发行2 700亿元特别国债以补充四家国有独资商业银行资本金,1999年成立四家资产管理公司,剥离国有商业银行不良资产约1.4亿元。

但是,由于计划经济的烙印太深,历史包袱积重难返,管理体制和经营机制等深层次问题没有得到根本解决,有效的资本金补充、风险管理和内部控制机制没有形成,四家银行随着信贷规模的不断扩大,风险资产相应增加,资本充足率进一步下降,不良资产再次反弹。按照审慎会计原则计算,四家银行2003年年底的资本充足率均为负数,外界因此有中国的国有商业银行早已"技术上破产"的论断,进一步的改革势在必行。

第三阶段(2003—2010):股份制改造启动,产权改革破局

2003年9月,中央和国务院原则通过了《中国人民银行关于加快国有独资商业银行股份制改革的汇报》,决定选择中国银行、中国建设银行作为试点银行,用450亿美元国家外汇储备和黄金储备补充资本金,进一步加快国有独资商业银行股份制改革进程。国家根据产权明晰的原则,于2003年12月16日依《公司法》设立了中央汇金公司,由其运用国家外汇储备向试点银行注资,并作为国有资本出资人代表。汇金公司的成立是国有商业银行改革的重大创新,国有商业银行长期存在的产权主体虚位的局面由此得到根本性改变。

2005年,交通银行在国有银行中率先完成财务重组、引进战略投资者、公开上市"三部曲",拉开了国有银行股改上市的序幕,为国有银行改革探索了道路、积累了经验。随后,建行、中行、工行、农行等国有银行相继完成改革,成为境内外上市公司。

第四阶段(2010 年至今):科学探索,全面深化改革

通过深化股份制改革,中国商业银行特别是国有控股银行的资本实力大大增强,公司治理趋于完善,但在加入世界贸易组织过渡期结束、金融体制改革继续深化的背景下,仍面临两个重大课题:一是如何适应金融业的发展大势,创新经营模式,成为国际一流银行;二是面临金融脱媒、互联网金融、监管趋严等环境变化,如何创新经营机制,保持经营活力。

随着外部经营环境的发展变化和银行业市场竞争日趋激烈,特别是经受国际金融危机考验之后,中国银行业调整了既有的经营理念与策略,积极寻找适合自身实际的发展战略与实现路径,逐步改变过去重速度轻质量、重规模轻结构的外延粗放型发展方式,努力向内涵集约型的科学发展方式转变。

详情链接:刘鹏,《商业银行变革转型历程》,《中国金融》,2015 年第 3 期。

你是不是有下面的疑问

1. 我国商业银行在经济活动中扮演着什么角色?
2. 我国商业银行为什么要进行股份制改革?
3. 商业银行的经营原则是什么?
4. 什么是现代商业银行制度?

进入内容学习

第一节 商业银行的演变

一、商业银行的产生

商业银行是市场经济发展的产物,它是为适应市场经济发展和社会化大生产而形成的一种金融组织。自 1587 年世界上第一家银行在威尼斯出现以来,商业银行在西方已有 400 多年的历史。几个世纪以来,商业银行在市场经济的成长和发展过程中发挥了重大作用。可以说商业银行是近现代多种金融机构中历史最悠久、服务范围最广泛、对社会经济生活影响最大的金融机构,是各国金融体系的主体。

人们普遍认为,近代银行的萌芽起源于意大利的威尼斯。由于威尼斯有着得天独厚的地理位置,它成为了中世纪最著名的世界贸易中心,那时各国商人带着不同的铸币云集威尼斯进行买卖交易。商人们为了完成商品交换,就必须进行铸币的兑换,使用交易各方都能接受的铸币,这样就出现了一种特殊商人,即单纯为兑换铸币而收取手续费的商人。在长期的商品交易中,各国、各地区的商人越来越感到长途携带货币和大量保存货币的危险性,于是就开始把自己的货币交给兑换商保管,或委托他们办理支付与汇兑。货币兑换商人因从事货币兑换、货币保管、支付、汇兑等业务而积累了大量的货币资金,逐渐开始从小信用活动发展为放款活动,银行业开始萌芽。

16 世纪中叶,银行业由意大利扩展到整个欧洲。当时的主要业务是存、放款与汇兑两大业务。银行除了贷款给工商业外,还大量贷款给政府。而政府凭借仅力常常不归还贷款,这就造成了 16 世纪末的金融恐慌和银行业的衰落。

17 世纪,随着资本主义经济的发展,现代银行的雏形趋于明显。在英国,金匠和金商经常按客户要求,代为保管金银,并签发代管收据,这种收据后来逐渐演变成一种支付工具,就是银行票据的雏形。这些金匠和金商在长期的经营活动中集存了大量的金银,于是就向工商业发放贷款,当时利息率很高,年平均利率在 20%—30% 之间,这样高的利息率不利于当时正在发展的资本主义工商业,他们迫切要求建立起能汇集闲散货币资本、按适度利率水平向资本家贷款的银行。1694 年,英格兰银行在英国国王的特许下建立,它采取股份制形式经营,贴现率规定为 4.54%。英格兰银行的出现标志着新兴的资本主义现代银行制度开始形成,现代商业银行由此诞生。

拓展阅读

我国明朝末年出现了类似银行的钱庄和票号。鸦片战争以后,一些外国银行纷纷进入我国开展金融业务,并凭借其特权攫取了巨额的利润。我国境内第一家银行是 1845 年英国人设立的丽如银行,1897 年中国通商银行才作为中国人自办的第一家银行开始营业。20 世纪 30 年代,统治旧中国的国民党政权建立了以中央银行、中国银行、交通银行、中国农民银行、中央信托局、邮政储金汇业局、中央合作金库(简称"四行二局一库")为主体,包括省、市、县银行及官商合办银行在内的金融体系。此外还有一批民族资本家兴办的私营银行及钱庄。1948 年 12 月 1 日,中国人民银行在石家庄成立,并开始发行人民币。1949 年 2 月,中国人民银行迁入北平。

详情链接:成思危,《中国经济改革与发展研究》,中国人民大学出版社 2008 年版。

二、商业银行的发展

(一) 商业银行形成的途径

西方国家商业银行产生的社会条件和发展环境虽各不相同,但归纳起来主要有以下两条途径:

1. 从旧的高利贷银行转变而来

早期的银行是在资本主义生产关系还未建立时成立的,当时的贷款利率非常高,属于高利贷性质。随着资本主义生产关系的建立,高利贷因利息过高影响资本家的利润,制约着资本主义的发展。此时的高利贷银行面临着贷款需求锐减的困境和倒闭的威胁。不少高利贷银行顺应时代的变化,降低贷款利率,转变为商业银行。这种转变是早期商业银行形成的主要途径。

2. 以股份公司形式组建而成

大多数商业银行是按这一方式建立的。最早建立资本主义制度的英国,也最早建立起了资本主义的股份制银行——英格兰银行。当时的英格兰银行宣布,以较低的利率向工商企业提供贷款,由于新成立的英格兰银行实力雄厚,很快就动摇了高利贷银行在信用领域的地位,英格兰银行也因此成为现代商业银行的典范。英格兰银行的组建模式被推广到欧洲其他国家,商业银行开始在世界范围内得到普及。

（二）商业银行发展的模式

经过几个世纪的发展,商业银行的经营业务和服务领域发生了巨大变化。综观全球商业银行的发展过程,大致可以分为以下两种模式:

（1）以英国为代表的传统模式的商业银行。这一模式深受“实质票据论”的影响和支配,资金融通有明显的商业性质,因此主要业务集中于短期的自偿性贷款。银行通过贴现票据发放短期贷款,一旦票据到期或承销完成,贷款就可以自动收回。这种贷款由于与商业活动、企业产销相结合,期限短、流动性高,商业银行的安全性能得到一定保证,并获得稳定的利润。但是这种传统模式也有不足之处,使商业银行的业务发展受到一定的限制。

（2）以德国为代表的综合式的商业银行。与传统模式的商业银行相比,综合式的商业银行除了提供短期商业性贷款以外,还提供长期贷款,甚至可以直接投资股票和债券,帮助公司包销证券,参与企业的决策与发展,并为企业提供必要的财务支持和咨询服务。至今,不仅德国、瑞士、奥地利等国家采用这种模式,美国、日本等国的商业银行也在向综合式商业银行转化。这种综合式的商业银行有“金融超市”之称,它有利于银行展开全方位的业务经营活动,充分发挥商业银行的经济核心作用,但也有可能增加商业银行的经营风险。

拓展阅读

我国商业银行综合化经营之路

从 1995 年开始,我国政府陆续颁布了《商业银行法》《证券法》《保险法》,构筑了我国分业经营、分业监管的基本金融格局。随着资本市场的发展及各个市场的沟通融合,银行业、证券业、保险业及信托业分裂的格局出现松动。2001 年,中国人民银行出台《商业银行中间业务暂行规定》;2005 年,中国金融管理部门提出“稳步推进金融业综合化经营试点”,为商业银行开展综合化经营提供了政策空间。当前,中国银行业综合化经营有了很大的发展。具体表现在以下几个方面:一是中间业务收入稳步提升,其中财务顾问、资产托管、财富管理等新兴业务收入升幅较快。2013 年,中国 16 家 A 股上市银行非利息净收入同比增长 20.2%,非利息净收入占比提高至 23.1%。二是商业银行跨行业投资其他非银行金融机构的步伐加快。截至 2013 年年末,16 家 A 股上市银行共设立或投资 12 家基金管理公司、6 家投行、10 家金融租赁公司、7 家保险公司、3 家信托公司及 3 家消费金融公司。三是初步建立起了银行业综合化经营的监管框架。如银监会颁布的《金融租赁公司管理办法》《商业银行投资保险公司股权试点管理办法》等配套法规,另外还建立起了防火墙制度,如出台了对关联交易、互保互换等业务的一些规定和要求。

然而,中国商业银行以传统业务为主的结构并无根本改变,贷款在银行资产构成中仍占据支配地位,2013 年年底,16 家 A 股上市银行信贷资产占总资产的比重为 50.31%。中国商业银行高度依赖利差收入的状况依然明显,2013 年 16 家 A 股上市银行利息净收入占营业收入的比重为 76.9%。在综合经营方面,仍以银行高度相关业务为主体;在投资银行、信托、租赁、保险等业务领域,仅在监管政策允许范围内进行了初步尝试,仍处于起步阶段;而对于相关度不高或风险较高的业务领域,如证券经纪、IPO 则严格遵循监管规定,尚未涉足。

详情链接:《国际大型银行综合化经营的业务结构》,和讯网,2014 年 8 月 19 日(http://bank.hexun.com/2014-08-19/167668326.html)。

第二节 商业银行的特征与职能

一、商业银行的特征

"商业银行"是英文 Commercial Bank 的意译。对于这个概念的定义,中西方提法不尽相同。通常认为商业银行的定义应包括以下要点:第一,商业银行是一个信用授受的中介机构;第二,商业银行是以获取利润为目的的企业;第三,商业银行是唯一能提供"银行货币"(活期存款)的金融组织。综合而言,商业银行这一概念可理解为:商业银行是以追求最大利润为目标,以金融资产和金融负债为经营对象,利用负债进行信用创造,全方位经营各类金融业务的综合性、多功能的金融服务企业。

商业银行的性质决定其具有以下特征:

(1) 商业银行与一般工商企业一样,是以营利为目的的企业。商业银行具有从事业务经营所需要的自有资本,依法经营,照章纳税,自负盈亏,具有一般企业的特征。然而,我国的商业银行与西方商业银行的"企业性"还具有一定的差距,它们仍然受到政府和中央银行的种种干预和限制,没有实现完全的商业化经营,如银行的产权结构不允许改动,分支行不是一级法人,不能独立经营,分行之间不允许交易,利率非市场化,等等。

(2) 商业银行是不同于一般工商企业的特殊企业,其特殊性具体表现为经营对象的差异。工商企业经营的是具有一定使用价值的商品,从事商品生产和流通;而商业银行是以金融资产和金融负债为经营对象,经营的是特殊商品——货币和货币资本。商业银行的经营内容包括货币收付、借贷,以及各种与货币运动有关的或者与之相联系的金融服务。从社会再生产过程看,商业银行的经营,是工商企业经营的条件。同一般工商企业的区别使商业银行成为一种特殊的企业——金融企业。

(3) 商业银行与专业银行相比有所不同。商业银行的业务更综合,功能更全面,经营一切金融"零售"业务(门市服务)和"批发业务"(大额信贷业务),为客户提供所有的金融服务。而专业银行只集中经营指定范围内的业务和提供专门服务。随着西方各国金融管制的放松,专业银行的业务经营范围也在不断扩大,但与商业银行相比,仍相距甚远,因此商业银行在业务经营上具有优势。

拓展阅读

我国商业银行经营业务范围

1995 年颁布、2003 年修正的《中华人民共和国商业银行法》第三条规定，商业银行可以经营下列部分或者全部业务：

（一）吸收公众存款；

（二）发放短期、中期和长期贷款；

（三）办理国内外结算；

（四）办理票据承兑与贴现；

（五）发行金融债券；

（六）代理发行、代理兑付、承销政府债券；

（七）买卖政府债券、金融债券；

（八）从事同业拆借；

（九）买卖、代理买卖外汇；

（十）从事银行卡业务；

（十一）提供信用证服务及担保；

（十二）代理收付款项及代理保险业务；

（十三）提供保管箱服务；

（十四）经国务院银行业监督管理机构批准的其他业务。

经营范围由商业银行章程规定，报国务院银行业监督管理机构批准。商业银行经中国人民银行批准，可以经营结汇、售汇业务。

详情链接：中国人民银行网站，2003 年 12 月 27 日。

二、商业银行的职能

商业银行的职能是由其性质所决定的，主要有四个基本职能。

1. 信用中介职能

信用中介是商业银行最基本、最能反映其经营活动特征的职能。这一职能的实质是通过银行的负债业务，把社会上的各种闲散货币集中到银行里来，再通过资产业务，它投向经济各部门。商业银行是作为货币资本的贷出者与借入者的中介人或代表，来实现资本的融通，并从吸收资金的成本与发放贷款的利息收入、投资收益的差额中获取利益，形成银行利润。商业银行成为买卖“资本商品”的“大商人”。商业银行通过信用中介的职能实现资本盈余和短缺之间的融通，并不改变货币资本的所有权，改变的只是货币资本的使用权。这种使用权的改变，对经济发展起到多层次的调节作用：可以使现有资本得到充分有效的运用，避免资本的闲置和浪费；可以将非资本投入生产流通领域，将其转化为资本，扩大社会总资本的数额，促进经济的迅速发展；可以创造出各种期限的债权，改变原有债权的性质，满足社会各经济单位的需要；通过对货币资本的再分配，还可以调节经济结构，促进宏观经济的协调发展。

2. 支付中介职能

商业银行除了作为信用中介,融通货币资本以外,还执行着货币经营的职能,如通过存款在账户上的转移代理客户支付,在存款的基础上为客户兑付现款等,成为工商企业、团体和个人的货币保管者、出纳者和支付代理者。由此,以商业银行为中心,形成经济过程中无始无终的支付链条和债权债务关系。

由商业银行充当支付中介,形成了以银行为中心的庞大的高效率支付网络,这不仅大大减少了现金的使用,节约了社会流通费用,而且加速了结算过程和货币资本的周转,从而促进了社会再生产的扩大。

长期以来,商业银行是唯一能够吸收活期存款、开设活期支票账户的金融机构。近些年来,随着各国金融管制的放松,专业银行和其他金融机构也开设了类似于支票账户的其他账户,发挥支付中介职能,但与商业银行相比,仍然存在很大差别,工商企业间的大额支付,以及多数与个人有关的货币支付,仍由商业银行办理。

3. 信用创造职能

商业银行在信用中介职能和支付中介职能的基础上,产生了信用创造职能。商业银行能够吸收各种存款,并用其所吸收的各种存款发放贷款,在支票流通和转账结算的基础上,贷款又转化为存款,在这种存款不提取现金或不完全提现的基础上,就增加了商业银行的资金来源,最后在整个银行体系形成数倍于原始存款的派生存款。长期以来,商业银行是各种金融机构中唯一能吸收活期存款、开设支票存款账户的机构,在此基础上产生了转账和支票流通,商业银行可以通过自己的信贷活动创造和收缩活期存款,而活期存款是构成货币供给量的主要部分,因此商业银行就可以把自己的负债作为货币来流通,具有了信用创造功能。

4. 金融服务职能

随着经济的发展,工商企业的业务经营环境日益复杂,银行间的业务竞争也日益加剧,银行由于联系面广,信息比较灵通,特别是电子计算机在银行业务中的广泛应用,使其具备了为客户提供信息服务的条件,面向企业的“决策支援”等咨询服务应运而生,工商企业生产和流通专业化的发展,又要求把许多原本属于企业自身的货币业务转交给银行代为办理,如发放工资、代理支付其他费用等。个人消费也由原来的单纯钱物交易,发展为转账结算。现代化的社会生活,从多方面给商业银行提出了金融服务的要求。在激烈的业务竞争条件下,各商业银行也不断开拓服务领域,通过金融服务业务的发展,进一步促进资产负债业务的扩大,并把资产负债业务与金融服务结合起来,开拓新的业务领域。在现代经济生活中,金融服务已成为商业银行的重要职能。

拓展阅读

社区银行

社区银行(Community Bank)是以居民社区为依托,在一定的城乡人群居住区范围内,按照市场化原则自主设立、运作并为当地居民或中小企业提供方便快捷、成本较低、个性化较强的金融服务的小型银行类金融机构。这里的“社区”并不是一个严格界定的地理概念,它

既可以指一个市、县,也可以是城市和乡村居民的聚居区域。与大银行相比,社区银行具有以下特征:

(1) 融入社区,全面营销。社区银行以社区居民、小微企业和农户为主要服务对象,针对不同客户、不同需求为其量身定做金融产品,集中资源满足客户的各种金融需要,提供更加方便的金融服务。此外,社区银行还兼顾社区特色,除了满足社区居民就业、创业、投资和财富管理等金融服务需求,还广泛参与社区建设,使银行从社区的金融服务提供者变为社区的成员,从单纯的“经济主体”变成了“社会主体”。

(2) 及时获取相关信息,有效降低风险。作为以社区为依托而设立的银行,社区银行对社区的居民和企业更为熟悉,这对于银行开展业务极为有利。例如,社区银行在审批企业和家庭客户贷款时,不仅会参看相关客户的财务报表等“硬”数据,还会考虑社区内这些作为邻居的借款人的性格特征、家庭历史与家庭构成、日常的开销特征等个性化的“软”信息,解决了银行与小企业之间信息不对称的难题,更易于解决贷款中的委托代理问题和了解客户收入变动、支出状况等有一定保密色彩的个人信息,大大降低了银行的放贷风险。

(3) 充分利用高科技,探索智能化服务。社区金融的智能性特征决定了社区银行必须充分利用高科技手段,为客户提供便捷、快速的智能化金融服务。除了整合 ATM 机、电话银行、网上银行、手机银行与人工服务外,虚拟柜员机(VTM)作为银行自助设备的集大成者,有机融合了本地客户自助和远程座席协助,在远程终端进行操作、授权等应用,替代普通柜员在柜台的业务操作,也开始赢得诸多社区银行的青睐。

(4) 增加品牌粘黏性,提高用户忠诚度。社区银行将客户的利益放在第一位,将物业服务、小区的便民服务以及能满足小区居民日常生活的特惠需求进行整合,借助自助交易、网络化、电子化的服务,最大限度地满足客户的需求。同时,社区银行员工与社区居民在生活上水乳交融,对其所在社区的情况极为了解,这有助于建立并不断扩大忠诚的客户群体,增加客户黏性,为实现可持续的盈利增长扎实根基。

详情链接:《未来银行,社区银行》,青岛新闻网,2014 年 10 月 31 日(http://finance.qingdaonews.com/licai/view.aspx? id=209&uid=41)。

第三节 商业银行的经营原则

商业银行作为一个特殊的金融企业,具有一般企业的基本特征,即追求利润的最大化。商业银行合理的盈利水平,不仅是商业银行自身发展的内在动力,也是商业银行在竞争中立于不败之地的激励机制。因此,商业银行的经营管理,要遵循自身经营的客观要求,制定有利于实现目标的经营管理原则。尽管各国商业银行在制度上存在一定的差异,但是在业务经营上,各国商业银行通常都遵循安全性、流动性和效益性原则,实行自主经营、自担风险、自负盈亏、自我约束。

一、安全性原则

安全性原则要求银行在经营活动中,必须保持足够的清偿能力,经得起重大风险和损失,能随时应付客户提存,使客户对银行保持坚定的信任。

商业银行作为信用的中介,其业务活动主要体现在“受信”与“授信”两个方面。受信与授信的可靠性与稳定性,是信用活动运行的基本前提,也是商业银行经营活动的根本和生命线。从这个意义上讲,安全性是信用活动存在的基础,对商业银行具有十分特殊的意义,失去了信用活动的安全性,商业银行的利润最大化目标便是无源之水。

商业银行要在财务上自负盈亏、资金上自求平衡、市场上自担风险,因此保持其资产的安全性显得尤为重要,否则就会造成严重的周转失灵和户额的亏损。安全性是指商业银行资产免遭损失的可靠程度。可靠程度越高,资产的安全性就越强;反之,资产的安全性就越差。与安全性相对的概念是风险性,即商业银行资产受风险的可能性。具体来说,商业银行必须保持安全性的原因有:

(1) 商业银行经营活动中存在影响安全的风险因素。在市场经济条件下,任何经营活动都存在或多或少的风险,商业银行也不例外,特别是商业银行经营内容的特殊性,决定了其经营活动的风险面大、风险种类多、风险敏感性强。不仅有市场风险、经营风险,还有信用风险、利率风险、汇率风险、资本风险和流动性风险等。这就要求商业银行必须对各种风险因素有清晰的认识,尽可能避免各种风险损失,保证经营活动的安全性。

(2) 商业银行自有资本较少导致风险承受能力较弱。一般工商企业虽然也不完全依靠自有资本经营,但自有资本往往占有相当大的比例,一般为50%以上,而商业银行的自有资本在总资产中的比例一般不到10%。银行规模越大,自有资本所占的比例越小。这是因为,银行是专门从事信用中介活动的机构,货币是其经营的对象,银行比一般工商企业更容易得到资金供应者的信任,也就更容易得到存款等负债,因此,负债经营就成为商业银行的基本特点。商业银行的资本结构决定了如果银行经营不善或发生亏损,就要冲销银行自有资本来弥补,倒闭的可能性是随时存在的。

(3) 商业银行开展业务必须坚持稳定经营的方针。首先,这有助于减少资产的损失,增强预期收益的可靠性。一味追求利润最大化,其效果往往适得其反。事实上,只有在安全的前提下营运资产,才能增加收益。其次,只有坚持银行的安全稳健,才能在公众中树立良好的形象,因为一家银行能否立足于世,关键就是银行的信誉,而信誉主要来自于银行的安全。所以,维持公众信心、稳定金融秩序,依赖于银行的安全经营。

作为商业银行的经营管理决策者,必须关注银行资产营运的安全性。通常情况下,要提高经营管理的安全性,必须做到以下几点:一是合理安排资产规模和结构,注重资产质量;二是提高自有资本在全部负债中的比重,保障债权人的利益;三是遵纪守法,合法经营。

二、流动性原则

流动性原则是指商业银行保持随时能以适当的价格取得可用资金的能力,以便随时应付客户提存及银行支付的需要。

流动性在这里有两层含义,即资产的流动性和负债的流动性。资产的流动性是指银行资产在不受损失的前提下随时变现的能力。负债的流动性是指银行能经常以合理的成本吸收各种存款和其他所需资金。一般情况下,我们所说的流动性是指前者,即资产的变现能力。为满足客户提取存款等方面的要求,银行在安排资金运用时,一方面要使资产具有较高的流动性,另一方面必须力求负债业务结构合理,并保持较强的融资能力。

影响流动性的因素主要有客户的平均存款规模、资金自给率水平、清算资金的变化规律、贷款经营方针、银行资产质量以及资金管理体制等。作为特殊的金融企业,流动性是银行实现其安全性和效益性的重要保证。资金运动的不规则性和资金需求的不确定性决定了商业银行保持适当的流动性是非常必要的。

在银行的业务经营过程中,并不是流动性越高越好。事实上,过高的资产流动性会使银行失去盈利机会甚至出现亏损;过低的流动性则可能使银行出现信用危机、客户流失、丧失资金来源,甚至会因为挤兑导致银行倒闭。因此,商业银行必须保持适度的流动性。这种"度"是商业银行业务经营的生命线,是商业银行业务经营成败的关键。而这一"度"既没有绝对的数量界限,又需要在动态的管理中保持,这就要求银行经营管理者及时果断地把握时机和做出决策。当流动性不足时,要及时补充和提高;当流动性过高时,要尽快安排资金运用,提高资金的盈利能力。

一般说来,商业银行主要通过建立两级准备来保证资产的流动性。

(1)一级准备,又称现金准备,包括银行库存现金、在中央银行的存款以及同业存款等。由于一级准备不能盈利或盈利性很低,商业银行应该将此类准备金减少到最低的程度,即减少到法定准备金的水平,并防止经常出现超额准备金的状况。

(2)二级准备,又称二级准备金,主要包括短期国债、商业票据、银行承兑票据及同业短期拆解等。这些资产的特点是能够迅速地在市场上出售、贴现,或者能够立即收回,因而流动性很强。同时,通过持有这些资产,商业银行还可以获得一定的收益,在盈利性方面优于一级准备。这样,除了一级准备,商业银行还有二级准备可以随时应对流动性需要,商业银行的正常经营便有了更高的保障。

三、效益性原则

效益性原则是指商业银行作为一个企业,其经营追求最大限度的盈利。效益性既是评价商业银行经营水平的核心指标,也是商业银行最终效益的体现。影响商业银行效益性指标的因素主要有存贷款规模、资产结构、自有资金比例和资金自给率水平,以及资金管理体制和经营效率等。

商业银行盈利主要来自于银行业务收入与银行业务支出之差,即

$$商业银行的盈利 = 银行业务收入 - 银行业务支出$$

商业银行的业务收入包括贷款利息收入、投资收入(股息、红利、债息以及出卖有价证券的价格净差额),以及劳务收入(各种手续费、佣金等)。

商业银行的业务支出包括吸收存款支付的利息、借入资金支付的利息、贷款与投资的损失(贷款的坏账、投资于有价证券的资本损失等),以及支付工资、办公费、设备维修费、税金等。

根据商业银行业务收入与业务支出的主要内容,商业银行实现盈利的途径主要有:

1. 扩大盈利资产比例

现金资产是商业银行资产中流动性最强,但盈利性最差的资产。它不能为银行提供利润收入。而长期贷款和长期投资又是商业银行资产中盈利性最好,但流动性最差的资产,是银行利润的主要来源。为了保持银行流动性,保证银行有足够的清偿力,保证银行经营安全,商业银行必须保有一部分现金资产,但其规模不能太大,否则就要影响银行的盈利水平。所以商业银行的经营管理者们总是将这种非盈利性的现金资产压缩到最低水平,以扩大盈利资产的比重,为本银行获取更多的利润来源。

2. 降低资金成本

银行运用资金获得收益必须付出代价,这包括利息成本和非利息成本。利息成本是以利息形式直接支付给资金提供者的;非利息成本是银行围绕吸收存款等而花费的营业开支。在经营过程中,资金成本的这两方面都可能发生变化。资金成本提高会抵消银行利润,反之则增加银行利润。因此,银行经营中一定要稳定资金成本,力求不断降低资金成本,争取更多的银行利润。

3. 减少贷款和投资损失

贷款和投资损失不仅会冲销银行的利润,还会危及银行的安全,所以人们也常用贷款和投资损失的多少作为衡量一家银行经营状况好坏的重要标准,为了保证自身经营安全,实现盈利最大化目标,商业银行特别注重对贷款和投资项目的预测管理,并十分重视贷后检查,积极过问债务人的经营状况,以减少坏账损失风险,按时按量收回本金和利息,增加银行的利润收入。

典型案例

中资银行仍保持较强盈利能力

英国《银行家》杂志发布的2014年度全球千家大银行排名表明,全球银行业资本实力进一步增强,资产规模扩张趋势减缓。上榜银行中,欧洲银行业走出亏损泥潭,美国银行业复苏势头强劲,中国银行业由"强大"走向"更强大",中国工商银行继续位列全球千家银行榜首,中国建设银行首次跃居第二。

中国银行业上榜银行数由96家增至110家,一级资本总额增长18%至11 919亿美元,占全球千家银行的18%,占比较上一年度提升3.2个百分点,首次超过美国成为全球银行业一级资本规模最大的国家。资产规模扩张至19.4万亿美元,占千家银行资产的17.1%,占比较上年度提高3.1个百分点。

中国110家上榜银行共实现税前利润2 925亿美元,占千家银行的31.8%,是全球银行业利润增长的最重要引擎。但由于2013年中国经济增速有所放缓、利率市场化加速推进、金融监管趋严、互联网企业加速渗入等原因,中国银行业的利润增速有所下滑,上榜银行的税前利润平均增速从2013年度的27.78%下降到2014年度的21.80%,资本回报率从23.90%下降到21.95%,资产回报率从1.50%下降到1.46%。贷款质量也有所下降,上榜银行平均不良资产率从2013年度的0.85%上升到0.96%。

中国的上榜银行在2013年全部实现税前盈利,101家实现税前利润增长。税前利润增速较高的银行大部分是资本实力较弱、规模较小、经营较为灵活的地方性银行。例如，青岛农村商业银行税前利润增长205.8%，广东江门新会农村商业银行增长125.5%，厦门国际银行在2012年、2013年的税前利润增速分别高达64.7%和70.0%，桂林银行也连续两年超过40%。

详情链接：《2014年度全球千家大银行排名综述》，中小Banks研究会，2014年8月23日(http://www.sinotf.com/GB/News/1001/2014-08-23/0NMDAwMDE3OTA0NA.html)。

四、安全性、流动性和效益性三原则的协调

商业银行的安全性、流动性和效益性原则，既相互统一，又相互矛盾，作为经营管理者，协调商业银行的三原则之间的关系，既实现利润最大化，又照顾到银行的安全性和流动性，是极为重要的。

一般来说，商业银行的安全性与流动性呈正相关关系。流动性较大的资产，风险较小，安全性也较高。而效益性较高的资产，由于时间一般较长，风险相对较高，流动性和安全性就比较差。因此，效益性与安全性和流动性之间的关系，往往是负相关的。

安全性、流动性和效益性三原则之间的关系可以简单概括为：流动性是商业银行正常经营的前提条件，是商业银行资产安全性的重要保证；安全性是商业银行稳健经营的重要原则，离开安全性，商业银行的效益性也就无从谈起；效益性是商业银行的最终目标，保持盈利是维持商业银行流动性和保证银行安全的重要基础。因此商业银行的经营者要依据商业银行的自身条件，从实际出发，统筹兼顾，在对资金来源和资产规模以及各种资产的风险、收益、流动性进行全面预测和权衡的基础上，首先考虑安全性，在保证安全的前提下，争取最大的利润。解决安全性和效益性的矛盾，实现安全性和效益性统一的最好选择就是提高银行经营的流动性。从资产和负债两个方面加强管理，通过多种金融资产的组合，围绕流动性加强经营管理，增强资金实力，提高服务质量。唯有如此，才能很好地实现安全性与效益性相结合的目标。

第四节 商业银行的组织形式与组织结构

一、商业银行设立的一般程序

1. 申请登记

大多数国家都明确规定商业银行必须以公司形式组建。为了保证商业银行经营的安全，保障公众的经济利益和社会秩序的稳定，一些国家(如美国、英国、法国等)还规定商业银行不能以个人名义申请创立。美国规定申请设立商业银行的发起人至少在5个以上，英国规定商业银行必须由6个以上的合作者共同组建。申请人必须按公司法和银行法要求，向指定的金融主管部门递交申请登记书。大多数国家规定的金融主管部门是中央银行，也有一些规定不同的国家，如日本规定申请者须将申请书递交至财务省。

申请登记书必须载明以下内容：

(1) 银行名称及公司组织的种类;

(2) 资本总额;

(3) 业务发展计划、业务种类及经营范围;

(4) 发起人的姓名、籍贯、住址及履历等;

(5) 银行地址。

金融主管部门接到申请登记书后,应按照有关法律,在规定时间内进行审核并提出审核意见。主要包括银行的设立是否有利于促进合理竞争、防止银行垄断,是否有利于保障银行体系安全、防止银行倒闭;是否有利于保持合理的规模、降低管理费用、提高服务质量。经过审核后,如果金融主管部门认为申请符合上述原则要求,并且其业务种类和业务计划都比较适当,申请人的资力及声望也较好,便给予批准登记。

2. 招募股份

对于股份制商业银行来说,申请登记书被核准以后,就应当按照公司法的规定发行股票、招募股份。发行人首先要拟订招股章程及营业计划书,写明发行规模、股份种类,然后报中央银行等金融主管机构审批,批准后方可进行股份招募工作。大多数国家的商业银行都以向社会公开发行银行股票的方式募集股本,一些规模较小的银行也可以采取私下筹集股本的方式。

3. 验资开业

银行股本招募完毕后,应向有关部门报送验资证明书,由有关部门验资,对资本规模达到要求者发放营业执照,方可开始营业。各国对于商业银行的最低资本额都有明确规定,如美国规定为500万美元,日本为10亿日元,英国为500万英镑,新加坡为300万新元。我国《商业银行法》规定,设置全国性商业银行的注册资本最低限额为10亿元人民币,设置城市银行的注册资本最低限额为1亿元人民币,设置农村商业银行的注册资本最低限额为5 000万元人民币。注册资本应当是实缴资本。

二、商业银行的组织形式

一个国家的商业银行组织形式或银行制度是否健全、有效,对该国的经济和金融发展具有十分重要的意义。商业银行的组织形式,是指商业银行在社会经济活动中存在的形式,它是银行制度的重要组成部分。由于西方各国商业银行产生和发展的经济条件不同,组织形式也存在着一定的差异。目前西方各国商业银行已逐渐形成了单元制、分行制、持股公司制、连锁制等四种具有代表性的银行组织形式。

1. 单元制

单元制银行是指那些不设立或不能设立分支机构的商业银行。单元制银行由各个独立的银行本部经营,该银行既不受其他商业银行控制,也不得控制其他商业银行。单元制银行以美国最为典型,是由美国特殊的历史背景和政治制度所决定的。美国是一个各州具有较高独立性的联邦制国家,早期由于东西部发展不平衡,为了使经济平衡发展,保护地方中小企业金融机构与小银行,一些比较落后的州政府就通过颁布州银行法,禁止或者限制其他地区的银行到本州设立分行,也不允许本地银行在本州范围内开设分支机构,以达到阻止金融渗透、反对金融权力集中、防止银行吞并的目的。后来,美国对开设分支行的限制虽有所放松,但也只有40%的州准许银行在本州范围内开设分支行,有三分之一的州允许银行在同一城市开设分支行,而南部和中西部的一些州则不允许银行开设分支行。1994年9月美国国会通过《瑞格—尼尔跨州银行与分支机构有效性法案》,允许商业银行跨州设立分支机构,宣告单元制在美国被废除。

单元制的优点有:

(1) 可以防止银行垄断,有利于自由竞争,也可以缓和竞争的剧烈程度。

(2) 有利于银行与地方政府和工商企业协调关系,集中全力为本地经济服务。

(3) 银行具有更高的独立性和自主性,业务经营的灵活性也较大。

(4) 银行管理层次少,有利于管理层旨意的快速传导,便于管理目标的实现。

单元制的缺点有:

(1) 不利于银行业的发展,在电子网络技术应用日益普及的条件下,单元制不能优化高新技术的应用成本,限制了商业银行的业务发展和金融创新。

(2) 使银行业务过度集中于某一个地区或某一行业,容易受到该地区经济的束缚,使经营风险过分集中,同时由于单元制银行的实力相对较弱,难以有效抵抗较大的风险。

(3) 单元制本身与经济的横向开放性发展存在矛盾,使银行业无法适应经济发展的需要,也使商业银行丧失竞争能力。

2. 分行制

分行制是指法律上允许在除总行以外的本地或外地设有若干分支机构的一种银行制度。这种银行的总部一般都设在大都市,下属分支机构由总行领导。

分行制银行按管理方式的不同,又可进一步分为总行制和总管理处制。总行制是指其总行除了管理控制各分支行外,本身也对外营业和办理业务。总管理处制是指其总行只负责控制各分支行,本身并不对外营业,在总管理处所在地另设对外营业的分支行。

目前大多数国家实行的都是分行制,其中以英国最为典型。同单元制相比,分行制的优点十分明显:

(1) 有分布广泛的分支机构,便于商业银行吸收存款,扩大经营规模,增强银行实力。

(2) 有大量分支机构,便于资产在地区和行业上分散,从而也有利于风险的分散,提高银行的安全性。

(3) 存在一定的分支机构,便于银行实现合理的经营规模,促进现代化管理手段和技术设备的推广应用,提高服务质量,加快资金周转速度。

(4) 由于总行数量少,国家金融管理当局只要对总行实行管理控制,就可以对整个银行业进行管理控制,便于宏观管理和提高管理水平,还可以避免过多的行政干预。

分行制虽然存在上述优点,但是也存在一定的缺陷:

(1) 容易形成垄断,不利于自由竞争。由于分行制形成许多大银行,加上银行业的购并,容易形成银行"巨无霸",导致垄断,一定程度上阻碍了整个银行业的发展。

(2) 增加了银行内部的控制难度。因为分行制银行规模庞大、内部层次多、机构庞杂,上级行或总行不可能总是及时掌握下级行的情况并做出处理,在执行重要决策时往往会出现一定的偏差而造成损失。

分行制虽有利有弊,但目前大多数国家仍采用这一银行制度,因为它在提高信贷资金的流动性、安全性和效益性方面有着单元制银行组织形式所无法比拟的优势。同时,随着国际金融一体化的大趋势,分行制的形式开始国际化,并有在全球普及的趋势。

3. 持股公司制

持股公司制又称集团银行制,是指由某一银行集团成立股权公司,再由该公司控制或收购两家以上的若干银行而建立的一种银行制度。这些独立银行的业务和经营决策权均由股权公司控制。持股公司对银行的有效控制权是指能控制一家银行25%以上的投票权。这种持股公司在集团内部可以实行单元制,也可以实行分行制,因而可以成为回避限制、开设分行的一种策略。这种银行制度既不损害单元制的总格局,又能按分行制进行管理。

持股公司制有两种类型,即非银行性持股公司和银行性持股公司。前者指由非银行的其他企业通过控制银行的大部分股权而组织起来的公司,后者是指大银行通过控制小银行的大部分股权而组织起来的公司。例如,花旗银行就是银行性持股公司,它控制着300多家银行。一般把控制一家银行的持股公司称为单银行持股公司,把控制两家以上银行的持股公司称为多银行持股公司。

持股公司制的优点是能有效地扩大资本总量,做到地区分散化、业务多样化,银行可以更好地进行风险管理和收益管理,增强银行的实力,提高银行抵御风险和竞争的能力;它集单元制和分行制的优点于一身。其缺点是容易形成银行业的集中和垄断,不利于银行业的自由竞争,从而阻碍银行业的发展。

4. 连锁制

连锁制又称连锁经营制或联合制,是指由同一个人或集团控制两家或两家以上的银行。这种控制可以通过持有股份、共同指导或其他法律允许的形式完成。连锁制的成员银行保持自己的独立地位,掌握各自的业务和经营政策,拥有自己的董事会。

连锁制往往以大银行为中心,确定银行业务模式,形成集团内部联合,其垄断性强,有利于统一指挥、投资大型行业、事业单位,以获取高额利润。但事实上,由于受个人或某个集团的控制,连锁制银行往往不易获取所需的大量资本,不利于银行的发展。因此,许多连锁制银行转化为分行制银行,或组成持股公司。当前国际金融领域的连锁制银行主要是由不同国家的大型商业银行合资建立的,其主要目的是经营欧洲货币业务以及国际资金存放业务。这种国际连锁制也称为跨国联合制。

典型案例

中国金融控股公司举例

中国中信集团公司(前称中国国际信托投资公司,简称中信集团)当属不折不扣的具有相当规模和实力的经营性金融控股公司。其主要业务包括银行、证券、信托以及保险等。截至2013年年末,中信集团总资产达42 997亿元,净资产2 719亿元,全年实现营业收入3 751亿元,净利润378亿元。2009年以来连续五年入选美国《财富》杂志“世界500强”企业排行榜,2014年排名第160位。

中国光大集团是中央管理的国有重要骨干企业,现已发展成为以经营银行、证券、保险、资产管理、信托、投行、基金、期货、金融租赁、环保新兴产业及其他实业领域为主的特大型企业集团。中国光大集团在内地的主要企业有中国光大银行股份有限公司、光大证券股份有限公司、光大永明人寿保险有限公司、光大金控资产管理公司、光大兴陇信托有限责任公司等金融机构以及中国光大实业(集团)公司等;在香港地区经营的企业有中国光大控股有限公司和中国光大国际有限公司等 20 多家公司。截至 2014 年年底,光大集团管理资产总额约 3 万亿元,全年实现税前利润 450 亿元。

三、商业银行的组织结构

商业银行的组织机构是指各个银行为有效地发挥商业银行的各项职能、提高经营效益而进行的内部组织的设置方式。由于大多数商业银行都是按公司法组织起来的股份银行,它们的组织结构大致相仿,一般可分为 3 个系统:

(一) 决策系统

商业银行的决策系统主要由股东大会和董事会组成。

1. 股东大会

股东大会是股份制商业银行的最高权力机构。股本招募中购买银行发行的优先股票的投资者成为银行的优先股股东,购买银行发行的普通股票的投资者成为银行的普通股股东。无论银行是否盈利,优先股股东都可以取得固定利息,但无权参与银行的经营管理。普通股股东取得的股息随银行盈利多少而变动,但有权加入股东大会,参与银行的经营管理。银行股东大会分为股东年会、临时股东会议和特别股东会议。股东大会的主要内容和权限包括:选举和更换董事、监事并决定有关的报酬事项;审议批准银行各项经营管理方针和对各种重大议案进行表决;修改公司章程等。由于银行股票发行量大,而且发行比较分散,投资者只要拥有一个银行 10% 甚至更少的股票,就可以控制该银行,这使股东大会的表决权实际操纵在少数大股东手里。

2. 董事会

董事会是由股东大会选举产生的决策机构。董事会代表股东大会执行股东大会的决议,对股东大会负责。董事会的人数依银行规模的大小不同而定,美国规定每家商业银行的董事至少要有 5 人,多则可达 25 人。董事的任期一般为 1—3 年不等,可连选连任。董事会一般设董事长、副董事长和常务董事。由于董事长在银行中处于举足轻重的地位,这一职位通常由具有较强预测能力和交际能力并与政府有较密切联系的人担当,以利于银行的发展。

商业银行董事会主要具有以下重要权力:

(1) 确定银行的经营决策。董事会一般不直接参与银行的日常工作,但银行经营的重大问题要与董事商议,由董事会做出决策。

(2) 董事会有权任免银行管理人员,选择熟悉银行业务的高级管理人员来具体管理银行。

(3) 设立各种委员会或附属机构,如执行委员会、贷款委员会、考评委员会等,通过其对银行的经营管理活动进行组织、指挥和监督。董事会成员如因管理不善或失职等违法行为给银行带来经济损失,需负法律责任,有时还要做出经济赔偿。

(二) 执行系统

商业银行的执行系统由总经理(行长)和副总经理(副行长)及其领导的各业务部门组成。

1. 总经理(行长)

总经理(行长)是商业银行的最高行政负责人。总经理(行长)的主要职权是执行董事会的决议,组织领导银行的业务经营活动。出任商业银行总经理(行长)需具备以下一些条件:

(1) 具有经营和管理银行的专门知识和组织才能,并有在商业银行高级管理工作岗位上工作的丰富经验。

(2) 有较强的事业心和责任心,忠于职守,重视银行效益。

(3) 善于研究客户的心理需要,把握实际,做出正确的经营策略。

(4) 富有创新精神,善于运用新思维和新方法处理银行经营中遇到的问题,拓展银行业务空间。

(5) 与下属保持良好的联系,善于调动下属的积极性。此外,也有一些银行实行董事长制,即董事长既是董事会首脑,又是银行的行政首脑,总经理只是董事长的助手。

2. 部门经理

在总经理(行长)的领导下,商业银行还要设置若干个业务、职能部门及部门经理。一般地,商业银行的贷款、信托、投资、营业与会计等部门称为业务部门,面向客户办理各项银行业务;人事、公共关系等部门称为职能部门,主要职责是实施内部管理,协助各业务部门开展工作。各部门经理一般由总经理(行长)提名,由董事会批准,其职责主要是协助总经理(行长)通过部门目标的实现,最终实现银行的经营目标。

(三) 监督系统

商业银行的监督系统由监事会和稽核部门组成。

监事会由股东大会选举产生,代表股东大会对商业银行的业务经营和内部管理进行监督。当选为银行监事的人员一般都具有丰富的银行管理经验,熟悉银行业务的各个环节,熟悉银行法和银行章程,能及时发现银行经营管理中存在的问题。商业银行的稽核部门是董事会或管理层领导下的一个部门,其职责是维护银行资产的完整和资金的有效营运,对银行的管理与经营服务质量进行独立的评估。

商业银行监事会的检查比稽核委员会的检查更具有权威性,监事会主要行使以下职权:

(1) 检查银行的财务状况;

(2) 对董事、经理履行银行职务时违反法律、法规或银行章程的行为进行监督;

(3) 当董事和经理的行为损害银行利益时,要对董事和经理予以纠正;

(4) 提议召开临时股东大会;

(5) 行使商业银行章程规定的其他职权。

典型案例

中国工商银行股份有限公司治理结构图

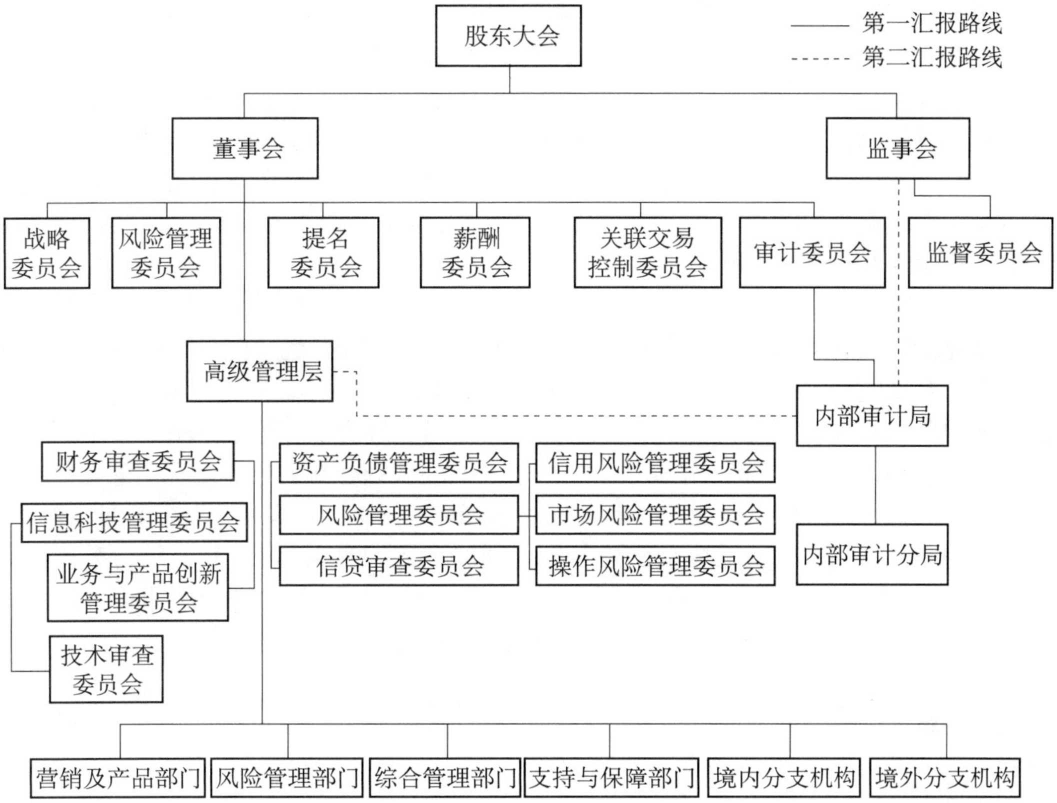

详情链接:中国工商银行网站(http://www.icbc-ltd.com/icbcltd)。

第五节　商业银行的经营环境

商业银行的经营环境,是指其开展业务活动的制约条件和影响因素。从广义上讲,商业银行的经营环境包括制约商业银行经营管理活动的外部环境和影响商业银行经营管理的内部环境。

一、商业银行的外部经营环境

商业银行的外部经营环境包括宏观经济状况、政府行为、法律环境,以及金融管理部门对银行业的监管等。

1. 宏观经济状况

一国的宏观经济状况是影响该国银行业稳定经营的至关重要的因素。影响银行业的宏观经济因素有国家经济的运行状况、实行何种汇率制度、通货膨胀程度、利率的波动等。经济运行的状况不仅直接影响银行业务的开展,而且影响其承受的风险。作为经济运行风险集中地的银行,经济变动造成的风险对其影响更为直接和巨大。

2. 政府行为

政府的经济政策,如货币政策、税收政策、产业政策等以及政府和银行的关系是否实现了正常化等,也是构成商业银行经营外部环境的重要部分。商业银行作为经营货币的特殊企业,在经营过程中必然会以自身的利润最大化为目标,有时产生一定的盲目性。所以,商业银行的经营也要置于政府的宏观调控之中,使得这一行业的发展和其业务的开展符合国家宏观经济的发展目标。另一方面,商业银行也是政府经济政策的传导机制的重要一环,如货币政策的变化直接影响商业银行信用创造能力的大小,因此,经济政策的实施将对商业银行的经营产生极其重要的影响。

3. 法律环境

法制建设的状态及具体的法律规范是保证商业银行经营的又一环境因素。这里的法律主要是指与金融业相关的法律、法规。这些法律体系确定了一国银行业的经营运行和政府对银行业的监管模式。我国三大银行业法律《银行业监督管理法》《中国人民银行法》(2003年修改)和《商业银行法》(2003 年修改)的正式实施,使我国金融监管体制发生重大调整,原来由中国人民银行履行的银行业监管职能归中国银监会承担,中国人民银行的职能由原来的"制定和执行货币政策、实施金融监管、提供金融服务"调整为"制定和执行货币政策、维护金融稳定、提供金融服务"。而作为我国第一部关于银行业监管的专门法律——《银行业监督管理法》则规范了金融监管制度,加强了监管力度。

4. 对银行业的监管

各国银行的经营均受到政府和有关部门的监管,目的是保护公众利益,保障银行体系的安全稳定,保障银行业的公平竞争。银行业的经营特点决定了政府对银行业的监管要以谨慎监管为原则,监管的主要内容有:

(1) 银行业的准入。审查批准银行业金融机构的设立、变更、终止以及业务范围。

(2) 监管银行业的审慎经营规则的执行情况,主要包括风险管理、内部控制、资本充足率、资产质量、损失准备金、风险集中、关联交易、资产流动性等内容。

拓展阅读

商业银行 2015 年面临的政策和市场环境改善

《2015 年中国商业银行运行展望》指出,2015 年经济增速下行、利率市场化持续推进、互联网金融快速发展等因素继续对商业银行构成挑战和压力。但经营环境也存在一系列积极因素:稳增长政策仍将重点支持基础设施建设,这将产生贷款需求;出口保持平稳增长,"一带一路"战略带动对外直接投资快速发展;京津冀协同发展、长江经济带等区域战略重点实施,国有企业改革将迎来实质性推进阶段;继续实施积极的财政政策,赤字规模将扩大,货币政策中性偏松,存贷比监管将进一步调整优化,商业银行面临的政策和市场环境改善。

因此,2015 年商业银行仍存在不少业务发展机会。在流动性宽松、市场利率下行、监管政策调整的情况下，银行将积极拓展低成本核心负债；商业银行在房地产、基础设施建设等领域可以择优选择，适度增加信贷投放；在政府性债务改革过程中，商业银行努力为地方政府提供创新性和全方位的金融服务；积极跟进关注国企混合所有制改革，通过银行银团贷款、债券市场、并购基金、信托资金等解决国企并购融资资金需求；抓住扩大对外开放新机遇，推动国际业务跨越式发展。

详情链接：《商业银行 2015 年面临的政策和市场环境改善》，《中国证券报》，2015 年 1 月 19 日（http://www.sinotf.com/GB/News/1001/2014－08－23/0NMDAwMDE3OTA0NA.html）。

二、商业银行的内部经营环境

商业银行的内部经营环境，是指商业银行开展经营管理活动所具备的一系列经营要素，包括银行资本、人力资源、组织机构、内部管理制度等。

1. 银行资本

资本是商业银行经营管理的基本物质条件和前提。商业银行开展经营活动，首先必须拥有一定的资本金。如果没有一定的资本金，商业银行就无法申请、登记、注册、开业，也就没有营业用房和相应的设施设备，也没有办法选聘人才，当然也就没有可能从事任何经营管理活动。

2. 人力资源

现代商业银行是高科技密集型行业，金融业的不断创新离不开高素质的金融人才。银行的一切经营管理活动只有通过银行员工才能具体展开，现代金融业的竞争归根到底是人才素质的较量。因此，能否挑选到具有足够数量的合适的金融人才，就成为商业银行经营成败的核心问题。

3. 组织机构

商业银行的组织机构既是实现银行经营管理的基本物质条件，也是实施银行决策的执行系统。它包括机构的种类和构成、机构之间的相互关系以及机构内部的领导体制和组织形式等内容，是银行形态结构、权利关系和指挥方式三位一体的反映。商业银行除了资本和人力资源外，还必须要有一个科学、高效的组织机构才能开展经营管理活动，因为资本和人才只有在一定的组织机构内才能充分发挥其效能。

4. 内部管理制度

商业银行经营管理还需要建立一套既适应市场经济发展，又符合现代金融企业特征的内部管理制度。科学的管理制度是规范银行经营管理活动的必要条件，也是制约从领导者到各层员工经营行为的内部法律。健全、科学的内部管理制度，使商业银行的各项经营管理活动有章可循，能实现银行经营的有序化和规范化，从而大大提高银行的运转效率，以确保银行经营管理目标的实现。

关键术语

商业银行　信用中介　支付中介　信用创造　单元制　持股公司制　经营环境

复习思考题

1. 简述商业银行的概念与特征。
2. 简述商业银行的职能。
3. 何谓商业银行经营管理的“三性”原则？三者之间如何协调统一？
4. 商业银行有哪些主要的组织形式？
5. 简述商业银行的组织结构。
6. 简述商业银行经营受哪些内、外部环境因素的影响。

第二章

商业银行资本管理

学习目标

- 了解商业银行资本的构成与功能
- 把握《巴塞尔协议》对商业银行资本充足性的要求与测定
- 理解《新巴塞尔资本协议》的三大支柱
- 熟悉商业银行的资本筹措方式及其选择

案例导读

汇丰银行的资本管理

汇丰银行(HSBC)是老牌国际活跃银行之一,2007 年其资产规模达 2.35 万亿美元,在英国权威杂志《银行家》"2008 金融品牌 500 强"排名中名列榜首,成为全球最具价值的银行品牌。在全球金融市场风雨飘摇,国际银行纷纷巨额计减损失的 2007 年,汇丰银行总收益达 790 亿美元,较 2006 年增长 20.8%,利润达 242 亿美元,每股收益达 1.65 美元,较 2006 年增长 17.9%,股本收益率达 15.9%,保持了增长势头,与花旗、瑞信为生存而四处筹集资本相比,汇丰的资本管理优势显而易见。

汇丰将资本分为两级:一级资本,包括核心一级资本及创新一级资本中的少数股东权益;二级资本包括合格的次级债券、综合评估的减值资金准备、其他权益及为出售而持有的股权因公允评估而形成的未实现利润等。资本的构成面临多项限制:创新一级证券的总额不得超过一级总资本的 15%,二级总资本不得超过一级资本总额;合格次级债总额不得超过一级资本的 50%。

英国金融服务局对汇丰是否满足资本充足率进行监督。汇丰银行一贯遵守英国金融服务局关于资本充足率的规定。2007年汇丰银行的总资本充足率为13.6%,核心资本充足率为9.3%。2007年汇丰一级资本增加172亿美元,其中89亿美元来自未分配利润,48亿美元由股票发行筹集,55亿美元来自汇兑差额。

但汇丰银行2007年是根据巴塞尔Ⅰ进行资本管理的,2008年则开始采用巴塞尔Ⅱ的新标准计算最低资本要求,银行的目标是将核心资本充足率维持在7.5%至9%之间。

详情链接:刘明彦,《汇丰银行风险与资本管理》,《银行家》,2008年第7期。

你是不是有下面的疑问

1. 2007年全球银行业因受美国次贷危机的影响出现巨额亏损,但汇丰银行仍保持增长势头,这其中的原因是什么?

2. 2007年汇丰银行一级资本的来源如何?你认为汇丰银行核心资本扩张的能力如何?

3. 案例中提到的新巴塞尔资本协议是一个什么样的协议?其主要内容是什么?它和银行的资本管理有什么关系?

4. 巴塞尔资本协议Ⅲ与巴塞尔资本协议Ⅱ相比有哪些进步?

进入内容学习

资本是商业银行开业、拓展业务经营、防范经营风险、树立良好形象和信誉的重要基础与必要条件,对商业银行的业务经营与发展至关重要。

第一节　商业银行资本的构成与功能

一、商业银行资本的概念和特点

(一) 商业银行资本的概念

资本,也称资本金,是指商业银行在建立之初由投资者投入的资金,以及银行在经营活动中由税后留存收益和银行借入的次级长期债务用来转增资本的资金,它代表着投资者对商业银行的所有者权益。在实践中,商业银行资本涉及以下相关概念:

1. 最低资本

最低资本是按照有关法律规定建立银行要求达到的最低资本额,达不到最低要求则商业银行不得设立。为此,各国法律一般都有相关规定。

2. 注册资本

注册资本是商业银行设立时,在银行章程中注明的向政府主管部门登记注册的资金。注册资金是公开声明的财产总额,可以使公众了解银行以后可能达到的经营规模。注册资本必须等于或大于最低资本。

3. 发行资本

发行资本也称名义资本，是商业银行实际已向投资人发行的股份总额，同时，也是投资人已同意用现金或实物认购的股份总额。发行资本不能超出注册资本。

4. 实收资本

实收资本也称已付资本，是指投资人已认购的股份全部或部分缴纳给公司的股金。如果发行股份全部收到，那么实收资本总额就等于发行资本。

拓展阅读

我国商业银行注册资本的相关规定

我国1995年颁布、2003年修订的《中华人民共和国商业银行法》第十三条规定：设立全国性商业银行的注册资本最低限额为10亿元人民币；设立城市商业银行的注册资本最低限额为1亿元人民币；设立农村商业银行的注册资本最低限额为5 000万元人民币。注册资本应当是实缴资本。

根据国务院2014年修订的《中华人民共和国外资银行管理条例》第八条规定：外商独资银行、中外合资银行的注册资本最低限额为10亿元人民币或者等值的自由兑换货币。注册资本应当是实缴资本。外商独资银行、中外合资银行在中华人民共和国境内设立的分行，应当由其总行无偿拨给人民币或者自由兑换货币的营运资金。外商独资银行、中外合资银行拨给各分支机构营运资金的总和，不得超过总行资本金总额的60%。外国银行分行应当由其总行无偿拨给不少于2亿元人民币或者等值的自由兑换货币的营运资金。国务院银行业监督管理机构根据外资银行营业性机构的业务范围和审慎监管的需要，可以提高注册资本或者营运资金的最低限额，并规定其中的人民币份额。

详情链接：中国银监会，《中华人民共和国商业银行法》(http://www.cbrc.gov.cn/chinese/home/jsp/docView.jsp?docID=2421)。新华网授权发布，《中华人民共和国外资银行管理条例》(http://news.xinhuanet.com/politics/2014-12/20/c_1113716047.htm)。

（二）商业银行资本的特点

与一般工商企业的资本相比，商业银行的资本有以下显著特点：

（1）商业银行资本金所包含的内容比一般企业宽泛。一般企业的资本金是根据会计学的定义来理解的，即资本等于资产总值减去负债总值的净值，这个净值被称为所有者权益或者产权资本。而现代银行的资本中，既有权益资本（产权资本），也有债务资本（非产权资本），具有双重资本的特点。

（2）商业银行资本占资产的比重与一般企业相比很小。现代企业都具有负债经营的特点，但由于企业的性质和特点不同，资本金在其全部资产中所占的比例也不相同。一般企业的资本通常要占到其资产总额的50%以上，而银行作为经营货币信用的特殊企业，主要是通过增加负债来达到扩张资产的目的，其资本占资产的比重一般在10%以下，这与一般工商企业形成鲜明对照。这表明银行资本的金融杠杆作用远远大于其他非金融企业，也说明银行资本与一般企业、公司资本职能的不同。

二、商业银行资本的构成

商业银行的资本构成包括股本、盈余、债务资本和储备资本(也称为准备金)。

(一) 股本

1. 普通股

普通股是商业银行资本的基本形式,是一种所有权证明。它包括上市银行向社会大众发行的可流通股票,在数量上等于已发行普通股数量乘以股票的票面价格,其持有人具有选举权和获得股息的权利。普通股的求偿权排在金融债券持有人和优先股持有人及其他一般债权人之后。普通股是银行筹集资本金的主要方式,是银行可永久性使用的资金。

2. 优先股

优先股是商业银行资本中股息分配和资产清偿权先于普通股的那部分资本,它是介于普通股和债券之间的一种有价证券。优先股持有人可获取固定的股息,在公司清偿资产时,有优先获取赔偿的权利。大多数优先股是永久性的,商业银行可通过发售一些不同类型的优先股以筹措资本。

(二) 盈余

1. 资本盈余

资本盈余又称为股本溢价,是指正在发行的普通股的市场价与其账面价值或设定价值的差额,是股本的溢价部分。这部分盈余的权益归全体普通股股东所有,它不能用于股利的分配而必须记在盈余项下,作为商业银行资本的组成部分。资本盈余是调节银行资本金、制定股息政策的重要项目。当银行需要增加注册资本时,可将资本盈余划转成股本;在银行不盈利或盈利少的情况下,银行可以动用资本盈余来发放股息。

2. 留存盈余

留存盈余又称为未分配利润,是指银行税后利润中未分配给股东的部分,是银行所有者权益的重要项目。与资本盈余一样,留存盈余也是调节资本金、影响股息政策的重要工具。

资本盈余与未分配利润虽然形式上没有直接所有者,但实际上这些资金的权益归普通股股东所有。因为资本盈余、未分配利润归根结底都来自税后净利,普通股股东有权分配这些税后净利,既可以将这些净利润以股息或红利的形式分掉,也可以将它们以未分配利润的形式保留在所有者权益中,而其权益归全体普通股股东。

(三) 债务资本

债务资本是商业银行通过发行资本票据和资本债券等方式筹措的资金。资本票据是指那些期限较短、发行额度大小不同的银行借据。资本债券是指那些期限较长、发行额度较大的债务凭证。

资本票据和资本债券是商业银行的债券型资本,有明确的利息和期限,商业银行向资本票据或资本债券的持有者支付利息,到期时归还本金。资本票据或资本债券的持有者对商业银行的收益和资产分配的要求权先于普通股和优先股股东;但在银行破产倒闭进行清算时，这些票据和债券对银行资产的追偿权落在存款和借款等债务之后，所以又被称为商业银行的次级债务或附属债务。

资本票据和资本债券之所以被当成资本看待，是由于它们期限长、融资量大、较稳定，在一定程度上可以替代产权资本执行资本的部分职能。但作为资本的附属债务必须满足监管部门所规定的资质标准。

（四）储备资本

储备资本（也称为准备金）是银行为了防止意外损失按照一定比例从收益中提留的资金，包括资本准备金、贷款与证券损失准备金等。

资本准备金是银行为应付股票资本的减少而保持的准备金。贷款与证券损失准备金是银行为了补偿那些还不能确定的贷款呆账、证券贬值等资产损失的准备金。因为大多数国家允许银行从税前利润中提留准备金，而准备金又是逐年累计提留形成，所以，在一般情况下，使用它来弥补资本或资产损失既不会对当年收益产生重大影响，又可以使银行享有税收优惠。准备金在银行资本中只占很小比例。

三、商业银行资本的功能

资本是商业银行开业、拓展业务经营、防范经营风险、树立良好形象和信誉的重要基础和必要条件，对商业银行的业务经营与发展至关重要。商业银行资本的功能可归纳为营业功能、保护功能和管理功能三种。

1. 营业功能

资本金是商业银行存在和发展业务的先决条件，是商业银行维持正常经营活动的必要保证。资本金的存在，第一可以保证商业银行在开业时对资金的需要，第二可以满足商业银行在经营过程中对房屋、设备和办公用品等物品日益增加的购置要求。随着计算机、传真机、网络技术等高科技产品在银行系统的普遍应用，购置设备的资金占资本总量的比重呈现出不断上升的趋势。

2. 保护功能

（1）资本可以弥补日常资金运行中偶发性的资金短缺。在银行的日常经营活动中，如果发生经营亏损、遭遇偶发事件，如顾客大量挤兑、纷纷求贷，致使银行发生暂时性资金短缺，最经济可靠的办法就是银行资本的填入，这是保障银行经营活动顺利进行的重要手段，为银行避免破产提供了缓冲余地。

（2）资本为银行的经营活动提供信誉保证。银行是信用机构，银行资本有助于树立公众对银行的信心，它向银行的债权人显示了银行的实力。因而银行必须持有充足而适度的资本量，向社会及公众证明，银行能应付任何意外损失并能持续稳定地发展。

（3）资本可以保护存款者及其他债权人的利益。银行是利用别人的资金赚取利润的机构，其资金大部分来自存款人及其他债权人。在银行的业务经营活动中，存在着信用风险、流动性风险、利率风险、决策风险、市场风险等，一旦风险变成现实的损失，而又无法挽救，必然给存款人造成损害。资本可用来为各种债权人提供一定的弥补。

3. 管理功能

各国政府的金融监管部门都对商业银行实施有效的管理，以保证金融系统的稳定。其中,对商业银行资本的控制与管理就是监管的重要内容。监管部门一般都会对商业银行的资本金做出具体规定或提出具体要求。商业银行只有具备了金融监管机构规定的最低资本额的要求,才可以从事各种业务活动。金融监管机构通过规定和调节商业银行各种业务规模与资本的比率,对商业银行的业务活动实施监督管理。

第二节 巴塞尔协议与商业银行资本

巴塞尔协议是1975年2月成立的国际性常设跨国银行监督管理机构——巴塞尔委员会颁布的一系列国际统一银行监管的重要文件的总称,是在特定时期制定的国际银行界的“游戏规则”,它的产生和进一步发展是国际银行界追求稳健经营、公平竞争的结果。

中国银行业于2004年及2007年分别开始实施巴塞尔协议Ⅰ和巴塞尔协议Ⅱ。2008年的金融危机使全球很多金融机构遭到不同程度的损失,也使得中国的监管机构看到了国内银行业的经营风险。中国金融监管机构借鉴巴塞尔协议Ⅲ并结合国内银行业实际情况,在2011年和2012年颁布了中国版巴塞尔协议Ⅲ——《商业银行资本管理办法(试行)》等一系列规则制度。

在2008年全球性金融危机前,大批商业银行就因为表外业务过度杠杆化而面临巨大的经营风险,在危机爆发后,又因为没有足够的逆经济周期的资本金准备而面临重大经济损失,甚至破产。鉴于原有的巴塞尔协议在资本金要求及风险核算等方面表现出的缺陷,巴塞尔委员会在2010年12月发布了巴塞尔协议Ⅲ,旨在通过更加严格的资本金及风险核算要求,提高银行体系自身的风险防范及承受能力。同时,各国领导人也承诺在2013年前实施新的监管要求,并于2019年前全面达标。

一、1988年巴塞尔协议的产生背景

巴塞尔协议是国际银行业加强风险控制、规范行业竞争的重要产物,具有深刻的时代背景。

1. 银行业经营的风险不断加大

(1) 20世纪70年代以后,融资证券化趋势的增强使银行客户越来越倚重直接发行证券融资,银行之间的竞争日益加剧。为争取客户,银行纷纷降低贷款利率并放宽贷款条件,使贷款质量和收益受到影响,资产负债表中不良资产的比率越来越高,增大了风险。

(2) 从20世纪80年代开始,在世界范围内出现了金融创新的高潮,各种新型融资工具和产品层出不穷,尤其是承兑、票据发行便利、循环包销便利和各种担保、承诺等表外业务大量增加,很多表外业务的名义价值取决于汇率和利率的波动,银行承受的风险日益增加,而许多银行未能提供足够的资本来抵御来自表外业务的风险,而且对这类业务涉及的风险缺乏统一的衡量标准。

(3) 20世纪80年代以来,发展中国家爆发债务危机后,西方债权银行不得不将大量利润移作贷款损失准备金,以应付坏账,许多大银行的资本比率因此而降低,影响了银行经营的稳定性。

(4) 随着银行的国际化与金融市场的全球一体化,银行经营的风险由一国之内跨出国

界。在这种形势下,对跨国银行的监管仅靠一国监管当局的力量显然力不从心,客观上要求国际银行界在金融监管上进行国际协调。

2. 银行业之间的不平等竞争日趋严重

虽然各国对本国银行的资本与资产比率都有一些规定,但由于各国的银行制度、经营思想、经营策略以及经营环境的不同,其规定的资本定义、资本含量以及目标比率均有不同,如20世纪80年代美国的银行监管当局规定的美国银行的资本资产比率为6%,而同期日本的银行该比率仅为2%。这些差距不可避免地形成了不平等的竞争局面。

为了尽力避免和防御银行经营风险,提高银行承受风险的能力,并以统一的资本计量和资本标准消除国际银行业存在的不平等竞争局面,1987年12月10日,国际清算银行(BIS)在瑞士巴塞尔召开了包括美国、英国、法国、联邦德国、意大利、日本、荷兰、比利时、加拿大和瑞典(十国集团)以及卢森堡和瑞士在内的12国中央银行行长会议,会议通过了具有里程碑意义的巴塞尔资本协议。1988年7月,国际清算银行下设的巴塞尔委员会正式通过和颁布了《统一资本计量和资本标准的国际协议》,这是国际上第一个有关商业银行资本计算和标准的协议,简称巴塞尔协议。

二、1988年巴塞尔协议的主要内容

巴塞尔协议主要由四部分构成:资本的组成、风险加权的计算、标准化比率的目标、过渡期及实施的安排。

(一) 资本的组成

根据巴塞尔协议的要求,商业银行的资本包括核心资本和附属资本(又称补充资本)两大部分。

1. 核心资本

核心资本也称一级资本,包括股本和公开储备。股本是指已经发行并完全缴足的普通股和永久的、非累计性的优先股。公开储备是指通过留存盈余或其他盈余的方式在银行资产负债表上有明确反映的储备,如股票发行溢价、公积金、未分配利润等。

核心资本的主要特征是:资本的价值相对比较稳定;资本的成分对各国银行来说是唯一相同的成分;核心资本对银行盈利差别和竞争能力关系极大,是判断资本充足率的基础。

2. 附属资本

附属资本也称二级资本或补充资本,具体包括以下五项:

(1) 非公开储备,指与公开储备具有相同的质量,可以随时用来应付未来不可预见的损失,反映在银行的损益表上但未公开在银行资产负债表上标明的储备。

(2) 资产重估储备,指银行的固定资产和所持有证券的现实市场价值相对其在资产负债表中的历史价值的增值部分。值得注意的是,重估储备在记入附属资本之前,必须对其市场价值与账面价值之间的差价打55%的折加,以反映市价波动的潜在价值损失风险和增值收益实现后的缴税费用。

(3) 普通准备金和普通呆账损失准备金,指事先设立的,可随时用于弥补未来可能出现的任何损失的准备金。

(4) 混合资本工具,指既有股本性质又有债务性质的混合工具。它能够在不必清偿的情况下承担损失、维持经营。混合资本工具主要包括累计性优先股、强制性可转换债券、长期性优先股等。

(5) 长期次级债务,包括普通的、无担保的、初次所定期限最少五年以上的次级债务资本工具和不许回购的优先股。其特点一是次级,即债务清偿时不能享有优先清偿权;二是长期,即有严格的期限规定。

附属资本虽然具有财务杠杆作用,但如果数量过大、占比过高,会影响商业银行的对外形象。所以,巴塞尔协议规定:附属资本的总额不得超过核心资本的总额,附属资本中长期次级债务部分不得超过核心资本总额的50%。

拓展阅读

我国商业银行的资本构成现状

自2013年1月1日起,我国正式实施《商业银行资本管理办法(试行)》。截至2013年年底,商业银行加权平均核心一级资本充足率和一级资本充足率均为9.95%,较年初均上升0.14个百分点;加权平均资本充足率为12.19%,较年初下降0.29个百分点。按照2013年资本充足率过渡期最低要求(8.5%),全国商业银行中仅1家农村商业银行的资本充足率水平未达标。

表2-1 2010—2013年我国商业银行资本构成情况

项目/年份	2010—2012年			项目/年份	2013年
	2010年	2011年	2012年	核心一级资本净额(亿元)	75 793.2
核心资本(亿元)	42 985.1	53 366.6	64 340.1	一级资本净额(亿元)	75 793.2
附属资本(亿元)	10 294.5	14 417.6	17 585.1	资本净额(亿元)	92 856.1
资本扣减项(亿元)	3 196.4	3 735.4	4 057.1	信用风险加权资产(亿元)	696 582.6
表内加权风险资产(亿元)	355 371.1	431 420.7	506 604.1	市场风险加权资产(亿元)	6 066.5
表外加权风险资产(亿元)	53 233.7	68 819.0	76 108.0	操作风险加权资产(亿元)	59 124.0
市场风险资本(亿元)	273.3	296.3	388.4	核心一级资本充足率(%)	9.9
资本充足率(%)	12.2	12.7	13.3	一级资本充足率(%)	9.9
核心资本充足率(%)	10.1	10.2	10.6	资本充足率(%)	12.2

注:我国自2013年1月1日起实施《商业银行资本管理办法(试行)》(简称《新办法》),原《商业银行资本充足率管理办法》同时废止,因此,自2013年1季度起,表中披露的资本充足率相关指标调整为按照《新办法》计算的数据结果。

资料来源:银监会年报。

(二) 风险加权的计算

巴塞尔协议将资本与资产负债表上不同种类资产及表外项目所产生的风险相挂钩,来评估银行的资本充足度。

对于表内项目，以其账面价值直接乘以对应风险系数即可（详见表 2－2）；对于表外项目，则要根据巴塞尔协议规定的信用风险转换系数（详见表 2－3），首先将其转换为对等信贷额，然后再乘以相应的风险系数；对于衍生工具项目，要先根据规定的信用风险转换系数（详见表 2－4），将其转换为对等信贷额，然后再加上当前市场风险敞口替代成本，最后乘以相应的风险系数。上述计算用公式表示，即：

$$\text{表内加权风险资产} = \sum(\text{表内资产账面价值} \times \text{相应的风险系数})$$

$$\text{表外加权风险资产} = \sum(\text{表外资产账面价值} \times \text{信用风险转换系数} \times \text{相应的风险系数})$$

$$\text{衍生工具风险资产} = \sum \begin{matrix}(\text{衍生工具资产账面价值} \times \text{信用风险转换系数} \\ + \text{当前市场风险敞口替代成本}) \times \text{相应的风险系数}\end{matrix}$$

$$\text{总风险资产} = \text{表内加权风险资产} + \text{表外加权风险资产} + \text{衍生工具风险资产}$$

表 2－2　资产负债表内项目风险系数

		项　目	系数
固定权重	1	①现金。 ②以一国货币计价并以该国货币融资的、对中央政府和中央银行的债权。 ③对经济合作与发展组织（OECD）国家的中央政府和中央银行的其他债权。 ④用现金或用 OECD 国家中央政府债券作担保，或由 OECD 国家中央政府提供担保的债权。	0
	2	①对多边发展银行的债权以及由这类银行提供担保或以这类银行发行的债券作为抵押品的债权。 ②对 OECD 国家内的注册银行的债权以及由 OECD 国家内注册银行提供担保的贷款。 ③对 OECD 组织内的外国公共部门实体的贷款。 ④对 OECD 以外国家注册的银行余期在 1 年内的债权和由 OECD 以外国家的法人银行提供担保的所余期限在 1 年之内的贷款。 ⑤对非本国的 OECD 国家的公共部门机构（不包括中央政府）的债权以及由这些机构提供担保的贷款。 ⑥托收中的现金存款。	20%
	3	完全以居住用途的房产作抵押的贷款，该房产为借款人所占有使用或由他们出租。	50%
	4	①对私人机构的债权。 ②对 OECD 以外的国家的法人银行余期在 1 年期以上的债权。 ③对 OECD 以外的国家的中央政府的债权（以本国货币定值并以此通货融通的除外）。 ④对公共部门所属的商业公司的债权。 ⑤行址、厂房、设备和其他固定资产。 ⑥不动产和其他投资（包括那些没有综合到资产负债表内的、对其他公司的投资）。 ⑦对其他银行发行的资本工具（从资本中扣除的除外）。 ⑧所有其他资产。	100%

表 2－3　资产负债表外项目信用风险转换系数

	项目	系数
1	短期(期限不到1年)的类似承诺,或可以随时无条件取消的承诺。	0
2	①商业信用证。 ②有自行偿付能力的与贸易有关的或有项目。	20%
3	①与某些交易相关的或有业务(即投标保证金、履约保证金、担保书、与特殊业务相关的备用信用证)。 ②未被使用的初始期限在1年以上的承诺,包括证券承销承诺和商业贷款限额承诺。 ③循环证券承销服务和票据发行服务。	50%
4	①直接信用替代(对一般债务的担保,包括对贷款和债券起担保作用的备用信用证)。 ②银行承兑业务及其参与的直接信用替代(也就是备用信用证)。 ③回购协议和有追索权的资产出售,该资产出售并没有包括在资产负债表中。 ④购买资产的远期性协议(也就是契约性义务)。	100%

表 2－4　衍生工具信用风险转换系数

	项目	系数
1	期限为1年或1年以下的利率合同	0
2	期限为1年以上的利率合同	0.5%
3	期限为1年或1年以下的外汇合同	1%
4	期限为1年以上的外汇合同	5%

(三) 标准化比率的目标

巴塞尔协议规定,从事国际业务的商业银行,其资本标准为:核心资本与加权风险资产的比率不得低于4%,总资本与加权风险资产的比率不得低于8%,即

$$核心资本充足率 = \frac{核心资本}{加权风险资产} \times 100\% \geqslant 4\%$$

$$总资本充足率 = \frac{核心资本 + 附属资本}{加权风险资产} \times 100\% \geqslant 8\%$$

(四) 过渡期及实施的安排

巴塞尔委员会做出了一些过渡性的安排,以保证个别银行在过渡期内提高资本比率并努力达到最终目标的标准。从1988年巴塞尔协议提出到1992年年底大约有4年半的时间,该委员会采取一个中期目标,即到1990年年底,资本风险资产比率最低标准为7.25%,总资本中至少有一半是核心资本。在过渡期初衡量银行的资本状况时,核心资本中可包括附属资本成分,但附属资本最多不能超过核心资本的25%,至1990年年底减少到10%,到1992年年底过渡期结束时一并消除。

三、对1988年巴塞尔协议的评价

1988年巴塞尔协议的颁布与实施,不仅有助于银行的稳健经营,而且有助于各国商业银行在平等的基础上进行竞争,也为国际银行监管和协调提供了极大方便。但是1988年的巴塞尔协议也存在种种不足,主要表现在以下几点:

(1) 协议仅涉及商业银行的信用风险,而忽视了其他风险。现实中,商业银行在经营活动中面临诸多风险,如市场风险、操作风险、利率风险、流动性风险、法律风险以及名誉风险等。人们从英国巴林银行、日本大和银行的倒闭中也逐步认识到信用风险不是唯一影响银行安全的风险因素。因此,仅从信用风险的角度来衡量商业银行的资本充足性已远远不够。

(2) 粗线条的风险系数档次(对于 OECD 成员国仅有 0、20%、50% 及 100% 四个档次)不能充分体现各种资产之间的信用差别,难以准确反映银行面临的真实风险。如一个 AAA 级公司发放的贷款的风险系数与一个 CCC 级公司发放的贷款的风险系数没有差别,这显然与现实不符。

(3) 协议对非 OECD 成员国有歧视待遇。例如,在计算资本充足率时,确认资产(包括对政府、银行、企业的债权)风险系数的大小主要依据债务人所在国是否为 OECD 成员国,成员国的主权风险为 0,而非 OECD 成员国的主权风险为 20%。

(4) 经济资本和监管资本不一致,导致银行通过资产证券化进行监管资本套利。如银行可以将信贷资产中高质量的贷款证券化,这部分资产的监管资本风险权重由 100% 减到 20%,而实际风险没有下降。资本套利可能使整个银行系统风险增大,出现银行间不公平竞争。

四、2004 年新巴塞尔协议的产生

1988 年的巴塞尔协议颁布后,全世界许多国家采用其标准对本国的银行业进行监管。然而,随着技术进步和金融创新的发展,银行的风险管理技术和水平大大提高,尤其是一些大型综合性银行可以不断调整资产组合,使其既不违反现行的资本标准,又能在金融市场进行套利。这些变化导致该协议在部分发达国家逐渐丧失了约束力。因此,巴塞尔委员会认识到有必要对协议进行修订。

1988 年以来,巴塞尔协议经过几次重要的修订。1996 年 1 月巴塞尔委员会颁布了《测定市场风险的巴塞尔补充协议》,将市场风险纳入资本监管的范围。1997 年 9 月,巴塞尔委员会公布了《有效银行监管核心原则》,将风险管理的范围扩展到银行业的各个方面,从而建立起更为有效的风险监控体制。

1998 年,巴塞尔委员会决定全面修改协议。1999 年 6 月,巴塞尔委员会提出了《新资本协议征求意见稿》(第一稿)。经过在成员国以及全球银行监管当局中的广泛讨论,巴塞尔委员会于 2001 年 1 月和 2003 年 4 月分别公布了征求意见稿的第二稿和第三稿。

2004 年 6 月,巴塞尔委员会正式发布了《资本计量和资本标准的国际协议:修订框架》(简称新巴塞尔协议,或巴塞尔协议Ⅱ),十国集团和欧盟宣布于 2006 年正式实施该协议,一些发展中国家也积极为新巴塞尔协议的实施做准备。

新巴塞尔协议的出台,可以看成是对 1988 年巴塞尔协议及其历次修订的总结,它反映了当前金融风险复杂多变的特性,尤其是银行面临的风险不再是相互割裂的单一风险,而是由信用风险、市场风险和操作风险构成的相互联系、紧密渗透的风险体系,需要以全面风险管理的思路来应对。

五、2004 年新巴塞尔协议的基本框架

新巴塞尔协议包括互为补充的三大支柱:最低资本要求、监管当局的监督检查和市场纪

律,协议试图通过三大支柱强化银行风险管理。

(一) 最低资本要求

最低资本要求是新巴塞尔协议的重点。新巴塞尔协议关于最低资本的限额规定仍然包括三大内容,即资本的组成、风险加权的计算和资本的标准化比率。其中监管部门对资本组成的要求,仍保持1988年协议的规定。但对后两者则有较大的改动。在考虑银行的风险类型时,新巴塞尔协议集中考虑了信用风险、市场风险和操作风险,对风险权重的计量改变了1988年协议对银行资产规定信用风险系数的方法,规定大多数银行可按照“标准法”来确定银行资产的权重,即根据外部评级机构(如标准普尔、穆迪)的信用评级来确定银行各种风险资产的权重,而一些规模很大的商业银行也可以将其对资产的“内部评级”结果作为确定资本标准的基础。在资本的标准化比率方面,资本充足率公式的分母发生了变化,由三部分组成:信用风险的加权资产与市场风险和操作风险所需资本的各12.5倍之和。

(二) 监管当局的监督检查

巴塞尔委员会针对银行业风险制定的监督检查的主要原则、风险管理指引和监督透明度及问责制度是新巴塞尔协议的第二大支柱。

监管当局监督检查遵循的基本原则和内容包括:第一,银行应具备一整套程序,用于评估与其风险轮廓相适应的总体资本水平,并制定保持资本水平的战略;第二,监管当局应检查和评价银行内部资本充足率的评估情况及其战略,监测并确保银行满足监管资本比率的能力,若对检查结果不满意,监管当局应采取适当的监管措施;第三,监管当局应鼓励银行资本水平高于最低监管资本比率,并应有能力要求银行持有高于最低标准的资本;第四,监管当局应尽早采取干预措施,防止银行的资本水平降至防范风险所需的最低要求之下,若银行未能保持或补充资本水平,监管当局应要求其迅速采取补救措施。

监管当局的监督检查特别适合于处理以下三个主要领域的风险:最低资本要求涉及但没有完全覆盖的风险(例如贷款集中风险);最低资本要求中未加考虑的因素(例如银行账户中的利率风险、业务风险和战略风险);银行的外部因素(例如经济周期效应)。其中,更为重要的一个方面是对最低资本要求中较为先进的方法是否达到了最低的资本标准和披露要求进行评估,特别是针对信用风险估值的内部评级法(简称IRB法)和操作风险的高级计量法的评估。

(三) 市场纪律

市场纪律是对前两项的补充。巴塞尔委员会认为,市场纪律具有强化资本监管和帮助监管当局提高金融体系安全性和稳健性的潜在作用。银行有效的信息披露可以向市场参与者提供信息,发挥市场的约束作用。因此,巴塞尔委员会通过建立一套披露要求以达到促进市场纪律的目的,并在适用范围、资本构成、风险披露的评估和管理程序、资本充足率等四个领域提出了具体的定性、定量的信息披露要求。

六、2004年新巴塞尔协议的主要进步

2004年的新巴塞尔协议与1988年的巴塞尔协议相比,有很大的进步,主要表现在以下几方面:

(一)最低资本规定方面

(1)新巴塞尔协议中风险管理的范围得到扩展,由原来单纯的信用风险管理扩展到信用风险、市场风险和操作风险并重的全面风险管理。

(2)在风险计量方法方面有很大的改进。1988 年的巴塞尔协议对于信用风险的计量方法只有一个很简单的标准法。2004 年的新巴塞尔协议使用的信用风险计量方法有标准法、初级内部评级法和高级内部评级法;操作风险计量方法有基本指标法、标准法和内部计量法。银行在这些计量方法的选择上有更大的自主空间,可以因地制宜地采用标准法或初级内部评级法、高级内部评级法。同时,这些计量方法的设计采取了激励和约束机制,强调了银行内控机制建设的重要性。选择比较高级的方法的银行必须满足一些基本前提,但是可以享受更多的自主权或者享受某种权重优惠,或者在国际融资市场以较低的资金成本筹集资金。这样就激发了银行的积极性和主动升级的愿望,使银行不再是被动地适应监管要求,而是主动地去配合监管部门的审查,满足监管要求。

(3)新巴塞尔协议对资信水平高的银行和企业予以承认,不再寻求所谓的国家下线。若银行和企业享有高于注册国的外部评级,则对其风险暴露可以享受优惠风险系数。这些方案更加客观地反映了风险的客观情况,破除了国别歧视,有利于公平竞争。

(4)确定资本水平时,充分考虑各种信用缓解技术,如抵押、担保、信用派生产品等工具的影响。鉴于某些风险缓解技术可能会带来其他形式的风险,巴塞尔委员会根据各种方法制定了最低操作标准。这使得新巴塞尔协议能够更加客观地度量信用风险。

(5)风险敏感度增强。如银行在企业风险暴露的风险系数中增加了 50% 这一风险档,对低资信企业的风险系数也有调整,扩大了 150% 风险系数下涵盖的项目等。这些举措都是巴塞尔委员会对提高风险敏感度所做的努力,使模型能够更有效地辨别风险。

(6)资本约束范围扩大。针对各界对旧协议的批评,新协议对诸如组织形式、交易工具等的变动提出了相应的资本约束对策。对于单笔超过银行资本经营规模 15% 的对非银行机构的投资,或者这类投资的总规模超过银行资本规模,就要从银行资本中减除相同数额;对于以商业银行业务为主的金融控股公司以及证券化资产,则重新制定了资本金要求,要求银行提全、提足所有种类和各种形式资产的最低资本金;此外,还充分考虑了控股公司下不同机构的并表问题,并已着手推动与保险业监管机构的合作,拟制定新的规则来形成金融业联合监管的架构,以适应银行全能化发展的大趋势。

(二)监督检查方面

新巴塞尔协议强调了监管当局的准确评估和及时干预。监管当局要准确评估银行是否达到最低资本要求,要评估银行资本水平是否与实际风险相适应,要评估银行内部评级体系是否科学可靠。监管当局要及时干预,防止资本水平低于实际风险水平。新巴塞尔协议对监管部门的职责做了全面界定,使各国中央银行或其他监管部门有了一个明确而详尽的行动指南。

(三)信息披露和市场约束方面

在 1988 年巴塞尔协议中,信息披露和市场约束只是监管制度的附属部分,而在新巴塞尔协议中则被作为三大支柱之一列入了主体框架之中。新巴塞尔协议强调银行资本管理的透明度和市场约束,强调银行应当向社会及时披露关键信息,包括资本构成、风险资产及计量标准、内部评级体系及风险资产计量法、风险资产管理的战略及制度、资本充足水平等,强调银行应具备由董事会批准的正式披露政策、公开披露财务状况和经营状况的目的和战略,并规定披露的频率及方式。

七、2004 年新巴塞尔协议在全球的推进

2004 年新巴塞尔协议出台后,巴塞尔委员会积极推动该协议在全球范围内的实施,近百个国家或地区明确表示将实施新巴塞尔协议。

目前,新巴塞尔协议正在全球迅速推进。欧盟委员会在实施新巴塞尔协议方面最为积极,于 2006 年就通过了实施新协议的《资本需求指令》(CRD),并于 2007 年 1 月 1 日开始实施有关规定,2008 年 1 月 1 日起正式全面实施,成为全球实施新协议最早、最成熟的国家和地区。美国于 2009 年开始正式实施新协议。澳大利亚和新加坡所有存款类机构于 2008 年 1 月正式开始实施新协议。澳大利亚发布了 13 个审慎监管标准及配套监管指引。新加坡发布了长达 500 多页的实施新巴塞尔协议的规则和指引。中国香港地区是亚洲率先实施新协议的经济体,2006 年年底前已完成了实施新巴塞尔协议的相关监管法规制定工作。

从目前新巴塞尔协议在全球的实施进展来看,一方面,实施新协议的难度要大大超出银行和监管机构的预期,另一方面,新协议带给全球银行业的变革也远远超出了银行和监管机构的预期。随着新巴塞尔协议的实施,主要发达金融市场的银行业及监管当局逐步将风险管理定位于以治理结构、数据基础、计量技术、流程控制为基本元素的全面框架。这不仅会给银行带来风险管理体系、数据技术等的全方位变革,还将深入影响监管者与被监管对象的互动关系,乃至全球金融体系的布局。

新巴塞尔协议给风险管理体系带来变革。新巴塞尔协议不是简单地满足协议的规定,也不仅仅是建立一套对风险和资本管理更具敏感性的方法,而是建立一个综合性的风险管理体系和资本管理系统,涉及银行业务流程和系统的重构。目前来看,国际上很多银行在改进风险计量技术手段的同时,都对风险治理组织框架进行了统一整合,对授信政策和流程进行了重新梳理和改造。

新巴塞尔协议给信息和数据技术带来变革。新巴塞尔协议正在掀起全球银行业的一场"数据风暴"。在新协议实施的推动下,商业银行都建立了统一的、强大的数据管理体系,包括数据定义、数据源、数据质量、数据历史长度,广泛收集与风险相关的各类数据,建立数据管理信息和数据集市,商业银行 IT 系统的应用领域和功能显著增强,以支持复杂的风险计量和管理流程。根据一些咨询公司的调查,欧洲大银行的投入在 1 亿—2 亿欧元之间,其中约 60% 以上用于改善数据和 IT 系统。

新巴塞尔协议给银行和监管机构的关系带来变革。在新巴塞尔协议实施的过程中,商业银行和监管当局保持了密切合作,业界对相关监管规章制定的参与程度较高,商业银行始终与监管部门保持积极对话和沟通。积极沟通和相互学习将有助于推动银行和监管机构的关系,使其从简单的规则监管向激励相容的原则监管转变。

新巴塞尔协议给全球银行体系带来变革。新巴塞尔协议可能带来银行体系集中度的进一步上升,使大型银行变得更为庞大。2001—2005 年,大型银行在欧洲银行总资产的份额从 54% 上升到 68% 。而新协议的实施很可能会通过加大不同规模银行风险管理水平的差异而

进一步强化这种趋势。小银行由于资源所限，不可能在风险计量方面投入大量资源，大银行和小银行在风险管理进而业务水平方面的差异会进一步拉大。例如，目前香港地区授权机构中 40 多家机构采取信用风险的基础法，绝大多数是有限牌照的银行和规模较小、业务简单的存款公司。

与此同时，由于新巴塞尔协议的复杂性，即便是国际活跃银行在实施方面也存在诸多挑战，主要集中在以下几个方面：一是数据方面的挑战。由于近十年来，全球经济基本保持了高速增长的态势，贷款违约率和损失率低，缺乏经济衰退时期的数据，难以保证风险估计参数的稳健性。二是低违约资产组合的风险参数量化的挑战。由于缺乏数据基础，风险量化的方法和结果并不成熟。三是监管当局监督检查的实施普遍面临挑战。鉴于监督检查的复杂性，多数监管机构较为审慎，对单家银行资本充足率的要求还在研究中。四是模型风险的挑战。在产品流动性低、市场价格发现功能失灵的情况下，银行等市场参与者常以盯住模型(mark to model)的计价方式替代传统的盯住市场(mark to market)的计价方式。但这些模型都需要输入某些难以观察的变量及假设条件，而这些变量及假设条件又很难确保估计的准确性，因此容易产生模型风险。五是跨境合作的挑战。实施新巴塞尔协议不可避免地涉及多个机构的并表问题，加之必须应对多个监管机构的不同要求，母国和东道国之间的跨境合作与协调的成本将很大，这对跨国经营业务活跃的国际银行尤为突出。

拓展阅读

我国银监会推动实施新巴塞尔协议的最新进展

2012 年 6 月 8 日，中国银监会发布了《商业银行资本管理办法(试行)》(以下简称《资本办法》)，并于 2013 年 1 月 1 日起实施。

本轮国际金融危机表明，银行业实现稳健运行是国民经济保持健康发展的重要保障。金融危机以来，按照二十国集团领导人确定的改革方向，金融稳定理事会和巴塞尔委员会积极推进国际金融改革，完善银行监管制度。2010 年 11 月，二十国集团首尔峰会批准了巴塞尔委员会起草的第三版巴塞尔协议，确立了全球统一的银行业资本监管新标准，要求各成员国从 2013 年开始实施，2019 年前全面达标。第三版巴塞尔协议显著提高了国际银行业资本和流动性的监管要求。在新的监管框架下，国际银行业将具备更高的资本吸收损失能力和更完善的流动性管理能力。

《资本办法》分 10 章共 180 条和 17 个附件，分别对监管资本要求、资本充足率计算、资本定义、信用风险加权资产计量、市场风险加权资产计量、操作风险加权资产计量、商业银行内部资本充足评估程序、资本充足率监督检查和信息披露等进行了规范。

《资本办法》主要体现了以下几方面要求：

一是建立了统一配套的资本充足率监管体系。《资本办法》参考第三版巴塞尔协议的规定，将资本监管要求分为四个层次：第一层次为最低资本要求，核心一级资本充足率、一级资本充足率和资本充足率分别为 5%、6% 和 8%；第二层次为储备资本要求和逆周期资本要求，储备资本要求为 2.5%，逆周期资本要求为 0—2.5%；第三层次为系统重要性银行附加资本要求，为 1%；第四层次为监管当局的监督检查资本要求。《资本办法》实施后，正常时期系统重要性银行和非系统重要性银行的资本充足率要求分别为11.5%和10.5%。多层次的资本监管要求既体现了国际标准的新要求,又与我国商业银行现行的资本充足率监管要求基本保持一致。

二是严格明确了资本定义。《资本办法》根据国际统一规则,明确了各类资本工具的合格标准,提高了资本工具的损失吸收能力。

三是扩大了资本覆盖风险范围。《资本办法》确定的资本覆盖风险范围包括信用风险、市场风险和操作风险,并明确了资产证券化、场外衍生品等复杂交易性业务的资本监管规则,引导商业银行审慎开展金融创新。

四是强调科学分类,差异监管。《资本办法》根据资本充足率水平将商业银行分为四类,对满足最低资本要求但未达到其他层次资本要求的商业银行进行细分,明确了对各类银行的相应监管措施,提升资本约束的有效性。

五是合理安排资本充足率达标过渡期。《资本办法》于2013年1月1日开始实施,商业银行应在2018年年底前全面达到《资本办法》规定的监管要求,并鼓励有条件的银行提前达标。同时,《资本办法》设置了资本充足率过渡期内的分年度达标目标。

详情链接:中国银监会网站(http://www.cbrc.gov.cn/chinese/home/docView/4182B2697C95494BAD1EEF1256CF54F9.html)。

八、金融危机助推新资本协议改进和发展

2008年次贷危机引发世界金融海啸,两年后第三版巴塞尔协议(又称巴塞尔协议Ⅲ)姗姗来迟。2010年9月12日,巴塞尔银行监管委员会会议在瑞士举行,会上通过了备受瞩目的全球监管改革方案,即巴塞尔协议Ⅲ。该方案在当年11月举行的二十国集团(G20)首尔峰会上得到一致通过。巴塞尔协议Ⅲ对银行提出了新的更高的监管要求,当前各国监管机构正在紧锣密鼓地推进实施巴塞尔协议Ⅲ。2011年5月3日,有“中国版巴塞尔协议Ⅲ”之称的新四大监管工具也尘埃落定。

(一)资本框架的再定义与新要求

巴塞尔协议Ⅲ在资本结构框架方面发生了较大变化:一是一级资本尤其是普通股的重要性上升,二级、三级等较低级的资本重要性削弱;二是资本充足率的顺周期性下降,逆周期或者风险中立的资本要求明显上升;三是正视“大而不能倒”问题并提出了资本配置要求,旨在确保银行拥有稳健运行的能力(见表2-5)。

表2-5 巴塞尔协议Ⅲ中最低资本要求的主要变化

占风险加权资产的比重	巴塞尔协议Ⅲ					巴塞尔协议Ⅱ
	最低要求	资本留存缓冲	逆周期资本缓冲	系统重要性银行额外资本要求	总资本要求	最低要求
普通股	4.5	2.5	0—2.5	1—2.5	7—12	2
一级资本	6				8—13.5	4
总资本	8				10.5—15.5	8

巴塞尔协议Ⅰ和巴塞尔协议Ⅱ中规定的资本充足率具有明显的顺周期性以及公众难以理解的复杂性。巴塞尔协议Ⅲ大大简化了资本框架的定义，重新突出了普通股、资本缓冲等的重要性。巴塞尔协议Ⅲ对银行资本进行了如下重新定义，主要内容包括：(1)银行的一级资本必须充分考虑在“持续经营资本”(going concern capital)的基础上吸收亏损，其核心形式是普通股和留存收益，剔除少数股东权益、无形资产等项目；不满足普通股核心资本标准的资本工具，自2013年1月1日起，将不计入普通股核心资本。(2)二级资本在银行“破产清算资本”(gone concern capital)的基础上吸收损失，并取消了二级资本结构中的所有子类别。(3)银行的三级资本被废除，以确保向市场风险要求下的资本质量与信贷和操作风险要求下的资本质量看齐。

巴塞尔协议Ⅲ引入了全新的资本留存缓冲(capital conservation buffer)要求，这一改变使银行必须在最低资本充足率的基础上，建立总额不低于银行风险资产2.5%的资本留存缓冲资金池，该留存缓冲在一级资本中表现为普通股权益。资本留存缓冲主要用于经济下滑时，缓冲金融危机给银行带来的资本损失。

巴塞尔协议Ⅱ下银行采用可变的风险权重，监管资本对风险资产更为敏感，这可能导致商业银行对风险管理工具尤其是内部模型法的滥用，并以此放大杠杆节约资本，使得银行的资本充足率呈现更强的顺周期性，从而加剧了经济周期的演变乃至银行体系的波动。为了实现更广泛的宏观审慎目标，巴塞尔协议Ⅲ提出了0—2.5%的逆周期资本缓冲(countercyclical capital buffer)作为备选工具的要求。

(二) 对系统性风险的高度关注和杠杆限制

次贷危机使得人们对系统性风险、大机构风险高度关注。危机至今，监管当局倾向于认为是“大而不能倒”的概念破坏了正常的监管规则。为处理“大而不能倒”问题，监管者需要一种特殊的处理程序，使其可以有序处理具有系统重要性的大机构。

巴塞尔协议Ⅲ引入了“系统重要性银行”(systemically important bank)这一概念，对于业务规模较大、业务复杂程度较高、发生重大风险事件或经营失败会对整个银行体系带来系统性风险的银行，提出特别资本要求，使其具有超出一般标准的吸收亏损的能力。

在巴塞尔协议Ⅱ中，基于风险的资本充足率往往被用于节约资本、增加杠杆，这导致了不正当激励问题。为了减少监管套利，巴塞尔协议Ⅲ在最低资本要求之上补充了一个基于风险中立的杠杆比率(non-risk-based leverage ratio)，即设定一级资本占非权重资产的杠杆比率下限为3%。风险权重系数是在巴塞尔协议Ⅰ中被首次引入的，而杠杆比率直接限定了金融机构不考虑风险权重的最大杠杆倍数，从宏观审慎角度使系统性风险得到了约束，同时，也间接地缓解了银行资本充足率的顺周期性问题。

(三) 强化流动性监管

在次贷危机爆发之前，全球并不存在一个统一协调的流动性监管标准，各国银行业的流动性监管制度虽各有不同，但都是建立在支持和保护其金融体系的安全和稳健的基础之上的。2010年4月巴塞尔委员会正式发布的《流动性风险计量、标准和监测的国际框架》被各国监管部门广泛使用。大多数国家都采用了定量的监管指标，比如流动性比率、期限缺口比例等来衡量银行的流动性，少数国家还通过压力测试来建立流动性预警机制。

2010年9月12日，巴塞尔协议Ⅲ引入了全球流动性监管标准，并分阶段做了渐进安排。

巴塞尔协议Ⅲ对短期及中长期流动性设定了不同的监管指标:一是短期流动性指标,规定银行的30天流动性覆盖比率(liquidity coverage ratio,LCR)应大于或等于100%,目的是保证银行有充足的流动性资产以应对短期流动性冲击;二是中长期流动性指标,规定净稳定融资比率(net stable funding ratio,NSFR)应大于或等于100%,目的是控制银行的流动性错配,鼓励银行使用稳定的融资渠道。

第三节 商业银行的资本筹措

商业银行的资本筹措是满足银行对其资本金需要量的重要环节。主要有从银行外部筹措和从银行内部筹措两种方式,从而形成银行的外源资本金和内源资本金。

一、商业银行外源资本金的筹措

(一)银行从外部筹措资本金的主要方式

1. 发行普通股

银行普通股是一种主权证书,代表着持有者对银行的所有权。这种形式对商业银行具有以下优点:

(1) 没有固定的股息负担,商业银行具有主动权和较大的灵活性。

(2) 没有固定的返还期,不必向股东偿还本金,银行可以相对稳定地使用这部分资本。

(3) 发行比较容易。一般情况下其收益率要高于优先股和附属债券,更容易为投资者所接受。

当然,通过普通股筹资也有缺陷,主要表现在:

(1) 影响原有股东对银行的控制权与获得的收益率。增发普通股就会增加普通股股东的数量,从而使原股东特别是大股东的持股比例下降,对银行的控制权相应减弱。同时,新增资本不会立即带来盈利的增加,这会导致每股股息减少。因此,通过增发普通股来增加资本,可能会遭到原有股东特别是大股东的反对。

(2) 普通股的发行成本与资金成本比较高,会给银行带来一定的经营管理压力。

因此,从商业银行的角度看,普通股并不是最好的筹措外源资本金的方式。但是,从金融监管部门的角度看,普通股可以满足维持银行稳健运行的要求,因此构成了银行资本的核心部分;同时,普通股的分红被排在所有银行负债之后,当银行发生危机时,可以用于对投资者尤其是银行存户的补偿,所以监管部门认为普通股是商业银行最好的外源资本形式。

2. 发行优先股

优先股兼有股票与债券的双重特点。从银行经营管理的角度看,通过发行优先股筹措资本至少有以下优点:

(1) 既可以使银行筹措到所需资金,又可以避免由于新增股东而对原股东控制权和收益率的稀释,还有利于减缓普通股股价的下跌。

(2) 其股息不是绝对固定的债务负担,且优先股的股息小于支付给普通股的股息。

(3) 可以使银行获得财务杠杆效应。

银行通过发行优先股筹集资本有以下缺点:

（1）优先股的使用减少了银行经营的灵活性。多数类型的优先股股息比较固定，即使在银行经营状况不好时，也要对优先股股东支付股息，这会加重银行的负担。

（2）相对于资本性债券和票据，优先股的股息要高一些，因此其资本成本也相对较高，并且其股息支付是在税后列支，而资本性债券等是在税前列支，这也使优先股的实际成本大大增加。

（3）过多发行优先股会降低银行信誉。如果优先股发行过多，会降低普通股在银行资本总量中所占的比重，使银行的信誉受损。因此，金融监管当局会对优先股的发行加以控制，以保证银行业的稳健经营。

3. 发行资本性票据和债券

资本性票据和债券是商业银行为了筹集资本金而发行的，是银行的债务性资本。由于这种债务性资本所有者的求偿权在银行各类存款所有人之后，而且期限较长，资本性票据和债券也被称为后期偿付债券或长期次级债券。资本性票据和债券的主要类型有以下几种：

（1）资本票据。这类债券是一种以固定利率计息的小面额后期偿付债券，期限一般为7—15年，可以在金融市场上出售，也可以向银行客户推销。

（2）资本证券。这类债券是以固定利率计息的大面额后期偿付债券，期限为15年以上。

（3）可转换次级债券。这类债券可以根据持有人的选择，以预先规定的价格转换为银行的普通股股票，利率比一般的后期偿付债券的利率低10%—20%，但转换价格比银行普通股股票的价格高15%—25%。

（4）浮动利率次级债券。这类债券的计息利率是浮动利率，通常为若干市场利率的加权指数。

（5）选择性次级债券。这类债券的起始利率一般为固定利率，但经过一定时期后可以根据其持有者的选择而转换为浮动利率计息。

银行以资本性票据和债券形式筹措资本的有利之处在于：

（1）资本性票据和债券的利息税前列支，可减轻银行的税收负担。

（2）通过资本性票据和债券形式筹集资本，一般可以不必保持存款准备金和参加存款保险，有利于降低银行的经营成本。

（3）对原有普通股股东的控制权与收益率的影响不大。而且，在银行经营状况较好时，还可以为普通股股东带来财务杠杆效应，使普通股股东的收益率有较大的提高。

（4）各国金融管理机构对资本性票据及债券的发行及管理限制较少，发行手续比较简便，发行成本比较低。

当然，这种方式也有一定的局限性：

（1）由于资本性票据和债券不是商业银行的“永久性”资本，有一定的偿还期限，这就限制了银行对此类资本的利用。

（2）资本性票据和债券的利息是银行的一种固定负担，一旦银行盈利状况不好，不仅不能对其支付利息，还会由于过大的债务负担而导致银行破产，因此这种筹资方式的经营风险比较大。

除了以上几种外源资本形式，商业银行还可以采用其他方式筹措资本金。例如，通过国家资金的投入，扩大国有商业银行的资本金规模，或通过出售银行的资产来增加资本等。

(二) 对外源资本金筹措方式的选择

商业银行在选择外源资本金的筹措方式时应考虑以下因素:

(1) 每种筹资方式的相对成本(包括利息成本、承销费用和手续费、管制监督等因素);

(2) 对股东收益的影响(一般以每股普通股的收益来表示),以及是否影响现有股东以及未来可能的银行新股东对银行的所有权与控制权等;

(3) 每种筹资方案的相对风险以及银行整体的风险状况;

(4) 筹措新的资本时,银行所面临的市场状况,如筹资的难易程度、市场利率等;

(5) 影响资本数量以及构成的各种管制规定等。

典型实例

我国商业银行的资本工具创新

为推动和规范商业银行开展资本工具创新,拓宽资本补充渠道,增强银行体系稳健性,支持实体经济持续健康发展,银监会 2012 年发布了《中国银监会关于商业银行资本工具创新的指导意见》。从 2013 年 1 月 1 日起,商业银行发行的非普通股新型资本工具,应符合《资本办法》的相关规定,并通过合同约定的方式,满足本指导意见提出的认定标准。

(一) 包含减记条款的资本工具

(1) 当其他一级资本工具触发事件发生时,其他一级资本工具的本金应立即按照合同约定进行减记。减记可采取全额减记或部分减记两种方式,并使商业银行的核心一级资本充足率恢复到触发点以上。(2) 当二级资本工具触发事件发生时,其他一级资本工具和二级资本工具的本金应立即按合同约定进行全额减记。(3) 若对因减记导致的资本工具投资者损失进行补偿,应采取普通股的形式立即支付。

(二) 包含转股条款的资本工具

(1) 当其他一级资本工具触发事件发生时,其他一级资本工具的本金应立即按合同约定转为普通股。转股可采取全额转股或部分转股两种方式,并使商业银行的核心一级资本充足率恢复到触发点以上。(2) 当二级资本工具触发事件发生时,其他一级资本工具和二级资本工具的本金应立即按合同约定全额转为普通股。(3) 商业银行发行含转股条款的资本工具,应事前获得必要的授权,确保触发事件发生时,商业银行能立即按合同约定发行相应数量的普通股。

上述减记或转股的触发事件标准"其他一级资本工具触发事件"指商业银行核心一级资本充足率降至 5.125%(或以下)。

详情链接:http://www.cbrc.gov.cn/chinese/home/docView/8C4ABFEFEB734B6E8830348DB997DB19.html。

二、商业银行内源资本金的增长

商业银行的内源资本金主要来源于银行的留存盈余,即从银行内部进行资本积累。银行内部资本积累是指在一个营业年度结束后,通过决算,将获得的收益扣除各项利息和费用开支，再按一定比例缴纳所得税后的净利润，不能全部用于股息支付，而应拿出一部分作为留存盈余保留在银行，增加银行资本。

银行内部资本积累主要有以下渠道：资本溢价和股票溢价，法人财产重估增值，法定盈余公积金，任意盈余公积金。

商业银行以留存盈余的方式增加资本金具有以下优点：首先，商业银行只需将银行的税后净利润转入留存盈余账户，即可增加银行资本金。留存盈余可节省为筹措资本金所花费的费用，简单易行，因此，被认为是增加资本金的最廉价方式。其次，商业银行的留存盈余作为股东的未分配利润保留在银行，其权益仍属于普通股股东，可视为银行股东在收到股息后又将其投入银行，而且，股东不必为这部分收入缴纳个人所得税。因而，这种方式在某些情况下对普通股股东特别有利。

但是，商业银行以留存盈余的方式增加资本金也有一些缺陷，过多的留存盈余会带来银行普通股股价下跌，致使投资者对投资于该银行未来的市场价值产生怀疑，从而构成对银行未来发展不利的影响因素。因此，商业银行要根据具体情况来确定留存盈余的比例以及合理数量。

银行的内源资本金的增长不是无限度的，其限制性因素主要有：银行以及金融监管部门所确定的适度资本金的数额；银行所能够创造的收入数额；银行的净收入总额中，能够提留的数额，等等。

拓展阅读

创新资本补充工具

在宏观经济环境快速变化和资本监管要求日益严格的情况下，国务院积极倡导我国国有商业银行通过创新型资本工具补充商业银行资本。2013 年 11 月，国务院发布了《国务院关于开展优先股试点的指导意见》，对我国优先股试点提出指导性意见。2014 年 3 月，证监会根据国务院精神，发布了《优先股试点管理办法》，对我国优先股试点提出了明确的操作规范。银监会根据巴塞尔协议Ⅲ和《商业银行资本管理办法（试行）》的有关规定，与证监会一起制定了《中国银监会、中国证监会关于商业银行发行优先股补充一级资本的指导意见》，进一步规范了我国商业银行发行优先股的相关问题。

2014 年 4 月以来，浦发银行、农业银行、中国银行、兴业银行、平安银行、工商银行相继发布优先股发行计划，发行规模合计 3 400 亿元。2014 年 8 月中旬，中国银行、农业银行、浦发银行相继公告称优先股发行计划获得银监会批复，募集资金规模分别为 600 亿元、800 亿元、300 亿元。2014 年 10 月 16 日，中国银行在境外发行可转换优先股，发行规模 399.4 亿元。同年 11 月 28 日，农业银行优先股在上海证券交易所正式挂牌，首次发行 400 亿元，标志着中国境内资本市场第一只优先股产品完成发行及挂牌工作。不到一个月，12 月 18 日，浦发银行优先股在上海证券交易所挂牌转让，发行规模 150 亿元，成为我国第三家优先股成功发行的商业银行。2015 年 3 月 10 日，工商银行发布公告称，银监会同意工商银行境内发行不超过 4.5 亿股的优先股，募集金额不超过 450 亿元人民币，并按照有关规定计入工商银行其他一级资本。

本章主要网络链接

1. 中国银行业监督管理委员会 :http://www.cbrc.gov.cn/chinese/home/jsp/index.jsp
2. 中国人民银行:http://www.pbc.gov.cn
3. 中国银行:http://www.boc.cn
4. 中国工商银行: http://www.icbc.com.cn
5. 中国建设银行: http://www.ccb.com.cn
6. 中国农业银行: http://www.abchina.com
7. 国际清算银行—巴塞尔委员会: http://www.bis.org/bcbs/index.htm

关键术语

经济资本　巴塞尔协议　监管　资本补充　信用风险　流动性

复习思考题

1. 简述商业银行资本的构成与内涵。
2. 简述商业银行资本的功能。
3. 试述巴塞尔协议不同版本的异同。
4. 以我国实际为例,试述商业银行资本补充工具的种类与创新。

第三章

商业银行负债管理

学习目标

- 了解商业银行负债业务的含义和作用
- 熟悉商业银行存款的种类及存款负债创新
- 把握银行存款负债管理的目标，掌握银行存款的稳定性管理、市场营销管理以及存款成本控制和定价管理
- 了解商业银行借入负债的种类及其经营管理要点
- 掌握商业银行负债业务的经营及风险管理要点

案例导读

银行负债管理的成功与否，很大程度上决定着银行的命运。负债管理失误引起银行危机的一个典型案例就是伊利诺斯银行被实行国有化。伊利诺斯银行是美国 20 世纪 70 年代末 80 年代初发展速度最快的几家银行之一，该行的总部设在芝加哥，当时伊利诺伊州不允许伊利诺斯银行在芝加哥以外的地区设立分行，因此该银行无法到芝加哥以外的地区吸收成本较低的零售存款。为满足迅速增长的贷款对资金的需求，该银行采取依靠出售大面额的存单和拆借非存款性负债来筹集资金。到 1981 年，该银行对短期资金来源的依赖度是美国同期同等规模商业银行的两倍。如果存款者对银行的财务状况和经营状况充满信心，这种将稳定性较差的短期资金作为银行的主要资金来源的负债管理方式，还不至于引起银行经营的危机。但在 1982 年，Penn Square 银行倒闭案引发了伊利诺斯银行的危机，因为后者从前者处购买了大约 10 亿美元的石油和天然气贷款，这些贷款中的大多数出现违约。公众和投资者开始质疑伊利诺斯银行的财务状况。随着贷款的核销，

公众开始挤提银行存款,同时伊利诺斯银行的定期存单从美国最大知名银行的定期存单内部交易中被删除,使该行的融资成本进一步加大,且融资渠道变窄。1984 年 5 月,大规模的挤兑风潮到来,在两个月内就有 100 亿存款被提走。为应付流动性风险,避免倒闭的厄运,伊利诺斯银行一方面出售银行资产筹集资金,另一方面从芝加哥联储分行贴现窗口获得援救资金。5 月中旬,联邦存款保险公司宣布临时解救方案,由该公司和芝加哥联储对伊利诺斯银行实施提供贷款和抵押等救助行动。但上述所有的努力并没有阻止存款的流失,最后,联邦存款保险公司不得不宣布接管该行,将其收归国有,这场危机才算平息。

详情链接:《抢救伊利诺斯银行》(http://www.czjrxy.cn/jpkc/neirong.asp? id=43)。

你是不是有下面的疑问

1. 商业银行的负债业务包括哪些?
2. 案例中提到的大面额的存单是什么意思?
3. 案例中提到的非存款性负债具体指什么?
4. 什么是流动性风险? 如何控制这种风险?
5. 美国联邦存款保险公司是一个什么样的机构? 其作用是什么?
6. 商业银行的负债成本和负债规模有什么关系?

进入内容学习

第一节　商业银行负债业务概述

商业银行的自有资金(资本金)是远远不能满足其资产活动需要的,这个资金缺口的弥补依赖于银行的负债业务。

一、商业银行负债业务的概念及种类

商业银行的负债业务,是指商业银行筹措资金、借以形成其资金来源的业务,它是商业银行最主要、最基本的业务。

银行的负债有广义和狭义之分。广义负债是指除银行自有资本以外的一切资金来源,包括资本期票和长期债务资本等二级资本的内容;狭义负债主要指商业银行的存款、借款等一切非资本性的负债,由存款负债、借入负债和结算中的负债构成。本章以狭义负债为研究对象。

商业银行的负债业务从不同的角度可以分为不同的种类。按负债期限的长短,可分为

短期负债与长期负债。按银行取得资金的方式,可分为被动型负债与主动型负债。所谓被动型负债是指商业银行被动地接受各种存款,而无法自主决定负债规模的一种负债。因为客户是否将资金存入银行、何时存入、存入多少、期限多长等都取决于客户的决策,而银行在这种负债业务中是处于被动地位的。被动型负债是商业银行负债业务的最基本方式。所谓主动型负债是指商业银行主动在金融市场上筹措资金,通过发行各种债务凭证获得资金来源,也可通过向中央银行借款、同业拆借等方式来满足自身的需要,在这种负债业务中商业银行处于主动地位。

二、商业银行负债业务的作用

1. 负债业务是银行开展各种业务活动的基础与前提

负债业务是商业银行开展资产业务的基础和前提。银行作为信用中介机构,首先通过负债业务吸收各种闲置资金,然后通过资产业务有效地运用这些资金。因此,商业银行负债的规模决定了资产的规模,负债的结构决定着资产的运用方向和结构特征。

同时,负债业务也是商业银行开展中间业务的基础,因为银行作为信用中介,把借者和贷者有机地联系起来,进而为银行开拓和发展中间业务创造了有利的条件。

2. 负债业务是银行保持流动性的重要手段

流动性原则是商业银行在其经营活动中必须遵循的"三性原则"之一。商业银行获得流动性可以通过资产和负债两种途径获得,两种渠道互为补充。银行通过负债业务聚集起大量资金,以确保银行对到期债务的清偿,满足合理的贷款需求和存款的提取等。

3. 负债业务是银行同社会各界联系的渠道

商业银行是社会资金的集散地,所有经济单位的闲散资金和货币收支都离不开银行的负债业务。市场的资金流向、企业的经营活动、机关事业单位、社会团体和居民的货币收支,每时每刻都反映在银行的账面上。银行在为客户提供各种信息咨询、担保等金融服务的同时,也为宏观金融决策部门反馈必要的市场信息。所以,负债业务是银行同社会各界进行联系、提供服务、反馈信息和有效监督的重要渠道。

4. 负债业务量构成了社会流通中的货币量

流通中的货币量由现金和银行存款构成,现金是中央银行的负债,存款是商业银行的负债。存款的规模及结构的变化,直接影响着流通中货币量的变化。因此,对存款规模及其流动性的分析测量,是对通货数量和社会总需求状况分析的重要依据。

5. 银行的负债业务有利于整个国民经济的稳定发展

商业银行的负债业务把社会上的闲置资金聚集起来,然后贷放给急需资金的企业和个人,这些企业将闲置资金重新投入再生产,在现有的生产水平基础上创造出更高的生产力,生产出更多的为市场所需要的产品,这就有效地将货币这种资源通过银行的负债业务实现了优化配置。所以,银行通过筹集资金和再分配资金的活动,实现了国民经济的良性循环和健康发展。

拓展阅读

2009—2013 年我国金融机构总负债情况

单位:亿元

机构	2009 年	2010 年	2011 年	2012 年	2013 年
银行业金融机构	750 706	894 731	1 060 779	1 249 515	1 411 830
政策性银行及国家开发银行	65 393	72 159	88 231	106 647	118 966
大型商业银行	386 036	440 332	502 591	560 879	611 611
股份制商业银行	112 541	140 872	173 000	222 130	253 438
城市商业银行	53 213	73 703	93 203	115 395	141 804
农村商业银行	17 546	25 643	39 208	57 841	78 492
农村合作银行	11 940	13 887	12 959	11 796	11 232
城市信用社	255	21	24	—	—
农村信用社	52 601	61 118	68 575	75 521	81 434
非银行金融机构	12 649	17 063	21 310	26 194	31 952
外资银行	11 818	15 569	19 431	21 249	22 896

注:数据为法人合计。
资料来源:银监会年报。

第二节　商业银行存款负债的管理

存款负债是商业银行最基本、最主要的负债业务,是银行传统的资金来源。存款负债业务经营管理的好坏对商业银行的盈利水平和风险状况有着极大的影响。

一、商业银行存款负债的种类

(一) 以美国为代表的西方国家商业银行的存款负债种类

1. 传统存款业务

(1) 支票存款。这是一种允许其持有者向第三方签发支票的银行账户。其传统形式主要是不计息的支票账户(即活期存款账户)。活期存款账户①是指客户在不需要事先通知银行的情况下,可随时提取现金和进行转账结算等支付活动的存款。

活期存款账户最大限度地满足了客户支付、提款方便的需要,但其流动性很高,客户在活期存款账户上存取频繁,银行为此要承担较大的流动风险,并要向存户提供许多相应的服务。鉴于这种高风险和高营运成本,各国商业银行对这类存款一般不支付利息。随着竞争

① 这和我国的活期存款不同。我们在日常生活中所讲的活期存款实际上是指不可开支票的活期储蓄存款,它对客户来说可以随时支取,但不能对第三方开出支票。

的加剧,银行往往利用免收各种服务手续费等方式向客户提供“隐性利息”,或向存入大笔金额的客户提供优惠利率,从而变相地支付利息。

(2) 非交易用存款。是指以生息为主要目的,但是不能够签发支票的存款。非交易用存款主要包括定期存款和储蓄存款。

定期存款是银行与存款客户事先约定期限,到期取款时可以获得一定利息的存款。其利率随着期限的长短而高低不等,但总是高于活期存款利率,是存款人获取利息收入的重要金融资产。定期存单是定期存款的传统形式,存单面额不固定,存期也由储户自由选择,利率根据存入日的挂牌公告确定,在整个存期内一般保持不变。定期存单采用记名存款方式,不能像支票一样转让流通,只能在签发银行兑现,但存款人可以以未到期的定期存单为抵押向商业银行申请贷款。

储蓄存款是商业银行为满足居民个人积蓄货币和获得利息收入的需要而开办的一种存款业务,有活期和定期两种。活期储蓄存款无一定期限,只凭存折便可提现,但与活期存款账户不同的是,储户不能在活期储蓄存款账户上进行透支,且不能像活期存款账户那样通过签发支票进行转账支付。定期储蓄存款类似于定期存款,须先约定期限,到期才能提取。

2. 存款业务创新

1933 年,美国联邦储备委员会制定了 Q 条例。该条例规定,美国联邦储备系统的会员银行不能对活期存款支付利息,对储蓄存款和定期存款支付的利率不得超过联邦储备委员会和联邦存款保险公司规定的上限。从 20 世纪 30 年代到 50 年代初,由于这个利率上限高于市场利率,银行业务并未受到什么影响。但到了 50 年代后期,随着美国通货膨胀的加剧,商业银行受 Q 条例的限制,存款利率低于其他金融机构的利率,其筹资能力受到很大影响。为了吸引更多的资金和应对非银行金融机构及其同业的竞争,美国的商业银行纷纷推出了自己的创新存款金融产品。

(1) 支票存款业务的创新。支票存款业务的创新主要包括有息的可转让支付命令账户和超级可转让支付命令账户以及货币市场存款账户、自动转账服务账户、协定账户等。这些支票存款创新业务的共同特点是:把传统的活期支票存款的方便性和储蓄存款的获利性有机地结合起来,对客户具有很大的吸引力。

可转让支付命令账户是一种对个人和非营利机构开立的、计算利息的支票账户。它由美国马萨诸塞州的一家互助储蓄银行于 1972 年发明,是一种不使用支票的支票账户,存款人可以开出可转让支付命令(相当于支票,但不使用“支票”字样)向第三方进行支付,或提现,或背书转让。

超级可转让支付命令账户是可转让支付命令账户的延伸,是美国于 1983 年批准商业银行开办的另一种新型账户。超级可转让支付命令账户较可转让支付命令账户的先进之处是其不存在利率上限,银行根据货币市场利率的变动每周调整存款的利率。但是,超级可转让支付命令账户对存款最低额和平均余额有所限制,规定二者都必须达到 2 500 美元,若账户的日常平均余额低于规定,则按普通可转让支付命令账户的利率水平计息。

货币市场存款账户是 20 世纪 80 年代出现的一种介于活期存款和储蓄存款之间的存款账户。其特点是:储户对象不限,个人、非营利机构和工商企业都可以开户,但要求开户最低存款金额为 2 500 美元,平均余额不低于 2 500 美元;存款利率没有上限;存款没有最短期限,但客户应提前7天通知商业银行才能提取存款;客户使用该账户向第三方支付时,不论开出支票,还是电话通知,每月均不能超过6次,且用支票付款不得超过3次;商业银行不必为货币市场存款账户保留法定准备金。

自动转账服务账户创办于1978年,是在电话转账制度基础上建立起来的一种更方便的转账服务业务。其主要内容是:客户开立两个银行账户,一个是有息的储蓄账户,一个是无息的活期存款账户,后者的余额永远保持1美元,其余款项全部存入前一个账户,以取得利息收入。当需要签开支票时,银行会自动将需要的数额从储蓄存款账户转入活期存款账户进行支付。该账户的使用者需向银行交纳服务费,同时商业银行也要向中央银行缴纳存款准备金。

协定账户是自动转账服务账户的进一步创新,是一种可在活期存款账户、可转让支付命令账户、货币市场共同基金账户之间进行自动转账的账户。银行和客户达成一项协议,由客户授权银行将款项存在活期存款账户、可转让支付命令账户、货币市场共同基金账户中的任何一个上,对活期存款账户和可转让支付命令账户一般有一个最低存款余额的规定,超过最低存款余额的款项,银行自动将其转入货币市场共同基金上,以取得较高的利息;若不足最低余额,可由银行自动将其货币市场共同基金账户上的一定款项转入活期存款账户或可转让支付命令账户,以补足最低余额。

(2) 定期存款业务的创新。定期存款业务的创新主要有大额可转让定期存单。大额可转让定期存单由美国花旗银行于20世纪60年代首创。其特点是:存单的面额通常较大,一般都在10万美元以上,利率通常高于同期的定期存款利率;计息方式灵活,利率可固定也可浮动;存款期限固定,分为3、6、9、12个月不等;不记名,但客户可以在市场上自由转让,有活跃的二级市场,流动性和盈利性较好,很受投资者的欢迎。

(3) 储蓄存款业务的创新。储蓄存款业务的创新主要有个人退休金账户。该账户是美国商业银行在1974年创办的,所有工资收入都可开立。该账户主要面向中低收入者以及未被其他退休金计划包括在内的高收入阶层,存入该账户的资金均可享受2 000美元的免税优惠,银行支付的利息较高,但通常要客户达到一定年龄后才可以提款。如果客户提前支取应交纳罚金。这一账户的最大优点是可以形成商业银行长期稳定的资金来源。

(4) 其他存款业务的创新,包括投资账户、现金管理账户等。

20世纪90年代初,债券、股票等的投资收益率远高于存款利率,存款人纷纷将款项提出,用于购买债券、股票等,银行存款分流严重。银行为吸收更多资金,开办了投资账户业务。客户可用该账户购买股票、债券,银行在留住客户的同时还可以获得手续费收入。若银行自己管理这些账户,还可获得管理费收入。但美国联邦存款保险公司不为投资账户的存款提供保险。

传统的存款账户只能以某种单一的形式出现,即在一个账户上的存款币种、期限及其他条件是唯一的。因此,要存多种货币、多种期限,就必须开立多个账户,这样既不利于管理,也常常使收益和便利之间顾此失彼。如果能够将多个账户加以综合,无疑是有市场竞争力的。现金管理账户就是根据这一市场需求推出的存款账户。一般情况下,现金管理账户由多个币种、期限和性质不尽相同的多种存款组成,根据客户与银行达成的协议,存户可以将不同存款账户的资金进行自由转换,也可以委托银行在某个账户资金出现较多盈余时进行货币市场投资,以增加存款的收益。对于银行而言,现金管理账户与传统的存款服务已有很大的不同,它实际上是一种综合性服务,是存款、投资、账户管理等多项金融服务的有机结合,因而成为目前金融市场上极具发展潜力的服务品种。

(二) 我国商业银行的存款负债种类

1. 我国现有的存款种类

当前,我国商业银行的存款产品主要分为两大类:一是个人存款,二是单位存款。

(1) 个人存款主要分为人民币储蓄存款和外币储蓄存款。其中人民币储蓄存款主要包括活期储蓄和定期储蓄。活期储蓄是指开户时不约定存取日期,可随时存取、存取金额不限的一种个人存款。定期储蓄是客户在存款开户时约定存期,一次或按期分次(在约定存期内)存入本金,整笔或分期、分次支取本金或利息的一种储蓄方式。个人定期储蓄又可分为以下几种类型:整存整取、零存整取、整存零取、存本取息、定活两便。

外币储蓄存款包括外币活期储蓄存款和外币整存整取定期储蓄存款。

外币活期储蓄存款是指不规定存期,客户无须预先通知银行,以各币种外币随时存取款,存取金额不限的一种储蓄业务。外币整存整取定期储蓄存款是指储户事先约定存期,以外币一次存入,到期后一次性支取本息的定期储蓄存款方式。

(2) 单位存款按存款期限可分为单位活期存款、单位定期存款、单位协定存款、单位通知存款等类型。

单位活期存款是指不规定存款期限,客户可以随时存取,并依照活期存款利率按季计取利息的存款。

单位定期存款是指企事业、机关团体等单位将短期闲置资金存入银行,并事先与银行约定存期、利率,到期支取本息的一种存款方式。吸收单位定期存款可以为银行带来大额而又较为稳定的资金来源,所以这项业务备受广大金融机构的青睐。

单位协定存款是指客户通过与银行签订协定存款合同,约定期限,商定结算账户需要保留的基本存款额度,由银行对基本存款额度内的存款按结息日或支取日活期存款利率计息,超过基本存款额度的部分按结息日或支取日人民银行公布的高于活期存款利率、低于六个月定期存款利率的协定存款利率给付利息的一种存款。

单位通知存款见“我国银行业的存款产品创新”部分。

2. 我国银行业的存款产品创新

20 世纪 90 年代以来,随着我国金融管制的放松、利率市场化进程的加速以及银行业对外开放程度的提高,国内银行业存款产品创新不断兴起,改善和丰富了银行存款产品的种类,满足了客户的多样化要求。这些创新型存款产品主要有:

(1) 本外币活期一本通。这是集人民币、外币等不同币种的活期储蓄存款于一个存折的存款方式。其最早是由中国农业银行深圳分行在 1995 年 9 月推出的。它是在人民币活期储蓄联网、原账户单一货币管理的基础上,实行多币种的管理,具有一户多币、通存通兑、方便客户理财的特征,能兼顾储蓄、投资和消费等多种功能。

(2) 本外币定期一本通。这是集人民币、外币等不同币种和不同档次的定期储蓄存款于一个存折的存款方式。其最早由中国银行深圳分行于 1994 年在国内首家推出的。与传统的定期存单相比,它具有一折多户、一折多币、通存通兑、自动转存、异地托收和转质押贷款等功能。

(3)通知存款。是指存款人在存款时不约定存期,支取时提前通知经办银行,约定支取存款日期和金额方能支取的存款。通知存款是一种比活期存款收益高,而又比定期存款支取更为灵活的存款方式。通知存款按存款主体可以分为个人通知存款和单位通知存款,按存款人选择的提前通知的期限长短可以划分为一天通知存款和七天通知存款。其中一天通知存款需要提前一天向银行发出支取通知,并且存期最少需两天;七天通知存款需要提前七天向银行发出支取通知,并且存期最少需七天。

典型实例

商业银行负债端产品创新趋势

负债管理是商业银行最核心的业务之一,负债端产品的创新对于做好负债管理乃至整个商业银行资产负债管理至关重要。然而,一直以来,相较于资产端以及中间业务产品的创新,商业银行负债端产品的创新较为滞后。随着利率市场化的推进,商业银行在负债端的创造力即将得到解放,可以预见商业银行负债端产品创新必然迎来爆发式增长。当前,国内商业银行存款产品创新主要表现在以下几方面:

1. 创新理念:从产品导向走向客户导向

从以往的情况看,商业银行包括存款产品在内的负债端产品辨识度不高且客户的体验也一般,究其原因,主要是商业银行在以往的经营环境中形成了以产品为中心的理念。当前,由于外部环境的变化,各商业银行存款产品的创新理念已经发生了根本性变化,正在从产品导向走向客户导向。具体而言,商业银行通过综合分析存款目标市场的经济发展情况、人口分布情况、社会文化背景、法律法规、生产消费条件,特别是通过对目标客户的收入状况、消费习惯、现金流结构、储蓄动机、心理特征等的分析,掌握客户的目标函数,在充分细分的基础上进行产品设计。比如,很多商业银行针对有子女上学的家庭推出了教育储蓄产品。如汉口银行推出了教育储蓄产品的升级版学业特惠储蓄,将传统教育储蓄的约定存期按月存储调整为约定存期内连续两次或多次固定等额存储。有的商业银行针对家长给子女零花钱、压岁钱的情况设计了零花钱或压岁钱储蓄计划。国外商业银行在该主题下的创新包括子女入学储蓄、生产基金储蓄、青年结婚储蓄等。就企业客户而言,不同的企业、不同的单位现金流结构差别较大,对存款产品的要求也不尽相同。例如,很多商业银行针对资金往来频繁的企业,推出了智能通知存款,由IT系统按约定自动将企业活期账户资金转为通知存款,满七天按七天通知存款利率利滚利,不足七天支取按一天通知存款利率计息。

2. 定义维度:从单一走向多元

在过去较长的一段时间,我国商业银行存款产品的定义只有目标客户、期限、利率、提取方式等有限的几个维度。按照上述维度,存款产品划分为对公存款、居民储蓄存款,对公存款又分为活期存款、定期存款、协定存款、通知存款等类型。居民储蓄存款分为活期存款、定期存款、定活两便、存本取息、零存整取、整存零取、通知存款等。

目前,随着产品创新实践的推进,商业银行存款产品将更多的因素包含在产品定义中,除了目标客户、期限、利息、支取方式之外,还包括起点金额、续存的要求、漏存的应对措施、币种、日均余额、优惠、惩罚、对监管的规避、对客户行为的鼓励和引导、存款载体、存款凭证的转让性、存款凭证的样式、服务渠道、配套服务、附加服务等。例如，天津银行的存抵贷产品、平安银行的对利息支付方式进行创新的“金抵利”产品，兴业银行为满足客户馈赠亲友、收藏留念等需求推出的礼仪存单产品（类似的产品还包括南京银行的金梅花贺喜存单，中国银行的礼仪存折、纪念存单等）。

3. 内涵与附加服务：从低端走向高端

中国银行的个人联名账户产品可以为 2 至 3 人设置共管账户。该行的智慧账户、主办账户包含了账户管理、资金归集、智能定存、综合查询等功能。农业银行“聪明账”产品具有自动约转和便捷消费功能，它能按照客户的要求，借助该行较先进的业务系统使客户资金在活期账户与定期账户之间灵活切换。

通过将特定的附加服务内置到产品定义中，可以创造存款产品。一是在提供汇款、转账、支票等常规服务之外，提供一些定制化的特色服务，比如预约转账（按照约定时间向目标账户转入指定金额）、代缴代扣、消费延付，以江苏银行为例，该行的消费延付服务针对贵宾卡客户，即在客户结算账户可用额不足的情况下，持卡人发生银联网络 POS 刷卡消费时，在一定的额度内，交易资金暂由银行垫付，持卡人可以按照指定的还款期延时支付。

4. 产品包装：从简装走向精装

以往，商业银行的负债产品名称均较为直白，目前，伴随着负债端产品内涵不断丰富，商业银行更加注重产品的包装，商业银行的负债产品不再“素面朝天”，而开始从“简装版”走向“精装版”。例如，北京银行推出的“滚滚利”、光大银行的“阳光加息宝”、广东南粤银行的“蓄利宝”、广州农商行的“定利灵活账户”，南京银行的“易得利”、上海银行的“利生利”、宁波银行的“金算盘”、民生银行的“钱生钱”、晋商银行的“坐享其盈”、郑州银行的“存利盈”、富滇银行的“利增利”、农业银行的“双利丰”、浦发银行的“周周赢”、吉林银行的“增利账户”等产品。

详情链接：《银行家》，2015 年第 3 期。

（4）定期自动转存业务。是指在整存整取存款到期后不支取，并可无限次地连本带息进行整存整取自动转存的一种存款方式。该业务利用了银行计算机系统集中管理的优势，客户在办理整存整取业务的当时或在第一次定期存款到期前，通过柜台申请、电话银行、手机银行以及网上银行等方式向银行发出自动转存申请，银行通过计算机系统处理后自动为客户进行办理。

（5）教育储蓄。是指为鼓励城乡居民以储蓄方式为其子女接受非义务教育积蓄资金，促进教育事业发展而开办的储蓄。教育储蓄的对象为在校小学四年级（含四年级）以上的学生。存款按存期分为 1 年、3 年和 6 年三种。教育储蓄每一账户起存 50 元，本金合计最高限额为 2 万元。客户凭学校提供的正在接受非义务教育的学生身份证明一次支取本金和利息时，可以享受利率优惠，并免征储蓄存款利息所得税。

（6）结构性存款。是指在普通存款的基础上嵌入某种金融衍生工具（主要是各类期权），通过与利率、汇率、股价指数、商品价格等挂钩，从而使存款人在承受一定风险的基础上获得较高收益的业务产品。自 2003 年我国金融机构先后推出个人外汇理财产品以来，结构性存款一直受到投资者的青睐。比较典型的有建设银行的“汇得盈”、中国银行的“汇聚宝”、农业银行的“汇利丰”,不过国内银行推出的产品大多限于外汇结构性存款和部分利率结构性存款。同时,国内的外资银行也热衷于推出新产品,如汇丰银行、渣打银行、荷兰银行、东亚银行先后推出了包括与利率、汇率、股价、商品指数挂钩的各类结构性存款产品。

二、商业银行存款管理的目标

银行存款是商业银行最主要的资金来源,因此加强对银行存款的管理具有非常重要的意义。总的来说,商业银行存款管理的目标是:在符合商业银行安全性、流动性、效益性经营原则的基础上,努力提高存款的稳定性和存款的增长率,并努力降低银行存款的成本。

1. 提高存款的稳定性

商业银行在经营存款业务的过程中,所吸收的各种存款资金都是处于不断周转状态的。在某一个时点上,既有客户到银行存入一定的款项,同时又会有其他客户到银行取出一定的款项。在这个此存彼取的过程中,银行总会保留一部分的存款结存额,这部分存款结存额根据统计规律在一段时间内是不会发生太大变化的,这就体现了银行存款的稳定性。

提高存款稳定性是商业银行保持充足流动性、降低流动性风险的重要手段,也是银行增强盈利能力的间接内在要求。

2. 提高存款的增长率

存款历来是维持银行经营的核心,存款的规模直接影响着银行的总体经营规模。一家银行的存款如果能以较快的速度增长,则往往意味着其强劲的发展势头和强大的市场竞争力。

但是,需要注意的是,商业银行不能一味地追求存款的高速度增长,即并不是存款越多,对银行就越有利。在银行资产业务发展势头不旺、存款利率较高的情况下,商业银行首先应该考虑的是如何扩大运用资金的渠道,而并非增加存款的数额。总之,银行应根据自身的实际情况,科学制定存款增长目标,使之适应银行的资金需求状况。

3. 降低存款的成本

按照商业银行经营的效益性原则,资产的高收益和筹资的低成本是构成商业银行利润最大化的基础。存款成本构成银行经营成本的主要部分,因此通过降低存款成本,减少成本开支,对改善银行负债管理、提高银行的经营效益具有十分重要的意义。

综上所述,为了提高存款的稳定性,需要银行做好存款稳定性的管理;为了提高存款的增长率,需要银行向社会进行存款服务的推销;为了降低存款的成本,需要银行对存款的成本加以控制,并对存款服务进行科学定价。所以,银行存款管理的内容主要包括以下三部分:存款的稳定性管理,存款的市场营销管理,存款的成本控制与定价管理。

三、商业银行存款的稳定性管理

要做好存款稳定性的管理,首先应了解影响银行存款稳定性的主客观因素,然后才能有的放矢地采取具体的稳定措施。

(一) 影响存款稳定性的因素

1. 存款的结构因素

根据存款的稳定程度可将存款分解成以下层次:

(1) 核心存款。核心存款是指那些对利率变化不敏感,且不随经济环境和周期性因素的变化而变化的相对稳定的存款。这类存款主要有:积累财富以备远期消费的储蓄存款、中长期定期存款及有特定用途的专项存款等品种。由于核心存款在近期内的提取概率很小,银行无须为之保留较多的准备头寸,因此是形成银行中长期和高盈利资产的主要资金来源。

(2) 非核心存款。非核心存款也称易变性存款或波动性存款,包括季节性存款和脆弱性存款。季节性存款的存取有明显的季节性规律。脆弱性存款是对利率等外部因素非常敏感的游资,一旦经济环境发生对银行不利的变化,这类存款就会大量流失。不稳定的存款随时可能被提取,因而需要大量流动性储备作为支付保障,可用度自然较低。

2. 客户因素

通常人们认为,银行客户越多,存款也就越多,其实不然,在一定时期、一定经济规模下,客户增加会使每个客户的平均存款数量减少,客户减少则会使平均存款数量增加。众多小客户的此存彼取对银行存款资金稳定性的实际影响很小。然而,每个客户的质量有差异,我国现阶段银行大约80%的存款集中在20%的客户群中。因此,抓住这些存款高端客户并且通过高质量的服务稳定这些客户的平均存款余额,银行存款资金稳定就有了保障。如果只抓客户数量或只抓高端客户而忽视服务质量,那么银行平均存款就不可能稳定地增长。

3. 存款的动机因素

保管性存款的动机是借用银行的安全保险设施为将来的消费积累财富,所以其存款稳定性较强;投资性存款的动机是食利或等待货币升值,所以在市场利率较为稳定和有利可图而其他金融产品风险较大时,此类存款的稳定性也较强;出纳性存款的动机是借助银行快捷方便的转账结算网络进行商品、服务交易,此类存款虽然存款频率较高,但支取转账的频率更高,所以存款的稳定性最弱。

4. 存款主体的行业因素

存款主体的行业及其生产经营特点对存款的稳定性也有重要影响。例如,批发行业比零售行业的存款稳定性差,零售行业则比工业企业的存款稳定性差;机关事业单位的预算外存款比预算内存款稳定性强,企业的专项存款比其往来户存款稳定性强。

(二) 提高存款稳定性的措施

(1) 银行可以通过调整客户结构的方式分散存款资金来源。在存款总量一定的情况下,存户越少,个别大客户的存款波动对银行总体存款稳定性的影响越大,因而银行应适当发展中小企业客户,重视个人存款业务。

(2) 银行需要通过提供优质服务来巩固客户关系,建立一个稳定的核心存款基础。否则,劣质服务不但无法吸引新客户,甚至老客户的存款也会转移和流失。

(3) 为了提高活期存款的稳定性,银行应注重活期存款客户数量的扩张。活期存款的稳定性与储户数量的多少有直接关系。存款客户越多,客户存取款相互抵消的可能性越大,这样能够沉淀下来的资金就越多,个别客户存款的波动对银行的影响就越小,存款的稳定性就越高。

(4) 银行应大力扩展存款范围,积极进行存款业务的创新,增加存款的种类,以延长存款的平均期限,提高存款的稳定性。

(5) 银行应把握存款相对于其他替代投资品的比较优势,宣传银行存款安全可靠、支付便利的特点。

总之,银行的经营实力、资信状况和优质服务是保证存款稳定性的基础,任何急功近利的短期行为都无法使存款持续稳定增长。

四、商业银行存款的市场营销管理

1. 存款营销的重要性

银行向市场提供的商品,无论是存款还是贷款都不能像一般商品那样,可通过触觉、视觉、味觉和听觉而辨别出好坏来,银行只能依靠广告宣传和促销手段,把信息传递给公众,以公共关系树立形象,以优质服务吸引客户。如果一家银行和另一家银行所提供的金融产品非常相似,利率又受管制,客户会选择购买这家银行的产品而不购买另一家银行的产品,主要就是因为这家银行在规模、信誉、服务效率和质量以及产品种类等方面比另一家银行优越。所以,现代银行日益重视存款营销,将本银行的产品服务向客户宣传报道,并不断提高服务效率和质量,以争取更多的存款。

2. 存款营销策略

(1) 树立以客户为中心的营销理念。银行存款要占有一定的市场份额,就必须树立以客户为中心、适应市场需求变化的全新理念。银行要主动在行动上采用满足客户各种需求、刺激客户购买冲动、诱导客户购买行为的市场营销方法,以求得立足市场、进入市场、争得市场,在市场竞争中发展壮大。

(2) 奠定优质服务的营销基础。优质服务是金融产品营销的最好载体,是银行营销获得成功的重要条件。通过服务,使金融产品附加值得以提升,强化服务主体对客体的形象感受,起到潜移默化的作用。特别是服务主体的思想意识、服务环境、服务措施、便利服务、创新服务等方面的全面完善,是一种无形的营销。服务连接客户需求与银行营销之间的不可或缺的桥梁和纽带。

(3) 实行差异化营销,提供差别化服务。面对银行间的激烈竞争,只有差异化营销,才是有效的营销策略。差异化营销是指银行正确选择目标市场,以专业服务、特色服务、品牌服务打造竞争优势,在某一具有市场潜力的业务领域做出自己的特色,针对不同客户及其需求提供差别化服务。

(4) 开通大众传播的信息和促销渠道。大众传播的媒介很多,如声像图文、电子信息、实物造型、户外标识等。利用这些传播媒介刺激客户的感官注意,把存款的方式、种类、利率及期限、网点分布、联络方式等信息传播给客户,促使客户对发出信息的商业银行产生深刻印象,使客户产生需求。银行对传播的对象要有所研究,要根据促销产品的特点,针对客户群中绝大多数人的需求和兴趣,做到有的放矢,才能保证效果。

(5) 强化商业银行的公共关系促销。商业银行公共关系的核心是信息交流,促进了解,广泛宣传银行的经营方向、产品特点及服务内容,达到争取公众的支持、提高自身的社会知名度、激励全体员工的目的。商业银行要实现公关促销的目标,就必须与传媒机构建立长期的密切关系,随时通过传媒的影响力展示银行的形象、介绍产品、沟通信息;必须通过支持社区的公益事业,关注和配合地方的重大活动,以扩大自身的影响力;必须有计划地选择重点联系客户,经常上门听取意见,改善内部管理,赢得客户的谅解和支持。这样,不但能巩固已有的存款业务关系，还能通过代表性客户的影响力扩大影响半径，取得更好的稳存增存效果。

五、商业银行存款的成本控制与定价管理

（一）存款成本构成

1. 利息成本

利息成本是银行按事先约定的存款利率，以货币的形式支付给存款人的报酬。

2. 营业成本

营业成本是银行花费在吸收存款上的除利息以外的一切开支，包括存款的广告宣传费用、存款柜台人员的工资与奖金、存款设备和房屋的折旧费摊销、相关管理人员的办公费用以及为储户提供服务的所有其他开支。

3. 相关成本

相关成本是银行为增加存款而支出的未包括在利息成本与营业成本中的成本。相关成本主要分为两类：

（1）风险成本，指因存款数量的增加而引起的银行经营风险增加所付出的成本。如利率敏感型存款的增加会加大银行的利率风险，银行存款总量的增加会加大银行的资本风险等。

（2）连锁反应成本，指银行为新吸收存款所增加的新服务和较高的利息支出而引起的对原有存款增加的支出。如银行为了招揽更多的存款而提高利率，此时原有的储户会感到不公平，他们往往会要求银行向其提供同等的优惠措施，这就增加了银行的成本支出。

除了以上三项外，还有两个与存款成本相关的概念：资金成本和可用资金成本。

资金成本是银行为吸收存款而支出的一切费用的总和，即资金成本 = 利息成本 + 营业成本。用资金成本除以存款总额，就是所谓的存款成本率，它是衡量银行存款成本的一个重要指标。

可用资金成本。商业银行的存款，必须扣除法定存款准备金和超额准备金后才可以用于营利性资产经营，即银行存款的可用资金 = 银行存款 − 法定存款准备金 − 超额准备金。资金成本除以可用资金数额即为存款的可用资金成本率。

（二）存款成本控制

1. 存款结构与成本选择

在正常情况下，存款的期限越长，利率就越高，成本也就越大。但是，在存款成本的构成中，我们可以把利息成本视为变动成本，把营业成本视为固定成本，在利率不变的情况下，随着存款业务量的增加，每一单位存款所负担的固定成本将会减少。由于不同的存款种类成本构成不同，其对存款成本的影响也就不一样。如活期存款的利息成本较低，但营业成本较高；定期存款的利息成本较高，但营业成本较低。储蓄存款的利息成本和营业成本相对都高于企业存款，但储蓄存款可以通过商业银行的中介职能作用派生出数倍的派生存款，而派生存款又都是低息的。所以，商业银行在经营管理实践中，对存款结构的成本选择，需要处理好以下关系：

（1）尽量扩大低息存款的吸收，降低利息成本的相对数。

(2) 正确处理不同存款的利息成本和营业成本的关系,力求不断降低营业成本的支出。

(3) 活期存款的发展战略必须以不减弱银行的信贷能力为条件。

(4) 定期存款的发展不应以提高自身的比重为目标,而应与存款的派生能力相适应。

2. 存款总量与成本控制

在银行经营的实践中,存款总量和成本间的关系,可概括为以下四种不同的组合:

(1) 逆向组合模式,即存款总量增长,成本反而下降。

(2) 同向组合模式,即存款总量增长,成本随之上升。

(3) 总量单向变化模式,即存款总量增长,成本不变。

(4) 成本单向变化模式,即存款总量不变,成本增加。

以上四种组合表明,存款成本不但与存款总量有关,而且与存款结构、利息成本和营业成本占总成本的比重、单位成本内固定成本和变动成本的比例等,都有密切的关系,从而形成各种不同的组合。它要求银行努力实现逆向组合模式和总量单向变化模式,要求银行经营在不增加货币投入的情况下,尽量组合更多的存款。不能单纯依靠提高存款利率、增设营业网点、增加内勤和外勤人员等办法去扩大存款市场,而应在改变存款结构、创新存款品种、提高工作效率和服务质量等方面下功夫,走内涵扩大再生产之路。

因此,从存款成本的角度分析,存款规模应保持适度,不应太大或太小,应努力寻求边际成本和实际收益的交点,从而使商业银行以最少的投入,获得最大的收益。

(三) 存款定价管理

如何为存款定价,是银行管理中极为重要的问题。银行的经营目标是实现利润最大化,合理的存款定价可以稳定客户,保证存款规模的增加,有利于商业银行资产规模的扩大,从而增加商业银行的盈利水平。银行存款负债的定价方法主要有以下几种:

1. 成本加利润定价法

成本加利润定价法也叫目标利润定价法,它是在银行存款成本的基础上,加上银行的既定目标利润率,即

每项存款服务的单位价格 = 每单位存款的经营费用 + 银行存款应负担的间接费用
+ 出售每单位存款的计划利润

2. 边际成本定价法

当利率频繁变动时,银行使用平均成本为存款定价是不合时宜的,此时应当使用边际成本的方法进行定价。如当利率下降时,筹集新资金的边际成本会低于平均成本,某些贷款从平均成本的角度看是亏损的,但以边际成本计算则是盈利的;相反,如果利率上升,筹集新资金的边际成本大于平均成本,按照平均成本看应提供贷款,但按更高的边际成本看则可能是完全不盈利的。

边际成本 = 总成本的变动
= 新利率 × 以新利率筹集的资金 − 旧利率 × 以旧利率筹集的资金

边际成本率 = 总成本变动额/筹集的新增资金额

当银行的边际成本小于边际收益时,存款的定价是可行的。这种定价方法使银行管理者明白存款扩张到什么程度,银行利润开始下降,银行这时要以更低的边际成本筹集资金,或提高资产收益率才能盈利。

3. 价格表定价法

银行在日常经营中会有一定比例的小额客户，这些客户的存款金额小，活动频繁，对银行来讲常常是成本大于收益。价格表定价法就是针对这种情况设计的。银行为降低成本开始逐步向客户收取一定的相关费用。银行公布不同业务的收费范围和标准，客户可以根据自己对账户的使用情况来确定存取款的次数、账户的保留余额及挑选适合自己的开户银行，以便支付最少的费用，获取最大的收益。

4. 市场渗透定价法

市场渗透定价法是银行为迅速扩大市场份额，暂时不强调利润对成本的弥补的一种定价方法。采取这种策略的银行通常靠提供高于市场平均水平的利率或收取低于市场平均水平的费用来吸引客户。高利率的政策可能因为客户的忠诚度获得成功，也可能因为客户的忠诚度而失败。银行推出较高的利率吸引来客户以后，通过提高服务质量、增加服务品种，会培养客户对银行的忠诚度，即使以后银行推出较低的利率，由于客户不愿承担变换银行所带来的一系列代价，也会继续忠诚于该银行。这种忠诚在某些情况下也是银行高利率政策失败的原因，因为对原来开户银行的忠诚，会使得一些客户不愿为获得利率差额收益而频繁更换开户银行，使推出高利率或低费用吸引客户的计划失败。

5. 差别定价法

差别定价法指针对不同客户差别定价，主要是按存款余额水平确定价格。银行为客户规定一个存款的平均余额的最低限额，客户的存款余额保持在最低限额以上，则只需支付很低的费用或者不付费用，但是若平均余额降到最低限额以下，就要支付较高的费用。对不同的存款余额实施不同的定价，有利于银行吸收大额存款，有利于客户挑选存款账户，为银行提供存款变动的资料。

6. 关系定价法

关系定价法以银行与客户的关系为定价依据，即对与银行业务往来较多的客户收取较低的费率；反之，则收取较高的费率。关系定价的理由很简单：客户享受一家银行的服务越多，对此银行的依赖性越强，离开这家银行另择他行开户的可能性也就越小。因此，采取关系定价法，对增加客户对银行的忠实度，降低客户对其他银行存款价格变动的敏感性，有着积极的意义。

拓展阅读

国外存款管理的那些事

对美国、欧洲乃至大洋洲的银行而言，存款管理都不是什么大问题。国家间不同的银行监管规定、社会环境差异，均促成银行业不同的经营策略，也形成了策略指导下从业者不同的行为习惯。

国际上，大多数国家的金融监管部门只考核银行的资本充足率，巴塞尔协议Ⅲ中更是设定了流动性覆盖率和净稳定资金比例，以控制商业银行可能出现的流动性风险。因此，在欧美等国，银行经营者在考虑自身综合风险的承受能力的前提下开展业务，存贷比超过100%并不稀奇。据统计，2001 年以后的十年间，中、美、英三国银行存贷比均值分别为 75.26%、

101.49%和127.36%。

“轻存重贷”应该是西方国家银行的普遍策略。其原因在于,利率市场化实现之后,光靠提高存款利率来吸引客户,只能出现两败俱伤的结果,并非长久之计;同时,存款对于利润的贡献度占比很小,银行对此积极性亦不高。再加上西方国家理财渠道广泛,国民储蓄率不高,即便银行一厢情愿想揽储,储户也不见得愿意“跟你玩”,“打利率战”可操作性差。因此,西方国家的银行更注重发展金融市场、衍生品交易等业务,依靠资金市场融资,通过提供中介服务获利。

详情链接:http://bank.cngold.org/c/2014-10-17/c2828398.html。

第三节　商业银行其他负债业务的管理

虽然存款构成了商业银行的主要资金来源,但仍不能满足贷款和投资增长的需要。因此,商业银行除了以存款方式吸收资金外,还要通过其他负债方式扩大资金来源,其他负债业务成为商业银行补充资金来源和流动性的重要手段。

商业银行的其他负债业务是指非存款负债。非存款负债是银行主动地通过金融市场进行拆借或向中央银行融通的资金,以及结算中的负债及其他负债。

一、银行短期借款的经营管理

(一) 银行短期借款的种类

1. 向中央银行借款

中央银行作为“银行的银行”,担负着向商业银行提供“最后贷款”的责任,成为商业银行扩大信用能力、保证支付的最后手段。商业银行在资金不足时可以向中央银行借款,借款主要有两种形式:

(1) 再贴现,也称间接贷款,指银行把自己办理贴现业务时买进的未到期票据,如短期商业票据、国库券等转卖给中央银行,获取现款。

(2) 再贷款,也称直接贷款,指商业银行用自己的合格票据、银行承兑汇票、政府公债等有价证券作为抵押品向中央银行直接取得抵押贷款。

再贴现和再贷款具有很强的存款派生能力,因此各国中央银行对此类业务的开办都有严格的限制条件。通常情况下,商业银行向中央银行的借款只能用于调剂头寸、补充储备不足和资产的应急调整,商业银行不得将借入的款项用于发放贷款和其他套利活动。

2. 同业借款

同业借款是指商业银行之间或商业银行同其他金融机构之间发生的短期资金融通活动。主要有以下几种形式:

(1) 同业拆借。这是银行的一项传统业务,指银行之间利用资金融通过程中的时间差、空间差和行际差调剂资金头寸的短期借贷。同业拆借是商业银行解决短期资金余缺、调剂法定准备金头寸、融通资金的重要渠道。其特点是:期限较短,可以是几日、几个星期或几个月,甚至是一天或一夜,因而有时也被称为隔日或隔夜放款;利率低,由于同业拆借是各金融机构间共济共荣的一种资金调剂活动，参与者的信誉度比一般放款对象高，风险低，加上期限短，所以利率低。

(2) 转贴现和转抵押。转贴现是指商业银行将自己贴现的尚未到期的票据在二级市场上转售给其他商业银行。转抵押是指商业银行发生准备金头寸不足时，将发放抵押贷款而获得的借款客户提供的抵押品，再次向其他银行申请抵押贷款，以取得资金。这两项业务提高了银行资金的流动性，促进了商业票据信用的发展。但如果过于频繁地从事该项业务，则预示着该银行资金流动性出现了问题，有损其形象。

3. 回购协议

回购协议是指商业银行将其持有的有价证券，如国库券、政府债券等，暂时出售给其他金融机构、政府甚至企业，并在约定的未来日期以约定的价格购回的一种协议。这种融资方式相当于银行以证券为抵押品进行的短期资金融通行为。回购协议可以是隔夜回购，也可以是较长期的。利用证券回购协议进行资金融通，不仅可以使银行充分利用这些优质资产，而且由于回购协议利率较低，如果银行以此融资用于收益较高的投资，则会带来更高的盈利。但是，回购协议并不是绝对安全的，有时也会发生违约风险。

4. 国际金融市场借款

国内金融市场利率受本国货币政策的影响，而国际金融市场的利率则一般完全由资金的供求决定。因此，当国内资金紧缺时，商业银行可以转向国际金融市场来寻求资金来源。目前最具规模、影响最大的是欧洲货币市场。欧洲货币市场由于限制少、利率低、金额大、手续简便灵活，吸引了无数资金需求者，不少商业银行，尤其是一些大的跨国银行更是将其当成自己的常用资金来源渠道。欧洲货币市场最早起源于欧洲，目前已突破欧洲的地域，遍布世界各地。

（二）银行短期借款的管理要点

短期借款在时间和金额上相对比较集中，借款期限有明确约定，便于银行加以控制，短期借款的稳定余额可以被借款银行长期占用，这些特点决定了银行对短期借款的管理要点。

(1) 主动把握借款期限和金额，有计划地把借款到期时间和金额分散化，以减少流动性需求过于集中的压力。

(2) 尽量把借款到期时间和金额与存款的增长规律相协调，把借款控制在自身承受能力允许的范围之内，争取利用存款的增长来解决一部分借款的流动性需要。

(3) 通过多头拆借的办法将借款对象和金额分散化，力求形成一部分可以长期占用的借款余额。

(4) 正确统计借款到期的时间和金额，以便做到事先筹措资金，满足短期借款的流动性需求。

二、银行中长期借款的经营管理

（一）银行中长期借款的种类

商业银行除了通过上述渠道筹集短期资金外，也从金融市场上筹集长期资金，主要手段是发行金融债券。商业银行作为债务人向社会发行金融债券筹集长期资金，已成为国外银行业较流行的做法。

商业银行发行金融债券比起吸收银行存款有以下优点:

(1) 发行金融债券可以充分发挥财务杠杆的作用。由于金融债券的利率一般高于同期限的存款利率,对客户的吸引力强,筹资的效率要高于存款。

(2) 发行金融债券筹集的资金相对稳定。金融债券有明确的偿还期,一般不提前还本付息,资金的稳定程度高。

(3) 金融债券比存款的流动性强。金融债券一般不记名,有广泛的二级市场可以流通转让,比存款具有更强的流动性。

当然,发行金融债券筹集资金也有其自身的局限性:

(1) 发债成本要高于吸收存款的成本。金融债券除利率高外,还要承担相应的发行费用,因此,受银行成本负担能力和盈利能力的制约。

(2) 由于金融债券时间较长,不确定因素较多,投资者和银行都可能面临较大的风险,如利率风险、信用风险等。在银行倒闭时,金融债券后于存款债权的偿还。

因此,金融债券的发行数量、利率、期限都要受到管理部门的严格限制。

(二) 银行中长期借款的管理要点

商业银行主要通过发行金融债券的方式获得中长期借款,发行金融债券的管理要点可归纳为以下几点:

(1) 做好债券发行和资金使用的衔接工作。商业银行应根据自身资金平衡的要求,制订好相应的债券发行计划、用款计划和还款计划。尤其要注重发行债券所筹得的资金在数量上和效益上要与用款项目相衔接。

(2) 合理确定债券的利率和期限。金融债券的发行应根据利率变化的趋势决定计息方式和偿还年限。如预期利率有上升的趋势,就应采取固定利率的计息方式,并使债券的期限尽量长一些;反之,预期利率有下降趋势,则宜采取浮动利率的计息方式,并考虑缩短偿还年限。

(3) 掌握好发行时机。商业银行应选择市场资金供给大于需求、利率较低的时机发行金融债券。

(4) 研究投资者心理。金融债券作为一种投资工具,能否顺利推销取决于投资者的购买心理。因此,商业银行必须研究和了解投资者对购买金融债券的收益性、安全性、流动性和方便性的心理要求,并针对这些要求设计和创新债券品种。

三、结算性负债的经营管理

结算业务是指通过商业银行结清由商品交易、劳务供应和资金调拨而引起的债权债务关系的一种货币收付行为。银行办理转账结算业务不仅可以收取一定的手续费,还可以占用客户的资金,使其成为信贷资金来源的一部分,形成结算性负债。

结算性负债作为商业银行资金来源的一种补充,既要受一国支付结算制度的制约,也取决于该商业银行结算业务量的大小。由于结算性负债的流动性需求特别强,因此,商业银行在经营过程中要尽量减少资金的在途时间,提高整个社会的资金周转速度;另一方面,银行还可利用结算过程的资金解决一部分流动性的需求。

第四节　商业银行负债业务的经营及风险管理

一、商业银行负债业务的经营管理

银行负债业务的经营管理主要涉及三方面的内容:保持适度的负债规模、保持合理的负债结构和降低负债成本。

(一) 保持适度的负债规模

商业银行的盈利主要来自各项资产,而扩大资产所需要的资金主要通过负债提供,因此银行一般总是存在尽力扩大负债规模的内在冲动。然而,负债并非多多益善,而是存在着一个最佳数量界限。因为,负债所动员的资金在被运用之前不仅不会给银行带来任何收益,反而要求银行付出一定的成本,银行只有把负债吸收的资金通过合理贷放或投资,使资产收益在抵消负债成本并扣除税收后还有一定的净利润,其经营活动才是有效的。如果负债的增加并未引起银行净利润的增加,甚至导致银行亏损,银行就应停止负债扩张行为。在垄断竞争条件下,银行最佳负债规模是边际负债成本与银行边际收益相等时的负债量,实际负债量大于或小于这一负债量都不能实现银行利润的最大化。显然商业银行负债规模的确定至少必须考虑三方面的限制:一是负债成本的高低,二是负债所吸收的资金有无适当的放贷或投资机会,三是资金运用的收益在抵消负债成本和税收后能否产生必要的剩余。

(二) 保持合理的负债结构

合理的负债结构可以起到稳定银行资金来源、降低资金成本、保证银行安全高效运营、降低风险的作用。因此,银行必须重视对负债结构的调整。负债结构合理化,既要求银行保持多样化的筹资方式和筹资渠道,以利于方便及时地获得所需资金,提供流动性需求,也要求负债结构合理搭配,以利于所筹资金的稳定和降低筹资成本。

负债的结构一般包括利息结构、期限结构和种类结构。合理安排负债的利息结构要求商业银行做好高息负债、低息负债和无息负债的优化组合;合理安排负债的期限结构要求商业银行做好短期负债和长期负债的优化组合,既不能为了增大盈利,如发放长期贷款而大量吸收长期负债,也不能为了降低负债成本而只增加短期负债的数量。银行应该将短期负债和长期负债的数量保持在一定的比例上,从而使银行的负债既能满足其资产业务的需求,又能保持一定的流动性。合理安排负债的种类结构要求商业银行做好被动负债与主动负债的优化组合,保持定期存款和活期存款的合理比率,保持对中央银行负债和对同业负债的合理比率等,同时要求银行不断进行业务创新,注重负债新品种的研发与推广,拓展负债的种类结构。

另外,合理配置负债结构,在某种程度上还取决于资产结构的匹配合理。资产与负债是商业银行经营中同一事物的两个方面,所以在搞好负债结构调控的同时还应注意资产结构的合理安排。

(三) 降低负债成本

银行作为一个企业,其经营活动的出发点是以尽可能少的投入,获取尽可能多的收益,而负债成本在银行成本中占很大部分,因此为了实现利润最大化的目标,必须最大限度地降低负债成本,做好负债成本控制工作。

商业银行的负债成本是指银行为吸收存款、筹措资金、借入款项所必须支付的成本费用开支。负债成本主要由以下三部分构成:一是利息成本,二是营业成本,三是相关成本。[①]其中,前两项成本是最主要的。

商业银行负债成本的变动,既与负债总量有关,也与负债结构有关(在利率不变的情况下)。在商业银行的经营实践中,一方面,正常情况下,负债总量与负债成本同方向变动,即负债总量增加,负债成本也增加。所以,要控制好负债成本,必须保持适度的负债总量规模。另一方面,商业银行不同的负债结构,带来不同的负债成本。所以,要控制好负债成本,必须保持合理的负债结构。对于商业银行来说,要追求的最终结果是负债结构的变化既要满足商业银行资产运用的需要,又要使负债的综合成本降到最低。

另外,在银行的经营成本中,除利息成本外,日常营业成本在银行成本中所占的比重不容忽视。营业成本包括筹资的广告宣传费用、筹资人员的工资、筹资所需设备和房屋的折旧费摊销、筹资过程中的管理费用以及为客户提供服务所发生的费用等。银行在成本管理中,应制定切实可行的成本控制方法,如采用作业成本法、定额成本法、标准成本法等专业成本管理办法,降低银行的营业成本。

二、商业银行负债业务的风险及控制

银行通过负债筹集资金会面临各种各样的风险,这些风险主要有以下几种类型:

(一) 流动性风险

银行的流动性是指银行满足存款者提现、支付到期债务和借款者的正当贷款要求的能力。狭义的流动性风险主要是指银行没有足够的现金来清偿债务和保证客户提取存款的需要,从而发生支付危机。广义的流动性风险还包括银行不能满足客户正常合理的贷款需求,既影响银行的形象和信誉,又影响银行的盈利水平。银行流动性风险主要是由期限错配和利率的敏感性两方面原因产生的。

防范负债的流动性风险一方面要建立分层次的准备金,通过资产的变现来解决头寸不足,既可以持有一部分流动性很强的证券,也可以出售其有稳定现金流的资产,实行资产证券化;另一方面要根据银行经营环境的变化,拓宽商业银行资金来源渠道,从多途径、以多形式筹措资金,协调各种不同资产在利率、期限、风险和流动性等方面的搭配,在确保资金安全性、流动性的基础上追求并实现利润最大化。

(二) 利率风险

利率风险是指资金市场利率的变动对商业银行经营成本的影响,即利率的不确定性所导致的负债成本增加。银行不同的资产负债结构、存贷款类型、数量和期限,所面临的利率风险都会存在很大的差别。如浮动利率的大额定期存单、货币市场存款、短期储蓄存款、基金借款利率的敏感性较强,而固定利率的大额可转让存单、活期存款、长期储蓄存款的利率

---

① 这里所讲的“负债成本的构成”与本章第二节中的“存款成本的构成”是类似的,只不过前者指的是银行总负债(包括存款负债和非存款负债)的成本构成,而后者指的是银行存款负债的成本构成。

敏感性相对较弱。银行在筹集资金的过程中应考虑资金运用情况,筹集不同利率敏感性的资金,避免利率风险给银行带来损失。

对于利率风险,商业银行可采取的防范措施有:对未来市场利率的变动进行科学预测;运用远期利率协议、利率期权、利率互换等金融工具来规避利率风险。

(三) 清偿性风险

清偿性风险是指当存款人、借款人等债权人提出清偿债务的要求时,商业银行不能按时清偿债务所导致的风险。清偿性风险分为相对清偿风险和绝对清偿风险两种。相对清偿风险是指商业银行资产总值足够偿还所有债务,但不能按时偿还目前要求清偿的债务,即由流动性引发的清偿性风险,它的管理对策与前面流动性风险的管理相同;绝对清偿风险是指商业银行的资产总值低于负债总值,不能立即清偿而且在任何情况下都不能全部偿还所有债务。对绝对清偿风险的防范,一是要建立存款保险制度,提高整个社会对商业银行的信心;二是要增加银行的资本金,确定适度的负债规模。

(四) 资本金风险

在商业银行的经营管理中,由于银行资本的成本高于吸收存款和其他负债的成本,银行总是倾向于不断提高资本的杠杆作用,即在既定的资本规模下,加大负债比例,从而起到降低资金成本、增加银行盈利、扩张资产的目的。在过高的杠杆作用下,银行资本与资产的比例会急剧下降,使资本充足率受到考验,在资本充足率不足时,就会出现资本金风险。为防止银行无限制扩大负债规模,避免引发资本金风险,巴塞尔协议规定了商业银行最低资本金充足率,以便在发生经营亏损的情况下,保证银行的资金安全。

三、存款准备金制度

存款准备金制度是指中央银行依据法律所赋予的权力,要求商业银行和其他金融机构按规定的比率在其吸收的存款总额中提取一定的金额缴存中央银行,并借以间接地对社会货币供应量进行控制的制度。存款准备金制度建立的初衷,是将其作为商业银行清偿力的保证,即保障客户存款的安全,防范流动性风险,主要用于商业银行倒闭时偿付银行债务的准备。后来,存款准备金制度逐渐发展成为一种货币政策工具。存款准备金的存在,在一定程度上降低了银行的经营风险。

拓展阅读

我国的存款准备金制度

存款准备金制度起源于18世纪的英国,最初这一制度的主要功能是政府变相地向商业银行征收税收。历经美国1863年的《国民银行法》、1935年的《银行法》,以法律的形式规定了商业银行向中央银行缴存存款准备金的制度。随后,准备金制度在全球各国普遍实施。

我国的存款准备金制度是在1984年建立起来的,截至2004年年底,法定存款准备金比率经历了多次调整。在法定存款准备金比率多次调整的同时,我国的存款准备金制度也在不断地改革和完善。

1998 年 3 月,中国人民银行对存款准备金制度进行了重大改革。其主要内容是:将原来各金融机构在人民银行的准备金存款和备付金存款两个账户合并,称为“准备金存款”账户;对各金融机构的存款准备金考核到法人单位进行管理;法定存款准备率从 13% 下调到 8%;超额准备金及超额准备率由各金融机构自行决定。

2004 年 4 月,中国人民银行开始实行差别存款准备金率制度。该制度规定资本充足率低于一定水平的金融机构存款准备金率提高 0.5 个百分点,执行 7.5% 的存款准备金率,其他金融机构仍执行现行存款准备金率,并按年定期对金融机构质量状况的分类标准进行动态管理。该制度使得金融机构适用的存款准备金率与其资本充足率、资产质量状况等指标挂钩,可以抑制资本充足率较低且资产质量较差的金融机构的贷款扩张,从而降低金融系统的风险。

2005 年,中国人民银行重新修订印发了《金融机构外汇存款准备金管理规定》。该规定改变了原中资金融机构和外资金融机构在缴存外汇存款准备金方法和缴存比率上不一致的现状,杜绝了中资金融机构将外币折合为本币缴存等不规范操作。

虽然目前各国执行法定存款准备金政策的指导思想仍是通过改变准备金率来调控货币,进而影响宏观经济,但在发达国家,法定准备金率已经较低,而且调整法定准备金率的手段也较少运用。例如,美国在 1980 年以后的十年时间里,基本上没有调整过法定准备金率,90 年代后美联储又采取措施逐步降低法定准备金率。目前美国的平均法定存款准备金率已经较低。欧洲央行法定存款准备金率仅为 2%,也没有频繁调整准备金率。

我国目前法定存款准备金率与发达国家相比处于较高水平,我国央行也多次通过调整准备金率来调控货币。可见,现阶段法定存款准备金制度仍是我国主要的货币政策工具之一,是央行调节货币供应量和社会流动性的重要手段。

详情链接:根据相关资料归纳推理。

四、存款保险制度

存款保险制度是为了保护存款人的合法利益,维护金融体系的安全与稳定,设立专门的存款保险机构,规定经办存款的金融机构必须或自愿根据存款额大小按一定的费率向存款保险机构投保,当投保的存款机构出现经营危机或陷入破产境地时,由存款保险机构向其提供流动性支持或直接向其存款人支付部分或全部存款的一种制度。

(一) 存款保险制度的作用

存款保险制度起源于美国,它对于商业银行的经营活动、风险转移和防范具有重要意义,其作用主要体现在以下几点:

(1) 保护存款人的利益,增强存款人对金融机构的信心。当一家银行因经营不善或其他原因造成支付困难而破产时,由存款保险机构代为支付公众存款,从而既保护了存款客户的合法利益,特别是保护了中小存款者的利益,又使存款人对金融机构的信心增强,保证金融机构有较为稳定的存款来源,增加存款向投资转化的流量,有利于一国资本的形成和经济的发展。

(2) 有利于维护金融体系的稳定。金融机构作为一种特殊的企业,其经营面临来自各方面的风险。一家银行由于自身经营管理不善而倒闭，可能会使存款者人人自危而引发大规模的挤兑风潮，从而造成对整个金融体系的冲击。如果有了存款保险制度，就可以对陷入困境的金融机构采取援救措施，使其渡过难关，避免破产。如果到了非破产不可的地步，由于存款人确信自己的存款可以得到赔偿，因而其他金融机构遭到挤兑而导致连锁破产的可能性就会小得多，从而保护了那些正常经营的金融机构。

（3）可以作为中央银行进行金融监管的补充手段。存款保险机构为了减少保险赔偿金的支出，有必要对投保金融机构的经营活动进行监督和检查，这可以促进投保金融机构提高经营管理水平，从而防止和减少金融机构破产倒闭现象的发生。

（4）有助于提高金融机构的资信。在已建立了存款保险制度的国家，无论是实行强制保险还是自愿投保，金融机构都会主动要求参加保险，因为参加保险的金融机构可以借此提高其信誉等级，从而提高其竞争能力，为其日后拓展业务奠定基础。现在，各国商业银行都在大力开展国际业务，在激烈的国际竞争中，那些对海外分支机构吸收的存款也给予保险的国家，占据了很大优势。

（二）存款保险制度可能引发的问题及应对措施

存款保险制度虽然能增强公众对银行业的信心，维护金融稳定，但该制度可能带来的道德风险和逆向选择问题，也成为难以回避的困扰因素，这在某种程度上阻碍了各国加速建立存款保险制度的步伐。

存款保险制度主要在以下三个方面造成道德风险：首先，从存款人角度看，存款保险降低了存款人监督银行的自我保护激励。这将导致那些经营不善，甚至是资不抵债的银行能够继续吸收存款。其次，从银行的角度来说，存款保险易诱使银行高风险经营。最后，从监管当局的角度来说，存款保险使得监管者往往更容忍濒临破产的银行继续在市场上生存，而不要求其立刻采取及时的纠正行动。存款保险制度可能造成的道德风险，不仅会削弱市场规则在抑制银行风险方面的积极作用，而且使经营不善的投保机构继续存在。这些投保机构的高风险、高利率举措，使得经营谨慎的金融机构在业务经营上无法与之公平竞争，这间接地允许和鼓励了金融系统内部的资产质量恶化和风险累积。

存款保险制度的逆向选择问题来自存款保险机构和投保银行有关投保银行风险水平的信息不对称，这在加入存款保险体系完全出于自愿、支付单一固定保费的情况下尤为突出，因为在一个自愿加入的存款保险制度中，如果存款保险机构以所有银行的平均风险水平确定保费，则加入存款保险制度的可能都是风险水平较高的银行。这样，投保银行的平均风险水平会比存款保险机构预期的要高，存款保险机构不得不提高保费，这又会导致一部分银行退出存款保险制度。逆向选择的结果是：只有风险水平最高的银行留在存款保险体系中。由于风险太高，这样一个存款保险制度是无法长期维持下去的。

由于存款保险制度可能带来上述道德风险和逆向选择问题，存款保险制度要发挥出其积极作用，还需要良好的制度设计和监管环境作为配合，以降低道德风险和逆向选择的可能性。从国际经验看，这些制度设计主要有以下几方面：

（1）树立正确的存款保险制度的目标。存款保险制度建立的目标应该是保护整个金融体系的安全稳定，而不是用来保护个别存款机构。日本就曾努力创立“银行不倒神话”。美国联邦保险公司 FDCI 也出现过类似的失误。FDCI 曾对 11 家最大的银行实行“大银行难以倒闭政策”,在它们陷入困境时,全力挽救,而对小银行的处置方式通常是立即破产。这样就带来了严重问题,增加了大银行的道德风险,使中小银行在竞争中处于不利地位,经营风险急剧膨胀。所以,存款保险机构在银行破产的问题上不应过于谨慎,对那些内部混乱、经营作风不稳健的银行应坚决不予支援,该破产的就让它破产。实际上允许银行破产应是存款保险制度的前提,关键是把银行破产的规模和数量控制在社会可接受的范围内。

(2) 实行与风险相联系的差别费率。保险费率的确定,必须与投保银行的风险状况密切联系。低风险的银行只需定期向存款保险机构缴纳小额的保费;而高风险的银行不但要向存款保险机构缴纳较高的保费,还要按照存款保险机构的要求进行整改。这样做是为了增加银行从事高风险投资的成本,从而抑制其冒险的动机。

(3) 实行限额赔付。即确定一个赔付上限,一旦银行破产,限额内的存款由存款保险公司赔付,超过限额的存款则要等到银行清算之后再进行偿付。这一制度设计不但能保护中小存款人的利益,形成储户对银行进行选择的机制,而且能有效激发大额存款人监督银行的积极性,进而从外部来促使投保银行加强经营管理,提高经济效益。

(4) 实行强制性存款保险。强制性的存款保险一方面可以有效抑制逆向选择行为,保证参加保险的银行数量,壮大保险基金的规模;另一方面又可以淡化某些银行由于规模或其他因素的影响而享有的竞争优势,从而有利于促进竞争的公平性。

拓展阅读

我国存款保险制度的建立

完善的金融安全网由中央银行的最后贷款人职能、审慎监管和存款保险制度三大支柱构成,三者共同促进银行业金融机构健康发展、维护金融市场和公众对银行体系的信心。中央银行作为“银行的银行”发挥最后贷款人的职能,主要通过提供流动性支持,解决银行业“借短贷长”的期限错配问题。审慎监管主要通过最低资本要求、流动性覆盖等监管措施来限制杠杆积累,保证银行经营的合规性和稳健性。在此基础上,银行业健康发展还需要一个稳健经营的市场环境,中小存款人一般难以了解银行的具体经营情况,一旦有“风吹草动”,出于“安全”考虑,他们就去排队挤兑,即使是正常经营的银行也可能会因恐慌情绪而遭到挤兑。建立存款保险制度,通过宣布明确的法律保障和及时偿付政策,切实保障存款人权益,稳定存款人预期,提升公众对银行体系的信心,可以有效防止个体风险引发连锁反应和银行挤兑。得益于这种设计,存款保险 1933 年在美国诞生后即获成功,形成了完善的金融安全网,并一直延续至今。

我国从 1993 年开始着手研究存款保险制度,经过 22 年的酝酿之后,存款保险制度终于落地。2015 年 3 月 31 日,国务院公布《存款保险条例(国务院令第 660 号)》(下称《条例》),并于 2015 年 5 月 1 日起正式施行。《条例》经 2014 年 10 月 29 日国务院第 67 次常务会议通过,2015 年 2 月 17 日由国务院总理李克强签署。自此,我国成为全球第 114 个建立存款保险制度的国家(地区)。

《条例》第一条规定,条例的目的是依法保护存款人的合法权益,及时防范和化解金融风险,维护金融稳定。存款利率放开后,银行为竞争存款,会抬高银行吸储成本,一些小型银行如果经营不善,很可能面临破产倒闭的风险,这时就需要存款保险制度保障存款人的利益。

确定存款保险的最高偿付限额,既要充分保护存款人利益,又要有效防范道德风险。从国际上看,最高偿付限额一般为人均国内生产总值(GDP)的2—5倍。《条例》规定我国金融机构存款保险的最高偿付限额为人民币50万元,这一数字是中国人民银行会同有关方面根据我国的存款规模、结构等因素,并考虑我国居民储蓄意愿较强、储蓄存款承担一定社会保障功能的实际情况,经反复测算后提出的,这一数字约为2013年我国人均GDP的12倍,高于世界多数国家的保障水平,能够为99.63%的存款人提供全额保护。同时,这个限额并不是固定不变的,而可以根据经济发展、存款结构变化、金融风险状况等因素,经国务院批准后进行适时调整。

从国际对比来看,美国、印度、巴西、比利时、阿根廷、西班牙、加拿大、英国的全额被保险存款账户占全部存款账户的比例分别为99%、98%、98%、96%、95%、94%、87.5%和70%。我国99.63%的全额保障账户比例处于较高水平。

为有效保障存款人的利益,保证存款保险制度的公平性和合理性,促进银行业公平竞争,《条例》规定的存款保险具有强制性。存款保险的保费由投保的银行业金融机构交纳,存款人不需要交纳。存款保险实行基准费率与风险差别费率相结合的制度。

详情链接:根据相关资料归纳推理。

本章主要网络链接

1. 中国银监会网站: http://www.cbrc.gov.cn/chinese/home/jsp/index.jsp
2. 中国人民银行网:http://www.pbc.gov.cn
3. 中国证券报—中证网:http://www.zqb.cn

关键术语

商业银行负债 存款 存款准备金 存款保险制度 流动性风险 负债管理

复习思考题

1. 银行负债的种类主要有哪些?每种负债有何特点?
2. 什么是银行的负债成本?请举例说明银行负债成本的构成情况。
3. 银行成本分析的方法有哪些?这些方法之间有何区别?
4. 与银行负债相关的风险主要有哪些?请说明这些风险是如何形成的,商业银行应如何进行负债成本控制和风险管理。
5. 试述我国存款保险制度对商业银行负债管理的影响。

第四章

商业银行现金资产与流动性管理

学习目标

- 了解商业银行现金资产的构成、作用和特点
- 了解商业银行现金资产管理的基本原则和目的
- 了解商业银行流动性需求和来源的预测方法，掌握商业银行流动性管理理论以及流动性的重要度量指标
- 掌握银行资金调度的意义及渠道

案例导读

移动货币和移动银行的比较

近年来，随着互联网金融和电子商务的不断普及，中国的移动支付业务获得了迅猛发展。目前，国际上对移动货币还没有统一的定义，各国根据本国的实际发展情况对移动货币的界定也不尽相同。安永认为所有通过手机完成的货币交易都可称为移动货币，这一概念较为宽泛也较为模糊。而根据全球移动运营商协会（Global System for Mobile Communications Assembly，简称 GSMA）的定义，移动货币是一项金融服务革新，该革新借助信息和通信技术（Information and Communication Technologies，简称 ICTs）以及非银行物理网络，将金融服务延伸到没有被传统银行覆盖的地区和人群，并具有两个主要特点：一是客户在银行体系之外的网络完成存取款操作；二是客户通过手机界面完成交易。为更好地进行阐述，我们倾向于引用非洲发展银行的定义，即移动货币与存在传统银行账户上的货币不同，是指存放在用户识别卡（SIM 卡）上的货币，SIM 卡取代银行账号成为用户身份的识别码。从功能角度分析，移动货币涵盖汇款、小额支付等多种业务，旨在通过手机向没有银

行账户的人群提供金融服务，或者向已有银行账户的人群提供技术便利。

目前，国际上主要有两种通过手机提供金融服务的模式：一是移动运营商主导的移动货币服务，简称移动货币；二是银行主导的移动金融服务，简称移动银行或手机银行。移动货币可以为用户直接开立与手机 SIM 卡相关联的虚拟账户，用户在指定的移动货币代理点进行现金的存取，并通过虚拟账户直接进行汇款、支付等操作；移动银行使得客户通过手机即可登录其银行账户并进行账户操作，同时可通过银行自身的网点、ATM 机进行现金存取。移动运营商主导模式和银行主导模式共同为客户提供移动金融服务。两者的主要区别如下表所示：

移动货币和移动银行的区别

	移动货币	移动银行
主导机构	移动运营	银行
账户类型	与 SIM 卡相关联的虚拟账户	传统银行账户
客户类型	手机用户	银行客户
适用范围	金融基础设施落后的国家或地区	银行覆盖

由此可以看出，移动货币和移动银行的模式选择和发展路径，主要是由所在国家或地区的经济和社会环境决定的。在金融基础设施落后的地区，传统金融服务覆盖率低，移动货币具有成本低、易推广的优势，增强了金融的普惠性；而在经济发展较好、银行业竞争充分的地区，移动银行打破了银行物理网点的限制，丰富了银行服务渠道，提供的产品或服务较移动货币更为多样，便利了广大银行客户，有利于增强客户黏性。近年来，在一些国家，移动货币和移动银行呈现出了互补发展、相互趋同的趋势，并逐步发展出了基于代理商网络的银行服务体系，即银行不仅借助于自身的物理网点为客户提供服务，而且通过与零售商等代理机构的合作，借助于代理商渠道为客户提供基本的银行服务，从而将银行服务延伸到广大农村地区。就具体的汇款支付业务而言，移动货币和移动银行均使得用户通过移动终端实现汇款或支付，在支付方面的功能都属于移动支付的范畴，与银行传统支付方式相比，移动支付不受时间和空间的限制，具有便捷迅速、运营成本低、费率低廉的优势，但无论是移动货币还是移动银行，有两点是不变的：手机服务永远是由移动运营商提供，而资金清算则由银行负责。

详情链接：中国人民银行网站。

你是不是有下面的疑问

1. 互联网金融对支付系统有哪些影响？
2. 移动货币与货币在功能上有什么区别？
3. 移动银行对现代银行业的影响是什么？

进入内容学习

第一节　商业银行现金资产概述

一、商业银行现金资产的构成

商业银行资产业务是商业银行的资金运用业务,它既是商业银行最主要、最基本的盈利来源,又是信誉高低的重要标志。商业银行资产业务包括现金资产业务、贷款业务和证券投资业务,其中现金资产是商业银行流动性最强的资产。商业银行持有一定数量的现金资产,主要目的是满足银行经营过程中的流动性需求。银行持有现金资产需要付出机会成本。银行现金资产管理的任务,就是要在保证经营过程中流动性需求的前提下,将持有现金资产的机会成本降到最低,作为银行经营安全性和盈利性的杠杆,服务于银行整体经营状况最优化目标。

现金资产是指商业银行所持有的现金及与现金等同、随时可用于支付的资产。它作为银行流动性需求的第一道防线,是非盈利性资产,从经营的角度出发,银行一般都尽可能地把现金资产降到法律规定的最低标准。过量的现金准备会造成较高的机会成本,并且随着投资利率水平的上升,机会成本也随之增加;但是,现金资产准备过少,又存在着巨大的经营风险,银行手中如果没有足够的现金满足储户的提款需求,就会使储户丧失对银行的信心,同时也会产生潜在的清偿能力降低的隐患。所以,银行的现金资产应保持在一个合理适度的规模。

银行现金资产,也可称为现金头寸,主要包括库存现金、在中央银行的存款、存放同业存款和在途资金四个项目。

(一) 库存现金

库存现金是指商业银行保存在金库中的现钞(纸币)和硬币。商业银行经营必须以满足债权人的支付要求和银行其他的日常开支为前提条件。因此,银行需经常保持一定数额的库存现金。由于库存现金是银行的非盈利性资产,并且保存库存现金还需要花费大量的各类相关费用,如果银行的库存现金太多,就可以将其存放到中央银行的存款账户或是同业存款账户中,或者将其用于其他用途。

(二) 在中央银行的存款

在中央银行的存款包括一般性存款和存款准备金两部分。一般性存款是用于银行的支票清算、资金转账等的基本存款账户,同时也可以用来调剂库存现金余缺。商业银行由于同业拆借、回购、向中央银行借款等业务而出现的资金划转以及库存现金的增减等,均需要通过这个账户进行。存款准备金包括法定存款准备金和超额存款准备金。

1. 法定存款准备金

法定存款准备金是依据法定存款准备金制度,商业银行所吸收的存款按照中央银行规定的准备金比率缴存中央银行的准备金。在正常情况下,法定存款准备金金一般不能动用,银行能用于存款支付和新增贷款的只能是超额存款准备金。法定存款准备金作为中央银行调节信用规模的一种政策手段与工具，具有强制性。

2. 超额存款准备金

超额存款准备金有两种涵义：广义的超额存款准备金是指商业银行吸收的存款中扣除法定准备金以后的余额，即商业银行可用资金；狭义的超额存款准备金则是指在存款准备金账户中，超过了法定存款准备金的那部分存款，这部分存款是商业银行在中央银行账户上保有的用于日常支付和债权债务清算的资金。由于超额存款准备金是商业银行的可用资金，其数量多少也直接影响着商业银行的信贷扩张能力。在银行准备金总量不变的情况下，超额存款准备金与银行的信贷扩张能力之间存在此消彼长的关系，即当存款准备金率提高时，法定存款准备金增加，商业银行的超额准备相应减少，其信用或信贷的扩张能力下降；反之，存款准备金率下降，商业银行的信贷扩张能力就增强。因此，超额准备金是货币政策的近期中介指标，直接影响社会信用总量。

（三）存放同业存款

存放同业存款，也称为在其他商业银行的存款，是指商业银行存放在代理行和相关银行的存款。其目的是便利同业之间的票据清算和代理收付以及委托代理行提供服务的需要。同业间开立的存款账户一般为活期账户，这部分款项是可以随时支用的，故视同于现金资产。

（四）在途资金

在途资金，也称托收未达款或托收中的现金。商业银行在为客户办理票据支付清算的过程中，会产生需要向其他付款银行托收但尚未收妥的款项，是一笔他行占用的资金，这类资金在途时间较短，收妥后即成为存放同业存款。因此，托收中的现金是在银行之间票据支付清算过程中自然形成的，它亦属于非盈利性资产，银行一般将其视为现金资产。

二、商业银行保持现金资产的目的

银行持有现金资产的主要目的是应付各种日常支付需要，满足银行的流动性。

1. 满足日常交易提取现金的需要

商业银行的库存现金主要是为存户日常提取现金准备的。在现代社会中，电子计算机广泛应用于银行业务处理，快捷方便的转账结算和信用卡大大节省了现金流通。但是小额零星交易仍使用现金支付。银行必须保留足够的现金以保证客户日常交易提取现金的需要。

2. 满足中央银行存款准备金制度的要求

世界上大多数国家都实行存款准备金制度，法律规定商业银行和存款机构必须按照法定准备率向中央银行交存存款准备金、超额准备金。其目的是保持银行体系的支付能力，降低商业银行的风险，并借以控制和调节商业银行乃至整个社会的货币供应量。

3. 保证存户所开支票的兑付

商业银行是支付的中介，全社会交易活动的货币收付都通过商业银行进行。为保证客户所开支票兑付、到期定期存款和证券的兑付，保证电汇和其他业务往来引起的存款流出，银行必须保留足够的备付金存款以满足流动性的需求。

4. 保持清偿力的需要

商业银行是经营货币信用业务的企业，以追求利润最大化为目标。这就要求商业银行在安排资产结构时,尽可能持有期限较长、收益较高的资产。但商业银行又是一种风险较大的特殊企业,银行的经营资金主要来源于客户的存款和各项借入资金,属于被动负债,银行只能无条件满足客户的需求。如果银行不能满足客户的需求或者银行无法对借入资金还本付息,也会影响银行信誉,严重威胁银行的安全性。因此,在追求盈利的过程中,商业银行必须保有一定数量的、可直接用于应付提现和清偿债务的资产,现金资产正是可以满足这种需要的资产准备。

三、现金资产管理的原则

1. 存量适度原则

存量适度原则是指在一定时期内银行必须将现金资产保持在一个适度规模上。这里的适度规模是指银行以最低的机会成本满足经营活动对流动性的需求所需要的现金资产的规模。只有坚持存量适度原则,才符合银行经营方针的要求。

2. 适时调节流量原则

适时调节流量原则是指银行必须根据业务活动中资金流量的变化,及时调节现金资产的规模。现金资产管理必须根据银行资金流出入的变化及时调整现金资产流量,以保证业务经营活动对现金资产的需要。

3. 安全防范原则

安全防范原则是指银行防止库存现金被盗、被抢,或清点、包装的差错及自然灾害等原因造成的风险。银行的现金资产以多种形态存在,除库存现金之外,其他形态的现金资产都是通过银行账户的资金转移完成支付的,只要库存的现钞、硬币以实物形态存在,就不可避免地会发生危险。因此,银行对库存现金要严加管理,健全安全防范制度,严格业务操作规程,保证库存现金的安全。

四、商业银行现金资产的特点

商业银行的现金资产具有频繁性、波动性、强制性和矛盾性的特点。

(1) 频繁性。银行的经营对象是货币资金,货币的特性就是流动性,只有在流动中才能真正发挥其作用,只有在不断的周转中才能增值。因此,银行现金资产的流动性非常频繁。

(2) 波动性。银行现金资产的需求和供给,受很多因素的影响,而且很多方面是银行自身难以控制的。因此,银行的现金资产存在很大的波动性。

(3) 强制性。银行必须及时保证存款人以现金形式提取存款,必须按中央银行规定的存款准备金率缴存法定准备金。因此,现金资产在很大程度上是强制性的。

(4) 矛盾性。现金资产具有非常高的流动性,但其缺陷是盈利能力非常低,库存现金不能给银行带来任何收益,反而需要花费大量的保管成本。对于存放在中央银行的款项,在中国具有一定的存款利息收入,但利率很低;而在美国则没有任何利息收入。因此,现金资产存在着高流动性与低盈利性之间的矛盾。

五、现金资产与流动性之间的关系

现金头寸在很大程度上受流动性需求的影响,而流动性需求又受现金需求的影响。

表 4 - 1 是某银行的资产负债表,我们可以分析现金资产与流动性之间的关系。

典型实例

表 4 - 1　某银行的资产负债表　　单位:百万元

资　产	金　额	负债和成本	金　额
库存现金	2	活期存款	100
在中央银行的存款	17	定期存款	500
在其他金融机构的活期存款	28	同业拆借	60
在途资金	8	其他负债	30
合计	55	合计	690
证券与生息存款	270	合计股权资本	60
贷款净额	375	—	750
其他资产	50	—	—
总计	750	总计	750

详情链接:中国人民银行支付结算网统计分析与研究,根据 2006 年支付体系运行情况数据整理所得(http://www.pbc.gov.cn)。

注:本案例中,中央银行规定的法定存款准备金率为:活期存款 10%,定期存款为 1%。

(一) 库存现金与流动性供求

在正常情况下,客户存取现金的数额有一定的规律。通常是定期存入现金,在可以预测的时间内,如周末、节假日、旅游旺季、收到付现支票时支取现金。如果出现库存现金短缺,只要商业银行在中央银行或银行业同业有存款,便可以随时提现补足,不会出现流动性问题。

表 4 - 1 说明,银行持有现金资产 5 500 万元,其中 4 500 万元是中央银行的活期存款和同业存款,200 万元是库存现金,这是为应付日常提取现金而保留的。如果在日常交易中出现库存现金不足,由于该行在中央银行和同业银行有活期存款,可以随时提取现金满足需要。例如客户提取现金 50 万元,银行资产负债表就会发生变化,如表 4 - 2 所示。

典型实例

表 4 - 2　资产负债表库存现金变化　　单位:百万元

资　产	金　额	负　债
库存现金	0.5	—
在中央银行的活期存款	-0.5	—

详情链接:中国人民银行支付结算网统计分析与研究,根据 2006 年支付体系运行情况数据整理所得(http://www.pbc.gov.cn)。

注:本案例中,中央银行规定的法定存款准备金率为:活期存款 10%,定期存款为 1%。

以上实例说明,由于商业银行在中央银行有足够的资金以应付客户提存,不会出现流动性不足。问题在于,当银行交易活动减少现金头寸,而在中央银行和银行同业的活期存款不足时,银行便会出现流动性不足。银行必须通过非存款借入资金或出售资产来增加现金资产。如果某日出现了 250 万元的活期存款的兑现,该行在中央银行就会出现 50 万元的资金缺口。当然银行日常交易活动中存款的增加或贷款的收回都会增加现金资产,进而增加银行流动性供给。

(二) 法定存款准备金与流动性供求

表 4-1 中该行活期存款 1 亿元,应交存款准备金 1 000 万元,定期存款 5 亿元,应交存款准备金 500 万元,总计在中央银行应保持 1 500 万元的存款准备金。该银行在中央银行的活期存款余额 1 700 万元,有超额准备金 200 万元,满足中央银行存款准备金制度的要求。但是,商业银行在中央银行的存款准备金要随应缴准备金负债的变化而变化,如果该行存款增加,则在中央银行的法定存款准备金也应当随之增加;若存款减少,存款准备金也应相应减少。可见存款准备金余额的变化直接影响流动性供求。

(三) 存放同业与流动性供求

存放同业包括商业银行在中央银行的准备金存款和在其他银行的存款两部分。

1. 在中央银行的准备金存款

商业银行在中央银行的活期存款,除了缴存的存款准备金以外,就是自己可以动用的备付金存款。我国自 1998 年 3 月 21 日起对存款准备金制度实行改革,将各金融机构的法定准备金账户和备付金存款账户合并为准备金存款账户,法定准备金比率由 13% 下调至 8%(2008 年 11 月 27 日这一比率改为 15.5%)。备付金存款的主要用途是:应付支票结算、存款和债券的兑付、汇兑和其他往来引起的存款转移。

2. 在其他银行的存款

一些中小商业银行要在同业大银行有一定数量的存款,主要是为支付代理费用。这是因为中小商业银行由于客户有限,对于某些较少的业务,如果自己购置设备完成客户的委托,其成本较高,于是便委托大银行代理完成客户委托的业务,其支付的代理成本较前者低。

中小商业银行向代理行支付的代理费用一般采取两种方式收取:一种是用在代理行的存款利息支付,另一种是用在代理行的存款余额支付。

(四) 在途资金与流动性供求

商业银行每天都有大量的支票在托收中,个人、企业和政府部门任何时候都可以存入支票,但是由他行客户付款的支票必须通过银行的支付系统完成收付结算。对于收款银行来说,只有在资金收妥之后,才能使用这些款项。因此,托收中的款项也叫浮存,它是银行流动性供求的一条渠道。托收未达款的占用时间取决于银行结算系统的效率,目前各国银行普遍使用电子联行系统进行异地资金结算,资金交易在瞬间便可以完成,当天可以抵用,大大减少了支票的传递和资金在银行的转移时间,加快了资金周转,提高了资金的使用效率。

拓展阅读

农行河南分行率先试点开发现金流通管理系统

为实现对冠字号码信息的准确追溯和快速查询,河南农行近期在辖内鹤壁分行试点上线了现金流通管理系统,该系统在柜面现金收付款、现金清分、ATM 加配钞过程中,实时采集冠字号码信息数据,实时动态转存,实现了营业机构前后台收付款、ATM 配钞等环节的数据后台存储,以及假币纠纷信息举证查询和管理,同时提升了清分效率、钞币质量和服务水平。

河南分行高度重视现金收付工作,在试点期间,为鹤壁分行辖内 15 个营业机构的每一个营业窗口都配备了微型清分机,是鹤壁市唯一一家全部使用清分机的金融机构。柜员使用清分机受理客户存款时,可同步完成残损币挑剔和冠字号码存储,且柜员可利用营业闲暇时间,对现金进行二次清分,既满足了人民银行付出现金必须经过清分机清分的要求,也减少了现金调拨。同时,鹤壁分行现金中心与厂商技术人员一并对柜员开展了业务培训,分别培训了现金清分基础知识与要求、微型清分机功能与使用技巧,以提高柜面人员清分技能,发挥清分机具效能,提升了全辖上缴款及对外付款钞币质量,使群众放心用钱、用放心钱。

现金流通管理系统由于采用二级分行、网点分级管理模式,在二级分行建立系统服务器,网点利用网络将微型清分机与 PC 进行联网,并基于 BS 架构进行查询,因此,可以将现金处理过程中的纸币冠字号码,以图像和字符两类格式进行信息采集,按笔实时转存在 PC 和服务器中,并可将 ATM 配钞冠字号码与设备进行对应,以便查询冠字号码信息。系统上线后,日均处理网点前台收付款项和 ATM 配钞款项等 600 多万元,为管理现金流通和智能分析提供了信息基础。

详情链接:中国人民银行新闻,2013 年 10 月 18 日。

第二节 商业银行现金资产的管理

一、现金资产的流动性预测

流动性预测是银行预测内部流动性供给和流动性需求来源,估算可能出现的流动性余缺,据以平衡流动性供求的管理手段。流动性预测主要有三种方法:资金来源与运用法、资金结构法和流动性指标法。

(一) 资金来源与运用法

资金来源与运用法是指银行通过预测资金来源与占用数量来预测流动性需求量,进而组织资金来源,满足流动性需求的一种方法。

资金来源和运用法是一种通过估算一定时期内(即流动性计划期)潜在的资金来源量与潜在的资金需求(运用)量的变动,以确定商业银行流动性短缺或盈余的方法。这种方法将计划期内存款和贷款的数量变化作为分析和测算的重点,包括了季节性、周期性和趋势性资金需求变动三个方面的内容。

这种方法的基本操作程序是:

第一步,预测计划期(如1年)存贷款数额,通常是按月或按周计算存贷额的预测值。

第二步,根据同一时期存贷增减额变动的估计,测算出流动性需求净额(短缺或盈余)。

表4-3是A银行对计划年度每月存贷款数额的预测。我们将以此表作为样本简要说明每月存贷款额的具体方法。在这个例子中,我们假设该银行在基期(上一年度)年末的存款总额为16亿元,贷款总额为14亿元(这两个数据来自基期年末资产负债表);同时,根据对过去5年的历史数据的分析,预计存款年均增长率为6%,贷款年均增长率为12%。这些数据是预测计划期(新一年度)存款额的重要基数。

在表4-3中,栏(1)存贷趋势值是根据预计的每年存款增长6%、贷款增长为12%预测的,表明在正常情况下(即没有季节性和周期性变动的影响),每月存贷款余额将按此增长速度持续增长。

典型实例

表4-3　A银行计划年度每月存贷款额预测　　单位:百万元

存款预测	(1)	(2)	(3)	(4)	(5)
月份	存款趋势值	季节性指数(%)	季节性变动净额	周期性变动额	总　额
1月	1 608	99	-16	-3	1 589
2月	1 616	102	32	8	1 656
3月	1 623	105	80	7	1 710
4月	1 631	107	112	10	1 753
5月	1 639	101	16	1	1 656
6月	1 647	95	-64	-8	1 575
7月	1 655	93	-112	-15	1 528
8月	1 663	95	-80	-9	1 547
9月	1 671	97	-48	-4	1 619
10月	1 680	101	16	0	1 696
11月	1 688	104	64	3	1 755
12月	1 696	100	0	0	1 696
贷款预测	(1)	(2)	(3)	(4)	(5)
月份	贷款趋势值	季节性指数(%)	季节性变动净额	周期性变动额	总　额
1月	1 413	101	14	6	1 433
2月	1 427	97	-42	-9	1 376
3月	1 440	95	-70	-18	1 352
4月	1 454	94	-84	-21	1 349

（续表）

贷款预测	(1)	(2)	(3)	(4)	(5)
月份	贷款趋势值	季节性指数(%)	季节性变动净额	周期性变动额	总　额
5 月	1 467	97	-42	-15	1 410
6 月	1 481	102	28	-3	1 506
7 月	1 495	108	11	9	1 616
8 月	1 510	106	84	17	1 611
9 月	1 524	103	42	11	1 577
10 月	1 538	99	-14	5	1 529
11 月	1 553	98	-28	0	1 525
12 月	1 568	100	0	0	1 568

详情链接：根据某商业银行现金资产管理资料整理而来。

栏(2)为每月存贷款的季节性指标，它是过去5年每月存贷款平均数与12月份的平均数之比。受季节性因素的影响，各月的季节性比率常常不同，如1月份的存款为12月份存款的99%，2月份的存款相当于12月份存款的102%，等等。我们假定以前的季节性比率同样相当于计划期的情况。

栏(3)表示每月的存贷款季节性估测数与基期(上一年度)12月份数额的差额，即季节性变动净额，其计算公式为：

季节性变动净额 = 基期12月份的数额 × 季节性指数 - 基期12月份的数额

栏(4)周期性变动额为上一年度每月预计的存贷款趋势额加上季节性变动额得出的估算值与同期实际的存贷款余额之差。它反映了周期性的资金需求。我们假定上一年度的周期性因素对资金需求的影响同样适用于计划年度。

栏(5)为预测的存款总额和贷款总额，它是栏(1)、栏(3)与栏(4)的数字之和。

在预测存贷款数额的基础上，即可测算计划期的流动性需求。表4-4显示了A银行对计划年度流动性需求量的预测。在该表中，栏(1)与栏(2)的存款总额和贷款总额分别来自表4-3中栏(5)的数值。栏(2)存款变动额与栏(5)贷款变动额是分别以当月存款总额和贷款总额与基期年末12月份的数据相比较计算出来的，即：

各月存(贷)款变动额 = 各月存(贷)款总额 - 基期12月的存(贷)总额

栏(3)所需应缴准备金是按每月存款变动额乘以存款准备金比率计算的。它反映了因存款额的增减而引起的应缴准备金数量的变化。如果存款量下降，相应减少的法定准备金上缴数即为商业银行提供了流动性来源，反之，则增加了流动性需求量。最后，栏(6)为预计流动性需求净额，其计算公式为：

预计流动性需求净额 = 存款变动额 - 所需应缴准备金 - 贷款变动额

典型实例

表 4-4　A 银行计划年度每月流动性需求预测　　单位:百万元

月份	存款总额	存款变动额	所需应缴准备金	贷款总额	贷款变动额	流动性需求净额
	(1)	(2)	(3)	(4)	(5)	(6)
1	1 589	-11	-1.1	1 433	33	-42.9
2	1 656	56	5.6	1 376	-24	74.4
3	1 710	110	11.0	1 352	-48	147.0
4	1 753	153	15.3	1 349	-51	188.7
5	1 656	56	5.6	1 410	10	40.4
6	1 575	-25	-2.5	1 506	106	-128.8
7	1 528	-72	-7.2	1 616	216	-280.8
8	1 574	-26	-2.6	1 611	211	-234.4
9	1 619	19	1.9	1 577	177	-159.9
10	1 696	96	9.6	1 529	129	-42.6
11	1 755	155	15.5	1 525	125	14.5
12	1 696	96	9.6	1 568	168	-81.6

详情链接:根据某商业银行现金资产管理资料整理而来。

注:应缴准备金按假定存款准备金率 10% 计算;流动性需求净额一栏中,带正号的数据表示流动性盈余,带负号的数据表示流动性不足。

预计流动性需求净额反映了每一间隔期资金来源量与资金需求(运用)量的差额,即流动性缺口。当流动性资金来源量小于资金需求(运用)量时,商业银行便存在负缺口(缺口为负号的数值),表示流动性不足或短缺,为此商业银行必须及时筹措资金以满足流动性需求。反之,当流动性资金来源量大于资金需求(运用)量时,商业银行存在正缺口(缺口为正号的数值),即表示商业银行流动性盈余或过剩,这意味着商业银行可将剩余的资金运用于能产生收益的资产。

依据表 4-4,可明确 A 银行在计划年度的流动性需求的大致程度和时间。这对商业银行的流动性管理提供了重要信息和有价值的指导。商业银行可以决定它需要持有的充作流动性准备的资产形式和数量,决定如何为弥补流动性负缺口而增加流动性来源或对正缺口情况下剩余资金的运用做出最佳的安排。

(二) 资金结构法

资金结构法是指银行根据流动性需求大小预测应保留的流动性准备,对合格贷款的增长保留十足流动性准备的预测方法。这种方法适用于按照负债稳定性分类的银行。资金结构法的预测步骤如下:

1. 预测流动性需求

(1) 负债的流动性需求预测。即对银行负债按照提取的可能性大小加以分类。资金结构法将负债按照提取的可能性大小分为游资存款、易损资金和稳定资金三类：

第一，游资存款是指那些利率敏感性强或者在最近将要被提取的存款，包括同业拆借的短期资金。

第二，易损资金是指那些在近期内有可能被大比例提取的存款，提取比例一般占稳定比例的25%—30%。包括最大额存款和非存款负债。

第三，稳定资金是那些最不可能被提取、稳定性最强的存款，即核心存款。

将负债进行分类后分别确定各类负债的流动性负需求。

(2) 新增贷款的流动性需求预测。大多数银行认为，银行必须随时准备发放高质量的贷款来满足客户融资的要求，并为其保留十足的流动性准备。即使流动性短缺，也要依靠借款来满足找上门的优质贷款需求。这是银行的客户关系准则。这样做的好处还在于，贷款不仅可以带来利息收入，而且可以带来新的存款；一旦贷款发放，银行就可以有步骤地向客户提供其他金融服务，并与客户建立多方面的联系，从而为银行带来额外的服务费收入。根据这种经营思想，银行总是估算出优质贷款的最大值，并为此持有十足的流动性准备。

表4-5是某银行运用资金结构法预测流动性需求的例子。

典型实例

表4-5　用资金结构法预测流动性需求　　单位：百万元

分　类	账户余额	应缴存款准备金比率	扣除存款准备金后的账户余额	流动性需求比例	预期流动性需求
游资存款	25	3%	24.25	95%	23.04
易损资金	24	3%	23.28	30%	6.98
稳定资金	100	3%	97.00	15%	14.55
合　计					44.57
优质贷款（贷款总额为135万元，最近已达140万元，并且每年以10%的速度增长）	140×10%+(140-135)×10%=14.5	—	—	100%	14.50
流动性需求总计					59.07

详情链接：根据某商业银行现金资产管理资料整理而来。

注：本例假定游资存款、易损资金、稳定资金的存款准备金率均为3%。

预测预期流动性需求按照扣除法定准备金后的余额计算。

流动性需求比例即银行为其保留的流动性准备金比例。

游资存款95%的流动性准备比率包括银行存放同业的资金、政府证券和可随时变现的回购协议资金。

由表4-5可见，该银行年内的总流动性需求为59.07百万元。

2. 预测最有可能出现的流动性需求

上述预测的流动性需求只是可能出现的一种情况。为了使需求预测更接近实际，银行还要预测最有可能出现的流动性需求。在实际当中，流动性需求可能出现最坏和最好的两种状况。如果存款出乎预测大幅度下降,甚至降到历史最低点,或者合格贷款需求大幅度上升至历史最高点,便会出现最坏的流动性状况;相反,银行存款也会出现超出预测的大幅度增长,达到历史最高纪录,或者贷款需求可能由于经济不景气等原因超出预测大幅度降低,银行出现大量流动性盈余,这是最好的流动性状况。在实际当中一些银行采用概率分析来预测应当持有的流动性准备,其计算公式为:

流动性需求 = 出现 A 情况的可能性 × 在 A 情况下的流动性缺口 + 出现 B 情况的可能性 × 在 B 情况下的流动性缺口 + 出现 C 情况下的可能性 × 在 C 情况下的流动性缺口 + …

例如,某银行将下周的流动性状况归纳为如表 4-6 所示的三种可能的情况:

典型实例

表 4-6 某银行下周可能出现的流动性状况

单位:百万元

可能的流动性状况	短期存款	短期贷款	流动性缺口	变现的可能性大小
最坏的状况	130	150	-20	25%
最好的状况	170	110	60	15%
最可能出现的状况	150	140	10	60%

详情链接:根据某商业银行现金资产管理资料整理而来。

表 4-6 中,某银行预测下周最坏的流动性状况是存款的增长不能满足贷款增长的需求,存在 0.2 亿元的负缺口,但是其出现的概率只有 25%;最好的流动性状况是存款的增幅大大超过贷款,存在 0.6 亿元的流动性盈余,这种情况发生的可能性只有 15%;最有可能出现的情况是只存在 0.1 亿元的流动性剩余,其概率为 60%。所有可能的情况其发生的概率之和必须为 1。根据上述公式,该银行预测最有可能出现的流动性需求为:

最有可能出现的流动性需求 = 25% × (-0.2) + 15% × 0.6 + 60% × 0.1 = 0.1(亿元)

(三)流动性指标法

流动性指标法是指银行根据资产负债表的数据,计算流动性指标,用以衡量银行流动性状况的预测方法。实践中很多银行都采用流动性指标法,根据经验和银行业的平均水平估算流动性需求。衡量银行流动性状况的指标有两类,即资产流动性指标和负债流动性指标。

1. 资产流动性指标

(1)现金状况比率,指商业银行的现金和应收款与总资产的比率。用公式表示为:

$$现金状况比率 = \frac{现金和应收款}{总资产}$$

该指标越高,意味着银行可动用的付现资产比率越高,在满足立即付现需求过程中处于有利地位。

(2)流动性证券化比率,指银行持有的 1 年以内的政府债券(包括政府机构债券)与总资产的比率。用公式表示为:

$$流动性证券指标 = \frac{政府证券}{总资产}$$

该比率越高，表明银行资产的流动性越强，当银行出现流动性缺口时，可随时将政府债券出售以弥补流动性缺口。

（3）净联邦头寸比率，指联邦资金出售和联邦资金购入的差额与资产总额之间的比率。用公式表示为：

$$\text{净联邦头寸比率}=\frac{\text{联邦资金出售}-\text{联邦资金购入}}{\text{总资产}}$$

联邦资金是美国商业银行在中央银行准备金账户上的资金。商业银行必须根据基础负债额和法定比率向中央银行缴存存款准备金。出售和购买联邦资金是商业银行调节现金头寸的重要渠道。该比率越高，表明银行资金的流动性越强。

（4）获利能力比率，指净贷款和租赁与总资产的比率。用公式表示为：

$$\text{获利能力比率}=\frac{\text{净贷款和租赁}}{\text{总资产}}$$

净贷款和租赁是银行获利的主要资产，贷款和租赁资产是银行持有的流动性低的资产，该比率越高，表明银行资产的流动性越差，它是流动性的反向指标。

（5）抵押证券化比率，指银行持有的抵押证券与证券总额的比率。用公式表示为：

$$\text{抵押证券比率}=\frac{\text{抵押证券}}{\text{证券总额}}$$

该比率越高，说明能够满足银行流动性需求的证券比率越小，银行证券资产的流动性越差。

2. 负债流动性指标

（1）游资比率，指银行的货币市场资产与货币市场负债的比率。用公式表示为：

$$\text{游资比率}=\frac{\text{货币市场资产}}{\text{货币市场负债}}$$

其中，货币市场资产包括现金、短期政府债券资产、中央银行超额准备金拆出（即美国的联邦资金贷款）及逆回购协议。货币市场负债包括大额存单、中央银行超额准备金头寸的拆入（即美国的联邦资金借款）及回购协议借款。该比率反映银行平衡货币市场资金头寸的能力。

（2）短期资产比率，指银行的短期资产与敏感性负债的比率。用公式表示为：

$$\text{短期资产比率}=\frac{\text{短期资产}}{\text{敏感性负债}}$$

其中，短期资产包括在其他银行的短期存款、中央银行超额准备金的拆出和银行持有的短期证券。敏感性负债包括大额存款、外国官方存款、联邦资金购入、回购协议中的证券出售、政府的即期票据和其他票据。这些负债对于市场利率变化的反应极强，很容易从银行中流出。这一比率越高，则银行的流动性越强。

（3）经纪人存款比率，指经纪人存款与存款总额的比率。用公式表示为：

$$\text{经纪人存款比率}=\frac{\text{经纪人存款}}{\text{存款总额}}$$

经纪人存款是指证券经纪人代客户存入银行的资金，其特点是数额大、期限短，并以获取高利息收入为目的，因此对利率变化的敏感性很强。这类存款比率越高，银行发生流动性危机的可能性越大。

(4) 核心存款比率,指核心存款与总资产的比率。用公式表示为:

$$核心存款比率=\frac{核心存款}{总资产}$$

核心存款是商业银行存款中最稳定的部分,其特点在于利率敏感性不强,且不随经济条件和周期性因素的变化而变化。由于核心存款到期前被提取的可能性很小,该比率越高,表明银行流动性压力越小。

(5) 存款结构比率,指活期存款与定期存款的比率,用公式表示为:

$$存款结构比率=\frac{活期存款}{定期存款}$$

这一比率用来衡量银行资金基础的稳定性。活期存款的稳定性差,该比率上升,意味着银行存款的稳定性减弱,流动性需求增加。

在运用上述流动性指标时应当注意,这些指标受季节性和周期性因素影响很大。在经济繁荣时期,由于贷款需求增加,流动性指标往往是下降的,在经济衰退时期,流动性指标又会上升。因此整个行业的流动性指标不稳定。一家银行在运用流动性指标时,必须与同类银行(包括同一规模、同一地位、同一运作环境)进行比较,把握流动性变化的原因。

拓展阅读

商业银行现金资产管理——流动性缺口处置

某股份制商业银行A分行行长在星期二上午审阅星期一营业终了轧出的"头寸表"时,发现该行在中央银行的超额准备金仅有270万元。这时,他马上找来计划科长询问头寸短缺情况。计划科长认为,目前头寸短缺的原因主要是春节将至,客户提存增加,导致该行在中央银行的存款急剧下降。更严峻的是,昨日同业清算表明,A分行应支付中国农业银行B分行的清算逆差高达760万元。考虑到今天开门后提现的可能,已与B分行协商推延3日支付。计划科长现在正着手筹措资金,但用哪种方式还没有确定,正准备向行长请示。

行长听取汇报后,当即与计划科长商议如何在目前头寸短缺的情况下,迅速弥补资金缺口。计划科长按照商业银行公认的顺序提出弥补缺口的途径:自有资金→组织存款→系统内申请资金调拨→同业拆借→向资金市场借款→发行金融债券→再贴现→向中央银行借款。经分析,系统内申请资金调拨、同业拆借、向资金市场借款和向中央银行借款是弥补资金缺口的可行途径。

当天下午,计划科长按选定目标开始筹资。首先是向上级行申请调入资金,得到的答复是:由于其他分行欠缴应汇差资金,该收的资金尚未收到,目前没有能力进行资金调剂。当日上午,计划科又向本市略有结余资金的中国建设银行请求同业拆借,得到的答复是:几天后有数笔大额存款到期,目前结余资金不能动用。当日下午,计划科经办人员又从资金市场获悉,要求拆入的银行为数众多,有意向拆出者甚少,于是,从这一渠道获取资金的希望也落空。第三日上午,计划科经办人员带着最后的希望来到中央银行申请借款,在讲明是因为需要支付将被罚款的同业清算资金后,中央银行立即同意借款800万元,为期5日。在熬过这几天艰苦的日子后，A分行的决策人员都觉得，在头寸调度时，依靠中央银行这条渠道是最为可靠的。

10天之后，基层营业机构报来几家企业申请生产周转贷款820万元的计划，计划科立即着手安排资金。在本行可用资金不足的情况下，直接向中央银行申请借款800万元。但这次中央银行的答复是目前再贷款"窗口"对其关闭。令商业银行感到不解的是，为什么仅隔10天，同样是800万元的贷款申请，遭遇却大相径庭？同时，现在又该采取哪些措施来解燃眉之急呢？

这是因为中央银行的再贷款"窗口"通常为商业银行提供两种产品：一是日拆性借款，二是季节性借款。日拆性借款期限较短，一般只有几天，资金来源主要是各家商业银行在中央银行的存款余额，借款也不会使流通中的货币量增加。季节性借款是中央银行为满足社会季节性的信用需求，向流通中提供的短期性货币借款，一般约为几个月，资金来源主要是中央银行提供的基础货币，这种借款会引起流通中货币的数倍扩张，所以中央银行对其审查比较严格。

由上述可知，A分行第一次申请的是日拆性借款，所以得到满足。但第二次申请借款是为了投放生产周转贷款，而生产贷款属于季节性信用需求，若中央银行同意借款，就等于给流通中提供了新的基础货币，这与当时年底中央银行收缩信用规模的信贷政策不相符，所以遭到了拒绝。

详情链接：中国银行业协会（http://www.china-cba.net）。

二、现金头寸的匡算方法

商业银行流动性管理的实质就是资金头寸的匡算与调度。

（一）银行头寸的构成及管理原则

在现金资产中，可供商业银行直接、自主运用的资金，我国银行业习惯地称之为头寸。商业银行的头寸根据层次来划分，可分为基础头寸和可用头寸。

1. 基础头寸和可用头寸及其构成

头寸是指商业银行手头拥有的资金和款项，或者说是商业银行能够直接、自主运用的资金。当一家银行存入款项大于支出款项时，称为"多头"，反之称为"空头"或"缺头"。而银行平衡资金收支总额的过程叫"轧平头寸"或"平盘"。

基础头寸是指商业银行的库存现金与在中央银行的超额准备金之和。在基础头寸中，库存现金和超额准备金是可以互相转化的，商业银行从其中在中央银行的存款准备金中提取现金，就会增加库存资金，同时减少超额准备金；反之，商业银行将库存现金存入中央银行准备金账户，就会减少库存现金而增加超额准备金。但在经营管理中这二者的运动状态又有所不同：库存现金是为客户提现保持的备付金（中国人民银行曾规定商业银行必须持有5%—7%的备付金），它将在银行与客户之间流通；而在中央银行的超额准备金是为有往来的金融机构保持的清算资金，它将在金融机构之间流通。此外，这二者运用的成本、安全性也不一样。

基础头寸的计算公式如下：

基础头寸 = 库存现金金额 + 在中央银行一般性存款余额

可用头寸又称可用资金,是指商业银行扣除法定准备金以后还可以运用的资金,它包括基础头寸和银行存放同业存款。法定存款准备金的减少和其他资产的增加,表明可用头寸的增加;相反,法定存款准备金增加和其他现金资产的减少则意味着可用头寸的减少。

可用头寸的计算公式如下:

可用头寸 = 基础头寸 ± 应清入清出汇差资金 ± 到期同业往来 ± 缴存存款调增调减额 ± 应调增减二级准备金金额

可贷头寸是指商业银行在某一个时期内可直接用于贷款发放和投资的资金,它来自商业银行在中央银行的一般性存款,但又不能等同于超额准备金。因为超额准备金必须首先满足各项资金清算的需要,只有超过银行正常周转需要的限额部分,才可以计算可贷头寸。

2. 资金头寸的匡算

正确地匡算头寸,有利于商业银行合理地进行资金调度,科学地调整资产负债结构,保证商业银行安全性、流动性和盈利性原则的协调统一。

商业银行头寸的匡算在当天营业开始或营业中间进行,具有预测性质。匡算公式为:

当日可动用的现金头寸 = 前日在中央银行的存款准备金 ± 预计当日的存款增减额 + 预计当日收回的贷款本息 ± 预计当日的联行汇差 - 当日必须存在中央银行的存款准备金 - 当日到期的贷款本息

营业日初始头寸由以下几项构成:

(1) 在中央银行的一般性存款,这是保证日常资金清算需要而必须保留的周转金,因此也称备付金,实际上就是超过法定存款准备金的部分。商业银行一般可根据清算存款的需求量,按存款的一定比例,计算一个满足正常支付需要的限额。

(2) 库存现金,主要是为客户支取现金所保留的周转资金,它是商业银行的非盈利资产,因而该资产数额不是越多越好,需要核定一个限额。

(3) 到期同业往来差额,主要是指商业银行在上一个营业日终了时未及时办理同业清算的资金额,这部分资金是营业日一开始就要支付或收入的款项,可视同已减少或已增加的可用头寸。

(4) 应清算的汇差资金,是商业银行之间、商业银行与各金融机构之间的汇兑所产生的差额,汇差资金必须定期清算。

在当天业务终了轧头寸,用以平衡联行汇差和保持在中央银行的存款。营业日头寸的匡算,是商业银行在掌握营业日初始可用头寸的基础上,对当日营业活动中能够增减的可用资金以及需要运用的可用资金的匡算,因此,能起到统筹安排资金的作用,达到保持营业日结束时资金平衡的目的。

(二) 商业银行头寸管理原则

商业银行的经营目的是获取尽可能高的投资回报。由于银行持有的现金不能取得任何利息收入,银行现金头寸管理的基本原则就是尽量减少现金持有量以及加快现金收取,以降低机会成本。

在现金头寸管理中,银行存放在中央银行的法定准备金不能作为流动资金使用,即不能用来满足各种现金需求。由于银行必须满足中央银行所规定的法定准备金要求,并且法定准备金往往随银行的各种存款的波动而变化，银行经常要被动地拆入和拆出现金以满足法定准备金要求。银行在头寸管理中要不断地监视各种存款的变动情况，特别是大存款客户的动向。大银行还需要密切关注货币市场的走势，观察反映宏观经济运行的各种经济指标，因为宏观经济情况影响着现金的需求情况，从而影响银行间同业拆借的成本。

一般来说，规模相异的银行在现金头寸管理中遵循的原则与方法基本一致，其差别仅在于现金头寸的数额大小与现金来源渠道的不同。

三、资金头寸的调度

商业银行的资金调度也称为头寸调度，是指商业银行在科学预测的基础上，根据其资金头寸的松紧情况，按照安全性、流动性和盈利性协调统一的要求而进行的资金上缴下拨、调出调入、拆出拆入、借出借入等一系列的内调外借活动。

（一）头寸调度的意义

1. 头寸调度是银行扩大业务、增强实力的基本手段

头寸作为商业银行的一种资产，首先表现为一定的存量，存量要转化为流量，就必须进行调度。在头寸量一定的条件下，善于调度的银行能有效加快资金周转，业务规模也相应扩大；反之就会缩小业务规模。善于调度头寸的银行不但能有效扩大商业银行的基础货币，而且能协调好掌握基础货币的时间，增强派生存款的能力，提高银行的实力。

2. 头寸调度是维护和提高银行信誉的保证

商业银行作为信用中介机构，其经营活动表现为一系列的债权债务关系。凡善于调度头寸的银行，都具有较高的清偿能力以保证债务的偿还，同时又能有足够的可贷头寸来建立适当的债权和债务关系，使一系列债权债务关系能正常顺利地不断建立和消除，同时也使银行信誉得到了维护和提高，而银行信誉正是银行经营的生命线。

3. 头寸调度是避免和减少银行经营风险的重要手段

商业银行在经营中必然要面临各种风险，如存款提取风险、贷款呆账和坏账风险、利率波动风险、股价涨落风险等，产生这些风险的原因大多与银行资金头寸的供给和需求有关。商业银行通过及时灵活的头寸调度，有效协调资金头寸的供给和需求关系，可以在一定程度上避免和减轻经营风险。

4. 头寸调度是商业银行提高经营效益的重要途径

有效的头寸调度能扩大银行业务和增强银行实力，而业务扩大和实力增强能导致银行收益水平的提高。凡能够及时灵活调度头寸的银行都能将非盈利资产降至安全可行的最低水平，使银行总资产中盈利性资产的比重上升。商业银行盈利基础的提高，则通常表示收益水平的上升。

（二）资金调度的方法及渠道

在方法上，商业银行资金调度可分为近期调度和远期调度两种。

1. 近期头寸调度

在近期头寸调度的操作上，要求商业银行按以下原则进行：

（1）要保持适度的支付准备金。商业银行在中央银行的清算存款和库存现金，都是应付日常支出和清算所必需的资金，保持得过少，会导致支付准备金的不足，进而影响商业银

行的流动性。但由于它们是低收益或无收益资产,保持过多又会影响商业银行的盈利能力。

(2) 选择多种渠道多种方式调出调入资金。商业银行常用的调度资金的方式有同业拆借、短期证券回购及商业票据交易、总行与分行的资金调度、通过中央银行融通资金、出售贷款和固定资产等。

同业拆借是任何一家经营有道的银行,都必然建立的广泛的日拆性短期融资网络,在头寸紧缺时可及时拆进资金,一旦头寸多余又可随时拆出资金。同业拆借既能满足银行短期流动性的需要,又能使银行的日常周转头寸始终保持在一个适当水平。

短期证券回购及商业票据交易尤其是短期国库券以及商业票据是商业银行的二级储备,也是商业银行头寸调度的主要渠道。

总行与分行之间的资金调度的基础是我国目前实行的商业银行总行一级法人制。存款准备金的缴付与现金头寸的调度由各商业银行总行统一负责管理。

通过中央银行融通资金也是商业银行头寸调度的主要渠道之一。在商业银行资金头寸不足时,可采取再贷款和再贴现的方式向中央银行调入头寸;反之,商业银行头寸多余则直接反映为超额准备金的增加,可通过贷款和投资方式调出资金。

中长期证券是一种高盈利性的流动资产,是商业银行流动性的三级储备,而一年内到期的长期证券则视同短期证券而作为二级储备。当商业银行通过上述渠道仍无法弥补资金缺口时,可通过抛售中长期证券的办法调进头寸;而当银行可贷头寸充裕时,则可以选择有利的时机购进中长期证券。但中长期证券买卖不应成为商业银行头寸的主要渠道。

出售贷款和固定资产是当银行突然遇到流动性危机时的措施。在上述所有渠道都难以弥补资金头寸的缺口时,银行还可以通过出售贷款和固定资产的方法调度头寸。

(3) 应选择最佳路线和最佳时间调度资金。资金调度存在一个在途时间,时间越长,积压的资金越多,越会影响商业银行头寸的使用和资金周转,最终影响银行的效益。资金在途时间的长短,除了受银行系统资金划拨手段和服务质量的影响外,主要取决于所选择的最佳调度时间。一般来说,商业银行调度资金的最佳路线应当"就近、直达"。"就近"是指尽量与距离较近的地区联系,力争资金在当天进账;"直达"是指在系统内调拨资金时,应尽量避免产生中间阻塞。

(4) 要加强内部各个业务部门的协调行动。商业银行内部各个部门开展的各项业务活动都是紧紧围绕着资金这个中心来进行的,其结果也都要反映在库存现金和在中央银行的超额准备金的变动上。因此,作为资金调度中心环节的计划部门的资金调度人员,应当加强与其他各部门工作人员的联系,及时了解资金在各部门的出入情况,以避免商业银行头寸严重不足或过度盈余情况的出现。

2. 远期头寸调度

远期头寸调度是指商业银行根据对一段时期以后资金变动趋势的预测,结合近期资金的松紧情况,做出的资金调度安排。调度的主要方法有以下几种:

(1) 贷款安排。商业银行在近期资金充裕时,要考虑一段时期以后的资金供应状况,特别是要考虑到季节性因素的影响,而不能不考虑期限,随意发放贷款,出现当远期资金需求量急剧上升时,贷款却因期限安排不合理而收不回来,从而导致流动性问题的出现。

(2) 资产搭配。这种方法适用于当市场上有多种金融资产可以选择时。商业银行将其可用资金分布在流动性和期限各不相同的多种资产上，通过资产的搭配来安排远期和近期资金的转换。这样做的目的是让商业银行随时都有流动性资产转换为可用资金，以避免可能出现的流动性危机。

（3）意向协议。当商业银行预测到在季节性资金需求高峰，动用自身储备和利用其他筹资方式仍不足以填补资金缺口时，会采取事先与其他商业银行签订意向协议的方式，来满足流动性需求。这就要求商业银行既要有良好的信用，又要有良好的公共关系和业务协作网络。

（4）回购协议。这种方法适用于当商业银行近期头寸紧张，但预测未来某个时期头寸将比较宽松的情形。这时，商业银行可以通过回购协议暂时出售其持有的证券，等资金宽松时再将证券购回。这样做既能解决当前的流动性问题，又能获取一定的收益。

第三节 商业银行流动性的管理

流动性是商业银行生存和发展的先决条件，是商业银行在进行资产负债管理时所面临的最主要的问题。

一、流动性及流动性风险

（一）流动性的概念及主要内容

商业银行的流动性体现在资产和负债两个方面。资产的流动性主要是指资产在不发生损失或尽可能少发生损失的前提下迅速变现的能力；而负债的流动性则是商业银行能够以最合理的成本通过负债手段来获取现金的能力。银行资产的流动性综合反映了银行的应变能力。

从理论上说，银行保持流动性的途径主要有两条：一是银行自己在资产负债表中“存储”流动性；二是直接在金融市场上“购买”流动性。存储流动性就是保留一定的现金资产和信誉好、流动性强、易变现的证券，如政府短期债券等。购买流动性是指商业银行向外筹资，从而保持流动性，一般的中、小型银行多倚重此法。由于大型银行特别是国际性大银行具有信誉好、资金来源广泛、筹资成本较低的优势，它们常常通过在金融市场上拆借资金来满足其流动性。

（二）流动性风险的概念

在复杂多变的金融环境下，流动性风险是商业银行面临的主要风险之一。流动性风险是由于资产和负债的额度及其期限的不匹配引起的。当银行的资产大于负债时，银行便产生融资缺口，需要从市场上寻找资金来源；当资产小于负债时，盈余的资金则需要寻找出路进行投资。资产和负债的差额被称为流动性缺口。商业银行的流动性风险就是指银行不能保持必要的资金来源或者不能锁定外部资金与资产规模使其保持平衡从而引发清偿问题的可能性。

银行的流动性需求由资金来源和资金运用所决定，而流动性风险则是由未来的资金需求和资金来源的不确定性所引起的。银行经理要有效地控制流动性风险，就必须对未来的资金流量做出合理的预测。

二、商业银行流动性管理

商业银行流动性管理是对商业银行的流动性进行计划、预测和控制等,旨在降低流动性风险的一系列管理活动的总称。从商业银行的发展历史看,流动性管理的重心及其管理理论处于不断变化和发展之中。

(一) 流动性计划与预测

1. 流动性计划

银行的流动性计划是为达到商业银行流动性目标而进行的有关安排,是银行总体计划的组成部分。银行流动性计划的内容主要包括:预测银行未来的流动性,包括存款水平和贷款水平的状况,从而找出其未来经营目标的流动性缺口和差距;流动性来源分析,即对银行获取流动性的方式进行成本收益分析,进而进行选择;在对未来流动性预测与流动性来源分析的基础上制订长期流动性计划和短期流动性计划,并根据实际情况进行调整。

2. 流动性预测

积极的流动性风险管理要求银行预测未来一定时期内的资金来源和资金使用,两者的缺口反映了流动性风险的程度。预测流动性需求主要考虑外部环境因素对银行存款及贷款的影响,特别要注意短期流动性需求和周期性流动性需求。

(二) 商业银行流动性管理理论的发展

1. 资产流动管理(或资产转换)理论

这一理论认为,商业银行以持有流动性资产的形式保持流动性。当银行需要现金时,它会将一些资产出售。这种方式是将非现金资产转换成现金资产,因此也称其为资产转换战略。这类资产包括证券、贷款等。

2. 负债流动性管理理论

20世纪六七十年代,一些大银行率先通过在货币市场借入可立即使用的资金满足所有预期的流动性资金需求,这种借入流动性的战略被称为负债流动性管理。

银行借入流动性资金的主要来源包括大额可转让定期存单、同业拆借、回购协议,欧洲货币借款和向中央银行再贴现票据。其优点是:银行不必长期持有一定金额的流动资产,导致降低银行潜在的收益;无须改变资产规模和构成;可以灵活调整借入资金的利率。其缺点是:借款成本有时会很高,以至影响银行的盈利;银行遇到财政困难时由于自身风险增大,往往难以借到流动资金。

3. 平衡流动性资产(资产负债流动性)管理理论

这种理论要求银行持有一些具有较强流动性的债券和同业存款,以满足部分预期流动性资金的需要,同时与代理行事先商定借款额度以满足其他预期的流动性资金需要。平衡流动性资产管理理论要求银行的管理者密切关注银行所有的资金运用和资金筹集活动,明确流动性管理的目标和任务,制订必要的流动性计划。

三、商业银行流动性的度量指标

流动性问题是商业银行破产的直接原因,也是很多金融危机发生的"导火索"。良好的流动性状况,是银行安全的重要保障和基础。因此,注入流动性是银行陷入困境后最重要的解救措施之一。

目前对银行流动性风险的衡量方法尚无定论，银行未来的现金流入与流出以及信用风险等因素都与流动性风险有关系，衡量流动性的准确程度显然受到这些因素的影响。一般来说，常用的衡量商业银行流动性风险的方法主要有静态分析法和动态分析法两大类。

（一）静态分析法

静态分析法是指通过运用一些流动性比例指标来衡量商业银行的流动性风险。

1. 核心存款与总资产的比例

核心存款是指那些相对稳定的、对利率的变化不敏感的存款，季节性变化和经济环境对其影响也较小。核心存款是银行稳定的资金来源。与核心存款相对的是非核心存款，它受利率等外部因素的影响较大。对同等规模的银行而言，核心存款与总资产的比例越高，该银行的流动性能力也就越高。

2. 贷款总额与总资产的比率

如果贷款不能在二级市场上转让，那么这类贷款就是银行所有资产中最不具有流动性的资产项目。因此，这一比率越高，表明银行的流动性能力较差，而该比例较低则反映了银行具有较大的贷款潜力，其满足新增贷款的能力也较强。

3. 流动性资产与总资产的比率

流动资产是指那些投资到期期限短、信誉好、变现能力强的资产。这一比率越高，银行资产的流动性越强，应付潜在的流动性需求的能力也就越强。

4. 易变负债与总资产的比率

易变负债是指那些受利率等经济因素影响较大的银行资金来源。这一比率越大，银行面临的流动性风险也越大。

5. 大额负债依赖度比率

$$\text{大额负债依赖度比率}=\frac{\text{大额负债}-\text{临时投资}}{\text{盈利性资产}-\text{临时投资}}$$

此指标适用分析较大的银行，比值越高，说明该银行承担的流动性风险越大。

以上几个流动性指标的共同缺陷是：它们都是存量指标而不是流量指标，都没有考虑银行在金融市场上获得流动性的能力。

（二）动态分析法

动态分析法包括流动性缺口分析法和现金流分析法。

1. 流动性缺口分析法

流动性缺口是指未来一定时期内银行资产和负债的差额。当负债大于资产，即流动性缺口为负值时，便出现资金盈余，这时不会产生流动性风险；当负债小于资产，即流动性缺口为正值时，便出现资金紧缺，这意味着银行具有较多的资金运用，此时，流动性风险已经产生。银行面临无法从金融市场获得资金以及满足资金需求必须支付比正常成本高的成本的风险。要估算流动性缺口，商业银行应该预测未来一定时期内的新增贷款净值、新增存款净值以及到期的资产和负债等关键变量。

2. 现金流分析法

这里的现金流是指实际的和潜在的现金流。实际的现金流是指那些按合同规定发生的现金流,如即将到期的资产和负债。还有实际业务中存在的大量现金流,如到期的资产和负债可能会被展期,银行可能会出售部分资产,等等,这类可能发生的现金流就是潜在的现金流。

通过对商业银行短期内的现金流入和流出的预测与分析,可评估商业银行短期内的流动性状况,一般表现为流动性剩余或赤字。当流动性出现剩余时,商业银行必须考虑这种流动性剩余头寸的机会成本;如果商业银行出现流动性赤字,则必须考虑这种赤字可能给自身运营带来的风险。

拓展阅读

央行:解读新《预算法》

历时6年之久,2014年8月底,全国人大常委会讨论通过了新的《预算法》,这是全国人大常委会第四次审议《预算法》修正案草案。耗时之久,在我国立法史上已属罕见。关于国库管理体制问题,是本次《预算法》修订过程中讨论较多的一个重点、热点问题。

央行经理国库始于1985年。1985年颁布的《国家金库条例》规定:"中国人民银行具体经理国库。组织管理国库工作是人民银行的一项重要职责。"从此,中国人民银行在国库管理中的基本定位得到了科学、准确的表达。

此后,央行的这一职能相继体现在随后颁布的《国家金库条例实施细则》(1986、1989)、《预算法》(1994)、《预算法实施条例》(1995)、《中国人民银行法》(1995,2003)以及中央机构编制委员会历次部门职责调整等有关法律法规和制度规定中。根据上述基本规定,我国中央银行经理国库体制得以确立。

新的《预算法》中直接涉及国库的条款共有十条。其内容除了全部包括现行预算法所涉及的主要内容外,还对财政专户、预算会计(国库会计)确认基础、国库现金管理、退库、国库集中收付等问题做了规定。

比较现行《预算法》与新的《预算法》,现行《预算法》第四十八条与相对应的新的《预算法》第五十九条中关于国库机构设立、中国人民银行在办理国库业务中的法律地位、国库基础业务等三方面的内容保持完全一致。而不变的内容正是涉及我国国库管理体制的主要内容,包括三方面:(1)国库机构按照"一级政府、一级预算、一级国库"的基本要求设立;(2)国库业务由中国人民银行经理;(3)国库基础业务是办理预算资金的收纳、划分、留解、退付和预算支出的拨付。改变的主要内容包括:(1)国库收入范围的界定;(2)财政专户的设立;(3)开展预算支出绩效评价;(4)预算收支的计价基础;(5)实行国库现金管理;(6)退库业务的处理;(7)实行国库集中收缴和集中支付制度;(8)各种违法行为的处罚。

详情链接:《中国人民银行经理国库》,中国人民银行网站(http://www.pbc.gov.cn)。

关键术语

现金资产　资金头寸　核心存款　易损资金　流动性缺口

复习思考题

1. 请说明我国商业银行现金资产的构成。

2. 什么是托收中的现金？为什么美国商业银行有这项资产，而我国商业银行没有？

3. 请说明商业银行现金资产的作用和特点。

4. 商业银行在现金资产管理中应遵循哪些基本原则？说明商业银行在库存现金、存放央行款项、存放同业款项的管理中，分别需要注意的主要问题。

5. 商业银行流动性需求和来源如何测算？度量商业银行流动性的主要指标有哪些？

6. 请说明商业银行流动性管理的主要理论和主要内容。

本章主要网络链接

1. 中国银监会:http://www.cbrc.gov.cn/chinese/home/jsp/index.jsp
2. 中国人民银行:http://www.pbc.gov.cn
3. 金融时报:http://www.financialnews.com.cn
4. 中国银行业协会:http://www.china-cba.net
5. 中国农村金融网:http://www.china-cba.net

第五章

商业银行贷款业务管理

学习目标

- 理解商业银行贷款的主要分类方法
- 理解贷款原则和贷款政策的基本内容
- 掌握贷款价格的构成和贷款定价的方法
- 掌握信用评价的内容和财务分析的方法

案例导读

互联网金融背景下的贷款新产品

在互联网金融大潮的冲击下，银行开始把业务重心转向互联网，加快利用互联网、移动终端等接触和开拓客户，提高贷款业务办理效率。金融互联网时代正伴随着各项技术创新到来。

光大银行针对网上购物推出“网络瞬时贷”业务，叫板阿里金融推出的信用支付业务。“网络瞬时贷”将信用卡申请、支付环节无缝嵌入网上购物流程。消费者在网上选好商品后，可直接在线申请信用卡，20分钟内即可获得信用额度，完成网上支付。相较传统信用卡发卡模式的15个工作日时长，“网络瞬时贷”打破了传统信用卡必须通过繁琐的审批流程而且以实物形式发卡的惯例。

信用卡业务网络化给银行带来的好处显而易见。“网络瞬时贷”业务基于网上真实消费发起的信用卡在线申请进行授信，可解决银行信用卡传统发卡模式长期存在的活卡率不高的问题。“在客户产生贷款需求的时刻，引入客户快捷办卡并立即首刷，实现了个人用户从非信用卡客户到活跃客户的直接转变，大幅降低了银行的不确定性成本。”光大银行相关人士称。

传统贷款业务网络化除带来全新的体验外，还有助于银行大幅提高审批速度、缩短贷款申请环节。广发银行推出的个人贷款业务移动办理终端"随申贷"，借助 iPad 等移动终端实现全部种类个人贷款现场审批、贷款金额确认一步完成。现场快速审批的实现离不开 iPad 等移动终端现场搜集贷款申请资料，并在线传输给银行后台快速审批。据广发银行称，一些特定的贷款品种，甚至能现场完成授信，客户最快 30 秒即可获知贷款金额。

案例详情链接：《商业银行贷款业务互联网化提速》，证券时报，2013 年 10 月 14 日，(http://kuaixun.stcn.com/2013/1014/10808775.shtml)。

你是不是有下面的疑问

1. 商业银行贷款业务有什么特点？
2. 贷款业务创新依据的基本原则是什么？
3. "网络瞬时贷""随申贷"产品如何申请？如何计息？
4. "网络瞬时贷""随申贷"产品可能存在哪些风险？

进入内容学习

第一节　商业银行贷款业务概述

一、商业银行贷款业务的含义

贷款是商业银行资金运用的主要业务，是商业银行资产的重要组成部分，也是商业银行利润的主要来源之一。它是指商业银行作为贷款人按照一定的贷款原则和政策，以还本付息为条件，将组织到的货币资金以一定的利率提供给借款人使用，并到期收回本息的一种资金运用形式，是商业银行业务经营的重点。商业银行通过贷款既可以满足社会经济各方面对资金的需求，促进经济发展，同时也可以为银行带来经济效益。贷款业务管理的好坏，不仅是银行成败的关键，也是社会经济兴衰的重要因素。

需要注意的是，在我国能够从事贷款业务的机构，除了国有商业银行、股份制商业银行和地方性的城市商业银行外，还有政策性银行（从事政策规定的特定领域的信贷业务）、财务公司（从事企业集团内部成员之间的存贷业务）、信托投资公司（办理委托存贷款业务），比较而言，国有商业银行、股份制商业银行和地方性的城市商业银行是最典型的信贷服务主体，具有信用中介、支付中介和创造信用的全面职能，全面实行商业信贷经营原则。

二、商业银行贷款的种类

依据不同的划分标准，可以将贷款分为不同的种类。

1. 按期限长短划分为短期贷款、中期贷款和长期贷款

(1) 短期贷款,指贷款期限在1年以内(含1年)的贷款。

(2) 中期贷款,指贷款期限在1年以上(不含1年)5年以下(含5年)的贷款。

(3) 长期贷款,指贷款期限在5年(不含5年)以上的贷款。

2. 按有无担保划分为信用贷款和担保贷款

(1) 信用贷款,指没有担保、仅依据借款人的信用状况发放的贷款。

(2) 担保贷款,指由借款人或第三方依法提供担保而发放的贷款。担保贷款包括保证贷款、抵押贷款、质押贷款。保证贷款是指按《中华人民共和国担保法》规定的保证方式,以第三人承诺在借款人不能偿还贷款时,按约定承担一般保证责任或者连带责任而发放的贷款。抵押贷款是指按《中华人民共和国担保法》规定的抵押方式,以借款人或第三人的财产作为抵押物发放的贷款。质押贷款是指按《中华人民共和国担保法》规定的质押方式,以借款人或第三人的动产或权利作为质物发放的贷款。

3. 按用途不同,可以划分为流动资金贷款和固定资金贷款

(1) 流动资金贷款,指为满足企业流动资金周转的需要而发放的贷款,其对象主要是工商企业。流动资金贷款主要包括周转贷款、临时贷款、结算贷款、卖方贷款、科技开发贷款等。

(2) 固定资金贷款,指针对企业固定资产投资或固定资金不足而发放的贷款,主要包括基本建设贷款、技术改造贷款、房地产贷款等。

4. 按照发放贷款时是否承担本息收回的责任及责任大小不同,可以划分为自营贷款、委托贷款和特定贷款

(1) 自营贷款,指按贷款人以合法方式筹集的资金自主发放的贷款,其风险由银行承担,并由银行收回本金和利息,这是商业银行最主要的贷款。

(2) 委托贷款,指政府部门、企事业单位及个人等委托人提供资金,由银行(即受托人)根据委托人确定的贷款对象、用途、金额、期限、利率等代为发放、监督使用并协助收回的贷款。银行(受托人)只收取手续费,不承担贷款风险。

(3) 特定贷款,指经国务院批准,并对贷款可能造成的损失采取相应补救措施后责成国有独资商业银行发放的贷款。由于事先已经确定了风险损失的补偿,银行对此类贷款也不承担风险。

5. 按照贷款的质量(或风险程度),可以划分为正常贷款、关注贷款、次级贷款、可疑贷款和损失贷款

(1) 正常贷款,指借款人能够履行合同,有充分把握按时足额偿还本息的贷款。

(2) 关注贷款,指借款人目前有能力偿还贷款本息,但存在一些可能对偿还产生不利影响因素的贷款。

(3) 次级贷款,指借款人的还款能力出现明显问题,依靠其正常经营收入已无法保证足额偿还本息的贷款。

(4) 可疑贷款,指借款人无法足额偿还本息,即使执行抵押或担保,也肯定要造成一部分损失的贷款。

（5）损失贷款，指在采取所有可能的措施和一切必要的法律程序之后，本息仍然无法收回或只能收回极少部分的贷款。

典型案例

美国的次级贷款

在美国，抵押贷款市场根据借款人的信用高低分为最优贷款、次级贷款和超 A 贷款三类。次级贷款因其贷款标准低而得名，其主要特点是：一是借款人无须良好的信用记录，二是借款人的债务占其收入的比例及其按揭的比例分别可高达 55% 和 85%。在房价持续走高的时期，此类融资方式为借款人提供了源源不断的资金流，而抵押贷款公司则将贷款出售给商业银行或投资银行，银行再将贷款重新打包成抵押贷款证券后出售给个人或机构投资者来转移风险。

所谓次级按揭，是指在美国向信用分数较低、收入证明缺失、负债较重的人提供住房贷款。统计显示，2001 年全美 25% 的次级抵押贷款发放给了那些收入证明缺失的借款人，到 2006 年这个比例已升至 45%。更令人惊愕的是，一些贷款机构甚至推出了“零首付”“零文件”的贷款方式，贷款人可以在没有资金的情况下购房，仅需声明其收入情况，无须提供任何有关偿还能力的证明。

美国纽约大学斯特恩商学院梅建平教授表示，次级按揭本身是好的，它使得穷人也能买得起房，但是它最终走过了头。和讯首席分析师文国庆说，美国次级按揭客户的偿付保障不是建立在客户本身的还款能力基础上的，而是建立在房价不断上涨的假设之上的。一旦房价下跌，加上贷款利率逐步上升，客户们的负担会逐步加重。当这种负担到达极限时，大量违约客户终于出现，危机就此产生。据美国抵押贷款银行家协会的报告显示，2006 年获得次级抵押贷款的美国人中有 30% 可能无法及时还贷，即美国全国有大约 220 万人可能因为无力还贷而失去住房。

详情链接：《警惕美国次级债危机的传染效应》，《新华日报》，2007 年 8 月 7 日（http://xh.xhby.net/mp1/html/2007-08/07/content_5960836.htm）。

6. 按照贷款偿还方式，可以划分为一次偿还贷款和分期偿还贷款

（1）一次偿还贷款，指借款人于最后到期日一次偿还贷款本金，但利息可以分期偿付或于还本时一次付清。这种贷款一般用于短期的临时性、周转性贷款。

（2）分期偿还贷款，指借款人按规定期限分次偿还贷款本息。这种贷款的期限可以按月、季、半年和年确定，一般用于固定资金贷款和消费贷款。

7. 按照贷款对象不同，可以划分为工业贷款、商业贷款、农业贷款、消费贷款、科技贷款等

银行贷款种类的划分并非出于一般统计学意义上的需要，商业银行可根据自身的业务特点、经营规模采用不同的划分标准。

第二节　商业银行贷款政策管理

一、贷款管理原则

贷款管理原则,是在贷款发放和收回过程中必须遵循的准则,它是信贷方针和政策的具体体现。商业银行的贷款管理原则是商业银行贷款的基本指导方针,是商业银行借贷行为规范的总体性准则,是商业银行在贷款过程中要达到的基本标准和要求,具有普遍性,在商业银行审核、发放、收回贷款过程中具有强有力的约束作用。贷款原则主要有以下几点:

(1) 效益性、安全性、流动性原则。商业银行现行贷款管理原则要求贷款的发放和使用应当讲求效益性、安全性、流动性,这是商业银行从事贷款业务应遵循的基本原则。效益性原则是指除本金收回外,还要收到利息,追求盈利是商业银行经营目标的要求;安全性原则是指避免经营风险,保证信贷资产的安全,即本金及其预期收益到期可收回的保障程度;流动性原则是指贷款期限的长短搭配要适当,与负债相匹配,能够随时满足存款人提取存款的要求,通常贷款的流动性与其偿还期限成反比,与债务人的信誉成正比。

(2) 合法性原则。合法性原则是指在我国境内从事贷款业务不得与我国法律法规以及有关规定抵触。我国经济是法制经济,任何经济活动都必须在法律规定的范围内进行,贷款的发放和使用也不例外。在我国,信贷资金在资源配置、稳定币值方面起着举足轻重的作用,因此,贷款的发放和使用必须严格遵守相关法律、法规和行政规章制度的规定。

(3) 平等、自愿、公平、诚实信用原则。借贷双方应当遵循平等、自愿、公平和诚实信用的原则。

二、贷款政策

贷款政策,是银行指导和规范贷款业务、管理和控制信用风险的各项方针、措施和程序的总称。正确贯彻贷款政策,可以规范、约束银行的贷款行为,从而进一步落实贷款原则,同时也是落实国家经济政策和中央银行的货币政策、实现商业银行经营目标的重要保证。商业银行在决定对借款人发放贷款时,具体依据主要就是贷款政策和对借款人的信用分析。商业银行在分析信用情况的基础上,根据贷款政策做出是否发放贷款和发放多少贷款的决策。

银行的贷款政策因其经营品种、方式、规模、所处的市场环境不同而各有差别,但基本包括以下几方面的内容:

(1) 贷款业务发展战略。贷款业务发展战略是银行贷款业务开展的指导思想,包括银行希望开展业务的行业和区域、希望开展的业务品种和希望达到的业务扩展的速度和贷款规模。大多数商业银行的贷款政策文件中都提出,贷款业务的开展应符合银行稳健经营的原则,保证银行业务经营的安全性、流动性和盈利性,并对银行业务发展速度、发展领域进行战略性的规划。

(2) 贷款审批的分级授权。贷款审批的分级授权是银行控制和管理信用风险的重要手段。一般来说,分级授权的主要依据是贷款的金额,因为贷款给银行带来的风险直接反映在贷款金额上，金额越大，风险越大，对贷款专业知识和经验的要求也就越高。授权一般由银行董事会或最高决策层统一批准，自董事会到基层行管理层，权限逐级下降。贷款分级授权一旦确定，即应严格执行，未经许可，不得超越授权发放贷款。

（3）贷款的期限和品种结构。贷款政策应明确规定可接受的最长期限，并规定贷款期限应保持与融资项目生产周期或资产转换周期一致。

（4）贷款发放的规模控制。商业银行通常根据其负债资金来源情况及其稳定性状况，以及中央银行规定的存款准备金比率、资本金状况、银行自身流动性准备比率、银行经营环境状况、贷款需求情况和银行经营管理水平等因素，来确定计划的贷款规模。

商业银行一般可通过以下比率来控制和调节贷款规模：①贷存比。该比率是贷款额与存款额的比率，反映银行的资金运用于贷款的比重和贷款能力的大小。我国商业银行法规定这一比率不得超过75%。②贷款与资本金之比。该比率反映银行资本的盈利能力和银行对贷款损失的承受能力，这一比率越高，说明银行在收回贷款本息的前提下的盈利能力越强，承受呆账损失的能力也越强，反之，则说明资本盈利能力和损失承受能力也越低。③单个企业贷款比率。该比率是指银行给最大一家客户或最大十家客户的贷款占银行资本金的比率，反映了银行贷款的集中程度和风险状况。这一比率越低，说明贷款集中程度越低，其贷款风险程度也就越低。

（5）贷款的定价。在市场经济条件下，商业银行对贷款的定价是一个复杂的过程，银行贷款政策应对其进行明确的规定。贷款的价格一般由贷款利率、补偿性余额、承诺费和隐含价格构成。在贷款定价过程中，银行必须考虑资金成本、贷款风险程度、贷款的期限、贷款管理费用、目标收益率等诸多因素。

（6）贷款的担保政策。商业银行应根据有关法律制定贷款的担保政策。在贷款政策中明确担保政策，是为了在贷款中能够完善贷款的还款保障，确保贷款的安全性。贷款担保政策应至少包括以下内容：明确担保的方式；规定抵押品的鉴定、评估方法和程序；确定贷款与抵押品价值的比率、贷款与质押品价值的比率；确定担保人的资格和还款能力的评估方法与程序等。

（7）信贷档案的管理。贷款档案是对商业银行贷款管理过程的详细记载，体现银行信贷管理水平和信贷人员的素质，反映贷款的质量，在一些情况下，甚至可以决定贷款的质量。信贷档案管理政策是贷款政策的重要内容，银行应该建立科学、完整的贷款档案管理制度。

贷款档案管理制度一般应包括以下四方面的内容：

第一，贷款档案的结构及其应包括的文件。贷款档案应包括三个部分：法律文件、信贷文件和还款记录。

第二，贷款档案的保管责任人。信贷管理人员应该清楚所管档案的完整程度，对所缺内容及原因做书面记录，归入贷款档案。

第三，明确贷款档案的保管地点，对法律文件要单独保管，应保存在放火、防水、防损的地方。

第四，明确贷款档案存档、借阅和检查制度。

（8）贷款的审批和管理程序。商业银行应制定书面的贷款审批和管理程序，对信贷部门开发贷款项目提供指导，规定贷款审批过程的正式步骤，规定贷款的批准权限以及有关信贷组织之间的报告关系,体现审贷分离的原则。

(9) 贷款的日常管理和催收政策。贷款发放之后,贷款的日常管理对保证贷款的质量尤为重要,贷款政策中应对其做出明确规定。信贷员应保持与借款人的密切联系,定期或不定期走访借款人,了解借款人的业务经营情况和财务状况,进行定期的信贷分析,以便及时发现存在的问题,并形成分析报告存档。

与此同时,商业银行应制定有效的贷款回收催收制度。在贷款还本付息到期日之前的一定时间内,应提前书面提醒借款人偿还到期的贷款本息。如果借款人未按时支付本息,银行应立即通过电话与借款人联系并催收,若借款人仍未能还本付息,银行应采取进一步的措施,通过上门催收、约见借款人或借款企业经理共同研究还款问题等方法,尽可能收回贷款本息。

(10) 不良贷款的管理。对不良贷款的管理是商业银行贷款政策的重要组成部分。对于各种不良贷款,贷款政策中应当明确规定处理的程序和基本方法,并根据各类不良贷款的不同性质以及不同的质量等级,将处理不良贷款和保全银行债权的各个环节、各程序的工作落实到具体的部门,定岗、定人、定责,积极有效地防范贷款风险,保全银行债权。

三、贷款程序

1. 贷款申请

借款人需要贷款,应具备一定的条件并向主办银行或者其他银行的经办机构直接申请。

(1) 借款人为法人或其他组织的,应具备以下基本条件:①依法办理工商登记的法人已经向工商行政管理部门登记并连续办理了年检手续;事业法人依照《事业单位登记管理暂行条例》的规定已经向事业单位登记管理机关办理了登记或备案。②有合法稳定的收入或收入来源,具备按期还本付息的能力。③已开立基本账户、结算账户或一般存款账户。④按照中国人民银行的有关规定,应持有贷款卡(号)的,必须持有中国人民银行核准的贷款卡(号)。⑤管理机关另有规定的除外。

借款人为自然人的,应具备以下基本条件:①具有合法身份证件或境内有效居住证明。②具有完全民事行为能力。③信用良好,有稳定的收入或资产,具备按期还本付息能力。④管理机关另有规定的除外。

机关法人及其分支机构不得申请贷款;境外法人、其他组织或自然人申请贷款,不得违反国家外汇管理规定。

(2) 借款人应当填写包括借款金额、借款用途、偿还能力及还款方式等主要内容的《借款申请书》并提供以下资料:①借款人及保证人基本情况。②财政部门或会计(审计)事务所核准的上年度财务报告,以及申请借款前一期的财务报告。③原有不合理占用的贷款的纠正情况。④抵押物、质物清单和有处分权人的同意抵押、质押的证明及保证人拟同意保证的有关证明文件。⑤项目建议书和可行性报告。⑥贷款人认为需要提供的其他有关资料。

2. 对借款人的信用等级评估

银行应当根据借款人的领导者素质、经济实力、资金结构、履约情况、经营效益和发展前景等因素,评定借款人的信用等级。评级可由贷款人独立进行,内部掌握,也可由有权部门批准的评估机构进行。

对借款人进行信用等级评估是指对于借款人如约偿还本利的可靠性程度进行测定或审查。信用等级评估的目的在于提供风险信息,避免信贷资产的损失。商业银行在进行贷款审查和信用分析过程中普遍根据借款人的“6C”方面对其进行信用等级评定,即品德(Character)、能力(Capacity)、资本(Capital)、担保品(Collateral)、经营状况(Condition)、事业的持续性(Continuity)。

3. 贷款调查

贷款人受理借款人申请后,应当对借款人的信用等级以及借款的合法性、安全性、盈利性等情况进行调查,核实抵押物、质物、保证人的情况,测定贷款的风险度。

4. 贷款审批

贷款人应当建立审贷分离、分级审批的贷款管理制度。审查人员应当对调查人员提供的资料进行核实、评定,复测贷款风险度,提出意见,按规定权限报批。

5. 签订借款合同

所有贷款应当由贷款人与借款人签订借款合同。借款合同应当约定借款种类,借款用途、金额、利率,借款期限,还款方式,借、贷双方的权利、义务,违约责任和双方认为需要约定的其他事项。

保证贷款应当由保证人与贷款人签订保证合同,或保证人在借款合同上载明与贷款人协商一致的保证条款,加盖保证人的法人公章,并由保证人的法定代表人或其授权代理人签署姓名。抵押贷款、质押贷款应当由抵押人、出质人与贷款人签订抵押合同、质押合同,需要办理登记的,应依法办理登记。

6. 贷款发放

贷款人要按借款合同的规定按期发放贷款。贷款人不按合同约定按期发放贷款的,应偿付违约金。借款人不按合同约定用款的,应偿付违约金。

7. 贷后检查

贷款发放后,贷款人应当对借款人执行借款合同的情况及借款人的经营情况进行追踪调查和检查。

8. 贷款收回

借款人应当按照借款合同的规定按时足额归还贷款本息。贷款人在短期贷款到期1个星期之前、中长期贷款到期1个月之前,应当向借款人发送还本付息通知单;借款人应当及时筹备资金,按时还本付息。贷款人对逾期的贷款要及时发出催收通知单,做好逾期贷款本息的催收工作。贷款人对不能按借款合同约定期限归还的贷款,应当按规定加罚利息;对不能归还或者不能落实还本付息事宜的,应当督促归还或者依法起诉。

提前还贷应在借款合同中约定,并按合同约定执行。事先未约定的,应征得贷款人同意。

9. 建立贷款档案

贷款银行要按借款人逐个建立贷款档案,其目的是积累信息资料,为今后的贷款决策提供依据。档案内容包括以下内容:

(1)企业报送的生产经营计划、销售计划、财务会计、统计报表及其他资料等。

(2)借款申请书、贷款调查报告、贷款审批意见、各种贷款检查记录、贷款的归还情况等。

(3) 企业评定信用等级的有关资料、等级证书及有关贷款管理的其他资料。

典型案例

国家助学贷款:浦东发展银行留学贷款政策

留学贷款是指银行向出国留学人员或其直系亲属或其配偶发放的,用于支付出国留学人员学费、基本生活费等必需费用的个人贷款。

1. 产品特色

(1) 支持我国公民出国留学深造;

(2) "存贷款证明"已被多国使领馆认可。

2. 申请贷款条件

(1) 具有完全民事行为能力且贷款到期日不超过55岁;

(2) 借款人为出国留学人员本人的,在出国留学前应具有贷款人所在地的常住户口或其他有效居住身份;

3) 借款人为出国留学人员的直系亲属或配偶的,应具有贷款人可控制区域内的常住户口或其他有效居住身份,有固定的住所,有稳定的职业和收入来源,具备按期还本付息的能力。

3. 须提供资料

(1) 有效身份证件和户籍证明、婚姻状况证明;

(2) 亲属关系证明和个人收入/财产证明(借款人为出国留学人员的直系亲属或配偶时需提供);有效学籍证明及相关收费证明(如国外入学通知书,学费清单等);

(3) 留学贷款申请表;

(4) 银行要求提供的其他材料。

4. 贷款额度

最高额度人民币80万元;同时不得超过国外留学学校录取通知书或其他有效入学证明上载明的报名费、各年学费、生活费及其他必需费用的等值人民币总和。

5. 贷款期限

可根据留学期限、借款人收入状况和提供贷款担保的具体情况而定,最长不超过六年。

6. 申办流程

提出申请——银行审批——签署合同——办妥手续——贷款发放——客户还款。

详情链接:浦发银行网站(http://www.spdb.com.cn/docpage/c462/200603/0308_462_13640.aspx)。

四、贷款过程控制

1. 贷款三查制度

我国银行业在长期的贷款实践中摸索出来的贷款"三查"制度,即贷前调查、贷时审查、贷后检查,是银行对企业贷款实行的一种有效的分析、管理和监督制度。

(1) 贷前调查。商业银行受理借款人的贷款申请后,即对借款人的信用等级以及借款的合法性、安全性、效益性等情况进行调查,核实抵押物、质物、保证人情况,测定贷款的风险度。贷前调查是发放贷款的前提和关键,为贷时审查和贷后检查提供必要的条件。贷前调查的目的是掌握申请贷款的借款人的资产状况、经营状况、偿还能力的有无和大小,从而确定贷与不贷。贷前调查应当做到实地查看,如实报告授信调查掌握的情况,不回避风险点,不因任何人的主观意志而改变调查结论。

(2) 贷时审查。贷时审查是在贷前调查的基础上,审核每一笔贷款的发放是否合理,有无风险,这是贷款发放的必不可少的步骤,其目的是进一步确认申请贷款的借款人的偿还能力和贷款风险,通过对借款人的成本、生产和流通周转、经营状况、经营潜力等方面的审查来决定贷多贷少、期限长短。贷时审查应当做到独立审贷、客观公正,充分、准确地揭示业务风险,提出降低风险的对策。

(3) 贷后检查。贷款发放后,应当对借款人执行借款合同情况及借款人的经营情况进行跟踪调查和分析。贷后检查是贷前调查、贷时审查的延续和必要补充,其目的是运用现场检查与报表分析,检查贷款物资保证、贷款使用效果、贷款回收程度,促进贷款对象加强经营管理,确保贷款本息的按时回收。同时通过审贷分离、分级审批的制度和其他责任制,确保贷款的安全性、流动性和效益性。贷后检查应当做到实地查看、如实记录,及时将检查中发现的问题报告有关人员,不得隐瞒或掩饰问题。

2. 贷款管理责任制

(1) 审贷分离制,指商业银行在发放贷款时,要将贷款的审查与贷款的具体发放及管理分开的一种管理方式。审贷分离的目的是减少贷款过程中的人情与关系贷款问题,增强贷款过程的客观性,从而提高贷款质量、减少不良资产。实行审贷分离制度,有利于银行管理制度的完善,使之更加科学,减少"以贷谋私"的可能性,从而降低银行风险。

实行审贷分离制要求贷款人各级机构应当建立贷款审查委员会。贷款审查委员会的作用是对信贷部门提出的贷款要求进行审查,确定是否同意某个贷款要求。参加委员会的人员主要应该有负责各信贷部门的主管、计划部门主管、政策研究部门主管。必要时,还要求有关工程技术人员或资深信贷人员参加。

(2) 贷款分级审批制,指根据不同级别的分支机构,确定其贷款审批权限的管理方式。超过审批权限的贷款,应当报上级审批。实行贷款分级审批制度的银行首先要确定其经营的层次。一般来说,实行贷款分级审批制大致有以下几种模式:①按县支行(市分行)、省分行和总行三级授权审批贷款。②对大银行的分、支行的贷款权可以设立一些可以量化的指标,在达到这些指标之前,它只能吸收存款、办理其他服务性业务,而不能发放贷款。③弹性授权。每年由其上级银行对已授权的分、支行的贷款质量进行全面考核,甚至派出稽核人员进行贷款稽核,将考核结果作为第二年是否继续授权和调整授权额度的基础。

第三节　商业银行贷款信用分析

商业银行贷款信用分析是指对借款人的信誉及其偿还债务的能力进行分析。信用分析是贷款决策的前提,是为确保贷款的安全性和效益性,在对借款人进行分析的基础上,决定借款人的信用可信度,以决策是否对借款人发放贷款和发放多少贷款。信用分析的方法主要是调查研究。信用分析的内容一般包括对借款人的信用评价和财务分析。信用分析的重点是借款人的偿债能力。

一、对借款人的信用评价

对借款人的信用评价通常采用6C评估法,即分析重点影响借款人的信用的六个方面的一种方法。这六个方面的英文首字母都是C,故称之为6C评估法。

(1) 借款人的品德(Character)。一般由借款人的责任感、真实明确的贷款目的以及归还贷款的意图组成,主要是指借款人的偿债意愿。银行必须确定借款人的借款目的、对所借资金持有的态度,以及借款人过去的偿债记录。

(2) 借款人的能力(Capacity)。是指借款人偿还债务的能力,可以根据借款人的主体资格、经营规模和经营状况来判断。

(3) 借款人的资本(Capital)。是指借款人的财务实力和财务状况,反映借款人可能偿还债务的背景。资本越雄厚,借款人信用风险越小,贷款越安全。

(4) 借款人的担保品(Collateral)。是指借款人能否为获得贷款提供担保资产。担保品应该价值稳定,在保险公司已投保,市场广泛,易于出售。当借款人无法偿还贷款时,银行能够迅速将其变现,收回资金,降低银行贷款的风险和损失。

(5) 借款人的经营状况(Condition)。是指借款人自身的经营情况和其外部的经营环境。银行了解这些情况,目的在于判断借款人在经济衰退、通货膨胀等不利情况下的偿还贷款的能力,以便事先采取措施,保证银行贷款的安全。

(6) 借款人事业的持续性(Continuity)。是指借款人能否在日益激烈的市场竞争环境中生存和发展。若借款人的竞争能力弱,盈利能力差,则银行的贷款就会有收不回来的可能性,因此,对借款人事业的持续发展能力的评价也是银行信用评价的一个重要组成部分。

拓展阅读

《中国人民银行信用评级管理指导意见》将借款企业信用等级分三等九级,即AAA、AA、A、BBB、BB、B、CCC、CC、C。各等级含义如下:

AAA级:短期债务的支付能力和长期债务的偿还能力具有最大保障;经营处于良性循环状态,不确定因素对经营与发展的影响最小。

AA级:短期债务的支付能力和长期债务的偿还能力很强;经营处于良性循环状态,不确定因素对经营与发展的影响很小。

A级:短期债务的支付能力和长期债务的偿还能力较强;企业经营处于良性循环状态,未来经营与发展易受企业内外部不确定因素的影响,盈利能力和偿债能力会产生波动。

BBB级:短期债务的支付能力和长期债务偿还能力一般,目前对本息的保障尚属适当;企业经营处于良性循环状态,未来经营与发展受企业内外部不确定因素的影响,盈利能力和偿债能力会有较大波动,约定的条件可能不足以保障本息的安全。

BB级:短期债务支付能力和长期债务偿还能力较弱;企业经营与发展状况不佳,支付能力不稳定,有一定风险。

B级:短期债务支付能力和长期债务偿还能力较差;受内外部不确定因素的影响,企业经营较困难,支付能力具有较大的不确定性,风险较大。

CCC 级:短期债务支付能力和长期债务偿还能力很差;受内外部不确定因素的影响,企业经营困难,支付能力很困难,风险很大。

CC 级:短期债务的支付能力和长期债务的偿还能力严重不足;经营状况差,促使企业经营及发展走向良性循环状态的内外部因素很少,风险极大。

C 级:短期债务支付困难,长期债务偿还能力极差;企业经营状况一直不好,基本处于恶性循环状态,促使企业经营及发展走向良性循环状态的内外部因素极少,企业濒临破产。

每一个信用等级可用“+”“-”符号进行微调,表示略高或略低于本等级,但不包括 AAA+。

详情链接:中国人民银行网站,2006 年 3 月 29 日。

二、对借款人的财务分析

财务分析是以借款人的财务报表为主要依据,采用专门的方法,系统分析和评价借款人过去和现在的财务状况、经营成果和现金流量及其变动。其目的是了解过去、评价现在、预测未来。财务分析最基本的功能是将大量的报表数据转换成对贷款决策有用的信息,以减少决策的不确定性。分析比较借款人的财务报表有助于银行确定借款人的信用,从而决定是否发放贷款和发放多少贷款。

(一)对借款人财务报表的分析

1. 对资产负债表的分析

资产负债表反映了借款人在某一特定日期的财务状况。银行分析借款人的资产负债表的目的在于剔除其中的水分,降低贷款的风险。在资产项目中,货币资金、应收账款、存货和固定资产占有绝大部分的比重,其中,货币资金是资产中比较明确的部分,一般不作为分析的重点,银行主要是对应收账款、存货和固定资产进行分析。应收账款分析的重点是账龄结构、数量结构及对象分布,以防虚账、假账、坏账带来的风险。存货分析的重点是考察存货的规模、流动性、价格稳定性、投保情况、变现能力等方面。固定资产分析的重点是固定资产是否提足折旧,投保情况如何,固定资产的用途是否具有通用性和广泛性(易售性),是否已用于其他抵押。对于负债项目,要了解数额、期限、偿债安排以及是否存在逾期未付或漏计的负债。对于资本项目,要了解借款人的资本结构,以及其中是否存在虚假成分。

2. 对利润表的分析

利润表反映了借款人在某一会计期间的经营成果。银行分析借款人的利润表的目的在于了解借款人的盈利能力,确定还款的可能性。因为盈利多少不仅关系到贷款本金到期的偿还,也关系到日常利息的支付。分析时可以将借款人本期的利润表同以前不同时期的利润表进行纵向比较,以揭示借款人盈利情况的变动趋势;也可以将该借款人的利润表与同行业平均水平或其他公司进行横向对比,以了解借款人在行业中所处的水平以及经营情况中存在的问题。

3. 对现金流量表的分析

现金流量表是以现金(广义)为基础编制的,用来反映借款人一定时期现金和现金等价物流入、流出情况的财务报表。贷款本息能否按时收到,除了借款人的还款意愿和盈利能力外,银行还应关注借款人获取现金的能力。通过分析现金流量表,可以了解借款人的经营活动、投资活动和筹资活动的现金流入流出情况,从而有助于确定借款人的还款来源,为贷款决策提供最直接的依据。

(二) 对借款人财务比率的分析

1. 偿债能力分析

偿债能力是指借款人偿还各种到期债务的能力。银行通过对借款人的偿债能力的分析来确定贷款的安全性和效益性,从而进一步决定是否为该借款人提供或继续提供贷款。偿债能力分析一般可以分为短期偿债能力分析和长期偿债能力分析。

(1) 短期偿债能力分析。短期偿债能力是指借款人偿付流动负债的能力。流动负债是指将在一年内或超过一年的一个营业周期内需要偿付的债务。反映借款人短期偿债能力的指标主要有流动比率、速动比率和现金比率。

① 流动比率。流动比率是衡量借款人短期偿债能力的一个重要财务指标。它由流动资产除以流动负债计算得出。公式为:

$$流动比率 = 流动资产/流动负债$$

借款人能否偿还短期债务,要看有多少债务,以及有多少可变现偿债的流动资产。流动资产越多,短期债务越少,则偿债能力越强。一般认为,借款人的流动比率应至少为2,因为流动资产中一部分变现能力较差的存货一般要占到流动资产总额的一半,剩下的流动性较大的流动资产至少要等于流动负债,借款人的短期偿债能力才有保障。银行在分析流动比率时,还应结合借款人的应收账款周转率和存货周转率来进行分析,以得出可信度比较高的结论来。

② 速动比率。比流动比率更进一步的有关变现能力的指标为速动比率,也称为酸性测试比率。速动比率,是从流动资产中扣除存货部分,再除以流动负债的比值。公式为:

$$速动比率 = (流动资产 - 存货)/流动负债$$

流动比率在评价借款人的短期偿债能力时,存在一定的局限性。如果流动比率较高,但同时流动资产的流动性较差,则借款人的短期偿债能力仍然不强。流动资产中的短期有价证券、应收票据、应收账款的变现能力均比存货强,存货是流动资产中流动性相对较差的。

速动比率越高,说明借款人的短期偿债能力越强。一般认为,借款人的速动比率应至少为1。

③ 现金比率。现金比率是借款人现金类资产与流动负债的比率。现金类资产包括借款人的库存现金、随时可以用于支付的存款以及现金等价物(可在3个月内变现的有价证券)。公式为:

$$现金比率 = (现金 + 现金等价物)/流动负债$$

现金比率反映借款人可以直接支付流动负债的能力。现金比率越高,说明借款人的偿债能力越强。

(2) 长期偿债能力分析。长期偿债能力是指借款人偿还长期负债的能力。借款人的长期负债主要有长期借款、应付债券、长期应付款等。反映借款人长期偿债能力的指标主要有资产负债率、产权比率、有形净值债务率、利息保障倍数等。

① 资产负债率。资产负债率是负债总额除以资产总额的比率。公式为:

资产负债率 = 负债总额/资产总额

资产负债率反映的是总资产中有多大比例是通过借债而得到的,也可以衡量企业在清算时保护债权人利益的程度。借款人资产负债率越低,债权人权益保障程度越高;反之,借款人资产负债率越高,债权人权益保障程度越低。

② 产权比率与有形净值债务率。产权比率是负债总额与股东权益总额的比率。公式为:

产权比率 = 负债总额/股东权益总额

产权比率反映了债权人所提供的资金与股东所提供的资金的对比关系,可以用来分析借款人的财务风险以及股东权益对债务的保障程度。产权比率越低,债权人贷款的安全越有保障。

有形净值债务率实际上是产权比率的延伸,它更为保守地反映了在借款人清算时债权人的贷款受到股东权益的保障程度。公式为:

有形净值债务率 = 负债总额/(股东权益 - 无形资产净值)

有形净值债务率越低,说明借款人的财务风险越小,债权人贷款的安全越有保障。

③ 利息保障倍数。利息保障倍数是指企业经营业务收益与利息费用的比率,用来衡量借款人的经营所得偿付借款利息的能力,也叫已获利息倍数。公式为:

利息保障倍数 = 息税前利润 ÷ 利息费用 = (税前利润 + 利息费用)/利息费用

利息保障倍数反映了借款人经营收益为所需支付的债务利息的多少倍。该比率越高,说明支付利息费用的能力越强。一般来说,借款人的利息保障倍数至少应大于1,否则就难以偿付债务及利息,而且随着时间的推移,甚至会导致借款人破产倒闭。

2. 营运能力分析(经营效率分析)

营运能力反映了借款人的资金周转状况,是借款人在生产经营活动过程中的管理能力的体现。资金周转状况好,则借款人的经营管理水平高,资金利用效率就高;反之,则说明借款人的经营管理存在问题,需要改进。反映借款人营运能力的指标主要有存货周转率、应收账款周转率、流动资产周转率、固定资产周转率、总资产周转率等。

(1) 存货周转率和存货周转天数。存货周转率是衡量和评价借款人购入存货、投入生产、销售收回等各环节管理状况的综合性指标。它是借款人一定时期的主营业务成本与平均存货的比率,或称存货利用率、存货的周转次数。用时间表示的存货周转率就是存货周转天数。公式为:

存货周转率 = 主营业务成本/平均存货

存货周转天数 = 360/存货周转率

存货周转率表示存货一年中可以周转的次数,存货周转天数表示存货周转一次需要的时间。周转次数越大或周转天数越短,说明存货周转得越快,变现能力越强。不同行业之间的存货周转率存在一定的差别,在分析存货周转率时,应结合借款人的历史水平或同行业平均水平进行比较分析。

(2) 应收账款周转率和应收账款周转天数。能否及时收回应收账款,不仅影响借款人的短期偿债能力,也反映出借款人管理应收账款的效率。应收账款周转率是指年度内应收账款转为现金的平均次数,它反映了应收账款流动的速度。用时间表示的周转速度是应收账款周转天数,也叫应收账款回收期或平均收现期,它表示企业从取得应收账款的权利到收回款项转换为现金所需要的时间。

应收账款周转率 = 主营业务收入净额/平均应收账款

应收账款周转天数 = 360/应收账款周转率

主营业务收入净额是指主营业务收入扣除销货退回、销货折扣及折让后的净额。

应收账款周转率表示存货一年中可以周转的次数,应收账款周转天数表示应收账款周转一次需要的时间。周转次数越大或周转天数越短,说明应收账款周转得越快,变现能力越强。

(3) 流动资产周转率。流动资产周转率是借款人主营业务收入净额与流动资产平均余额的比值。

流动资产周转率 = 主营业务收入净额/平均流动资产

流动资产周转率反映了借款人流动资产的周转速度,该比率越高,说明借款人流动资产的使用效率越好,盈利能力越强。

(4) 固定资产周转率。固定资产周转率是借款人主营业务收入净额与固定资产平均净额的比值。

固定资产周转率 = 主营业务收入净额/平均固定资产净额

固定资产周转率用来衡量借款人的固定资产对其销售收入所做的贡献,是反映借款人使用固定资产效率的指标。该比率越高,管理水平越高。若该比率低于同行业平均水平,说明借款人的生产效率较低,对其盈利能力会有影响。

(5) 总资产周转率。总资产周转率是借款人主营业务收入净额与平均资产总额的比值。

总资产周转率 = 主营业务收入净额/平均资产总额

该项指标反映资产总额的周转速度,可以用来分析借款人全部资产的使用效率。该比率越高,说明借款人利用其资产进行经营的效率越好,盈利能力越强。

3. 盈利能力分析

盈利能力是指借款人获取利润的能力,是借款人偿还债务的一个重要来源。评价借款人盈利能力的指标主要有销售毛利率、销售净利率、资产净利率、净资产收益率等。

(1) 销售毛利率。销售毛利率是销售毛利与销售收入的百分比。

销售毛利率 = (主营业务收入净额 - 主营业务成本)/主营业务收入净额

销售毛利率反映借款人主营业务收入中扣除主营业务成本后,有多少钱可以用于各项期间费用和形成盈利。它是销售净利率的基础,没有足够大的销售毛利率便不能盈利。

(2) 销售净利率。销售净利率是指净利润与销售收入的百分比。

销售净利率 = 净利润/主营业务收入净额

销售净利率反映销售收入带来的净利润的多少。它可以促使借款人在扩大销售的同时,注意改进经营管理,提高盈利水平。将借款人连续几年的销售净利率进行比较分析,可以看出其销售活动盈利能力的发展趋势。

(3) 资产净利率。资产净利率是借款人净利润与平均资产总额的百分比。

资产净利率 = 净利润/平均资产总额

资产净利率表明借款人资产利用的综合效果，可以用来衡量借款人利用资产获取利润的能力。

（4）净资产收益率。净资产收益率亦称股东权益报酬率，是借款人净利润与平均净资产（股东权益）的百分比。它是借款人综合性最强、最有代表性的财务比率。

净资产收益率 = 净利润/平均净资产（股东权益）

净资产收益率反映借款人净资产的获利能力。若净资产收益率高于贷款利息率，说明借款人适度负债经营成本低，负债经营有利；反之，则说明负债成本高，负债经营不利。

第四节　商业银行贷款定价

贷款是商业银行最典型的盈利资产，适当的贷款定价是商业银行获取利润的基础，因此，合理确定贷款定价对于商业银行的盈利能力具有重要影响，同时也是影响借贷双方的某项贷款业务能否达成的关键因素。银行贷款的定价包括制定利率、确定补偿性余额，以及对某些贷款征收的费用（如承诺费等）。贷款定价的核心是确定贷款利率。

一、贷款定价的一般原理

贷款的价格（主体是利率）在竞争的市场中是由借贷资金的供求双方决定的，贷款资金的供给方（商业银行）随价格的提高而增加供给，贷款资金的需求方（借款人）随价格的提高而减少需求。当贷款的供给曲线与需求曲线一定时，供给曲线与需求曲线的交点即为双方可接受的价格，同时也决定了贷款最佳量（均衡价格时的贷款量）。如图 5－1 所示，图中，横轴 L 代表贷款量，纵轴 R 代表贷款价格（主体是利率），曲线 D 代表贷款的需求线，曲线 S 代表贷款的供给线，曲线 D 与曲线 S 的交点 E 就是贷款的均衡价格。供求两条线中的任何一条发生变化，交点 E 的位置就会发生变化，即贷款的均衡价格将会提高或降低。

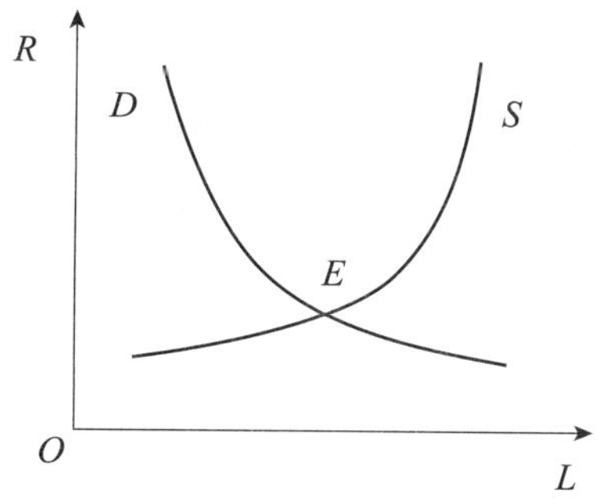

图 5－1　资金的供求曲线

需要说明的是，上述分析是基于供求原理的基本模型，是对贷款价格进行的理论阐述，它并没有考虑其他因素对贷款定价的影响。事实上，性质不同、期限不同、风险不同的贷款应该具有不同的价格。尽管如此，供求关系仍然是竞争市场中影响贷款价格的根本因素。

二、贷款价格的影响因素与构成

(一)贷款价格的影响因素

除了贷款资金的供求影响外,在确定贷款价格时还要考虑其他影响贷款资金成本和风险的诸多因素,主要包括以下几个方面:

1. 可用于贷款的资金的成本

不同来源的资金其成本往往不同,同一来源不同期限的资金其成本也不同。如吸收储蓄形成的资金的成本就不同于发行长期债券形成的资金成本。用于贷款的资金筹集成本高,则贷款的定价就高。在贷款定价时,须根据不同种类、不同期限的贷款业务考虑所筹资金的成本,以确定合理的利率差,从而获取预期收益。

2. 贷款的费用

商业银行向借款人发放贷款,需要做一系列的工作,如对借款人进行信用调查与分析,对抵押品进行估价与管理,以及其他与开展业务有关的费用(如购买办公用品、交通费、工资等)。这些费用也应包含在利率之中,贷款费用是上述各项费用的一个函数。

3. 贷款的期限

贷款期限较短,则其流动性较强,风险也较低,相应的其贷款价格一般就低;期限较长的贷款包含的不确定性因素较多,其成本和风险相对较高,因此,贷款价格也相应较高。

4. 贷款方式

收益与风险呈现正向变动关系,因此,一般来说,担保贷款风险低于信用贷款风险,担保贷款的价格也低于信用贷款的价格。

5. 通货膨胀

借款合同中所载明的利率是名义利率,并不是银行的实际收益,还要考虑通货膨胀因素。一般而言,

$$实际贷款利率 = 名义贷款利率 - 当期通货膨胀率$$

当通货膨胀率高时,贷款利率也会相应提高。

6. 中央银行基准利率

商业银行筹资成本随着中央银行基准利率的变化而变化,从而使得商业银行的贷款定价发生变动。此外,借款人的信用等级以及商业银行的其他非利息收入如开户费、补偿性余额、承诺费等也会影响贷款的定价。

(二)贷款价格的主要组成部分

商业银行的贷款定价一般由以下四个部分组成:

1. 贷款利率

贷款利率是借款人使用资金支付的利息与本金之比。贷款利率的高低受资金供求状况、同业竞争、中央银行货币政策以及相关法律法规的制约,单个银行不能决定贷款利率,但可以参照基本利率水平上下浮动。

2. 承诺费

承诺费是指银行对借款人在最高借款限额内可使用而尚未使用的贷款收取的一定比率的费用。借款人在用款期间,对已使用的资金要支付利息,而对未提用的部分,银行要准备

出一定的资金以备借款人的提款,因而借款人应按未提贷款金额的一定比率向贷款人支付承诺费,作为对贷款人因承担贷款责任而受利息损失的补偿。

3. 补偿性余额

补偿性余额是指银行要求借款人将借款的10%—20% 的平均存款余额留存银行,作为银行同意提供贷款的前提条件。此时,借款人并不能全额使用资金。采用补偿性余额对贷款进行定价,对银行而言,因在贷款的同时又获得了可运用的资金来源,所以提高了贷款的实际收益。

4. 隐含价格

隐含价格是指能够降低银行贷款风险的非货币性内容,如对贷款担保品的要求、对贷款期限的限制和特殊契约条款等。

三、贷款定价的方法

市场化使贷款利率成为贷款市场竞争的关键因素,贷款定价过高会使银行在同业竞争中处于劣势甚至失去市场,贷款定价过低可能使竞争到的贷款业务无利可图甚至出现亏损。建立科学合理的贷款定价机制,是商业银行应对利率市场化的迫切需要。银行具有代表性的定价方法有以下四种:

1. 成本加总法

成本加总法是指在分析银行发放贷款成本的基础上,对每一笔贷款确定有利可图的利率。贷款的最低利率由资金成本、贷款管理成本、风险补偿成本和目标收益率四部分加总而得。

贷款价格 = 资金成本 + 贷款管理成本 + 风险补偿成本 + 目标收益率

银行以最低利率为底线,根据市场竞争情况和相对于客户的谈判地位确定贷款利率,以保证每一笔贷款都能获取目标收益。成本加总法可以保证银行每笔贷款有利可图,但这种内向型的定价方法没有考虑其他银行的竞争而制定贷款价格,可能会影响贷款定价的市场竞争力。

2. 基准利率加点法

基准利率加点法也被称为优惠利率定价法,指以对信用等级最高的客户发放的短期流动资金贷款的最低利率作为基准利率,每笔贷款根据其违约风险和期限风险的大小,在基准利率的基础上加点或乘以一个系数来确定。对银行而言,借款人信用等级不同,贷款风险也不同。借款人信用等级高,则贷款风险低,从而贷款价格低,反之则高。基准利率加点法表现出更强的市场导向,但由于对资金成本重视不够,有时可能导致占有市场而失去利润的结果。

3. 交易利率定价法

交易利率定价法是指以交易利率(如同业拆借利率、国库券利率、定期大额存单利率)为基础,根据借款人的情况加上某个加息率(如0.5%、1%)来确定贷款价格。采用此种方法,借款人可以从银行认可的利率表中选择基础利率和到期日,并且在借款期间利率可以变化,但同时要求借款人的借款额要超过某一最低限额。交易利率定价法既可以保证银行的收益,又可以给予借款人自由选择权,降低了借贷双方的利率风险。

4. 成本收益法

成本收益法是指银行将贷款定价纳入客户与银行的整体业务关系中考虑。贷款收益和与贷款相关的客户存款的边际收益、结算收益等作为总收益;贷款成本(包括资金成本、管理成本、风险补偿成本)、存款利息支出和结算成本作为总成本,根据贷款的预期利润水平同时确定存款利率和贷款利率。近年来,成本收益分析向更全面、更深入的方向发展,出现了更具综合性的客户盈利性分析,根据从该客户获取的综合业务收益确定贷款利率。成本收益法是一种较为理想的定价方法,但其前提是进行分客户的收益和成本核算,从现有基础看,短期内国内银行难以实施。

第五节 商业银行贷款风险管理

所谓贷款风险,是指银行贷款不能按期收回本息而导致银行资金遭受损失的可能性。如企业破产倒闭造成贷款本息的损失、企业亏损造成贷款呆滞、企业产品积压造成贷款损失、投资项目失败造成贷款损失、挤占挪用贷款造成贷款无法归还等。

一、贷款风险产生的原因

贷款风险产生的原因归纳起来主要有主观因素和客观因素两大类。

1. 主观因素引起的风险

由主观因素引起的贷款风险与商业银行自身的经营管理活动直接相关。这些因素包括:对贷款对象了解不深入,分析不透彻;约束、激励机制乏力,贷款管理责、权、利相互脱节;由于信息管理手段落后、信息系统不健全、信息反馈不及时、信息预测不准确,造成贷款决策失误;商业银行内部管理松懈、监督检查不力,违章违纪操作;商业银行业务人员素质较差、工作责任心不强等。通过商业银行自身的努力,可将主观因素引起的风险降到最低。

2. 客观因素引起的风险

客观因素引起的风险不是商业银行所能左右的。这些因素包括:国家的政策发生调整;市场突变;相关的法律法规不健全、不配套;自然灾害的发生;整个社会信用秩序混乱等。商业银行要想将此类风险降到最低,只有提高自己的预测能力,尽量减少经济运行的不确定性。

二、贷款风险的识别

商业银行只有在正确识别贷款风险的前提下,才能准确预测可能发生的贷款风险,估计贷款风险的损失程度,提出控制贷款风险的有效对策。通常情况下,商业银行可以通过对借款人财务报表和一些非财务因素的分析,对贷款风险的预警信号进行动态监测并及时发布。风险信号包括:

(1)借款人的借入资金过多,偿债负担过重,有可能大量拖欠应付货款和银行贷款;

(2)借款人应收账款期限过长,逾期金额和笔数过多,平均期限大大超过贷款期限;

(3)企业存货大量积压或滞销,周转速度明显降低;

（4）企业成本提高，收益水平下降，效益滑坡，经营严重亏损或“虚盈实亏”；

（5）借款人不能按期支付贷款利息，或贷款用途与借款合同不符，或贷款被挪用；

（6）企业贷款的担保单位因各种原因撤回担保，或不愿续保；

（7）抵押物和质押物的价值下降；

（8）企业发生重要的人事变动，领导层不团结，职能部门矛盾尖锐，不能互相配合；职工情绪对立，干劲不足等；

（9）贷款企业在改制重组过程中即将实行兼并、承包或租赁，有可能逃避银行债务，架空银行债权。

三、贷款风险的管理

贷款风险管理包括两层含义：一是在贷款风险发生前力图控制与消除风险损失；二是在贷款风险损失发生后自我承担并进行经济补偿。

贷款风险管理策略包括以下几方面内容：

1. 风险规避

商业银行在经营贷款业务中，通过拒绝向低效益企业或高风险项目发放贷款来规避贷款风险的发生，称为风险规避。如果银行认为某项贷款的风险过大，一旦承担，就会给信贷资金带来严重损失，因此，只有拒绝该项贷款才能避免风险。采用这种方法，银行必须通过信用分析，了解企业的生产经营状况、资金营运状况、财务核算状况以及管理人员状况。对固定资产投资项目，必须逐个进行全面的评估，科学地分析论证。通过信用分析和项目评估，银行对贷款偿还能力不足、贷款偿还无可靠保证的企业和项目不发放贷款。

2. 风险分散

对不可回避的贷款风险采取分散策略，是各国商业银行普遍应用的一种风险管理方法，其基本途径是实现贷款结构的多样化。可采取的措施有：第一，贷款投向的分散化，即将贷款分散在各个地区、各个行业和各家客户，防止因某一地区的自然灾害、某一行业的经济不景气或某一客户的破产倒闭而遭受严重的经济损失。第二，贷款投量的分散化，即银行发放贷款，不应将资金过度集中在某　地区、某　行业或某　客户，而应选择不同的地区、不同的行业和不同的客户。在贷款总规模一定的条件下，每个客户的平均贷款规模越小，客户经营失败对银行贷款安全性的影响程度也就越小。第三，贷款方式分散化，即银行贷款应采取多样化的贷款方式，逐步缩小信用贷款的比重，相应扩大抵押贷款和质押贷款的比重。四是贷款期限结构的分散化，即银行的长期、中期、短期贷款的比例要适当。

3. 风险转移

风险转移是指银行以某种合法的业务手段将贷款风险损失转移给他人来承担。可采取的措施有：第一，采取贷款担保。有担保的贷款将本应由银行承担的客户信用风险转移给担保人，但银行在转移贷款风险的同时，又承担了担保人的信用风险，所以，用担保来转移风险，关键在于担保人的资信。第二，实行贷款利率的浮动。在贷款期限内，贷款利率可以根据市场利率的变化进行调整，因而可以将利率风险转由借款人承担。第三，实行贷款证券化，即银行将贷款（一般为抵押贷款）转让给其他金融机构，而这些金融机构通过发行债券来筹集接受贷款的资金。实行贷款证券化，不仅可以将流动性差的贷款资产变成流动性较强的证券资产,而且可以使贷款银行通过这种转化将可能承担的贷款风险转移到证券市场上去。

典型案例

中国资产证券化迎来“跨越式增长”契机

2015 年国务院政府工作报告中多次提到“多层次资本市场”和“信贷资产证券化”,引发各界高度关注。在中国政府着力缓解企业融资困境的背景下,资产证券化这一金融创新工具正迎来“跨越式增长”契机。

所谓资产证券化,系以特定资产组合或特定现金流为支持,发行可交易证券的一种融资形式。自 20 世纪 70 年代在美国问世以来,资产证券化迅速成为被广泛运用的金融创新工具。中国于 2005 年启动信贷资产证券化试点。但短短两年后,一场金融危机席卷全球。对金融创新过度的质疑声此起彼伏,中国探索资产证券化的脚步戛然而止。步入“后危机时代”,全球金融机构对于资本的需求普遍提高。在中国,急需达到资本充足率要求的本土金融机构,以及备受融资困境掣肘的企业对于资产证券化的呼声也日渐高涨。2012 年 9 月,国家开发银行 101.6 亿元信贷资产支持证券(ABS)正式向全国银行间债券市场成员发行,标志着资产证券化试点正式重启。中共十八大以来,内地金融改革明显提速,而推进资产证券化成为其中的重要环节。与此同时,相关监管环境也在发生积极的变化。自 2012 年以来,管理层相继出台了一系列文件和规则,以支持并规范资产证券化业务。尤其是以备案制取代审批制,意味着资产证券化业务在中国进入“常态化”发展阶段。在这一背景下,中国资产证券化市场规模出现爆发式增长。统计显示,2014 年证券化产品发行量达到约 2 800 亿元人民币,较上年增长逾 17 倍。

值得注意的是,在规模快速扩张的同时,中国内地资产证券化市场也开始遭遇“成长的烦恼”。交银施罗德基金公司副总经理谢卫表示,投资者结构单一令二级市场交易不活跃、监管相对独立且缺乏更高层次的法律法规依据、配套制度尚处缺位等三大问题,制约了资产证券化的发展。潜在的风险也引发了业界担忧。这些风险包括相关资产缺乏标准化和透明度,授信准则偏于松散,发起后缺乏充足监管,发起人在交易管理方面的经验非常有限,缺乏成熟的后备服务机构市场等。

不过,问题和风险的存在并不妨碍业界乐观地看待这一金融创新工具在中国的前景。政策扶持力度的不断加大和相关监管环境的持续改善,将助力内地资产证券化业务实现“跨越式增长”。

详情链接:《中国资产证券化迎来“跨越式增长”契机》,新华网,2015 年 3 月 6 日(http://news.xinhuanet.com/fortune/2015-03/06/c_1114551178.htm)。

4. 风险补偿

由于银行的贷款风险损失总是有可能发生的。对这种将要发生或已经发生的损失需要进行补偿。第一,科学确定贷款价格。贷款利率水平的确定,除以成本作为定价基础外,还要考虑银行可能承受的风险损失。在贷款定价中加进风险因素,可以预先补偿将要产生或已经形成的风险损失。第二,提取呆账准备金。按贷款的内在质量和风险大小及时足额提取呆账准备金,不仅有利于银行充分弥补贷款的损失,而且能够真实反映银行的损益。第三,处置抵押品。通过变卖、拍卖或折让,全部或部分收回贷款的本金和利息。

关键术语

贷款业务　保证贷款　抵押贷款　质押贷款　自营贷款　委托贷款　特定贷款　关注贷款　次级贷款　6C 评估　利息保障倍数　风险补偿

复习思考题

1. 商业银行贷款的划分标准有哪些?各包括哪几种贷款?
2. 贷款原则的基本规定是什么?
3. 贷款政策的基本内容是什么?
4. 简述贷款程序。
5. 信用分析主要分析哪些财务比率?
6. 影响商业银行贷款定价的因素是什么?贷款定价有哪些方法?
7. 简述商业银行贷款风险管理的含义及策略。

第六章

商业银行证券投资业务管理

学习目标

- 掌握商业银行证券投资的功能及投资对象
- 掌握商业银行证券投资的收益与风险
- 理解收益与风险的关系
- 理解商业银行证券投资策略

案例导读

解构2015年工行万亿固定收益投资图谱

在固定收益投资领域,规模巨大的银行理财扮演着重要角色。目前中国工商银行固定收益类投资余额规模已超过1万亿,作为最大的机构投资者之一,银行的投资策略在市场上具有风向标的作用。

得益于资金面总体宽松和市场利率持续下行,2014年的债券市场呈现"牛市"行情,对于投资者来讲,2014年也是行业最好的年份之一。很多家银行纷纷增加了债券的投资比例,工行全年在债券方面的建仓规模差不多是往年的2倍多。由于银行理财资金属于规模较大的机构投资者,部分银行甚至规模上万亿元,不太可能采取随波逐流的策略,而往往是采取左侧投资策略,即提前判断市场进行布局。2013年整个债券市场已经跌至历史较低的阶段,在宏观方面,降低企业融资成本释放了明确的宏观政策宽松信号,债券利率水平应该趋于下降,所以2014年年初工行已开始在债券市场大力建仓。

2015年银行债券投资又将如何?具体而言,从长远来看,宏观经济仍在寻找新常态下的经济增长平衡点,外汇占款增长放缓带来基础货币投放方式的根本性变化,加之IPO、时点性因素等的干扰,经济会持续出现流动性波动,所以,从长期来看,整个债券市场投资将呈现慢牛行情。政府采取各类措施降低企业融资成本,必然伴随各类货币政策的配套,利率整体会往下走,2014 年下半年配置的债券,在利率持续下降后,卖掉即可获取一定收益。

在投资策略方面,2015 年在交易性的策略方面工行可能要加大力度,一是基于现在债券整体的收益率在下降,加大交易策略能够更好地保证投资收益,二是加大交易性策略可以更好地使投资经理抓住市场波段。

详情链接:《2015 适当增加交易型策略,解构工行万亿固定收益投资图谱》,《21 世纪经济报道》,2015 年 2 月 11 日(http://finance.21cbh.com/2015/2-11/1MMDA1ODlfMTM3MDI1Mg.html)。

你是不是有下面的疑问

1. 商业银行经营证券投资业务的目的是什么?和贷款业务有什么区别?
2. 商业银行可以投资的证券有哪些?
3. 商业银行进行证券投资时会面临何种风险?如何处理收益与风险的关系?
4. 商业银行应怎样开展证券投资业务?有何策略?

进入内容学习

证券投资业务是商业银行从事与有价证券投资有关的各项业务的总称。它不仅是商业银行收入的主要来源之一,也增加了银行资产的流动性,提高了银行防范风险的能力。商业银行从事证券投资业务曾经受到种种限制,美国、日本限制尤多。但随着金融深化、竞争加剧和监控能力的提高,发达国家对商业银行从事证券投资的限制日趋减少,证券投资业务在商业银行经营中的地位也日渐重要。

第一节 商业银行证券投资的功能与对象

一、商业银行证券投资的功能

商业银行证券投资的目标是实现一定风险程度下的收益最大化和一定收益条件下的风险最小化。围绕此目标,商业银行的证券投资具有如下功能:

1. 增加收益

通过证券投资获取收益是银行从事证券投资的首要目标。商业银行通过吸收存款和向外借款而流入的资金只有通过资金运用才能取得收益并补偿资金成本,获得差额利润。在银行的业务经营中,贷款始终是最重要的业务,也是银行收益的主要来源。但是,受银行同业竞争、贷款需求、贷款风险等诸多因素的影响,银行不一定在任何时候都能寻找到理想的客户来投放资金,从而使资金暂时闲置而不能增殖。因此,银行必须在放款之外另行寻找资金出路,寻找另外的资金投放对象。证券投资就是一个重要途径。商业银行从事投资活动,可避免资金的闲置,使全部资金都得以充分运用,从而使银行资金的总收益达到最大值。

商业银行投资业务的收益主要来自两个方面:利息收益和资本溢价收益。利息收益是指银行购买一定有价证券以后,依证券发行时确定的利率从发行者那里取得的收益。资本溢价收益是指银行购入证券在出售时或偿还时收到的本金高于购进价格的余额。

2. 降低风险

证券投资是银行实现资产分散化以控制风险的重要手段。首先,证券投资为银行分散资产提供了选择机会。当银行将资产集中在贷款这种单一资产上时,一旦贷款收回困难,银行必须承担全部(至少是大部分)风险。而增加了证券投资形式以后,资金运用途径增加,即使贷款一时收不回来,证券也可能收回,这就在一定程度上分散了风险。

其次,证券投资分散风险比贷款更加有利,原因有二:一是地域分散。证券投资的选择面广,不像贷款那样受地域限制,银行可以购买全国甚至全世界的证券,这无疑使得证券投资分散风险的范围也随之扩大。二是金额分散。受资产规模、地理位置等因素的制约,一家商业银行的贷款客户不会很多,贷款往往要达到相当数量。而证券可进行小额投资,因此,同量的资金用在投资上比用在贷款上分散度高。最后,证券投资与银行贷款相比,更易于转移风险。银行的贷款周期一般与企业的生产周期接近,或者说,在一个生产周期结束以前,贷款的收回是比较困难的,即使生产不断继起,周期性可能淡化一些,但毕竟还是存在的。而证券投资不同,证券投资可以在一日之内改变,一旦银行发现某一证券风险上升,可以随时转卖出去,贷款就很难做到这一点。因此,商业银行不仅可以通过选择多种证券组合分散风险,而且还可以通过证券的变现来转移风险,从而有效地将商业银行的经营风险和投资损失降到最低限度,提高资金的安全度。

3. 保持流动性

保持资产的流动性是商业银行经营过程中的基本要求,流动性的高低是衡量银行经营活动是否稳健的重要标志之一。在商业银行的资产构成中,库存现金、存放同业、在中央银行的存款及同业往来中的应收账款等现金资产作为应付流动性的第一准备,其流动性最强。正常情况下,现金资产能充分满足客户提现和贷款的需要,但其收益为零。过多持有现金资产,会降低商业银行的盈利能力。因此,商业银行要保持足够的流动性,除第一准备外,还应有第二准备,即银行持有的短期证券资产作为补充。由于短期证券可以迅速变现,而且在变现时损失较少,一旦银行遇到大量提存或有大量放款需求时,如果现金储备不足以应付,就可以通过变卖短期证券来满足要求。为此,商业银行一般要保持相当部分的短期投资,银行短期证券往往要占银行购入证券的25%左右。此外,银行购入的中长期证券也可在一定程度上满足流动性需求。因此,证券投资业务为商业银行在资产保持一定收益的条件下,提供了一个重要的流动性来源。

4. 合理避税

商业银行投资的证券主要集中于国债和地方政府债券上,而地方政府债券往往具有税收优惠。因此,银行可利用证券组合达到避税目的,从而提高收益。

二、商业银行证券投资的特点

商业银行证券投资业务的特点主要表现在它与工商企业投资及商业银行贷款业务的区别方面。

1. 与工商企业投资的区别

(1) 投资目的不同。工商企业投资主要是为了生产经营的需要,为了获取利润;银行的证券投资除了要获取收益外,另一个重要目的是通过证券资产的选择与组合,提高银行资产的流动性,降低银行经营中的风险。

(2) 投资对象不同。工商企业投资主要表现在购买各种固定资产和其他实物等方面,是能够增加资产存量的实物投资;而商业银行的投资表现为购买各种有价证券,是间接投资。

(3) 获取收益的方式不同。工商企业通过组织生产要素进行生产和销售活动,最终通过提供产品或服务来获得收益,扣除成本、税金等支出而赚取利润。商业银行则是通过持有有价证券收回本金、利息、红利,或通过转让证券赚取差价获得收益。

(4) 投资管理方式不同。工商企业对投资的管理主要是对投资企业的产、供、销的管理,而银行投资管理则主要是通过不断组合证券买卖,以期实现投资的风险最小化和收益最大化。

2. 与银行贷款业务的区别

(1) 资产的流动性不同。贷款业务具有固定的期限,一般在到期日之前是无法提前收回的,即使到期后也有转化为呆账的风险,这对于面临各种风险和激烈竞争的商业银行来说不利于对自身的经营进行调整。而投资的证券一般要求具有良好的二级市场,通过在二级市场上不断买卖证券,商业银行可以及时主动地调整资产的种类和期限结构。

(2) 银行所处的地位不同。贷款业务的数量、种类和期限等不仅取决于银行方面的意愿,更取决于借款者的意愿和需求。而证券投资则可使银行拥有更大的主动选择范围,它可根据自身的条件和对市场的判断主动决定投资方式。

(3) 银行与债务人的关系不同。商业银行在考虑是否发放贷款时,往往受银行与顾客之间业务关系与人事关系的制约,而且一旦发放贷款,银行一般是企业的主要债权人。企业需在银行开户,企业的资金运营活动往往受到银行的控制。证券投资则不同,它是商业银行的一项独立性较强的资产业务。银行是否投资某一证券,不受证券发行人的影响和制约,银行完全可以根据独立自主的资金力量和证券市场行情决定购买还是不买,购买这种还是那种证券。此外,即使银行购买了某种证券,也只是证券发行人的众多债权人中的一个,没有条件去控制发行人的活动情况。

三、商业银行证券投资的对象

可供商业银行投资的有价证券大体可分为三类,即政府债券、公司债券和股票。

(一) 政府债券

政府债券是政府机构发行的债券凭证,是证明持券人有权按约定条件从政府机构到期收回本金并取得利息的依据。政府债券一直是商业银行的良好投资对象。政府债券的种类较多,按照发行人划分,有中央政府债券、政府机构债券和地方政府债券。

1. 中央政府债券

中央政府债券是由国家财政部门组织发行,以中央政府为担保人的政府债券。中央政府发行债券的目的是:用于弥补财政预算赤字;用于中央政府负责投资的国家重点建设项目开支;用于弥补因突发事件引起的政府收支差额;用于偿还到期国债的部分本息。

中央政府债券是银行证券投资的主要种类,这项业务有以下四方面优越性:安全性高,银行投资于中央政府债券,其本息收回具有可靠的保证;流动性强,中央政府债券可以随时转让,特别是在发达的金融市场上,中央政府债券交易最为活跃,交易量最大;收益高,中央政府债券的票面利率虽然较低,但其利息收入可免交所得税,因而实际收益率较高。抵押代用率高,通过抵押中央政府债券,可以较快获得中央银行贷款。

根据债券期限的长短及其发行主体,中央政府债券可划分为两类,即国库券和政府公债。

(1) 国库券。国库券是国家为解决财政资金短缺而发行的一种以政府资信为担保的短期政府债券。发行国库券主要是为解决或满足政府短期资金的需要,在长期资金利率不稳定的时候,还可以起到弥补财政赤字、等待筹措长期资金的作用。国库券是中央银行进行公开市场活动的主要工具,是金融市场上比较畅销的投资工具之一。国库券的特点是:信誉高,风险低,具有安全可靠性;收益高,其利率高于银行同期储蓄存款利率,而且收益多,不纳税;流动性强,易手方便,随时可以变现。国库券的上述特点,使之成为各国银行证券投资的重要对象之一。

(2) 政府公债。通常人们把中央政府发行的中长期国债称为公债。与国库券一样,各类政府公债也是由国家财政部门组织发行的,以中央政府信誉为担保的政府债券。如我国多年来发行的国家重点建设债券、财政债券、保值公债、特种国债等。

2. 政府机构债券

政府机构债券是指由中央政府所属部门或机构发行,以中央政府信誉担保的一种债务凭证。政府机构本身包括两类部门:

(1) 政府部门。其预算属于政府预算的范围。如在美国,联邦存款保险公司就是纳入联邦政府预算范围内的。

(2) 最初由政府建立,但后来由私人控制的部门。其收支已不在政府预算范围里,美国的联邦住宅信贷银行即属这一类。尽管这些机构不在政府预算范围里,但其与政府有一定特殊关系,其证券在一定程度上有政府作担保,因此,信誉一般较高,风险不大。

政府机构发行的证券一般以中长期为主,其二级市场一般没有国库券活跃,但收益比较高,投资者购买大都为获利。一般来说,政府机构的证券收益要交纳中央所得税,但免交地方政府所得税。

3. 地方政府债券

地方政府债券又称市政债券或地方政府公债,它是地方政府财政部门为筹集本地区建设性资金而发行的一种债券。在美国,地方政府债券很受投资者的欢迎,主要在于它有许多优点,如可以免交联邦政府和州政府所得税,可以出售,也可以作为向银行获取贷款的抵押品,安全可靠,其信誉仅次于中央政府债券,而且利息丰厚,等等,故而成为包括银行在内的广大投资者的重要投资对象。我国于 2009 年也开始发行地方政府债券。

典型实例

我国地方政府债券演进历程

我国地方政府债券最早于2009年4月3日上市，发债规模从最初的2 000亿元增加至2014年的4 000亿元，发债模式先后经历了以下三个阶段：

“代发代还”。应对全球金融危机期间，为增强地方安排配套资金和扩大政府投资能力，2009年国务院批准由财政部代发地方政府债券，从发行到还本付息都由财政部代办。

“自发代还”。2011年，在“代发代还”运行两年后，国务院批准上海、浙江、广东、深圳四省市试点在国务院批准的额度内自行发行债券，但仍由财政部代办还本付息。2013年新增了江苏和山东两个试点省。

“自发自还”。2014年国务院批准了上海、浙江、广东、深圳、江苏、山东、北京、江西、宁夏、青岛等十个省市试点地方政府债券自发自还。这些地方政府不仅自行发行债券，还直接向投资人支付本金和利息。

在“代发代还”和“自发代还”模式下，地方政府所发债券由财政部代为还本付息，实质上拥有国家信用背书，并不是真正意义上的地方政府债券。2014年5月22日，财政部印发《2014年地方政府债券自发自还试点办法》，继续推进地方政府债券改革，开创了地方政府自主发债新纪元。与原有模式相比，新模式实现了多方面的突破：首先，地方政府债券首次以地方政府信用资质为基础，由地方政府自主发行和偿还；其次，地方政府债券期限由以前的3年、5年和7年拉长至5年、7年和10年；最后，本轮试点首次要求地方政府债券要进行信用评级，并要公开披露发债主体的经济、财政状况以及债务数据。

总体来讲，在以上三个模式的转变过程中，参与试点的地方政府的发债方式逐步趋近市场化，地方政府在债券发行过程中的权责利得到进一步明确，国家信用在地方政府债券中的担保作用逐渐弱化。

详情链接：《地方政府债券自发自还试点回顾及展望》，和讯网，2015年2月16日（http://bond.hexun.com/2015-02-16/173422650.html）。

（二）公司债券

公司债券是公司发行的借款凭证，是企业为生产经营活动筹集资金的一个重要手段。公司债券分为两种：

（1）抵押债券。它是以公司不动产或动产债权等财产作抵押而发行的债券。到期若公司不能还本付息可以依法处理抵押品，将所得收入支付给债券持有人。

（2）信用债券，即公司仅凭自身信用发行的无担保公司债券。

为保障债券持有人的利益，避免过高的信用风险，各国对公司债券的发行有一系列的严格规定。比如，企业发行的公司债券总额不得超过该企业现有资产与负债相抵以后的余额，即不得超过净值总额，发行公司以前如有违约或推迟还本付息情况的，不得再发行新的公司债券；企业发行公司债券必须与金融机构（如投资公司、信托公司等）订立信托契约，委托其充当受托人,代表全体债权人行使权力;限制发行公司与其他公司合并,限制发行公司处理其资产以及限制发行公司的股息分配等。

商业银行购买公司债券的数量一般不多,其主要原因如下:

第一,公司债券的实际收益率较低。一般公司债券的收益要交纳中央和地方所得税,其税后收益较之其他证券收益低,对银行的吸引力不太大。

第二,公司债券的风险较大。公司债券的发行公司多为私人企业,其破产倒闭的可能性较政府及其他机构要大。一旦发行者破产,投资者必然遭受损失,其风险自然比较大,也正是因为这一点,其二级市场不如政府债券发达。

第三,公司债券的流动性较差。公司债券的期限一般比较长,造成银行资金的长期占用,而银行资金一般来说以及时周转为主,不能长期占用在某一方面,故投资公司债券对于商业银行来说不十分合适。

(三)股票

股票是股份公司发给股东的所有权证书,表示投资人拥有公司一定份额的财产和权利。股票分为普通股和优先股。股票投资同债券投资相比有三大特点:

(1)股票没有到期日。债券在发行时都规定到期日,到期必须偿还本金并支付利息。而股东购买了股票,其资本即归公司支配,股东若要抽回投资,只能在股市上转让股票。

(2)收益不固定。债券的利息一般都是固定的,不论公司是否盈利,债券的利息必须支付。而股票的股息和红利则随公司的盈利水平而定,多盈可多分,不盈则不分。即使是优先股,尽管股息一般稳定不变,但也不是非付不可。

(3)股价波动剧烈。债券属固定收益证券,其价格变化不大。而股票最初一般是按面值发行,但一旦进入市场,其价格即开始和面值分离,随市场利率和供求状况的变化而变化。因此,在股票市场上交易的股票,其价格一般与面值相距较远,公司的效益越好,经营历史越长,其股票价格超过面值的幅度越大。

商业银行购买股票的目的一般有两个:一是作为公司的股东,参与和控制公司的经营活动;二是仅仅作为证券投资的手段,即与购入政府债券和公司债券一样,只是作为交易对象。对于前者,购买的数量要达到一定程度,才能实现控股或部分控股的目的,而且受有关法令限制较严(比如购买股票不能超过银行自有资本的一定比例)。而对于后者,则基本不存在数量限制和约束。

为保证整个金融体系的稳定和健全,银行直接投资股票的行为受到严格的限制和监管。各个国家都对商业银行从事股权投资有不同程度的限制。对商业银行和投资银行不实行分业管理的国家允许商业银行投资公司股票,对企业进行直接的控制。而实行分业管理的国家一般禁止商业银行持有企业股票。我国则严格禁止商业银行持有企业股票。

第二节　商业银行证券投资的收益和风险

一、商业银行证券投资的收益

商业银行进行证券投资的根本目的是获取收益。因证券种类不同,收益表现的方式也不尽相同。对于债券投资而言,商业银行主要以获取利息为主,还可根据市场行情的变化,相机买卖,以赚取市场差价;对于股票而言,其收益主要是以获取股息或红利为主,当然,择机而动,在股市上适时吞吐,也可以获取股市差价;此外,还可享受股票发行人送、派股给银行增加的超额收益。

（一）债券投资收益

债券投资收益的高低,主要取决于债券投资收益率。所谓债券投资收益率是指投资收益额与投资额的比率,一般计算年收益率,以百分数表示。债券投资收益率的高低,取决于票面利率、买入价、卖出价、持有期限等因素。以贴现方式出售的债券的投资收益率还要取决于贴现率。债券投资收益率的计算方式主要有五种:

1. 票面收益率

票面收益率分为三种类型:一是证券票面上标明的收益率。如一张面值 100 元的债券,票面上标明年利息率 10% ,这 10% 就是该债券的票面收益率,它表明债券持有人凭此债券每年可获得 10 元的利息。二是票面规定的收益额与票面面额之间的比率,这种证券票面上并未标明收益率,但附有息票,载明每期支付利息的数额。三是预扣利息额与票面金额的比率,这种证券票面上并未标明收益率或利息额,而是通过贴现发行预先扣除应付的利息。如一张面值为 100 元的债券,发行价为 80 元,1 年后兑现 100 元,其利息收入为 20 元,票面收益率为(100—80)/100 × 100% = 20% 。

2. 当期收益率

当期收益率是指债券的票面收益额与债券现行市场价格的比率。在市场行情的变化中,债券的价格也会发生不断的变化,高于或低于债券面值的现象经常发生。在这种情况下,债券的票面收益率是无法真实反映其收益情况的。如果投资者不是持有原始债券,而是从二级市场上购入并持有至到期,则由于现行市价与票面价值并不相同,收益率也就无法通过票面额来计算,而是要以实际买入价进行调整。例如,银行以 95 元的价格买进一张面值为 100 元,票面收益率为 9% 的证券,到期以后,银行可以从发行者那里得到 9 元的利息,与其投入的 95 元相比,其实际收益率并不是 9% ,而是 10. 47% 。或者银行以 105 元的价格购进面值 100 元,票面收益为 10% 的债券,由于银行每年获得的利息收入是 10 元,与其投入的 105 元相比,实际收益率为 9. 52% 。而不是 10% 。从上述两例中可以看出,在不同时点上,证券的当期收益率大不相同。

3. 持有期收益率

持有期收益率指银行在二级市场上买入证券后,持有一段时间,并在该证券未到期之前,在二级市场上再次转让卖出所获得的投资收益率。其公式为:

$$持有期收益率=\frac{年利息+\dfrac{卖出价格-买入价格}{持有年数}}{买入价格}\times 100\%$$

例:某债券面值为 100 元,年利率为 6% ,期限 5 年,某银行以 95 元买进,2 年后回涨到 98 元并在那时卖出,求持有期收益率。

根据公式得:

$$持有期收益率=[100\times 6\%+(98-95)\div 2]\div 95\times 100\%=7.89\%$$

4. 到期收益率

到期收益率指银行在二级市场上买进二手债券后,一直持有到该债券期满时取得实际利息后的收益率。该指标是银行决定将证券在到期前卖掉还是一直持有到到期日的主要分析指标。

(1)单利计息债券的到期收益率

$$到期收益率 = \frac{每年利息收入 + \dfrac{面值 - 购买价}{距离到期的年数}}{购买价} \times 100\%$$

例:银行在证券市场买入面值为 100 元的二手国债,买入价 88 元,债券年利率 10%,按单利计息,剩余偿还期为 3 年,计算到期收益率。

根据公式得:

$$到期收益率 = [100 \times 10\% + (100 - 88) \div 3] \div 88 \times 100\% = 15.9\%$$

(2)复利计息债券的到期收益率

$$P = \frac{C[1 + r]^n - 1}{r(1 + r)^n} + \frac{R}{(1 + r)^n}$$

其中:P——购买价;r = 复利到期收益率;R = 面值;n = 距离到期的年数;C = 年利息。

例:银行在证券市场买入面值 100 元的二手国债,买入价 95 元,债券年利率 10%,按复利计息,剩余偿还期为 3 年,计算到期收益率。

根据公式得:

$$95 = \frac{10 \times (\mathrm{Hr})^3 - 1}{r(\mathrm{Hr})^3} + \frac{100}{(\mathrm{Hr})^3}, r = 12.1\%$$

5. 到期税后收益率

在有些国家,投资者购买债券的利息收入也要交纳所得税,纳税后的收益才是净收益或实际收益。因此,在计算到期收益率时应把资本盈利的差别税率考虑进去,作为一个负因素予以扣除。到期税后收益率的计算公式为:

$$到期税后收益率 = \frac{年利息收入 \times (1 - 税率) + (面值 - 购买价格)/偿还期限}{购买价格} \times 100\%$$

例:某债券面值为 100 元,年利率为 5%,期限为 5 年,某银行在债券发行后的第 4 年年初以 99.5 元的价格买进,税率为 20%,求到期税后收益率。

根据公式得:

$$到期税后收益率 = [100 \times 10\% \times (1 - 20\%) + (100 - 99.5) \div 2] \div 99.5 \times 100\% = 8.29\%$$

(二)股票投资收益

股票的收益来源于股息或红利、市场买卖价差和股票增值三个方面。衡量股票收益水平的指标主要有五种。

1. 股利收益率

股利收益率是指股份公司以现金形式派发的股息与股票市场价格的比率。其计算公式为:

$$股利收益率 = \frac{现金股息}{股票买入价} \times 100\%$$

该收益率可用于计算已得的股利收益率，也可用于预测未来可能的股利收益率。该指标对投资决策有一定帮助。

2. 持有期收益率

持有期收益率是指投资者持有股票期间的股息收入与买卖价差占股票买入价格的比率。其计算公式为：

$$持有期收益率=\frac{出售价格-购买价格+现金股利}{购买价格}$$

该指标是投资者最关心的指标，投资者可将其与债券收益率、银行利率等其他金融资产的收益率进行比较，分析比较投资的结果。

3. 市盈率

市盈率是指某种股票市价与该种股票上年每股税后利润（红利）的比率。这是银行确定是否投资的一个重要参考指标。其计算公式为：

$$市盈率=\frac{股票市价}{该股票上年每股税后红利}$$

股票市盈率是个倍数，其高低对投资者的影响不同。市盈率高，倍数大，意味着股票的实际收益较低，不适宜长期投资。但市盈率高又反映了投资者对该股票投资的前景抱有信心，并愿意为此而付出更多的资金，意味着该股票的市场价格将呈进一步上涨趋势，短期投资可望获取较大收益。但市盈率过高，也意味着投资风险的进一步加大，以稳健经营为特征的银行不宜购买。

4. 市净率

市净率是每股市价与每股净资产的比值。其计算公式为：

$$市净率=\frac{每股市价}{每股净资产}$$

市净率反映市场对公司资产质量的评价，是投资者判断某股票投资价值的重要指标。从静态意义上讲，市净率越低，表明投资者的投资价值越高，股价的支撑越有保证，从而投资风险越小；反之，则投资价值越低。从动态意义上讲，公司每股净资产是变动的，它的增长最终来自于公司盈利的增长。因此，公司每股净资产的变动取决于公司的发展前景与盈利水平。但相对每股税后利润而言，每股净资产的变动幅度较小。因此，市净率的变动幅度要比市盈率的变动幅度小。

5. 价差收益率

银行从事证券投资的目的是保持银行经营的流动性和盈利性。因此，除了保留一部分信誉可靠的国债作为长期投资外，银行也十分重视股票短期价格的涨落变化，力求通过机会和时间的选择，低买高卖，赚取投资价差收益。价差收益率的计算公式为：

$$价差收益率=\frac{股票卖出价-股票买入价}{股票在手时间\times股票买入价}\times100\%$$

例：银行 1 月 1 日以每股 10 元的价格买进 A 股票 10 万股，总金额 100 万元（手续费略），7 月 1 日以每股 15 元全部卖出，总收入 150 万元（手续费略），求价差收益率。

根据公式得:

$$价差收益率=[(15-10)\div 6\div 12]\div 10\times 100\%=100\%$$

二、商业银行证券投资的风险

证券投资的风险是指实际收益与预期收益相比发生变动、偏差的可能性,特别指投资遭受损失的可能性。与证券投资相关的所有风险称为总风险,总风险又分为系统性风险和非系统性风险两大类,如图6-1所示。

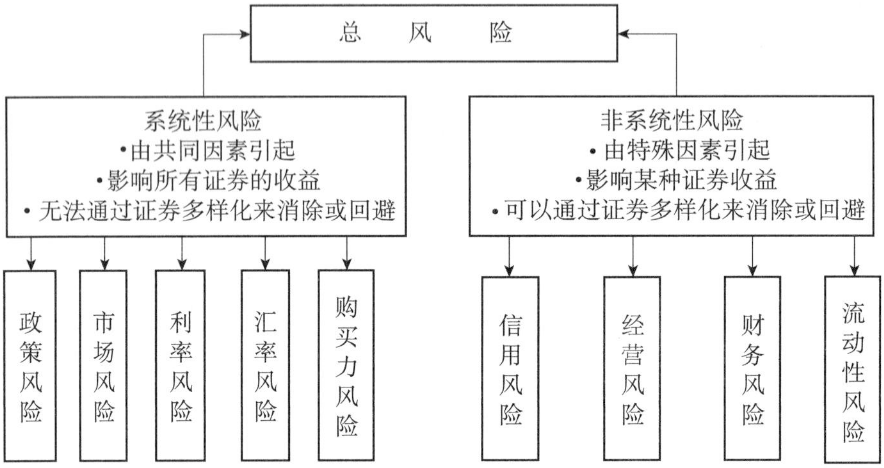

图6-1　总风险示意

(一) 系统性风险

系统性风险是指某种因素对市场上所有证券造成收益损失的可能性。在它的作用下,所有证券的收益都会呈同方向波动。系统性风险无法通过证券组合来消除。系统性风险主要包括以下风险:

1. 政策风险

政策风险是指政府有关证券市场的政策发生重大变化或有重要的举措法规出台,引起证券市场的波动,从而给投资者带来的风险。政府对本国证券市场的发展通常有一定的规划和政策,借以指导市场的发展和加强对市场的管理。证券市场政策应当是在尊重证券市场发展规律的基础上,充分考虑证券市场在本国经济中的地位、与社会经济其他部门的联系、整体经济发展水平及政治形势、证券市场发展现状等多方面因素后制定的。政府关于证券市场发展的规划和政策应该是长期稳定的,在规划和政策既定的前提条件下,政府应运用法律手段、经济手段和必要的行政管理手段引导证券市场健康、有序地发展。但是,在某些特殊的情况下,也可能会出台一些扶持或抑制市场发展的政策,制定出新的法规或交易规则,从而改变市场原先的运行轨迹。特别是在证券市场发展的初期,由于对证券市场发展的规律认识不足,法规体系不健全,管理手段不充分,政府更容易较多地使用政策手段来干预市场。由于证券市场政策是政府指导、管理、整合证券市场的手段,一旦出现政策风险,几乎所有的证券都会受到影响,因此属于系统性风险。

2. 市场风险

市场风险是指由于经济形势的动荡和供求关系的变化而给投资者带来损失的可能性。证券市场的价格波动比较频繁,尤其是股票价格时起时伏、变化莫测。相对而言,债券价格的变化似乎平稳一些。但如果国民经济出现停滞或衰退,投资者就会对证券投资失去信心,证券市场也就会失去活力。那么,即便是信誉状况良好的债券,也难以保证其价格的持续稳定。至于股票,则完全可能出现全面下滑的走势,如果此时银行出售证券,只能以大大低于买进价的价格成交,从而蒙受巨大损失。

3. 利率风险。

利率风险主要是指市场利率变化给证券投资者带来损失的可能性。证券价格的涨落与市场利率呈逆向运动,即市场利率上升,证券价格下降;市场利率下降,证券价格上涨。如果债券在未到期前出售或未分红前出售,其价格要取决于当时市场的利率水平,这样就产生了投资证券持有期收益率与到期收益率不相符的现象,从而使预期收益发生变化。市场利率水平的变化对不同种类、不同期限证券的影响也是不同的。就债券而言,其剩余期限越长,受市场利率变动影响越大,价格变化越大;反之,债券剩余期限越短,受市场利率变动影响越小。就股票而言,市场利率上升,意味着股份公司经营成本增加,盈利减少。同时,利率上升也会引起消费萎缩,社会购买力下降,从而会导致公司利润的减少。这两方面的原因不仅使公司股票的分红派息能力减弱、资本难以增值,还会因此而降低对投资者的吸引力,造成股票供过于求、价格下跌的后果。当然,如果利率下降,其结果正好相反。

4. 汇率风险

汇率风险是指汇率变动给证券投资者带来损失的可能性。汇率变动对证券市场的影响是复杂的。如果以单位外币的本币标值来表示汇率,汇率主要从以下几方面影响证券价格:①汇率上升,本币贬值,出口型公司因产品竞争力增强而受益,其证券价格上扬;相反,以进口原材料为主从事生产经营的公司成本增加,利润受损,证券价格下跌;汇率下降的情形与此相反。②汇率上升,本币贬值,将导致资本流出本国,资本的流失将使本国证券市场需求减少,从而市场价格下跌;汇率下降的情形与此相反。一般来讲,汇率变动对短期资本的流动影响较大,短期资本主要是在金融市场上进行投机交易,当一国汇率上升时,外国投机者为了避免损失,会竞相抛售拥有的该国金融资产,转兑外汇,而这种行为会进一步加剧该国汇率的上升,有可能导致金融危机。

5. 购买力风险

购买力风险也叫通货膨胀风险,指由于通货膨胀、货币贬值给投资者带来损失的可能性。通货膨胀意味着单位货币量所代表的实际价值的减少。在证券投资中,本金和收益都表现为一定的货币量,在通胀情况下,单位货币的贬值必然造成投资者的本金损失和实际收益水平的下降。当通胀达到严重或恶性程度时,投资者非但不能获利,甚至会损失投资额的大部分或全部,并导致证券市场的全面崩溃。

通货膨胀对于不同证券的影响也是不一样的。对于债券而言,其利率水平一般是固定的,不能因通货膨胀造成物价上涨而相应提高,这样,投资者所获得的实际利息收入就会大大低于其名义收益率,因而不得不承受购买力损失的风险;对于股票投资而言,因其收益具有不确定性,股息或红利分配水平可以随物价上涨而相应提高,加上通胀情况下,公司的资产会自行增值,股票所代表的实际资产价值总量也会相应提高,从而导致股票价格也上涨。上述两方面的原因,在一定程度上减少或冲抵了通胀给股票投资者带来的损失,当然,并不可能完全抵偿这种购买力下降的风险损失。

(二)非系统性风险

非系统性风险是指存在于某一行业或某一企业中的风险,它只造成个别证券收益的波动与损失,而不与整个市场体系发生联系。非系统性风险可以通过相互间关联性较小的不同证券的组合而在一定程度上消除和分散。非系统性风险主要包括以下风险:

1. 信用风险

信用风险是指由于证券发行人到期不能还本付息而给投资者带来损的可能性。这种风险主要存在于债券投资中,在股票投资中一般不存在这种风险。该风险主要受债券发行人的经营能力、资本大小以及经营前途等因素的影响。一般而言,以政府名义发行的债券信用风险较小,尤其是中央政府发行的债券(包括政府公债、国库券等),几乎不存在什么风险;由商业银行发行的金融债券从信誉上看仅次于政府债券,但存在一定的信用风险;而以企业(公司)名义发行的债券,其信用风险最大。为方便投资者进行充分选择,各国一般都有对债券优劣进行评级的专门机构。

拓展阅读

穆迪公司和标准普尔公司对债券的评级标准

根据发行债券的公司的信用风险高低,可以把债券分为不同级别,具体划分等级标准如下所示。

债券信用等级标准

信用等级		说明
穆迪公司	标准普尔公司	
Aaa	AAA	债券发行人的偿还能力很强,资信较高,投资者一般不承担投资风险。
Aa	AA	债券发行人的偿还能力较强,资信较高,投资者投资风险很低。
A	A	债券发行人的偿还能力和资信状况与AA级相仿,但投资者的风险略高。
Baa	BBB	债券发行人的偿还能力和资信较好,但投资人要承担一定风险。
Ba	BB	债券发行人有偿还能力,但不履行债务的风险较大。
B	B	债券发行人的偿还能力在平均水平之下,缺乏合乎要求的投资特点,投资具有投机性。
Caa Ca	CCC CC	债券发行人的偿还能力劣等,可能或经常不履行债务,投机性很高。
C	C	债券发行人的偿还能力明显不足,有极大可能不履行债务,投资风险极大。
D	D	债券发行人处于破产边缘,不能履行债务。

注:表中所列等级将债券分为两类:一类为投资级债券(AAA至BBB级),即银行可以进行投资的信誉可靠、信用风险不高的债券;另一类为信誉较差、存在较大信用风险的投机类债券(BB级以下),银行一般不购买这种债券,否则会引起人们对其经营作风不稳定的怀疑。

资料来源:中国证券网。

2. 经营风险

经营风险是指公司的决策人员与管理人员在经营管理过程中出现失误而导致公司盈利水平变化,从而使投资者的预期收益下降的可能。经营风险来自内部因素和外部因素两个方面。企业的内部因素主要有:一是项目投资决策失误,未对投资项目进行可行性分析,草率上马;二是不注意技术更新,使自己在行业中的竞争力下降;三是不注意市场调查,不注意开发新产品,仅满足于目前公司产品的市场占有率和竞争力,满足于目前的利润水平和经济效益;四是销售决策失误,过分地依赖大客户、老客户,没有花力气打开新市场、寻找新的销售渠道。另外,还有公司的主要管理者因循守旧、不思进取、机构臃肿、人浮于事,以及对可能出现的天灾人祸没有采取必要的防范措施等。外部因素是指公司以外的客观因素,如政府产业政策的调整;竞争对手的实力变化使公司处于相对劣势地位,引起公司经营管理水平的相对下降等。但是,经营风险主要还是来自于公司内部的决策失误或管理不善。公司的经营状况最终体现为盈利水平的变化和资产价值的变化,经营风险主要通过盈利变化产生影响,对不同证券的影响程度也有所不同。经营风险是普通股票的主要风险,公司盈利的变化既会影响股息收入,又会影响股票价格。当公司盈利增加时,股息增加,股价上涨;当公司盈利减少时,股息减少,股价下降。经营风险对优先股的影响要小些,因为优先股的股息率是固定的,盈利水平的变化对价格的影响有限。公司债券的还本付息受法律保障,除非公司破产清理,否则一般情况下不受企业经营状况的影响。但是,公司盈利的变化同样可能使公司债券的价格呈同方向变动,因为盈利增加使公司的债务偿还更有保障,信用提高,债券价格也会相应上升。

3. 财务风险

财务风险是指公司财务结构不合理、融资不当而导致投资者预期收益下降的风险。负债经营是现代企业应有的经营策略,通过负债经营可以弥补企业自有资本的不足,还可以用借贷资金来实现盈利。股份公司在营运中所需要的资金一般都来自发行股票和债务两个方面。其中,债务(包括银行贷款、发行企业债券、商业信用)的利息负担是一定的,如果公司资金总量中债务比重过大,或是公司的资金利润率低于利息率,就会使股东的可分配利润减少,股息下降,使股票投资的财务风险增加。例如,当公司的资金利润率为10%,公司向银行贷款的利率或发行债券的票面利率为8%时,普通股股东所得权益将高于10%;当公司的资金利润率低于8%时,公司须按8%的利率支付贷款或债券利息,普通股股东的收益就将低于资金利润率。实际上,公司融资产生的财务杠杆作用犹如一把双刃剑,当融资产生的利润大于债息率时,给股东带来的是收益增长的效应;反之,就是收益减少的财务风险。

4. 流动性风险

流动性风险是指由于证券信誉不高或数量少而在二级市场上不易转让,必须降价求售的风险。

上述各类风险虽然存在于各类债务工具中,但与证券入市没有内在的必然联系,可以通过商业银行投资的选择而在一定程度上得到控制。

三、风险与收益的关系处理

证券投资的收益与风险同在,收益是风险的补偿,风险是收益的代价。明确风险与收益之间的关系,是为了处理好二者的关系。因为证券的收益与风险是不断交替的,随着收益与风险的变化,银行需要不断调整证券头寸,在调整过程中,应当坚持以下原则:在既定风险的条件下取得尽可能高的收益,或者在取得一定收益的情况下尽可能地少承担风险。

调整证券头寸,一般可以与条件相同或相似的同业进行比较,也可以与本行业历史情况相比较。不管比较方法如何,收益和风险的变动基本表现为三种情况:第一,风险不变,收益变动。由于收益的变动既可以是增加,也可以是减少,银行应当尽可能地增加收益,避免收益的减少。第二,收益不变,风险变动。由于风险的变动也存在上升和下降两种情况,银行应当尽可能地避免风险上升,以降低风险作为选择。第三,收益与风险同时变动。收益和风险的单方面变动只是偶然和特殊情况,二者同时变动的情况极其普遍,这种变动又可以分为以下情况:

(1) 风险上升,收益增加。银行应当避免收益增长幅度低于风险上升幅度的情况,尽量使收益的增长超过风险上升的幅度,以实现盈利。

(2) 风险降低,收益减少。收益减少固然不可取,但由于风险也在下降,只要风险的降低较之收益的减少更快,银行的投资行为就仍然是值得的。

(3) 收益增加,风险降低。这显然是商业银行最希望得到的情况,应当极力寻求和促成这种情况。

(4) 收益减少,风险上升。一般来说,不管投资者是谁,都应当避免在这种情形下进行投资,除非在投资完成以后,情况发生变化。

总之,处理好收益与风险的关系,实际上是进行证券投资组合的基本前提和条件。如果处理得好,组合必然比较合理,盈利机会也自然较多;相反,如果处理不好,则会使得组合产生相反效果,使银行承受不必要的损失。

第三节　银行证券投资的管理与策略

证券投资管理的目的是通过组合投资,在投资收益和投资风险中找到一个平衡点,即在风险一定的情况下实现收益最大化,或在收益一定的条件下使风险尽可能地降低。有效的证券投资管理对商业银行至关重要。

一、确定证券投资管理目标

搞好证券投资管理的首要任务是制定出适合银行管理总目标的证券业务目标。一般而言,证券投资的目的无非是取得收入,提高资产组合的质量,保证银行资金得到充分运用,为银行提出必要的流动性和为其他业务提供担保等。但每一商业银行都必须根据自身的具体情况做一些调查,从而明确规定出银行证券投资的具体目标。选择什么样的目标,取决于银行对投资活动目的性的认识以及银行资产规模、借款能力、贷款需求等方面的情况。一般说来,规模大的银行比小银行的借款能力强,这样,大银行证券管理目标中,满足流动性需求的目标就成为次要目标。另外,大银行抵御风险的能力比小银行强,因此在大银行中,证券投资利息收入目标就成为最主要的目标。

二、预测外部环境

证券投资管理目标确定之后，就要对银行证券业务所涉及的外部环境，诸如经济增长、利率水平、通货膨胀等方面的情况进行预测。对关键经济指标变动趋势预测是银行证券组合管理的重要一环。几乎所有的证券决策都是建立在对外部环境的预测基础之上的。例如，在购买政府债券还是企业债券的决策中，就必须对经济增长、市场利率的变动趋势进行预测。一般来说，企业债券因包含的风险较政府债券包含的风险更大些，其预期收益率也较高。但企业债券风险能否转化为风险损失，则取决于整个经济的增长势头，如果经济前景看好，则从宏观方面说，企业债券的风险收益均衡关系对银行可能更有利。在购买长期证券还是短期证券的决策中，就必须对利率和通货膨胀率的变动趋势进行预测。

作为证券决策依据的预测，其结果应力求明确，尽可能避免含糊不清的预测出现。一旦银行对外部环境有了一定的预测，证券决策就必须符合这些预测的要求。另外，由于任何经济预测都存在一定的不确定性，决策时应尽量估计到预测在失误时所可能出现的结果，并采取适当的防范措施。在某种意义上讲，对外部环境预测的准确性是证券组合管理绩效优劣的基础和关键。

三、制定投资政策准则

银行管理部门应根据本行的投资目标制定出相应的投资政策。投资政策应当有足够的灵活性，使银行在经济环境发生变化以及竞争对手出现新动向时可以及时进行调整。银行在制定投资政策时，应当考虑以下几方面：

1. 银行可接受的证券投资风险总水平

银行应明确在证券投资中可以承担的适当风险。银行可接受的投资风险总水平取决于以下三个方面的因素：

（1）银行贷款组合和其他资产已经承担的风险。当银行可接受的总风险一定时，贷款和其他资产已经承担的风险越大，则银行可接受的证券投资风险水平就越低。

（2）银行资本实力与资产规模的对比状况。这两个因素共同决定银行对风险的承受能力。如果银行现有资本在满足承担贷款和其他资产风险的需要之后，还有超额资本，则增加证券投资份额的行为就不会面临过大的风险。反之，如果银行资本不足以承担额外风险，则存在着两种选择：如果银行认为高风险投资的收益大于追加资本的成本，那就应该研究考虑追加资本的方案；如果银行认为追加资本的成本大于高风险投资的收益，则银行应该限制投资组合的风险。

（3）银行对证券业务的管理经验及可付出的精力。

2. 投资与流动性计划的协调

银行投资政策应当使银行投资安排与流动性计划相统一，使银行的流动性要求得到满足。因此，在进行证券投资时必须考虑其变现能力。各种证券的到期期限必须与银行计划资金需求相吻合，从而达到银行的流动性目标。由于在经营规模、借款能力等方面存在差异，不同银行这方面的要求是不尽相同的。有的银行进行证券投资的主要目的是购买可列入流动性资产的高质量短期证券,使投资计划服从流动性计划。而另一些银行则在计划中从来不以流动性资产挤占投资资金。

3. 资产多样化对证券的要求

银行资产多样化要求银行安排好贷款及证券投资在行业和地域上的分布,努力避免在高集中度的地区及行业上增加投资。但多样化也可能使银行丧失某些方面的管理优势。如分散化投资使银行对每种证券的信用风险的掌握更加困难,同时管理成本提高。因此,银行应根据其投资规模、风险承受能力等因素,确定证券投资多样化的具体要求。

4. 分析应税状况

银行在证券投资时需要考虑税后收益率的高低,尽量把资金投向税后收益率较高的证券,使整个证券投资组合收益率最大化。

四、确定证券投资组合

根据银行证券投资政策的要求,可以确定证券投资的规模、类型和期限,将资金进行分配,以使证券投资组合具有理想的风险和收益特征。

(一) 确定证券组合规模

证券组合规模主要取决于三个方面的因素:

(1) 银行在满足流动性准备和合理的贷款需求后剩余资金的数量。

(2) 银行需用作担保的证券投资量。

(3) 证券投资的相对盈利水平。

(二) 确定证券的种类及质量标准

证券选择的核心问题在于保证所选择证券的种类和质量与银行证券组合管理要求相一致。影响银行证券选择的主要因素有以下几个方面:

(1) 风险程度。受证券投资可接受风险总水平的制约,银行必须确定证券投资的风险等级。对于那些承担大量贷款风险以及缺乏证券组合管理专业技能和人力的银行,其证券投资可接受的风险水平低,最好只购买政府债券和信用等级高的公司债券。这种选择与合理的期限政策相配合,就可限制投资组合的风险。规模小的银行尤其应该采用这种政策。相反,对于那些能够在证券市场上承担风险以及拥有证券投资组合管理专业技能和人力的银行,在证券质量的选择上就不必限制过严,这样可以使证券投资的预期收益率更高些。

(2) 流动性。流动性也会影响投资对象的选择,如果银行要以证券作为流动性资产,就应从严要求证券质量,只有高质量的畅销证券才具有较强的流动性。

(3) 税收问题。由于存在应税证券与免税证券,选择证券时不仅要考虑其票面收益率,还要考虑利息收入的课税问题,以使税后收益达到最大化。

(4) 有关的法律条款。银行的证券投资活动是受法律条款约束的,在购买证券时,银行不仅要顾及收益率的高低、流动性的强弱及课税问题,还要考虑使投资活动符合有关法律要求。法律条款对投资活动的限制一般涉及投资的范围,投资的数量和证券的质量要求等问题。

（三）确定期限

确定期限的中心问题是权衡利率风险和收益之间的关系。为此，银行必须做出两个独立的决策：一是规定证券投资的最长期限，二是安排好所有证券的期限结构。

规定证券投资的最长期限取决于两项关联的风险因素：一是债券质量的变化带来的风险。缺乏证券组合管理专门技能及人力的银行可以制定较短的证券最长期限限制来降低这类风险。二是利率变动带来的风险。证券期限越长，包含的利率风险越大。如果利率上升，长期证券价格下降将超过短期证券价格下降；如果利率下降，长期证券价格上涨将快于短期证券价格上涨。一般地，银行如果不具备较好的证券组合管理专门技能和人力，对较长期限内市场利率变动趋势预测的能力不足，应确定较短的证券最长期限限制；银行如果拥有较好的证券组合管理能力并能够接受某些可能的损失，为了追求长期证券的较高收益，可以不规定证券最长期限限制。

合理地确定期限结构，就必须准确地预测利率变动趋势，并掌握全部利率风险状况，使银行的证券投资能够弥补现存的风险或增加银行收益。

五、证券投资策略

商业银行证券投资策略的目标应是在控制利率风险条件下实现证券投资流动性和收益的有效组合。银行可以选择的主要策略有梯形期限策略、杠铃式期限策略及收益率曲线策略。

（一）梯形期限策略

梯形期限策略是一种以获取平均收益为目标的策略。银行把投资资金相对平均地投放在各种期限的有价证券上，保持等额投资。当期限最短的证券到期、资金收回后，银行再把资金投放出去，购买期限最长的证券，如此循环往复，使银行持有的各种期限的证券总是保持相等的数额。从图形上看，按这种策略所形成的投资份额如同一架横格等距的梯子，故而得此名。该方法一般适用于具有固定到期日的债券投资。

例：某银行投资500万元认购国债，等额、分散投资在5个年份上。在一年期国债到期后，收回本金100万元银行将100万元用于再购买新的5年期的国债，此时，原有年份上的国债到期日都自动向前跨越了一年，即原有2年期的现在变成了1年期，3年期变成了2年期，依次类推，加上银行新购入的100万元5年期部分，银行手中仍掌握500万元5个年份的等额投资，如图6－2所示。

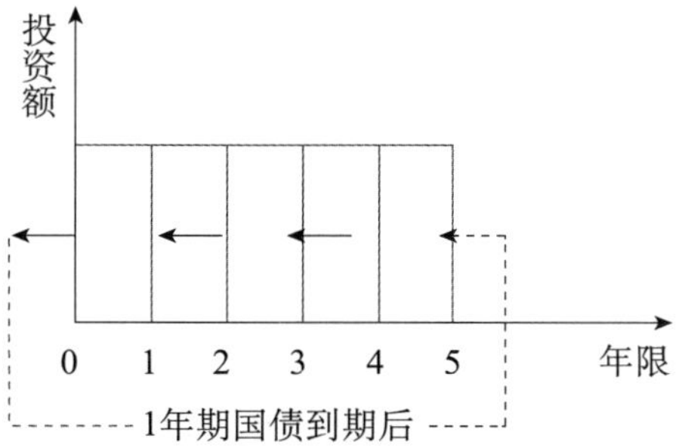

图6－2　梯形期限策略

这种方法的优点在于:简便易行,易于掌握和操作;银行不必经常观察和预测市场利率变化,始终采用同样的对策,减少了工作量,避免了预测失误造成的损失;可以保证银行获取平均的投资收益率,因为各种证券收益的上升和下跌可以相互抵消。这种方法也存在很大缺陷,表现在:缺少灵活性,因为采用这种连续进行的操作,当有利的投资机会出现时,银行可能因手中没有足够的资金而失去大好的获利机会;不能满足变现需求,当银行由于资金短缺而需要变现时,因为短期证券数量有限,可能无法满足银行的需求,如果此时银行没有其他资金来源,只能出售中长期证券,相对短期证券而言,中长期证券流动性差,要迅速变现,往往找不到理想的转让对象,届时,银行只能采取压价的方法出售,那么,银行也就不得不承受由此而带来的损失。因此,银行在运用该方法进行投资时,应力求采取灵活的态度和方法。

(二) 杠铃式期限策略

杠铃式期限策略指银行把投资资金集中用于短期和长期证券,相对减少对中期证券的投入,以期获得较高收益和流动性的一种投资方法。按这种策略投资所形成的份额从直观图形上看如同两头大、中间小的杠铃,故得此名,如图 6 – 3 所示。

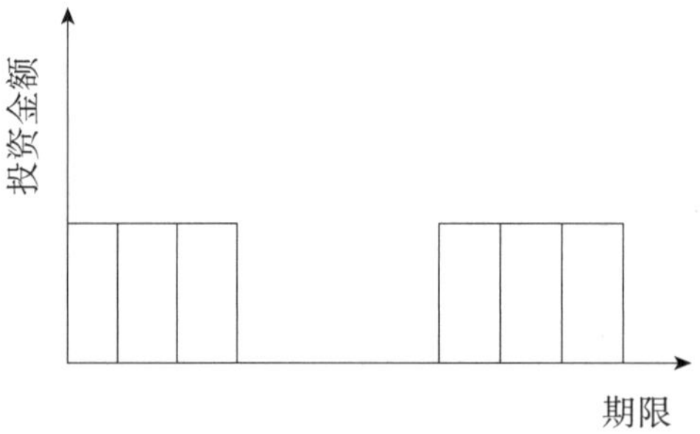

图 6 – 3 杠铃式期限策略

这种方法的优点是既可以使银行的投资活动获得较高的收益率,又可以保持一定程度的流动性和灵活性,如果银行对市场利率水平预测较准,其所获得的收益率可以达到很高的水平。这种方法的不足是需要依据对市场利率的准确预测才能决定投资的方向。因此,需要银行对市场上各种类型、不同期限的证券利率经常地进行观察,并做出反应;需要具有专门知识和投资经验的人进行具体操作和管理,花费大量的人力。这种策略对于中小银行而言,往往得不偿失,而且,一旦市场行情预测有误,其损失将无法避免。

(三) 收益率曲线策略

以上两种证券投资策略都属于被动型的策略,即证券投资的收益和风险大小主要是由外部因素决定的。而收益率曲线策略在本质上是一种主动型的投资方法,其基本内容是:银行的投资不拘泥于某一个固定模式,而是随证券收益曲线的变化而随时调整证券的期限结构。当收益率曲线相对较低和向上倾斜时,银行通常购买短期证券,随着利率在未来几个月(或几年)内出现上升,证券不断地续期为较高收益证券,如果银行有额外流动性需求,也可以提供额外的流动性;当收益率曲线处于相对高水平时,预期利率会下降,银行转向长期证券,这样银行可以获得最大的利息收入,而且在未来一段时间内,如因流动性需求而出售长期证券，也可获得资本利得；当银行认为利率已经达到最低点时，就出售长期证券，并将本金和资本利得转投资于短期证券。

这种策略与杠铃式期限策略的区别在于：在杠铃式期策略中，虽然投资资金也随收益率曲线的变化而调整，但在杠铃的两端，不论多少，总还保持一部分证券。而收益率曲线策略则不然，只要某种期限的证券价格将要上升，银行的全部投资资金就全部转移到这种证券上。

采取收益率曲线策略，可以获得很高的收益率。但这必须有一个重要的前提，即银行对收益率曲线的预测必须准确。一旦失误，损失也十分惨重。所以，一般的银行如果没有很大的把握，是不敢轻易采取这种策略的。只有那些资本规模大、分析队伍健全的大银行，才会将其作为增加收入的方法。

典型实例

调整证券组合　协调收益与风险的关系

某银行有100万元资金投资于四种有价证券中，分别是短期政府债券25万元、长期政府债券25万元、高级公司债25万元、中级公司债25万元，四种证券的收益率分别为3%、5%、7.5%和9%。若3个月后，短期政府债券收益率上升到3.8%，长期政府债券收益率上升到5.7%，高级公司债收益率不变，中级公司债收益率上升到10%。在这种情况下，如何调整证券的头寸，才能提高银行的投资收益或减少投资风险？

A. 在收益率没有发生变化时，该银行的投资收益为：

$$25 \times 3\% + 25 \times 5\% + 25 \times 7.5\% + 25 \times 9\% = 6.125(\text{万元})$$

B. 在收益率发生变化后，不改变证券的投资组合，银行的收益率为：

$$25 \times 3.8\% + 25 \times 5.7\% + 25 \times 7.5\% + 25 \times 10\% = 6.75(\text{万元})$$

收益额之所以增加了0.625(6.75 − 6.125)万元，是因为证券收益率的普遍提高。也就是说，即使不对证券头寸进行调整，银行的收益也会增加。但如果根据市场变化调整证券头寸，增加的收益可能更多或承担的风险更少。

C. 若减少10万元的高级公司债，增加10万元的中级公司债，则调整证券头寸后的收益为：

$$25 \times 3.8\% + 25 \times 5.7\% + 15 \times 7.5\% + 35 \times 10\% = 7(\text{万元})$$

与收益率发生变动之前相比，银行投资的净收益增加了0.875(7 − 6.125)万元。但增加中级公司债的同时也增加了银行承担的风险——当然，这种风险是投资者的主观判断，风险增加了0.15[10 × (9% − 7.5%)]万元。因此，应将0.15万元的收益作为对多承担风险的补偿，可以认为银行实际增加收益0.725万元。

D. 若减少10万元的高级公司债，增加10万元的短期政府债券，则调整证券头寸后的收益为：

$$35 \times 3.8\% + 25 \times 5.7\% + 15 \times 7.5\% + 25 \times 10\% = 6.38(\text{万元})$$

与收益率发生变动之前相比，银行投资的净收益增加了0.255(6.38 − 6.125)万元。但增加短期政府债券的同时降低了银行承担的风险，风险降低了0.35[10 × (7.5% − 3%)]万元。

因此,应将风险降低0.35万元视为银行收益增加0.605万元。

可以看出,调整证券头寸的方法有很多。但有一个原则必须把握住,这就是在承担既定风险的条件下争取尽可能高的收益,或在取得同样收益的情况承担尽可能少的风险。

关键术语

证券投资业务　政府债券　公司债券　票面收益率　当期收益率　持有期收益率　到期收益率　市盈率　市净率

复习思考题

1. 商业银行证券投资的基本功能是什么?
2. 商业银行证券投资业务与放款业务有何区别?
3. 商业银行证券投资业务的主要内容是什么?
5. 证券投资的风险有哪些?如何防范?
6. 如何正确处理收益与风险的关系?
7. 商业银行证券投资的各种策略的内容和优缺点是什么?

第七章

商业银行中间业务管理

学习目标

- 了解中间业务的类型及其主要内容,明确开展中间业务对商业银行的意义
- 掌握中间业务和表外业务的概念,以及二者的联系与区别
- 把握各类中间业务和表外业务的经营管理要点

案例导读

上海银行业:创新中间业务 发展普惠金融

现代金融发展的目标是促进社会的发展,让民众得到更多的金融便利,形成普惠金融。上海银行业积极践行社会责任,结合当下转型升级的要求,创新模式大力发展中间业务,为金融消费者提供更为便捷的金融服务与更有价值的金融产品。

创新中间业务　致力公益慈善

公益慈善事业被喻为社会财富的第三次分配,在现代社会保障体系中占有重要地位。2012 年以来,浦发银行与上海市慈善基金会携手,共同推出"阳光慈善"托管产品。该产品将商业银行中间业务的托管人制度独创性地引入公益慈善领域,托管银行通过全程全额的托管服务来保障和监管每一分善款的安全和使用。"阳光慈善"一期产品募集的善款将定向用于上海市慈善基金会"生命之光——造血干细胞移植项目"和"共享阳光——新生代农民工培训"两个项目。

量体裁衣订制理财产品

近年来,随着居民理财意识的觉醒,投资渠道呈多样化趋势,银行理财产品由于拥有期限灵活、种类丰富、收益率高、安全性强等优势,逐步赢得广大投资理财人士的青睐。然

而,上班族、商务人士和私营业主等人群既没有时间也没有精力参与产品挑选与抢购,错失投资良机。为满足这些居民投资银行理财产品的需求,农行上海市分行提供了短信理财等多种增值服务。在绑定手机号码和卡号后,银行理财专家会量体裁衣,精选符合投资者需求的产品定期发送至签约手机号码。无论在出差途中、在上班路上,只要在繁忙的间隙动动手指回条短信,就可以实现理财产品购买。

中信银行、杭州银行积极探索,创新理财产品,为金融消费者提供便利。例如:将签约理财账户每月自动扣划金额至理财账户,以定期小额投资的方式规划未来财富稳步增长;将账户指定余额之外的活期资金每日自动申购货币基金,最大程度提高闲置资金的收益水平,而当客户需要使用资金时自动实现货币基金赎回,大大提升客户对现金资产的管理能力。此外,星展银行推出基金分析工具成为客户的理财好帮手。

大连银行与中国银联合作,运用电子渠道提供便民增值服务,客户仅需下载客户端手机银行即可使用。满足了客户话费充值、便民缴费、火车票订购、游戏点卡充值、机票预订、酒店预订等日常生活支付需求。

提升中间业务能力服务实体经济发展

北京银行上海分行与国内领先的第三方支付企业合作,为其设计全新在线供应链融资方案,双方共同打造了银行与第三方支付企业的互联网金融合作新模式,开辟了该行中间业务收入全新来源。宁波通商银行上海分行等部分在沪商业银行开展的中间业务主要以国际业务为主,不仅促进了进出口业务发展,更有效推动了航运事业发展。

上海银行业不断创新、延伸服务、拓展内涵,为消费者提供便捷便利的中间业务服务,中间业务在为全社会带来了普惠金融的同时,也给商业银行自身发展带来了效益,提升了核心竞争力。

详情链接:资料来源:东方网,2014 年 8 月 11 日(http://finance.eastday.com)。

你是不是有下面的疑问

1. 商业银行中间业务具体包括哪些业务?
2. 开展中间业务对商业银行具有哪些重要意义?
3. 我国商业银行在中间业务方面与发达国家商业银行相比有哪些差距? 为什么?
4. 我国商业银行应该如何提升中间业务水平和盈利能力?

进入内容学习

第一节　中间业务概述

一、中间业务的概念及特点

(一) 中间业务的概念

简单来讲,商业银行中间业务是指不构成商业银行表内资产、表内负债,形成银行非利息收入的业务。具体而言,商业银行中间业务是指商业银行在资产业务和负债业务的基础上,利用技术、信息、机构网络、资金和信誉等方面的优势,不运用或较少运用银行的资金,以中间人和代理人的身份替客户办理收付、咨询、代理、担保、租赁及其他委托事项,提供各类金融服务并收取一定费用的经营活动。在资产业务和负债业务两项传统业务中,银行是作为信用活动的一方参与;而中间业务则不同,银行不再直接作为信用活动的一方,扮演的只是中介或代理的角色,通常实行有偿服务。

就中间业务的一般特征而言,可将其定义为商业银行在一般不需要或较少动用自己资金的情况下,不以债权或债务人身份,而是以中间人的身份参与业务,替客户办理收付或其他委托事项,为客户提供各类金融服务并收取手续费的业务。

广义的中间业务等同于广义的表外业务,可以分为两大类,即狭义的金融服务类业务和狭义的表外业务。日常经济活动中我们所说的中间业务是中国人民银行所规定的广义的中间业务,而表外业务是指会计准则反映的狭义的表外业务。因此按照商业银行的传统业务和发展情况,商业银行的业务大致可以分为资产业务、负债业务和中间业务三大类,或者资产业务、负债业务、中间业务和表外业务四大类。

(二)中间业务的特点

中间业务具有以下显著特点:

1. 不需要银行动用自有资金

商业银行经营中间业务只是代客户承办支付、结算及其他委托事项,商业银行原则上不垫付资金,这样就大大降低了商业银行的经营成本。

2. 特定的业务方式

中间业务通常以接受客户委托的方式开展业务。

3. 中间业务是特殊的金融商品

中间业务是金融创新的产物,它涵盖投资、信托、基金、保险、代理、咨询等广阔的业务领域,是凝结了商业银行信誉的金融商品。

(三)商业银行开展中间业务的意义

商业银行开展中间业务的意义主要体现为以下几点:

(1)增加银行的收入;

(2)分散银行的经营风险,增强风险抵御能力;

(3)扩大信贷规模,支持传统信贷业务;

(4)提高银行的综合竞争能力。

二、中间业务的类型

按照不同的划分标准,中间业务可以分为不同的类型。

(一)按照收入来源分类

目前,国际上最常见的划分中间业务种类的依据是收入来源标准。美国银行业根据收入来源将中间业务分为五类:一是信托业务,指信托部门产生的交易和服务收入;二是投资银行和交易业务,指证券承销、从事金融交易活动所产生的收入;三是存款账户服务业务,包括账户维护等;四是手续费类收入,包括信用卡收费、贷款证券化、抵押贷款再融资服务收费、共同基金和年金的销售、自动提款机(ATM)提款收费等;五是其他手续费类收入,包括数据处理服务费、各种资产出售收益等。

(二)按照功能和形式分类

商业银行中间业务按功能和形式的不同可以划分为以下几种类型:

1. 结算业务

结算业务是由商业银行为客户办理因债权债务关系引起的与货币收付有关的业务,如结算、进口押汇、信用卡业务等。具体而言,商业银行的结算业务按服务对象所处的区域来划分,可分为同城结算、异地结算、国际结算;按结算工具可分为汇票结算、支票结算和银行卡结算、信用证结算、电子数据交换结算等。

2. 代理业务

代理类业务是商业银行受政府、企业单位、其他银行或金融机构以及居民个人的委托,以代理人的身份代表委托人办理一些经双方协定的经纪事务的业务。

3. 咨询顾问业务

咨询顾问类业务是以转让、出售信息和提供智力服务为主要内容的中间业务。商业银行运用自身所积累的大量信息、机构及人力资源,以专门的知识、技能和经验为客户提供所需信息和多项智力服务,就是商业银行的咨询顾问类业务。

4. 信用卡业务

信用卡业务是指商业银行以其发行的信用卡为依托,为客户提供的与信用卡相关的一切服务。

5. 表外业务

表外业务指或有资产与或有负债业务,即从会计准则的角度不计入银行的资产负债表的业务,是通常所讲的狭义的表外业务。

(三)我国对中间业务的规定

根据中国人民银行2001年颁布的《商业银行中间业务暂行规定》和2002年发布的《关于落实〈商业银行中间业务暂行规定〉有关问题的通知》,我国商业银行的中间业务分为九大类:①支付结算类中间业务,包括国内外结算业务;②银行卡类业务,包括信用卡和借记卡业务;③代理类中间业务,包括代理证券业务、代理保险业务、代理金融机构委托、代收代付等;④担保类中间业务,包括银行承兑汇票、备用信用证、各类银行保函等;⑤承诺类中间业务,包括贷款承诺、票据发行便利等;⑥交易类中间业务,包括远期外汇合约、金融期货、金融期权和互换等;⑦基金托管业务,包括封闭式或开放式投资基金托管业务;⑧咨询顾问类业务,包括信息咨询、财务顾问等;⑨其他类中间业务,例如保管箱业务等。

总之,商业银行在办理中间业务时所处的身份不同,决定了在办理中间业务时所拥有的权利和应负的责任不同。商业银行在办理代理业务时,所负的责任最小,拥有的权利也最小,通常不需要承担什么后果,也没有什么自主权,一切要按委托人的意志办;办理委托业务所拥有的权利和应负的责任次之,有一定的自主权,但要受客户委托程度的限制,通常不承担风险损失的后果,但由于是以银行自己的名义开展业务的,需要承担信誉损失的后果;办理自营业务所负的责任最大,需要承担所有的后果,但权利也最大,可以自主经营。接下来,本书将依据功能和形式的分类标准对除信用卡业务之外的结算业务、代理业务、咨询顾问业务和表外业务进行介绍。

拓展阅读

中美商业银行中间业务发展现状比较

（一）与美国商业银行相比，我国商业银行中间业务收入占营业收入比例依然较低

通过对2007—2012年我国四大行中间业务占比进行分析，我们发现，2007—2009年，我国四大行中间业务发展迅速，中间业务平均占比由14.45%增长到22.78%；2009—2012年，中间业务占比基本稳定在23%左右。截至2012年，我国四大行中，中间业务占比最高的为中国银行(29.81%)，占比最低的为农业银行(18.98%)。相对而言，美国四大行(美国银行、摩根大通银行、富国银行、花旗银行)中间业务平均占比大致为我国四大行的两倍，自2009年起一直稳定在45%—50%之间。截至2012年，美国四大行中，中间业务占比最高的是摩根大通银行(53.72%)，占比最低的是花旗银行(32.16%)。

（二）与美国商业银行相比，我国商业银行中间业务以传统型中间业务为主，产品附加值较低

1. 我国商业银行中间业务产品结构分析

在我国四大行非利息收入构成中，手续费及佣金净收入一直占据着主导地位。截至2012年，工行、建行、农行的手续费及佣金净收入占非利息收入的比例均在90%左右，中行占比较低，为64%左右。从2012年我国四大行手续费及佣金收入的构成可以看出，一方面，我国四大行手续费及佣金收入较为集中，主要集中在结算与清算手续费、银行卡手续费、代理业务手续费(含理财产品业务收入)以及咨询顾问费(含投资银行)四大类业务中。其中，结算与清算手续费、银行卡手续费、代理业务手续费在四大行手续费及佣金收入中合计占比在60%以上，是我国商业银行手续费及佣金收入的主要来源。但这三类业务均具有技术含量较低及产品附加值不高的特点。另外，工行、农行、建行的咨询顾问费(含投资银行)占比均在20%以上，在中间业务收入构成中也占有重要地位。但我国商业银行咨询顾问费在一定程度上存在“息转费”的现象，并未对客户提供实质性的智力型咨询顾问服务。

2. 美国商业银行非利息收入的结构分析

根据美国联邦存款保险公司(FDIC)的监管要求，美国商业银行非利息收入分为四个类别：一是托管收入，指商业银行托管活动带来的收入；二是存款账户服务收入，指商业银行对于境内存款账户收取的服务费用；三是交易账户盈亏，指商业银行通过现金工具和表外衍生合约交易的盈亏，合约包括利率、汇率、资产证券和指数、商品和其他暴露；四是附加非利息收入。

从2012年美国四大行非利息收入的构成可以看出，美国四大行的非利息收入来源广泛，其中间业务的范围既包括账户服务、信用卡服务等传统型业务，也包括投资银行业务、自营投资业务、资产管理业务、保险业务以及资产证券化业务等产品附加值较高的业务。在美国四大行非利息收入来源中，传统的账户服务以及信用卡服务构成较为稳定的收入来源，除此之外，投资银行收入、风险投资收入(含自营业务)、按揭银行收入以及资产管理收入四类

业务在美国四大行非利息收入中占据主导地位,合计占比均在55%以上。由此可以看出,美国四大行的非利息收入来源广泛,占据主导地位的中间业务品种知识含量较高,产品附加值高,可充分满足客户的多层次金融需求。

详情链接:张永祥,《美国商业银行中间业务发展对我国商业银行的启示》,《国际金融》2014 年第 3 期。

第二节　结算业务

银行的结算业务是指银行通过使用各种结算工具,清偿单位与单位之间由于商品交易、劳务供应所引起的债权债务关系,办理由于利息收支、资金调拨等经济活动引起的货币收付的业务。

一、结算原则

转账结算涉及收付双方和银行之间的经济利益关系。为妥善处理这种经济关系,参与结算的各方须遵守以下原则:

1. 恪守信用、履约付款

所谓"恪守信用、履约付款",就是各单位之间因商品交易、劳务供应而发生的货币收付,除当即实行钱货两清的部分外,对双方事先约定的预收、预付货款和赊销商品货款必须分期结清,不得破坏协议,不得相互拖欠货款,应切实保障收付双方的正当权益不受侵害。办理结算业务的商业银行,对购销双方来说是第三方,处于中立地位。无论是债权人开户行,还是债务人开户行,都不得从本行利益出发,占用他行资金;应公正、客观地办理每笔业务,维护购销双方的正当权益。如因合同协议规定不具体而引起纠纷,则应由购销双方协商解决,或由仲裁机关调解仲裁,银行不应包揽这类纠纷的调解,以免使自身陷入商业纠纷之中。

2. 谁的钱进谁的账,由谁支配

所谓"谁的钱进谁的账,由谁支配",是指不论国家、企业、单位或个人的存款,银行都应予以及时入账,并保证其对归自己所有的存款有自行支配的权力。坚持这条原则,就要求任何部门、单位都无权超越法律的规定,要求银行查询、截留、挪用甚至冻结各项存款,当然,银行也无权随意停止企业单位和个人存款的正常支付。

3. 银行不予垫款

银行不予垫款是指银行办理转账结算时,只负责把资金从付款单位账户转入收款单位账户,不承担垫付款项的责任。为贯彻此原则,必须坚持"先付后收,收妥抵用"的做法,即各单位委托银行代收的款项,在银行未收妥之前不能支用;各单位委托银行付款,必须事先筹足资金,在不超过自己存款余额或批准的贷款额度范围内签发支付凭证,不得开空头支票。

二、结算工具

结算工具就是商业银行用于结算的各种票据。结算票据是有价证券的一种,票据上记载的权利与票据本身同时存在,同时被转移或占有,不能脱离票据而独立存在。商业银行用于结算的票据一般有三种:本票、支票和汇票。

1. 本票

本票(Promissory Note)就是由发票人签发的,载有一定金额,承诺于指定到期日由自己无条件支付给受款人或执票人款项的票据。本票记载的事项包括:表明其为本票的文字、一定的金额、受款人的姓名或公司名称、无条件担保支付、发票地、发票日期、付款地、到期日。上述八项内容是本票必须具备的条件。本票因到期日的不同,可分为定日付款、发票日后定期付款、见票即付、见票后定期付款等四种。本票经背书后可以流通转让。

2. 支票

支票(Check)是活期或支票存款的存户委托接受其存款的银行,向受款人或执票人无条件支付一定金额款项的支付命令书。支票是一种委托式信用证券,当事人有三个:发票人、付款人和受款人。支票的发票人可自为受款人,支票的付款人则只能是银行。银行之所以成为支票付款人,是因为接受了发票人的存款,或者事先与存户订有透支契约。存户所能签发支票的金额,仅以存款余额和透支金额为限。支票一般由存款户签发,是由存户发出的支付命令,而不是银行自己的支付承诺。支票记载的事项包括:发票人签名及表明其为支票的文字、一定的金额、付款银行名称、受款人的姓名或公司名称、无条件支付的委托、发票地、发票日期、付款地等。支票经背书后可以流通转让。

3. 汇票

汇票(Draft Bill of Exchange)是指由发票人签发一定金额,委托付款人于指定到期日无条件付款给受款人或执票人的票据。汇票是委托付款人付款的信用证券,它经受款人背书后可以流通转让,其流通能力大小取决于关系人的信用程度。若付款人、受款人或背书人信誉很高,汇票流通面就广,否则,流通范围就小,或很难流通。商业银行结算中使用的主要有银行汇票和银行承兑汇票。汇票须有发票人签名,并依法记载应予记载的事项,主要包括:表明其为汇票的文字、一定的金额、付款人的姓名或公司名称、受款人的姓名或公司名称、无条件支付的委托、发票地、发票日期、付款地、到期日等。

典型案例

结算想快　用招行“公司一卡通”

企业支付结算更方便了!以往,传统单位客户结算主要通过印鉴审核、柜台办理等方式进行,业务办理需花费一定的时间。但近期,招行新推出集结多种银行服务功能的“公司一卡通”,把支票、柜台现钞存取等集合到一张单位结算卡中,实现了对公资金结算在全国的通存通兑,还能享受银联POS消费等服务。

每日货款结算时间以分计

在知名企业连锁店工作的刘小姐,每日都要到银行柜台存现汇款,耗费一两个小时的时间,她觉得很不方便。但日前,招商银行的单位结算卡“公司一卡通”让她省心多了。原来,以往汇划销售款一直占用了刘小姐较大的门店管理时间精力,按公司规定,门店每天须将销售货款及时上缴,为此,刘小姐每天都要到银行柜台把现钞存到公司账户上,再汇款到总公司,这项工作每天平均要耗费2个多小时。但近期,公司为各个门店办理了招行“公司一卡通”,情况因此大大改善。现在,刘小姐直接在招行网点的自助柜员机进行存现操作,几个简单确认步骤就可以完成了,只花了几分钟。该连锁店总公司财务部王经理称,该公司在全国有上千家门店,收款与对账一直是困扰财务管理的两个难题。但该公司近期采用招行提供的“公司一卡通”收款方案后,许多问题都迎刃而解了。公司在统一收款总账户下开设了一批只收不付的“公司一卡通”,发给每个门店使用,这样每日货款即可实时自动到达总公司账户了。

7×24 小时跨行通存通兑

招行“公司一卡通”到底有什么特色呢?据悉,单位客户可凭招行“公司一卡通”在全国所有银联自动柜员机及柜面通网点享受跨行现金存取、转账汇兑、银联 POS 机消费等服务。“‘公司一卡通’客户可享受免验核印鉴操作服务,并具有身份识别、账户查询、网上支付、POS 消费、转账汇兑、现金存取、信息报告等多种功能。”招商银行南宁分行相关负责人介绍称。“公司一卡通”把支票、柜台现钞存取等集合于一身,实现对公资金结算全国 7×24 小时通存通兑,单位客户可在国内任意银联渠道(包括银联自动柜员机、POS 机及银联柜面通渠道)进行对公结算业务办理,包括跨行现金存取、跨行转账汇兑、跨行消费支付、跨行账户查询等。据了解,招行“公司一卡通”分为采购卡、收款卡、付款卡、联名卡等种类,不设办卡门槛,对公客户在招行开立单位结算账户后,均可申请开立“公司一卡通”,招行全国所有对公、对私营业网点、银联自动柜员机、POS 机均可受理持卡单位客户的业务办理。

详情链接:《南宁晚报》,2014 年 5 月 13 日。

三、结算方式

按债权债务双方所处地域的不同,结算方式通常分为同城结算和异地结算两大类。

(一) 同城结算方式

债权债务双方同在一座城市或地域的情况下,二者业务的结算即采用同城结算方式。商业银行大量也是最主要的同城结算方式是支票结算。近年来,随着结算方式的改革和电子计算机的引入,又出现了一些新的同城结算方式。

1. 支票结算

支票结算是客户根据其在银行的存款数量和透支限额开出支票,命令银行从其账户中支付一定款项给受款人,从而实现资金调拨,了结债权债务关系的一种结算方式。支票结算代替了现金交付,一方面可以节省与现金收付有关的费用和时间,另一方面还可以避免现金运送和保管中的风险。支票结算中,一般由支票的受款人或执票人将支票交给其开户行,由银行代为收取。若支票收付双方在同一银行开户,银行只需将支票所载金额从付款人账户转到收款人账户即可,这是最基本的支票结算。若收付双方不在同一银行开户,则需通过票据交换所才能实现交换,完成结算。随着电子计算机引入银行,支票结算更多地利用计算机进行处理,从而迅速准确地实现交换。

2. 账单支票与划拨制度

账单支票与划拨制度是两种不用开支票,通过直接记账而实现资金结算的方式。账单支票是由提供货物或服务的卖方将账号告知付款人,付款人审查无误后,将账单的一联签字后退给收款人,收款人送交银行通过票据交换所去收款。

划拨制度与账单支票类似,二者的区别在于划拨制度下,账单是付款人直接交自己的开户行,银行将账单金额借记付款人账户后,通过票据交换所直接贷记收款人账上完成资金结算。

3. 直接贷记转账和直接借记转账

这两种结算方式是在自动交换所的基础上发展起来的。自动交换所与普通票据交换所一样,都是办理银行之间资金清算业务的机构,其不同之处在于自动交换所交换的是磁带而不是支票。它通过电子计算机对各行送交的磁带进行处理,实现不同银行间的资金结算。目前,自动交换所主要办理直接贷记转账和直接借记转账两种业务。直接贷记转账是通过自动交换所将资金直接贷记到收款人账上,从而实现资金结算的一种方式。直接借记转账则是通过自动交换所将资金直接借记到付款人账上而实现资金结算的一种方式。

4. 票据交换所自动转账系统

这是一种进行同城同业资金调拨的系统。纽约、伦敦和香港等金融中心都设有这种系统。参加这个系统的银行之间所有同业拆借、外汇买卖、汇划款项等业务,都无须将本票或通知书送交收款银行,而只需将有关数据输入到自动转账系统的终端机,这样收款银行即可收到相关信息,交换所同时借记付款银行账户,贷记收款银行账户,迅速完成资金结算。这就进一步加快了结算速度,减少了与支票使用有关的费用。

(二) 异地结算方式

债权债务双方不在同一城市或地域时,二者业务关系的结算即采用异地结算方式。商业银行在异地结算中主要采用汇款、托收、信用证和电子资金划拨等多种结算方式。

1. 汇款结算

汇款结算(Remittance)是由付款人委托银行将款项汇给外地某收款人的一种结算方式。银行接到付款人的汇款请求后即收下款项,然后通知收款人所在地自己的分行或代理行,请其向收款人支付一定数额的款项。汇款结算一般涉及四个当事方,即汇款人、收款人、汇出行和汇入行。银行汇款结算无须实际寄送货币,只需将付款命令通知汇入银行即可做成。如果汇出行与汇入行不为同一银行,需要事先商定一定的代理办法,并定期结清两行之间的债权债务关系。

商业银行汇款结算是通过将付款命令通知汇入行而完成的,根据通知的方式不同,汇款结算又分为电汇、信汇和票汇三种方式。

2. 托收结算

托收结算(Collection)是指债权人或售货人为向外地债务人或购货人收取款项而向其开发汇票,并委托银行代为收取的一种结算方式。它一般涉及四个当事方,即委托人、托收银行、代收银行和付款人。办理托收时,要由债权人或售货人开发一份以外地债务人或购货人为付款人的汇票,将汇票和其他单据交给其开户行,由开户行寄给债务人或购货人所在地的该银行的分行或代理行,请其向债务人收取款项并寄回,然后转交给债权人。商业银行的托收业务主要有光票托收和跟单托收两类。

3. 信用证结算

信用证(Letter of Credit)是银行根据申请人的要求和指示,向受益人开立的载有一定金额,在一定期限内凭规定的单据在指定地点付款的书面保证文件。信用证结算方式是付款人将款项预先交存开户银行作为结算保证金,委托银行开出信用证,通知异地收款人的开户银行转告收款人,收款人若按合同和信用证所载条款发货以后,银行即按信用证规定,代付款单位给付货款。这种结算方式的特点是,能够避免购货人拖欠货款或不按合同付款的结算风险。它尤其适用于销货人对购货人信誉不了解,或异地之间特别是国际非经常性的交易中的货款结算。但这种结算方式速度较慢,每笔交易占用资金的时间较长。

4. 电子资金划拨系统

随着电脑和网络等新技术在银行的运用,电子计算机的大型化和网络化改变了商业银行异地资金结算的传统处理方式。通过电子资金结算系统进行异地结算,资金周转大大加快,业务费用大大降低。例如,美国的一些大型商业银行可以利用联邦储备通信系统、银行通信系统、信用卡清算中心、银行内部付款交换所系统、世界银行财务远程通讯会等五个系统实现资金异地结算。

拓展阅读

央行发布2014年支付体系运行总体情况

央行发布的《2014年支付体系运行总体情况》显示,2014年支付体系安全、稳定、高效运行,社会资金交易规模持续增大,在支持金融工具创新、改善金融服务水平、提高资源配置效率等方面发挥了积极作用,有力促进了我国社会经济的发展。

从非现金支付工具看,2014年,全国共办理非现金支付业务627.52亿笔,金额1 817.38万亿元,同比分别增长25.11%和13.05%,笔数增速同比加快3.19个百分点,金额增速同比放缓11.92个百分点。

银行卡发卡量保持快速增长。截至2014年年末,全国累计发行银行卡49.36亿张,较上年年末增长17.13%,增速放缓2.10个百分点。借记卡累计发卡量与信用卡累计发卡量之间的比例约为9.85 1,较上年年末略有上升。截至2014年年末,全国人均持有银行卡3.64张,较上年年末增长17.04%。其中,人均持有信用卡0.34张,较上年年末增长17.24%。

银行卡交易量继续增长。2014年,全国共发生银行卡交易595.73亿笔,同比增长25.16%,增速加快2.85个百分点;金额449.90万亿元,同比增长6.27%,增速放缓16.01个百分点。信用卡信贷规模适度增长,授信使用率持续上升。截至2014年年末,信用卡授信总额为5.60万亿元,同比增长22.50%;信用卡期末应偿信贷总额为2.34万亿元,同比增长26.75%。

2014年,支付系统共处理支付业务305.35亿笔,金额3 388.85万亿元,同比分别增长29.51%和15.29%。2014年支付系统共处理支付业务金额是全国GDP总量的53.24倍。从支付系统资金往来情况看,全国共有18个省(市、自治区)的辖内资金流动量占本省(市、自治区)资金流动总量的比例超过50%。信用卡卡均授信额度1.23万元,授信使用率41.69%,较上年年末增加1.40个百分点。信用卡逾期半年未偿信贷总额357.64亿元,较上年年末增加105.72亿元,增长41.97%;信用卡逾期半年未偿信贷总额占期末应偿信贷总额的 1.53%，占比较上年年末上升 0.16 个百分点。

电子支付业务保持增长态势，移动支付业务快速增长。2014 年，全国共发生电子支付业务 333.33 亿笔，金额 1 404.65 万亿元，同比分别增长 29.28% 和 30.65%。其中，网上支付业务 285.74 亿笔，金额 1 376.02 万亿元，同比分别增长 20.70% 和 29.72%；电话支付业务 2.34 亿笔，金额 6.04 万亿元，笔数同比下降 46.11%，金额同比增长 27.41%；移动支付业务 45.24 亿笔，金额 22.59 万亿元，同比分别增长 170.25% 和 134.30%。2014 年，支付机构累计发生网络支付业务 374.22 亿笔，金额 24.72 万亿元，同比分别增长 93.43% 和 137.6%。

截至 2014 年年末，全国共开立人民币银行结算账户 65.12 亿户，较上年年末增长 15.40%，增速加快 0.47 个百分点。其中，单位银行结算账户 3 976.91 万户，占银行结算账户的 0.61%，较上年年末增长 11.77%，增速放缓 0.49 个百分点；个人银行结算账户 64.73 亿户，占银行结算账户的 99.39%，较上年年末增长 15.44%，增速加快 0.49 个百分点。

详情链接：《金融时报》，2015－02－13。

第三节 代理业务

代理业务是服务与监督相结合的金融信托业务，它是商业银行接受单位和个人的委托，以代理人的身份代办客户指定的经纪事项的业务。代理业务一般不要求转移财产所有权。商业银行在接受客户委托承办代理业务时，只能按委托人指定的权限范围办事，在法律上其财产所有权不能改变。商业银行在为客户代办经纪事项的过程中，发挥财务管理和信用服务的职能，只代办手续，不负责处理经济纠纷，也不垫款，风险较小。目前，商业银行办理的代理业务主要有代理收付款、代理资金融通、代理资产保管和代理发行有价证券等。

一、代理收付业务

代理收付业务亦称收付信托业务，是商业银行利用自身的结算优势，接受单位或个人的委托，代理收付指定款项的业务，其范围较广，有代收管理费、养路费、环保费、水电煤气费，代付货款、租金、运费等。其具体操作程序如下：

1. 确定代理收付款的事项范围

为了使代理收付业务顺利进行，商业银行应首先确定收付款的事项范围，按照方便监督和对委托单位负责的原则，主要代理那些定时、定量、有规律的应收应付款。如公用事业单位按月从单位收取的水、电、煤气等费用，企业主管部门按月从下属企业统筹收取和支付的各种款项等。

2. 提供合法依据签订委托代理协议书

客户在委托商业银行代理收付款项时，均需提交收付款项的合法依据及有关单据，经商业银行审查同意后，要与委托单位签订代理收付款项协议书，明确代理收付款项的内容、范围、对象、时间、金额及方式。代理付款时，委托人须事先将代付款足额交存商业银行。

3. 确定手续费收取标准

商业银行的代收代付业务以服务为主,适当收取代办手续费,收取标准由委托单位与商业银行商定,一般按代理收付金额的大小或业务数的多少协商计收。

4. 确定开展代理收付款业务所需的组织宣传费

这项费用一般按照发生的数额实收,由委托单位承担。当然组织宣传工作也可以由委托单位自行开展,所需费用自行核支。

5. 落实代收代付款项的具体经办单位

代理收付款业务一般由商业银行与委托单位签订协议后,再交给委托单位开立账户的基层营业机构具体代办。

6. 代理收付款结转委托单位

一般代收款项随收入进度按旬汇总划转委托单位账户。如果委托单位同时委托代付业务的,则以收入抵付其支出,结余部分再定期划转。只委托代付款项的,则由委托单位先将足额款项转入所委托的商业银行的账户,以保证能按期办理代付。

代理收付款业务具有严格的规范程序,商业银行在办理该业务时,除应严格按操作规程办事外,还应坚持以下原则,即只代为办理手续、不予垫款、不负责处理经济纠纷等。

二、代理融通业务

(一) 代理融通的概念和含义

代理融通又称收买应收账款或承购应收账款,是商业银行代理客户收取应收账款,并向其融通资金的业务。代理融通业务包含三层含义:

(1) 商业银行代理客户收取应收款项。这些客户一般是赊销商品的工商企业,应收账款主要是应收货款,或是应收劳务款项。

(2) 商业银行向该客户提供资金融通的便利,使客户不至于因外欠而影响正常的资金周转。

(3) 代理应收账款与融通资金是相互依存、相互制约的关系,主要体现在三个方面:一是融通资金的便利有赖于代理应收账款的存在;二是融通资金的额度要控制在应收账款的数量之内;三是应收账款实际上是融通资金的还款保证。

(二) 代理融通业务的程序

由于代理融通业务的形式多种多样,其运作程序也各有不同。但一般情况下有以下几个基本步骤:

1. 企业向银行提出申请

赊销商品或劳务的企业想要融通资金,首先要向银行或专业代理融通公司提出申请,对企业的生产经营状况,特别是赊销货款及欠账单位的情况提供翔实的资料,提出代理融通的申请。

2. 银行进行业务调查

银行受理企业申请后,要认真进行调查研究。主要包括以下内容:

(1) 申请代理融通企业的经营状况;

(2) 申请代理融通企业的资信情况;

（3）欠账单位的基本情况和资信；

（4）收账的难度或风险度测定等。

3. 银行与赊销企业签订合同

对经过调查符合条件的企业，银行与申请企业就代理融通业务的有关问题进行磋商，并在代理融通合同中予以明确。合同的主要内容包括：

（1）对应收账款是权益转让还是权益售与；

（2）是公开融通还是幕后融通，追索欠款的方式与责任；

（3）融通资金的额度、期限、利率；

（4）代理融通的费用或佣金（通常为周转额的 0.85%—2.5%）等。

4. 实施代收账款和融通资金

按照代理融通合同，赊销企业将货物或劳务发票送交银行，银行按照约定向企业融通资金，并依据发票等有关法律手续，向欠账单位追索欠款，并每月向赊销企业提供收账清单。

5. 代理融通业务结清

应收账款收回后，首先归还银行融通资金的本金和利息，并扣除佣金等费用，其余款项退还赊销企业。如果应收账款未能全部收回，形成呆账，则按合同约定处理：

（1）如果属于权益转让方式，则呆账损失由赊销企业承担，银行所融通资金仍由企业偿还。

（2）如果属于权益售与，企业已将应收账款折价卖给了银行，所以呆账损失由银行承担。收款额超过买价（一般是融通金额），则银行盈利；收款额低于买价，则银行亏损，企业不再承担责任。

（三）保理业务

保理是保付代理的简称，是商业银行代理资金融通的典型业务，由银行与债权方签署协议，债权方将在国内采取赊销方式进行商品交易或提供劳务形成的应收账款，转让给保理银行，由保理银行对其提供综合性金融服务。

保理业务是一种专门为商品赊销而设计的集贸易融资、商业资信调查、应收账款管理、信用风险担保于一体的综合性金融服务产品，可以帮助企业在日益激烈的市场竞争中取得先机，全面解决应收账款的困扰。保理业务根据企业信用、产品等情况可分为有追索权保理和无追索权保理两种。

有追索权保理是指卖方企业提出申请，由保理银行购买其与买方企业因商品销售或提供劳务所产生的应收账款，卖方企业对买方企业到期不还款承担担保责任或回购该笔应收账款的责任。无追索权保理是指银行凭债权转让向卖方融通资金后，即放弃对卖方追索的权利，银行独自承担买方拒绝付款或无力付款的风险。但是，对于商务合同纠纷争议而导致应收账款不能收回时，银行对卖方仍保有追索权。

目前，在我国，除中国银行外，工商银行、建设银行、交通银行、光大银行、中信实业银行、民生银行等纷纷开办了保理业务，业务范围由国际延伸至国内，业务性质也由有追索权的应收账款收购发展至无追索权的应收账款买断。

典型案例

光大银行保理出单突破800亿 稳居同业前列

在近年信贷调控的大背景下,光大银行保理业务持续快速增长,截至2012年年底,光大银行保理出单突破800亿,保理融资余额超过300亿,其保理业务自开展以来取得年均增长60%的成绩,保理业务规模继续稳居同业前列。

业内人士指出,光大银行“阳光保理”是业界领先的品牌,其保理业务体现出产品创新能力强、客户服务完善、系统平台先进与团队建设专业等四大优势。

据悉,保理业务进入中国是在1992年,中国光大银行于2000年正式开办保理业务。经过13年的精心耕耘和探索发展,该行的保理业务已发展成为一个涵盖产品、解决方案、行业特色的立体交叉的产品服务体系,支持了一大批中小企业的健康成长。

在产品管理能力上,光大银行保理业务始终植根国内并把握创新节奏,将服务拓展至各个行业。以阳光保理的子品牌——阳光医药模式化保理为例,该行创造并归纳了6种可以快速复制的业务模式,涵盖了国药模式、三甲医院主动批量授信模式、1+N模式、保理池融资模式、零售终端模式、表外融资模式,实现了银行、医药企业、医院、患者的多赢局面,以及经济效益与社会效益的共同发展,使医药行业成为光大银行保理业务的最大单一行业。

详情链接:中国经济网,2013年9月29日(http://finance.eastmoney.com/)。

三、代理保管业务

代理保管业务是指商业银行代客保管各种贵重物品、有价证券和出租保险箱的业务。一般有露封保管、密封保管和出租保管三种形式。

1. 委托代理保管业务的具体做法

委托代理保管业务是指商业银行受托替个人或单位保管重要物品的业务。保管物品包括有价证券、合同、印章、图纸、文件、金银、珍贵饰物、艺术品及古代文物等。保管业务一般要经过如下程序:

(1) 由委托保管人填写委托申请书。写明代保管期限、贵重物品件数和价值或有价证券的金额,注明有价证券张数、号码等;一式三份,两份交受托单位,一份由委托人留存。申请书上要加盖申请人印鉴,以留提取。

(2) 受托者要清点代保管的物品,并与申请书核对,清点核对无误后,须出具保管证,然后将物品入库保管。保管期间,若委托人的名称、地址有变动,或需要更换印鉴时,要及时到商业银行、信托投资公司办理变更手续。

(3) 委托人提取保管物品时,应出示保管证、身份证,经受托人核对无误后,方可提取。如全部提取,受托人要收回保管证,予以注销;如部分提取,受托人须收回原保管证,并注明该次提取时间、物品、金额及经办人,再将剩余物品重新开具新的保管证。

2. 委托代保管业务的收费标准

保管费的收取标准因保管物品价值的不同而有别。如果是有价证券、贵重物品,一般按其价值的一定比例按月收取。如果是文件、图纸、契约，一般按物品的件数或体积按年收取。中途提取者，保管费不予退回。

3. 委托代保管业务的保管责任

如果在代保管期间，因受托人的人为原因给委托人的财产造成损失的，按照《中华人民共和国赔偿法》，应由受托人负责赔偿；如果是不可抗拒的因素造成的损失，受托人不负赔偿责任。

四、代理发行有价证券业务

代理发行有价证券是指商业银行接受政府或公司的委托，代理销售公债、公司债、股票等有价证券，从中收取手续费的一种代理业务。有证券发行，就有证券承销，而证券承销一般包括代销和包销两种。由于公司企业债和股票价值与企业经营效益联系密切，变动可能性较大，采取包销方式的银行承受的风险亦较大。出于安全性考虑和为了维护存款人利益，一般不允许商业银行包销企业债券和股票，该业务通常由投资银行来做，商业银行只是利用其机构网点、技术、人员等的便利，采取代销方式帮助证券发行主体进行证券的发行，并不负责一定将证券全部销出，而是将剩余部分退还发行人，银行只是从中赚取手续费。

银行接受代募有价证券必须先调查委托人的信用状况，并要求其填写委托书。代募的有价证券出售价格有两种：一是市场价格，指该有价证券在证券交易所成交的价格；二是限价，指委托人所欲卖出有价证券的最低价格。

拓展阅读

提高商业银行代理业务服务水平

代理业务是商业银行接受客户委托，代为客户办理指定的金融服务，主要包括代发工资、代收代付、代扣按揭、代理保险、代理银行卡、代理证券等。商业银行具有集信誉、技能、人才、网点、网络、资金、信息等于一身的优势，但在代理业务的运营中，有服务覆盖面不足的问题：一是对银行代理业务的认知度、掌握使用率不够普及，使得客户对业务品种、特点、优势、操作流程等还不熟知；二是银行自身认识上存有偏差，内部整体联动缺乏合力机制，对新型金融工具的宣传、拓展、运用不能适应需要；三是品种研发与客户需求“水土不服”。突破银行代理业务发展瓶颈，建设普惠性金融服务机制，让商业银行成为服务老百姓最近的银行尤显重要。

提高代理业务的覆盖面和渗透率，为代理业务的需求方提供满足要求享受金融服务的机会和途径迫在眉睫。工行湖北省分行营业部近些年来坚持以客户为中心、以市场为导向，在转型中积极发展银行代理业务，在开拓市场、服务客户中推出的外出务工人员“联名建工卡”、拆迁户居民“家天下”借记卡、出国留学“非提款型业务”等，为代理业务“接地气”积累了经验。银行业作为竞争性服务行业，守株待兔只会将市场拱手相让。增强市场应对能力，树立竞争忧患意识，紧跟时代潮流，推进服务升级，实现银行代理业务的同步发展正逢其时。

加大银行代理业务的渗透辐射，要完善服务功能，提高金融服务的普惠性。一是进一步扩大企事业单位等机构客户的代理业务覆盖面。银行应以机构网点为服务半径，细分市场，摸清底数,分类建档,针对不同行业、不同企业、事业单位提供不同的金融服务,并充分利用行业博览会、企业商会、个体经营者协会等平台,量身推荐代理业务品种,灵活运用多种代理服务品种,满足客户群体多层次的金融需求,让银行代理业务迅速在企业、事业单位中普及并得到巩固和发展。二是进一步扩大社区群体的代理业务覆盖面。用新的理念、新的技能和新的产品引导、启蒙和惠顾未被银行代理业务服务的社区群体,激活潜力和提高覆盖率是发展代理业务的关键所在。做实、做专、做强银行代理业务,促使其融入经济生活的各个节点,应突出能满足社区群体金融知识的宣传普及,通过改善、跟踪、回访等优质高效服务,提高客户满意度。同时,要加强安全性、操作性知识普及,发挥商业银行电子化程度高的优势,让银行代理业务这一快捷、方便、安全的服务在企业、事业单位和社区客户群体中落地生根,实现双赢。

银行代理业务要注重理念、产品、管理、服务方面的创新,将创新贯穿于代理业务发展始终。理念上要有新认识,视银行代理业务为现代商业银行业务发展的重点。产品上要有新优势,注重产品研发能力的提升,贴近生活、融入群体,围绕不断满足不同类型企事业单位和客户群体需求而研发出新的产品。管理上要有新机制,银行要围绕代理业务发展建立激励机制和约束机制,采取上下、内外、整体联动措施,发挥人的最大潜能和作用。服务上要有新举措,搭建立体化全新服务平台,针对不同类别、不同层面客户,实行差异化服务,满足客户多元化、个性化的服务需求,用优质高效的服务,占领代理业务发展的高地。

详情链接:金融时报,2014 年 3 月 3 日。

第四节　咨询顾问业务

咨询顾问业务是指商业银行依靠自身在信息、人才、信誉等方面的优势,收集和整理有关信息,并通过对这些信息以及银行和客户资金运动的记录及分析,形成系统的资料和方案,提供给客户,以满足其业务经营管理及发展需要的服务活动。咨询顾问业务包括企业信息咨询业务、资产管理业务、财务顾问业务和现金管理业务等。

一、信息咨询业务

信息咨询业务是以转让、出售信息和提供智力服务为主要内容的中间业务。商业银行的信息咨询业务就是指商业银行运用自身所积累的大量信息资源,以专门的知识、技能和经验为客户提供所需信息和多项智力服务。商业银行的信息咨询业务通常分为委托中介类信息咨询和评估类信息咨询两大类。

(一)委托中介类信息咨询

委托中介类信息咨询主要包括技术贸易中介咨询、资信咨询、专项调查咨询和委派常年咨询顾问等业务。

1. 技术贸易中介咨询

商业银行开展技术贸易中介咨询业务,对开拓技术市场,沟通技术贸易渠道,促进科技成果迅速转化为现实生产力,都具有十分积极的意义和作用。银行咨询部门开展这项业务的主要内容有:参与技术转让,参与技术开发,提供技术咨询,参与技术服务,参与技术协作等。

2. 资信咨询

银行开展资信咨询业务,是站在中间人的立场,通过提供企业主要财务资料和对企业资信做出公正评价,以满足企业在生产经营活动中了解交易对方信用程度的需要。资信咨询业务有一般性资信咨询和风险性资信咨询之分。

3. 专项调查咨询

专项调查咨询是根据特定的目的和要求,在指定的范围内,由银行咨询部门组织力量,运用科学方法,收集各种资料,通过加工整理出咨询报告,为经济部门和工商企业当参谋、出主意。

4. 委托常年咨询顾问

委托常年咨询顾问指的是客户委托银行对其日常经营管理提供咨询。鉴于这种需要的经常性和重复性特点,银行咨询部门可以委托群体或个人作为常年咨询顾问的方式满足客户的要求。这项业务要求咨询顾问经常或定期进驻客户单位,全面深入了解客户单位的经营管理情况,关注其动态的发展变化,使单位决策和咨询论证密切结合,进而提出正确的建议。

(二) 评估类信息咨询

评估类信息咨询业务主要包括工程项目评估、企业信用等级评估和验证企业注册资金等。

1. 工程项目评估

工程项目评估包括市政工程项目、建筑项目、企事业单位和个人的各类固定资产投资项目、企业的技术改造项目等的评估。

工程项目评估依据委托单位提出的咨询委托书、项目建议书和可行性研究报告等,运用系统工程和价值工程的理论和方法,通过大量的定量分析,对项目的技术设计、市场设计、市场前景、经济效益等方面做出综合评价,推出定性结论。

其评估的主要内容有:项目概论、市场预测、技术和设计分析、投资计划、财务预算和财务效益分析、社会经济效益分析、不确定性分析、总结和建议。

工程项目评估的一般程序为:第一步,受托单位接受委托单位的委托书后,预审评估条件是否齐全完备;第二步,受托单位组织有关专家成立评估小组,到委托单位进行评估;第三步,评估结束形成书面报告后,受托单位领导及有关专家组成评审小组对评估报告进行审定;第四步,受托单位向委托单位通报评估结果,送交评估报告。

2. 企业信用等级评估

企业信用等级评估是银行信息咨询部门开办的一项严肃的信用认定业务。按国际惯例,企业信用等级评估一般从企业的资金信用、经济效益、经济观和发展前景等四个方面,按AAA、AA、A、BBB、BB、B、CCC、CC、C共三等九个信用等级对企业进行划分。

企业信用等级评估的一般程序为:第一步,委托企业提出申请,填写委托书,与受托单位签订合同;第二步,受托单位组织评估小组到企业进行调查,写出评估报告;第三步,由专家评审委员会进行评审,确定委托单位的信用等级;第四步,颁发信用等级证书,并予以跟踪监测,及时加以调整。信用等级证书的有效期为一年。

3. 验证企业注册资金

银行咨询部门对企业注册资金的验证业务,是接受工商管理部门的委托,对准备登记开业和已登记开业的新老企业法人,其自有资金数额的真实性和合法性进行核实和验证的业务。该业务既包括对新企事业单位和私营、个人工商业登记注册资金的验证,也包括老企业、事业单位确认和变更注册资金的验证。

验证企业注册资金主要有两个方面的要求:验证注册资金的真实性,以及验证注册资金来源的合法性。验资程序较为简单,主要是申请验资手续,进行验证,最后出具验资证明。

二、资产管理业务

资产管理是不同主体对各种形态的资产实施保值增值活动的总称。商业银行的资产管理业务是指银行利用自身专业的能力和科学的手段,使金融资产(主要是货币资产)实现收益的过程。资产管理可以分为自有资产管理、基金管理、委托资产管理等。投资银行等有资格开展资产管理业务的机构以其在经营活动中积累起来的丰富理财经验,加上自身专业知识,为公司或个人担任资产管理人,通过建立附属机构接受客户委托,为其管理资产。资产管理的类型详见表 7 – 1。

表 7 – 1 资产管理类型

类型	固定回报型	保本保息型	保本分成型	风险自担型
简介	委托方与受托方签订协议,不论受托方运作如何,均须向委托方支付固定收益,不足部分由受托方补足。	双方协议确定保底收益率,受托方保证委托方的保底收益,超出部分受托方按一定比例提取管理费。	双方协议,受托方保证委托方本金安全,盈利部分按协议提取管理费。	双方协议,委托方自担风险,盈利部分绝大部分归委托方,受托方只收取极少的管理费。

要求银行为其提供资产管理业务的客户主要包括:

(1) 政府部门、社保基金、医保基金、企业年金等部门和机构。

(2) 某些企业在经营过程中,由于诸如季节性销售和投资等各种原因,在一段时间内出现一定量的闲置资金时也会有此需求。

(3) 富有的个人投资者。

(4) 各种投资基金(包括证券投资基金和产业投资基金)。

三、财务顾问业务

21 世纪的中国金融市场是国际化的开放市场,融资脱媒化、利率市场化使得商业银行的传统盈利模式受到空前挑战。随着客户金融意识和投资理念逐步成熟,他们在财务顾问的帮助下越来越多地将投融资活动转向金融市场,这种转变给各类投资银行业务带来了新的利润空间。然而,由于目前国内政策的诸多限制,商业银行尚不能完全开展所有投资银行业务,为了在日趋激烈的竞争中取得主动,大力发展财务顾问业务,带动其他投资银行和传统商业银行业务,树立精品金融服务品牌,既是商业银行迫于竞争压力的必要选择,又具有现实的可行性。2002 年以来，中国金融市场上出现了诸多热点：中国工商银行担当海南航空、云南省政府财务顾问；中银国际担任深圳市政府大型国企股权转让国际招标、陕西省政府财务顾问；南方证券担当湖南、海南、黑龙江等地政府财务顾问。各类金融机构都在尝试开拓一种新的业务领域——财务顾问业务。这一新兴业务正受到券商、银行、咨询公司和资产管理公司的竞相追逐，逐渐成为金融市场的新亮点。

（一）财务顾问业务的定义

国内理论界和具体从事财务顾问业务的机构对财务顾问并没有一个统一的定义。有人认为，财务顾问是管理顾问的一个分支，因为财务系统是企业管理系统的子系统，财务活动是管理活动的一部分；有人认为，财务顾问是金融顾问的一个分支，因为财务顾问的工作范围涉及企业的上市、发债、租赁等融资活动；有人认为，财务顾问等同于会计顾问；有人认为，财务顾问等同于金融顾问。

根据金融机构开展财务顾问业务的实际经验，我们将银行开展的财务顾问业务定义为银行为政府、企业等客户的投融资、理财、重组购并等经济活动提供金融咨询、经济分析和财务方案设计等有偿收费性顾问服务。对于商业银行来讲，财务顾问业务属于中间业务类投资银行业务，银行只收取顾问费，不为客户垫付资金，只承担协议约定的义务和责任，不承担其他任何风险。

（二）财务顾问业务的特点

财务顾问业务具有如下特点：

1. 对象的广泛性

几乎所有的单位、个人都可以是财务顾问的服务对象。换句话讲，只要存在金融活动或涉及金融领域但自己不愿或者不能独立完成的，需要聘请专家和顾问的政府首脑、政府部门、机构、企业或个人，都可能成为财务顾问的服务对象。

2. 内容的多样性

财务顾问业务的内容是多种多样的，包括财政、金融、财务、理财、资产管理等。大体上，财务顾问业务可以分为三类：咨询服务、信息服务和培训服务。

3. 有偿性

商业机构提供服务是为了增加收益，财务顾问则是通过专业人员的智力劳动获取单位或个人的收益。有些机构也提供“免费”的财务顾问服务，比如银行在贷款营销中提供的财务顾问服务，证券公司在 IPO 和企业发债前期的财务顾问服务等，但是这种财务顾问服务并不是真正的免费，其收益体现在后续的金融服务中。

4. 专业性

财务顾问业务不仅要涉及金融市场方面的问题，还要涉及法律、行业等方面的问题，这就决定了财务顾问的从业人员必须具有金融、法律、市场等方面的专业知识，应当是复合型的专家。要提供高质量的财务顾问服务就必须有各种权威专家，这样才能有较高的知名度和较好的市场需求，才能为客户提供较高质量的融资顾问服务。

5. 个性化

任何两个业主的金融需求的实际情况都不会完全相同，即使是同一业主的两项不同需求也会各有特点，财务顾问的服务对象的独特性在本质上决定了财务顾问业务的独特性，因此就需要财务顾问的服务具有个性化、差别化的特点。

6. 品牌化

品牌是提供财务顾问服务的机构的无形资产。一个业绩优良的财务顾问机构,依托它的专业化分工、知名专家群和产品深加工,可以营造出著名的品牌,有了这个品牌,就不愁业务来源,收入就比较有保障。从某种意义上讲,这种品牌声誉主要来自机构的著名专家,具有一流的专家,才可能有一流的业绩,才能有一流的服务。

(三) 银行开展财务顾问业务的意义

银行开展财务顾问业务对自身发展具有重要意义:

(1) 应对混业竞争格局。混业化经营已成为全球银行业的发展趋势,我国商业银行涉足投资银行领域也将成为一种必然的趋势。

(2) 增加收入来源,改善利润结构。国外银行中间业务收入普遍占利差收入的40%—60%,而中间业务收入中投资银行业务又是主要收入来源。而国内商业银行的竞争白热化,造成存贷利差不断下降,利润空间日益缩小,急需通过开发新的业务来增加收入来源,改善利润结构。

(3) 竞争优质客户的需要。随着客户金融意识和投资理念的逐步成熟,越来越多的客户要求商业银行提供包括投资银行业务在内的综合金融服务。提供包括投资银行业务在内的综合金融服务已成为商业银行竞争优质客户的必备手段。

拓展阅读

中外商业银行资产管理业务比较

我国银行理财业务近年来发展迅猛。据银监会统计,2013 年年末,银行理财余额超过10 万亿元,约占银行业总资产的6.75%。据普华永道数据,2012 年年末,全球管理资产规模(AUM,Assets Under Management)余额为63.9 万亿美元;据波士顿咨询公司数据,该数字为62.4 万亿美元。2012 年年末,美国银行业 AUM 余额为12.7 万亿美元,占美国商业银行资产(13.1 万亿美元)的97%,占美国 GDP(16.24 万亿美元)的78%。2012 年年末,欧洲资产管理行业 AUM 余额为15.4 万亿欧元,占欧洲 GDP 的99%。从国际大银行来看,AUM 占银行总资产的比例比国内大银行更高。在全球银行中资产管理规模最大的瑞银集团 AUM 占资产的比重达173%,以托管和资产管理业务为特色、表内业务相对不大的纽约梅隆银行更是高达423%。

虽然中国的银行理财业务在近年来发展较快,但仍处于资产管理发展的初级阶段,与发达国家大银行的资产管理业务相比,服务方式和内涵上需要学习,相对规模和绝对规模上也有很大差距。银行发展资产管理业务是商业银行转型的必然选择,中国银行的资产管理业务还有广阔的发展空间,需要加快发展和转型,否则难以应对大资管时代各类金融机构的激烈竞争,难以满足银行转型的要求和客户的要求。资产管理作为银行的重要战略性业务,其部门设置和管理模式调整,应放在商业银行全行组织架构调整、流程优化的全局中整体考虑,既要考虑其相对独立和风险隔离,也要考虑和其他业务的协同联动、对客户的综合服务,而且这也是银行开展资产管理相对于其他资产管理公司的优势所在,欧美大银行就是充分发挥了自身这一优势。应允许各银行在风险管控到位的前提下探索适合自己的业务模式。此外,发达国家银行业的资产管理业务,以基金型产品投资和委托资产管理两种模式为主,基本做到收益率按投资品的市场价值波动,客户自担信用风险和市场风险,也能够对客户提供更全面的顾问咨询服务,与我国以约定的预期收益率型产品为主的产品结构有较大区别,是我国银行资产管理业务的转型方向。

详情链接:周琼、崔江薇,《美欧商业银行资产管理业务经营模式探究》,《金融市场研究》,2014 年第 7 期。

四、现金管理业务

现金管理通常指银行为企业提供的现金管理业务,具体是指商业银行将已有的收付款、账户管理、信息和咨询服务、投融资等金融产品和服务整体打包,为不同类型的客户提供符合其个性需求的现金管理方案,从而使客户资金流动更合理、财务监控更易实现、资金的流动率和使用效率都有所提高。这里的现金包括库存现金、银行存款以及变现能力强的短期投资。

1. 客户进行现金管理的目的

客户进行现金管理的主要目的是优化资产负债结构,减少资金成本,提高资金回报率。具体而言,客户现金管理的目标可细分为以下几点:

(1) 通过快速收回销售款,减少资金在途时间,将应收款迅速转化为账内营运资金。

(2) 减少现金冗余,保持最佳资金头寸,降低资金使用成本。

(3) 把握更多投资机会,将现金用于合理投资,提高资金收益。

(4) 集中控制收付款,提高财务管理水平。

(5) 促进资金流、信息流和物流的紧密结合,优化业务流程,即资金的收付与企业的商务活动过程更好地配合,如付款与采购、收款与销售的结合。

2. 银行提供现金管理服务的目的

(1) 满足客户需求,巩固客户关系,提高客户忠诚度。银行通过综合化的现金管理方案,可以很好地稳固与客户的合作关系。

(2) 丰富"现代金融超市"的业务品种,增加竞争手段。现金管理作为一项重要的中间业务,深受大型优质客户的欢迎,许多国外大型银行都将其作为竞争客户的重要手段。

(3) 优化信贷资产质量,降低经营风险。银行通过为客户提供现金管理服务,能够及时掌握企业经营管理、资金需求、产品开发、市场营销、资金回笼、盈利能力、市场占比等有效信息,为银行信贷决策提供最有效的参考。另外,银行为企业提供现金管理服务,可以随时观察企业的经营状况,在企业出现经营困难之前提早退出信贷市场,还可以监督企业及时归还银行贷款,避免企业道德风险。

(4) 增加中间业务收入。现金管理包括收款、付款等诸多服务内容,由银行一揽子提供给客户,不仅可以取得手续费收入,还可以就整个现金管理方案收费,增加中间业务收入。

3. 现金管理的基本内容

在实践过程中,各家银行根据自身的优势和市场定位,其具体的现金管理服务内容可能不尽相同,如表7－2所示。

从表7-2来看,现金管理服务的内容似乎很简单,主体部分是我们所熟悉的结算服务。但现金管理服务并不能简单地等同于支付结算产品的罗列。现金管理服务的真正意义在于,银行根据企业现金管理的需求,针对企业现金运动的特点,将收款、支付、投资以及信息查询产品等进行有机组合,形成综合化的解决方案,突出企业现金管理的理念。

表7－2 四家世界著名银行的现金管理服务

美联银行的现金管理服务	收款服务(Collections Services)
	付款服务(Payment Services)
	信息报告服务(Information Reporting Services)
	电子商务服务(Electronic Commerce Services)
JP摩根的现金管理服务	清算(Clearing)
	电子商务解决方案(E-commerce Solutions)
	全球地区服务能力(G1obal-regional Service Capability)
	信息管理(Information Management)
	流动性管理和投资(Liquidity Management & Investment)
	付款解决方案(Payment Solutions)
	收款(Collections)
	贸易解决方案(Trade Solutions)
德意志银行的现金管理服务	客户提取(Customer Access)
	收付款服务(Payment and Collections Services)
	流动性管理(Liquidity Management)
	信息和账户服务(Information and Account Services)
	电子支付(Electronic Payment)
汇丰银行的现金管理服务	账户管理业务(Account Management)
	交易管理业务(Transaction Management)
	现金及账目平衡管理业务(Cash and Account Balance Management)
	传送途径管理业务(Transmission Approach Management)

资料来源:庄毓敏,《商业银行业务与经营》,中国人民大学出版社2008年版。

4. 现金管理在商业银行的运用前景

现金管理业务具有广泛的发展空间,我国商业银行要发挥比较优势,逐步提高整体现金管理的水平。具体而言,我国商业银行可以把针对企业和个人的现金管理业务作为资产管理业务的突破口,采取积极措施,改善现金管理目前主要依靠物理网络、获得低比例收入的格局;建立专门的现金管理部门,加强现金管理业务的组织建设;进行市场调研、产品开发、业务宣传,完善现金管理业务的品牌建设;建设高素质的现金管理业务专家团队和营销队伍,逐步把现金管理业务做大做强。

典型案例

银行与P2P平台签署资金托管战略合作协议

宜信公司与中信银行签署了战略合作协议,双方将在资金结算监督、财富管理、大数据金融云、供应链金融及创新业务等多个领域达成战略合作。其中,资金结算监督是此次合作的亮点之一。

“这种资金结算监督模式非常适合现阶段国内的金融环境,具有很强的可复制性。”宜信公司 CEO 唐宁表示。P2P 研究咨询机构棕榈树 CEO 洪自华分析指出,这种模式其实就是证券交易所目前的做法,即交易所不过问资金,资金全部由银行托管,从而保障资金安全。同时,该模式应该会成为一种趋势,因为它解决了投资者资金流动的安全性和防止平台挪用的问题。

目前宣布和银行合作的 P2P 平台还有不少,比如人人贷与招商银行上海分行就风险备用金托管问题达成协议,长沙银行为拍拍贷客户提供账户资金划付服务等。

“P2P 的发展要解决安全问题,一个是交易资金和自营资金的隔离,一个是资金划拨和资金结算的安全性,而这些都是银行托管可以解决的。传统银行跟互联网金融企业通过托管这种方式介入和合作,可以说大有作为。托管业务能够使 P2P 平台客户的资金更安全,让客户放心。通过这种合作,把那些不遵守规则、卷款跑路的公司(与合规公司)区别开来。”中国银行业协会专职副会长杨再平表示,通过和 P2P 合作,至少让银行可以学习互联网的一些技术和思维,也有可能增加银行的获客渠道,扩大银行的影响。

唐宁也指出,P2P 企业和银行的这种资金监管合作应该是大势所趋,从其他国家 P2P 的发展来讲,一个最为核心的问题就是交易资金和平台资金的分离。交易的透明可控,(借款)人身份的真实性,平台和客户之间的关系,P2P 平台收取的服务费和风险金机制等。如何能够在全封闭且透明的体系中为客户和监管者所了解,这是一个核心问题。

银客网相关负责人指出,P2P 本身所承担的职责更多的是针对小微实体经济领域,这是众多银行无法“照顾”到的,银行的结算接口在其他领域中已经相当普遍,宜信公司与中信银行的结算合作可以说也是(P2P 行业)在这方面的尝试。

详情链接:中国投资咨询网,2015 年 1 月 9 日。

第五节 表外业务

表外业务一词的出现并非是因为所有银行业务可分为表内、表外两块,而是针对银行业务有从表内向表外转移这一现实趋势提出的。随着科技的进步和金融业竞争的加剧,商业银行为了拓展自己的利润空间,纷纷开发和经营表外业务,促使表外业务迅速发展。

一、表外业务概述

(一)表外业务的含义及特点

根据巴塞尔协议的规范定义,表外业务是指那些不反映在资产负债表内,但由于同银行资产负债业务密切相关,在一定条件下可能转变为资产负债业务而在银行资产负债表中得到反映,因此需要在表外进行记载,以便对其进行反映、核算、控制和监管的中间业务。

本章最开始已经介绍过,表外业务有狭义和广义之分,巴塞尔协议所定义的表外业务是指狭义的表外业务。本节所讲的表外业务也仅指狭义的表外业务。

与商业银行从事的表内业务相比,表外业务的特点异常鲜明,主要表现为以下几点:

(1) 商业银行表外业务的最突出特点是提供非资金的金融服务,资金与服务相分离。

(2) 表外业务形式多样。

(3) 表外业务,特别是金融衍生工具类业务的金融杠杆性极高。

(4) 表外业务透明度低,监管难度大。

(二) 表外业务的分类

表外业务的项目复杂繁多且易于变化,各类业务的性质难以精确把握,这使得表外业务的分类也是难有定则。现有对表外业务的分类一般是从表外业务的风险标准或其内容和性质上来进行的。

1. 根据风险标准分类

这种分类最权威的是巴塞尔协议五大类分法,在第二章第二节已有阐述,此处不再赘述。这里我们主要介绍我国在风险标准分类方面的尝试。

深圳银行业在国内就表外业务的风险标准分类做出了首次尝试,《深圳银行业资产风险监管暂行规定》中将表外业务按风险标准分为6项:

(1) 等同于直接授信项目的表外业务项目。如一般担保、承兑,这类项目转化成表内相应项目的风险权重为100%。

(2) 特殊交易项目。如完成工程担保,风险权重为50%。

(3) 贸易项下自动完成的项目。如开证,风险权重为20%。

(4) 买入远期资产或未缴足股票,风险权重为100%。

(5) 票据发行便利或循环包销便利,风险权重为50%。

(6) 一年或一年以上的承诺而随时可以取消者,风险权重为0。

2. 根据内容和性质分类

根据内容和性质的不同,银行表外业务可以被分为三大类:贸易融通类、金融保证类和金融衍生类。前两类属于银行传统上使用的表外业务的主要金融工具,本节后面部分将详细介绍。

(三) 表外业务的发展与现状

近20多年来,西方国家商业银行的表外业务有了相当惊人的发展,这首先表现在商业银行表外业务金额上。随着表外业务的大量增加,商业银行的非利息收入也迅速增长。从表外业务的收入来看,在西方发达国家,一般最低已达到银行业务总收入的25%以上,大银行甚至超过50%。同时,由表外业务所提供的服务种类也在迅速增加。

(四) 表外业务迅速发展的原因

作为金融企业,商业银行与其他企业一样,追求自身利益的最大化——利润最大化,银行为实现这一目标而力求确保自身金融资产的盈利性、流动性和安全性,表外业务恰好具备这"三性"的统一,成为商业银行积极发展表外业务的内在因素。推动银行拓展表外业务的客观因素可以归纳为以下几点:全球金融环境动荡、风险加剧;对银行的监管进一步加强;金融市场的结构发生重大变化;金融市场竞争加剧;科技进步的推动。

拓展阅读

2013年我国银行业表外业务市场运行分析

2013年6月20日当天银行间拆借利率飙升至13.44%并引发金融界动荡。在袖手旁观多日后，中国人民银行（下称“央行”）连续5周净投放3 510亿元逐渐平息这场“钱荒”。银行表外业务膨胀是本次钱荒暴露出来的风险之一。

6月的这场流动性危机产生的起因之一是，部分银行看到了体系内外的巨大利差，开始以低成本在同业借款，并投入到体系外的非标资产。而随着银行间抽血和各种因素积累，危机在某一时点不期而至。而事实上，银行的表外业务正在逼近表内信贷总量。

央行发布的《中国金融稳定报告2013》显示，截至2012年年末，银行业金融机构表外业务（含委托贷款和委托投资）余额48.65万亿，比年初增加8万亿，增长19.68%。同期商业银行各项贷款余额为51.7万亿，整个银行业贷款余额为68.59万亿。

由于当前中国信贷资金的稀缺，几年来，M2增长出现了放缓的迹象，银行信贷资金变得紧张，监管部门出于调结构的目的，要求银行减少对房地产、地方融资平台的贷款额度，但银行要逐利，于是就设法将表内业务转为表外业务。此类业务优势不言而喻，除了满足客户贷款的需要，自营资金也得以配置高收益的信托受益权资产，同时，这一贷款不纳入信贷规模，同业资产资本占用也相对较低。

2013年一季度，几乎所有的银行都抢着做类似的表外业务。由于表外业务比传统的信贷业务利润更高，在钱荒来临前，由于市场资金充裕，只要有类似的项目，各家银行便会抢着做。银行表内资产挪身术具体方式如下：

以银信合作为例，2011年7月银监会禁止银行理财产品投向委托贷款、信托转让、信贷资产转让等行为，当时要求银行理财资金通过信托发放的信托贷款、受让信贷资产、票据资产三项于2011年年底前转入表内，并按照规定计入风险资产和计提拨备。于是银信合作出现了创新，这便衍生出了借用信用收益权的新模式。

模式一，待融资企业A与信托公司B设立一个单一信托计划，然后找来一个过桥企业C，投资该信托计划，为待融资企业A带来资金。随后过桥企业C再将信托收益权转让给银行D理财计划。在这个过程中，过桥企业不需要在信托公司进行收益权转让登记。从本质上看，该模式是银行理财资金对接企业A的融资需求。但因为过桥企业的存在，改变了银行理财产品的资金投向标的，从而将银监会禁止的信托贷款、信托资产、票据资产，变成监管漏洞下的“信托受益权”。信托和过桥企业只是作为通道，收取通道费用。而对银行而言，理财产品资金投向对应的资产可以记入表外或者同业，本质上降低了银行的信贷规模。

模式二，财产权信托计划受益权模式。企业A将自有资产委托信托公司设立一个财产权信托计划，信托计划本身的受益人是企业A，但财产要过户到信托公司名下，再由银行通过募集理财资金受让企业的财产信托计划收益权。这样的模式中，企业A以类似质押融资的方式，身兼融资企业和过桥企业的双重角色。

模式三，银行A通过信托公司发放一笔信贷贷款计划，因为银监会禁止银行理财资金直接投向信托转让资产，所以需要引入一个过桥企业，银行A将信托收益权转让给过桥企业，然后过桥企业将信托收益权转让给过桥银行B的理财产品资金(绕过银监会监管),最后银行C以自营资金受让过桥银行B手中的信托收益权,过桥银行B的出现将信托受益权转化成了同业资产,因此银行C受让信托受益权之后也以同业资产入账,大幅降低信托收益权的风险资产权重,减少资本消耗。从本质上看,在这种模式下,银行C以自营资金给待融资企业融出一笔资金,但并未记为“贷款”,而是以同业资产入账,主要计入“买入反售金融资产”“可供出售金融资产”“应收款项类投资”科目下。

来自券商、银行、信托业的人士均指出,银行借用表外业务的合作模式实际上是随着监管办法的升级而不断变化。这是金融机构与监管部门一次次斗法的过程。银监会2013年8号文(《关于规范商业银行理财业务投资运作有关问题的通知》)出台后,银行理财资金对接“非标资产”遭到额度限制,因此一些银行会借道信托、证券等通道将非标资产转化成标准资产。

详情链接:中国产业研究报告网,2013年7月19日。

二、贸易融通类业务

贸易融通类业务主要有银行承兑和商业信用证两大业务。

(一)银行承兑

银行承兑是由银行为客户开出的商业汇票提供承兑服务,即承诺兑付。经银行承兑后的票据可以背书转让或贴现流通。银行承兑汇票是指由公司、企业或个人开立的以银行为付款人并经付款银行承兑的远期汇票。汇票到期后,承兑银行成为票据的第一支付人,承兑行付款后再向客户收取款项。银行提供承兑业务可获得收入,但其同时也必须承担客户的信用风险,一旦客户资金困难,银行将无法按期收回已代为支付的款项。

(二)商业信用证

商业信用证是国际贸易结算中的一种重要方式,是由进口商请求当地银行开出的一种证书,授权出口商所在地的另一家银行通知出口商,在符合信用证规定的条件下,愿意承兑或付款承购出口商交来的汇票单据。信用证结算业务实际上就是进出口双方签订合同以后,进口商主动请求进口地银行为自己的付款责任做出的保证。

从银行角度来看,商业信用证业务又是一种重要的表外业务。在这项业务中,银行以自身的信誉来为进出口商之间的交货、付款作担保,一般来说不会占用其自有资金,因此是银行获取收益的又一条重要途径。

三、金融保证类业务

金融保证类业务主要由备用信用证、贷款承诺、票据发行便利、保函业务以及资产证券化等业务构成。

1. 备用信用证

备用信用证(Stand by Letter of Credit)是指开证行根据开证申请人的请求,对申请人开立的承诺承担某种义务的凭证。开证行在开证申请人未能履行其应履行的义务时,受益人只要凭备用信用证的规定向开证行开具汇票(或不开汇票)并提交开证申请人未履行义务的声明或证明文件,即可获得开证行的偿付。备用信用证是一种特殊形式的光票信用证,是银行出具的保函性质的支付承诺,属于一种信用担保。备用信用证与商业信用证的不同之处在于,商业信用证业务中银行承担的是第一支付人的责任;而在备用信用证业务中,银行只承担了支付的连带责任,只有在客户无法履行支付义务时,才由银行代为支付。

2. 贷款承诺

贷款承诺是指银行承诺客户在未来一定的时期内,按照双方事先确定的条件,应客户的要求,随时提供不超过一定限额的贷款。这里所说的"事先确定的条件"通常包括贷款利率的计算方式、贷款的期限以及贷款的使用方向等。贷款承诺主要以以下几种方式提供给客户:

(1) 信用额度(Open Line of Credit)。信用额度是最常见的贷款承诺之一,一般是客户与银行之间达成的非正式协议,银行同意在一定时期内以规定的利率及其他条件向客户提供不超过额度范围的贷款。

(2) 备用信用额度(Stand by Line of Credit)。备用信用额度是银行和客户之间达成的不可撤销的正式协议,协议详细规定了银行提供信贷便利的额度、时间、贷款利率及贷款的清算等。

(3) 循环信用额度(Revolving Line of Credit)。循环信用额度也是银行和客户之间达成的不可撤销的正式协议,协议条款列明了最高贷款额、协议期限、贷款利率等条款,银行要在约定的时间向客户提供贷款,客户可在协议期限内多次使用贷款。

3. 票据发行便利

票据发行便利(Note Issuance Facilities,NIFs)是一种中期的(一般期限为5—8年)具有法律约束力的循环融资承诺。根据这种承诺,客户(借款人)可以在协议期限内用自己的名义以不高于预定利率的水平发行短期票据筹集资金,银行承诺购买客户未能在市场上出售的票据或向客户提供等额银行贷款。票据发行便利实质上是一种直接融资,是借款人(银行客户)与投资者(票据购买人)之间的直接信用关系,银行充当的是包销商的角色。票据发行便利的票据属于短期信用形式,多为3个月或6个月以上。银行提供票据发行便利,实际上是运用自己发达的票据发行网络及丰富的客户资源,帮助特定的客户出售短期票据以实现筹集资金的目的。

4. 保函业务

保函是一种较简单的担保业务,银行为客户的融资或其他活动出具保函,提供信用担保并收取担保费,一旦客户到期不能履约支付,银行需承担连带支付责任。

5. 资产证券化

所谓资产证券化,是指银行将具有共同特征的、流动性较差的盈利资产,如贷款、应收款等集中起来,以此为基础发售具有投资特征的证券的行为。资产证券化实际上是对银行现有资产和负债的重组,对银行加强资产和负债的综合管理具有积极的作用,可以说资产证券化是商业银行经营管理理念的创新:它使得商业银行资金来源多样化,降低融资成本;可以有效管理和改善资本充足率;可以增加服务收入;可以降低利率风险。

当然,资产证券化对商业银行及其管理也会产生一些消极影响:加剧对高质量贷款的竞争;加剧银行吸收存款资金的竞争;导致贷款增长率下降。

根据发达国家资产证券化的经验,商业银行开展贷款证券化业务的基本程序包括四个步骤:第一,成立特殊目的的信贷机构;第二,由信用评级机构审查贷款和评估贷款质量;第三,确定证券形式,选择包销机构;第四,构造和推销证券化的资产。

除贸易融通业务和金融保证类业务外,金融衍生工具交易业务近年来也越来越成为商业银行重要的表外业务。

拓展阅读

工行泰安分行三项措施加强表外业务收费管理

今年以来,受信贷计划约束和审核审批趋紧的影响,工行泰安分行表内业务增长有限,中间业务收入受到很大影响。为深挖中间业务增收潜力,杜绝收入跑冒滴漏,该行及时出台规定,规范表外业务收费,确保中间业务收入应收尽收。

(1) 强化整体联动。由分行财务会计部牵头,会同公司业务部、国际业务部,对支行表外业务逐笔审核、逐笔优化。重点审核经济资本占用和中间业务收费,确保有限的表外经济资本限额高效使用、高额产出,带动存款稳定增长。

(2) 整理下发表外业务收费要点。对银行承兑汇票、信用证、保函等业务的主要收费项目逐项列表,同时标明服务对象、服务价格、服务内容和优惠政策。支行及客户经理对表外收费做到政策清晰、操作简便、解释明了,有效杜绝了收入的跑冒滴漏,避免触发纠纷和风险。

(3) 强化表外收费减免管理。信用证及保函业务,在 2014 年版服务价目表标准基础上,相关国际业务收费可适当下调。下调幅度在 50%(含)之内的,支行必须同时报分行国际业务部、财务会计部同意后方可执行;下调超过 50% 的,按照我行中间业务减免管理有关规定执行。其他表外业务有明确收费标准的,严格按照收费标准执行;按照协议价格收取的,根据客户对我行的综合贡献,合理确定协议价格,严禁协议价格直降到底。

详情链接:大众网泰安,2015 年 3 月 5 日(http://taian.dzwww.com)。

本章主要网络链接

1. 中国银行业监督管理委员会:http://www.cbrc.gov.cn
2. 中国人民银行:http://www.pbc.gov.cn

关键术语

中间业务　结算业务　代理业务　保理业务　咨询顾问业务　资产管理业务　财务顾问业务　表外业务　商业信用证　备用信用证　贷款承诺　票据发行便利　保函　资产证券化

复习思考题

1. 商业银行中间业务具体包括哪些业务?
2. 简述开展中间业务对商业银行的意义。
3. 我国商业银行在中间业务方面与发达国家商业银行相比有哪些差距?为什么?
4. 我国商业银行应该如何提升中间业务水平和盈利能力?

第八章

商业银行零售业务管理

学习目标

- 了解商业银行零售业务的定义和分类
- 理解零售业务的地位与作用
- 明确影响商业银行零售业务定价的因素
- 把握商业银行零售业务的发展趋势以及经营管理要点

案例导读

大数据推动商业银行转型升级

伴随着金融自由化与金融创新的不断深入,全球金融业的发展出现了深刻的变化,国内外商业银行发展理念和经营模式也在不断调整。在商业银行诸多业务中,零售业务是与个人和家庭联系最为密切的一类。由于具有庞大的客户资源以及强大的价值创造能力,零售业务越来越受到商业银行的重视,并逐渐成为商业银行最具发展活力的业务领域。

零售银行业务集中体现了商业银行以客户为中心的经营战略,银行依托现代化管理手段为个人、家庭以及中小企业提供综合性、一体化的金融服务。中国银行业零售业务以20世纪90年代中期储蓄卡的推广为标志,正式进入高速发展阶段,逐渐形成一套完善的零售业务体系,并成为中国银行业未来发展的必然趋势。对于国内商业银行来说,当前正处于零售银行业务发展的“黄金时代”。然而,现阶段各家商业银行零售业务的营销手段存在同质化问题,产品结构单一化现象严重,导致巨大的成本投入稀释了银行收益。在信息技术、网络技术和互联网金融高速发展的现在,各商业银行逐渐开始重视运用大数据分析与挖掘技术服务于零售业务的转型升级。

商业银行同业竞争的日趋激烈以及互联网金融的巨大冲击“倒逼”传统银行加速转型,零售转型成为银行转型的核心任务。大数据体量巨大、种类繁多、价值密度低以及处理速度快的特点与银行零售业务的发展高度契合。因此,作为未来银行竞争核心的零售业务,其转型升级的关键在于大数据分析与挖掘技术的深度应用。

经济“新常态”背景下,随着利率市场化以及“金融脱媒”的不断深入,我国商业银行的发展面临着巨大的转型压力。零售业务作为未来银行竞争的焦点,是商业银行创造核心竞争力的关键领域。推动零售业务的转型升级对商业银行的未来发展至关重要。而伴随信息技术与网络技术的不断普及,大数据金融思想逐渐深入人心。大数据由于其具有经济性、时效性的特点,逐渐被应用于各类零售银行业务中,掀起了商业银行生产率增长的新浪潮,成为零售业务创新升级的关键。基于对互联网金融的深入了解,商业银行逐渐明确了大数据时代的发展方向:基于大数据理念构建银行大数据分析平台,掌握客户需求,提升价值创造能力,重塑零售业务销售与收入模式,完善银行信贷审批机制,加强大数据人才队伍建设,提高银行经营管理水平。

详情链接:陆岷峰,虞鹏飞,《大数据推动商业银行零售业务转型升级》,《银行家》,2015年第3期。

你是不是有下面的疑问

1. 商业银行零售业务具体包括哪些业务?
2. 开展零售业务对商业银行具有哪些重要意义?
3. 我国商业银行零售业务发展现状如何?与发达国家商业银行相比有何差距?
4. 我国商业银行应该如何提升零售业务水平和盈利能力?

进入内容学习

第一节　商业银行零售业务概述

一、商业银行零售业务的范围

(一)商业银行零售业务定义

商业银行零售业务是指商业银行为居民个人或小企业提供的金融产品或服务。在商业银行业务发展的过程中,又产生了广义和狭义零售业务的概念。

1. 广义的商业银行零售业务

广义的商业银行零售业务是指商业银行为个人和家庭、小生产者、小型自然人企业、小型法人企业提供的金融服务,定义的着眼点在于交易金额的小规模。

2. 狭义的商业银行零售业务

狭义的商业银行零售业务是指商业银行为个人和家庭、小生产者和小型自然人企业提供的金融服务,服务对象少了小型法人企业,强调了企业与非企业的区别,与商业银行公司业务概念相对应。更狭义的商业银行零售业务指商业银行为个人和家庭提供的金融服务,不包括小生产者和小型自然人企业,即个人银行业务。在国际银行业中,私人银行业务在实践中都是单独管理和运作的,如果将私人银行业务剔除,则得到最狭义的商业银行零售业务概念。表8－1显示了巴塞尔协议对零售业务产品线的划分。

表8－1　巴塞尔协议对零售业务产品线的划分

零售业务	零售银行业务	零售贷款和存款,银行服务,信托和不动产
	私人银行业务	私人贷款和存款,银行服务,信托和不动产,投资咨询
	银行卡服务	商户/商业/公司卡,零售店品牌和零售业务

资料来源:巴塞尔银行监管委员会,《统一资本计量和资本标准的国际协议:修订框架》,中国银行业监督管理委员会译,中国金融出版社2004年版。

在我国银行业的实践中,私人业务的划分并不明显,资金的运用管理也没有明显地与普通客户资金进行区分,因此本章把商业银行零售业务定义为对个人和家庭提供的金融产品和服务,即更狭义的商业银行零售业务。图8－1列示了四个层次的零售业务。

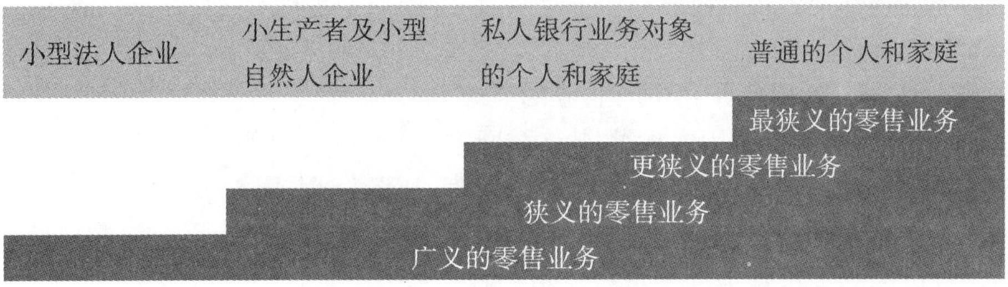

图8－1　零售业务的定义

人们使用银行产品和服务的目的主要包括:安全或保险,如银行保管库、密码、Pin码等;利息或投资回报,如活期储蓄、定期存款、投资等;获取现金的便利,如ATM、贷记卡等;支付便利,如网上银行、贷记卡;获得贷款,如贷记卡、信贷额度、住房抵押贷款;社会地位的象征,如金卡、私人银行。每个客户的动机都与客户期望的价值要素、服务提供方式或机制、直接的产品线和特定的技术支持相联系。

（二）商业银行零售业务种类

零售银行业务不是某一项业务的简称,而是许多业务的总称,它有着广泛的业务领域,既可以是传统银行业务,也可以是新业务;既可以是资产业务,也可以是负债业务、中间业务、网上银行业务,等等。

负债业务是商业银行通过对外负债方式筹措日常工作所需资金的活动,是商业银行资产业务和中间业务的基础,主要由自有资本、存款和借款构成,其中存款和借款属于吸收的外来资金,另外联行存款、同业存款、借入或拆入款项或发行债券等,也构成银行的负债。

资产业务是指商业银行运用资金的业务,也就是商业银行将其吸收的资金贷放或投资出去赚取收益的活动。商业银行盈利状况如何,经营是否成功,很大程度上取决于资金运用的结果,商业银行的资产业务一般由贷款、投资(证券投资、现金资产投资、固定资产投资)、租赁、买卖外汇、票据贴现等业务构成,其中以贷款和投资最为重要。

中间业务是指商业银行代理客户办理收款、付款和其他委托事项而收取手续费的业务。是银行不需动用自己的资金,依托业务、技术、机构、信誉和人才等优势,以中间人的身份代理客户承办收付和其他委托事项,提供各种金融服务并据以收取手续费的业务。银行经营中间业务无须占用自己的资金,中间业务是在银行的资产负债信用业务的基础上产生的,并可以促进银行信用业务的发展和扩大。

二、商业银行零售业务的地位和作用

1. 商业零售业务为商业银行的贷款和其他资产业务提供资金

在一个经济体中,家庭往往是资金的结余者,企业往往是资金的需求者,家庭资金用以满足企业的资金需求。体现在银行业务中,就是银行吸收储蓄存款,用来发放贷款或进行投资。

2. 零售业务是商业银行中间业务的重要组成部分

商业银行代理业务大量是对个人客户提供的服务,如代发工资,代理支付水电费、电话费,代理证券公司、基金公司、保险公司等非银行金融机构向个人客户出卖金融产品,汇兑、代保管、咨询、出具证明等。

3. 零售业务需要公司业务和中间业务的支撑

例如,客户存入的资金运用之后才能获取回报,以支付储户的利息;零售业务中的长期资产主要是住房贷款,银行可能会出于流动性管理、风险管理或监管等方面的考虑,出售贷款或者对其进行证券化处理;对于客户委托的资金,银行需要进行投资;银行在货币、资本市场进行投融资以解决零售资金的投资或支付回报。

第二节 银行产品的定价

一、产品定价的具体形式

银行产品种类繁多,产品定价形式也多种多样。简单地说,银行产品的定价分为可以数字量化的明确定价和隐含定价两种。前者包括如利率、手续费、汇率等可以明确以货币来衡量的形式;后者则是银行附加在产品中,提供给客户的各种优惠条件、服务等难以通过货币来衡量的定价方式,当然,其中也包括对客户规定的隐含条件,如存款数额、银行卡消费次数、金额、住房贷款中的保险代理等。此外,银行还会通过在现有产品间进行资金分配,即把资金向高收益产品分配的方式弥补定价权的不足。

(一) 利率

利率是银行最重要的产品定价形式,关系到银行最重要的收入和支出,利率变动不但会改变银行资产和负债的市值,而且会改变银行的投资价值,使银行股价和价值发生变动。而银行所面临的最严峻的风险——利率风险也会发生变化。企业利息支出发生变动,银行面

临的信用风险也相应发生变化。银行不得不对资产负债管理做出变更,对产品定价做出相应调整。

利率是一个体系,不同市场上利率水平的决定力量不同。银行对个人客户使用的利率,主要由中央银行主导,在此基础上,银行可以在一定范围内上下浮动。

传统的存、贷款业务属于借贷关系,客户的收益或成本主要以利率的形式实现,利率无论是固定还是浮动,都是对资金市场价格的采用,而不是对资金使用对象投资收益变动的反映。

虽然利率对任何银行都很关键,但没有任何一家银行可以完全控制市场利率。在我国,利率曾长期由监管部门管制,即使到目前,银行仍然不能对其所有产品完全自主定价。

拓展阅读

降息后哪家银行存款利息最高?

2015 年 2 月 28 日晚间,中国人民银行宣布,自 2015 年 3 月 1 日起下调金融机构人民币贷款和存款基准利率。金融机构一年期贷款基准利率下调 0.25 个百分点至 5.35%;一年期存款基准利率下调 0.25 个百分点至 2.5%,同时结合推进利率市场化改革,将金融机构存款利率浮动区间的上限由存款基准利率的 1.2 倍调整为 1.3 倍。

央行宣布降息后,各家银行随即对利率进行调整。据融 360 金融搜索平台的监测数据显示,截至 2015 年 3 月 2 日,23 家银行存款利率均有不同幅度的上调,银行间的存款利率分化趋势更为明显,其中大部分城商行将各存期利率上调至顶。

对此,融 360 银行存款分析师叶青认为,此次降息后,银行存款利率上调有以下几个特点:

首先,国有大行对存款利率上调态度不一,没有一家国有大行将存款利率上调至顶。目前来看,国有五大行中工行、中行和农行,六个月以下存款利率上调 10%,一年期以上(含一年)存期利率均上调 20%,其中工行、中行有条件上调 20%。建行北京及上海分行则将各存期利率上调 20%,其广州和深圳分行一年期以下(含一年)存期利率上调近 20%,两年存期利率上调 10%,三年存期利率则维持基准。交行方面,一年期以下(含一年)存款利率上调 10%,两年期利率上调 5%左右,三年期利率未上调。仔细分析不难发现,五大行上调利率幅度、条件不同,说明五大行均按自身实际情况决定是否调整利率、调整条件及调整幅度。此外,由于国有大行资金实力强、网点多,对利率上调较为谨慎。

其次,股份制银行方面,其短期、长期利率上调幅度呈现分化态势。从统计中可以看到,除招商银行仅将各存期利率上调 10%,光大银行三个月、六个月存款利率上调 15%之外,其他股份制银行一年期以下存期(含一年)利率均上调 20%。而两年以上存期利率,各股份制银行上调幅度则不一,其中两年期存款利率上调幅度介于 6%—20%之间。三年期存款利率方面,除招行、兴业银行、光大银行未调整外,其他股份制银行三年期利率上调幅度介于 6.6%和 17%之间。从整上看,股份制银行存款利率上调幅度分化,说明在利率市场化的大环境下,银行对利率的自主定价权增强,利率定价差异化明显。

再次,城商行方面,大多数城商行将存款利率上调至顶。融 360 监测数据显示,除了宁波银行(各存期利率上调20%)、北京银行(一年以下利率上调20%,两年上调10%,三年未上调)、广发银行(一年以下利率上调20%,两年以上上调10%)外,其他城商行均将各存期存款利率上调30%。这表明,相比五大行和股份制银行,城商行资金实力稍弱,网点少,对资金更为渴求,所以希望凭借有竞争力的稍高利率吸引更多的资金。

第四,邮储银行方面,一年期以下(含一年)存款利率均上调10%,两年期存款利率上调约5%,三年期存款利率未上调。可见,由于邮储银行拥有网点优势,其利率上调幅度较小。

从总体来看,相比降息之前的利率水平,此次降息后银行存款利率确实下降了。而上次央行降息后,不少银行纷纷将利率上调至顶,造成存款利率明降暗升,这是因为银行年底资金紧张,于是纷纷将利率上调至顶争抢资金。而此次降息后,目前看将利率上调至顶的只有几个城商行,大部分银行的利率上调幅度为10%—20%,所以事实上存款利率下降了。叶青分析指出,这是因为年前央行降低存款准备金率从而释放了6 000亿元流动性,目前市场资金保持充裕,这将进一步引导利率下行。而降息后,银行获取资金成本进一步降低,所以整体利率水平下降也在情理之中。

详情链接:银行信息网,2015年3月4日。

(二)汇率

汇率是一种货币相对另一种货币的价值,标示方法有直接标价法和间接标价法。根据不同的划分标准又可以分为基本汇率与交叉汇率、即期汇率与远期汇率、官定汇率与市场汇率等。汇率普遍用于外汇产品的标价中,简单的如兑换、外汇买卖中,复杂的如远期、期货、期权、互换等外汇产品中。

银行一方面为客户提供外汇产品和服务,另一方面直接参与国内和国际外汇市场,对汇率水平起着重要作用。但汇率制度和水平对一国贸易和经济往往具有重大影响,因此汇率水平往往是行政干预和国内外市场双重作用的结果。对任何一个国家而言,汇率相对利率是一个更加复杂、难以控制的经济变量,银行在使用汇率定价方面更具被动性。这种被动性一是表现在银行只能接受既定的汇率水平,很难对其施加影响;二是银行在缺乏有效的避险工具的情况下,难以进行合适的汇率风险管理。

目前,我国外汇市场体系包括银行间外汇市场和银行对客户的外汇市场。前者包括即期、远期、期权、互换等交易,后者包括外汇兑换、结售汇、外汇存贷款、代客理财等交易。

(三)手续费

手续费一般是针对银行向客户提供的劳务而收取的报酬,不仅可以在某些银行服务中单独使用,许多时候也与利率、汇率同时使用,其水平和使用方式十分灵活,是重要的营销手段,国外银行往往根据客户购买产品的数量和交易金额给予不同的价格。2014年2月14日,中国银监会、国家发改委公布《商业银行服务价格管理办法》。该办法依据《中华人民共和国合同法》规定,要求按"谁委托、谁付费"原则收取委托业务相关手续费,不得向委托方以外的其他单位和个人收取委托业务相关手续费。针对银行终止服务机制缺失导致有客户非自愿被扣费的现象,《商业银行服务价格管理办法》规定银行应根据客户要求,采取合理有效措施,及时终止相关服务。

（四）隐含定价

隐含定价是商业银行非价格竞争的方式。运用隐含定价的目的有二：一是规避监管的有关法规，主要是利率管制和分业经营管制；二是出于差异化经营的需要，或是提高服务质量。银行采用隐含定价的方式固然有规避现有管制的原因，但同时也是针对不同客户的特性进行的营销。有的客户对货币定价的敏感性相对较低，而是更加在意服务获得的方便性等。

在国内的金融环境中，隐含定价发生的可能性更大，存在的范围更加广泛。隐含定价似乎是由每家银行自行制定的，实际上这种自主权仅在一定程度上存在，市场竞争会使各家银行的隐含定价趋于一致，即单个银行定价的权利和能力是有限的。首先，长期以来，银行的定价权很有限，银行为竞争不得不使用明确定价之外的手段。随着银行定价权的扩大，银行理应更少地使用隐含定价手段，但两方面的因素会减弱这种趋势：一是竞争的日益激烈和各家银行产品、服务的同质性，促使银行采用隐含定价增加产品的差异性；二是即使银行可以做到完全明确定价，但企业存在的代理问题仍使其更加愿意接受隐含定价，提高个人的物质收益。

隐含定价的形式十分丰富，如免息期，免银行卡年费，给予客户产品设立、变更、终止的期权，补偿余额，延长服务时间等。

拓展阅读

银行服务收费新规解读

2014年2月14日，中国银监会、国家发改委公布《商业银行服务价格管理办法》（以下简称《办法》）。《办法》分总则，政府指导价、政府定价的制定和调整，市场调节价的制定和调整，服务价格信息披露，内部管理，服务价格监督管理，附则共7章38条。

近年来，随着广大群众金融消费需求的不断增长，我国银行业不断改善服务理念和方式，加强金融创新，服务能力和水平不断提高，服务种类日益丰富，功能日益完善。与此同时，商业银行业务发展和受理渠道的多样化，使服务价格披露和金融消费者行使知情权和选择权的形式更加复杂，而与此相关的法律规定较为原则化，而且很分散；银行服务价格领域暴露的问题增多，亟待规范。基于业务发展进程中遇到的这些问题，中国银监会和国家发改委多次讨论并对《商业银行服务价格管理暂行办法》（中国银行业监督管理委员会 国家发展和改革委员会令2003年第3号）进行修订，形成了《商业银行服务价格管理办法》。从银行服务价格行为应遵循的基本原则、政府指导价和政府定价的制定和调整、市场调节价的制定和调整、服务价格信息披露、内部管理、服务价格监督管理等多个方面对银行服务价格行为进行系统性规范。

《办法》细化了市场调节价的制定和调整程序，明确规定了商业银行制定市场调节价的职责部门、定价程序、市场调节价和收费项目的公示内容、公示场所和公示时限等，兼顾银行业务发展需要和市场定价行为的规范。《办法》重点强调商业银行应披露服务价格信息，并通过多种渠道和方式保障客户的知情权和选择权；明确了对银行服务价格的内部管理要求，规定银行应明确价格管理的牵头部门,制定和严格执行管理制度,完善投诉处理等,要求银行兼顾业务发展和履行社会责任;细化了银行服务价格违法、违规行为的处罚规定;鼓励社会监督和行业自律;通过内部管理、监管部门监督和社会监督,共同促进银行规范服务价格行为。

同时,《办法》基于《价格法》的规定,进一步细化和规范政府定价、政府指导价的管理方式和调整程序。《办法》配套下发了《关于印发商业银行服务政府指导价政府定价目录的通知》(以下简称《通知》),明确了商业银行服务政府指导价、政府定价的有关规定,降低和调整了部分收费标准,规定了部分免费服务内容。《通知》充分考虑了银行客户普遍使用的基础金融服务,保障客户享有基础金融服务的权利。

详情链接:《扬州晚报》,2014 年 7 月 28 日。

二、产品定价策略

(一) 新产品定价

银行定价包括对新产品和服务的初次定价和对现有产品和服务的价格修订,通常对新开发产品的定价过程如图 8-2 所示。

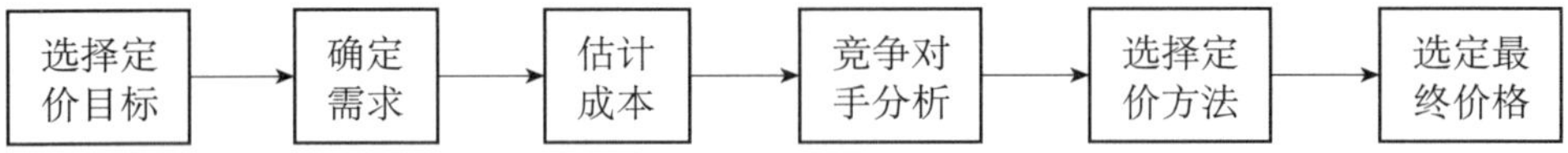

图 8-2 新产品定价过程

(二) 产品价格修订

即使对同一产品,银行也不会制定单一价格,而是建立一种价格结构,反映诸如地区需求和成本、市场细分、交易频率、交易量等的变化情况。修订价格是企业在不同时期/时间、地点等情况下对产品或产品组合采取的针对价格的营销手段,包括地理定价、价格折扣或折让、促销定价、差别定价和产品组合定价,其中,价格折扣或折让和促销定价更多地在有形商品的交易中使用,在此不做说明。

地理定价是指对不同地域的客户实行不同的价格。尤其是大型商业银行,其覆盖区域非常广泛,曾经几乎遍及全国每个角落。银行在每个区域实行的价格是有区别的,这种区别体现在利率水平和产品的附加产品及服务上。在利率市场化条件下,不同区域经济状况的差别,导致银行在不同区域的成本和利润率不同,各地的客户需求和对利率的承受能力、对金融产品的期望收益不同,促使银行采取地理定价策略。

差别定价是指企业以两种以上不反映成本比例差异的价格来销售一种产品或服务。差别定价应当合法,并且不应引起客户的反感和敌意。银行差别定价多针对细分客户,银行对客户的了解多是基于历史交易记录,因此往往根据客户交易量、交易频率和存款余额制定不同价格。差别定价的前提之一是付低价的细分市场客户不得将产品和服务转让给付高价的客户,由于金融业存在市场准入限制、准入技术和资金门槛,这一条件几乎是必然能够满足的;市场必须能够细分,且细分市场要显示不同的需求程度,这一前提也是可以满足的,因此差别定价十分适用于金融行业。

产品组合定价是指对不同组合产品之间的关系和市场表现进行灵活定价，它包括系列产品定价、互补产品定价和成套产品定价等。对于互替商品，适当提高畅销品价格，降低滞销品价格，以扩大后者的销售，使两者销售相互得益，增加总盈利。对于互补商品，有意识降低购买率低、需求价格弹性高的商品价格，同时提高购买率高而需求价格弹性低的商品价格，会取得各种商品销售量同时增加的良好效果，进而追求整体综合效益，掌握好平均收益和边际收益的平衡，即期效益和远期效益的平衡。

三、银行主要产品的定价方法

这里主要介绍银行针对个人贷款和中间产品的定价方法。

（一）个人贷款定价

个人贷款一般分为消费贷款和房地产贷款两大类。近年来，个人住房贷款业务发展十分迅速，产品创新不断、品种繁多，此外，个人许多其他支出也可以从银行获得融资，商业银行还提供诸如旅游贷款、助学贷款、汽车贷款、信用卡贷款等多项业务。

1. 消费贷款的定价

大多数非住宅消费类贷款的定价与企业贷款相似，根据一定基础或成本利率加上利润率和补偿定价。

客户支付的贷款利率 = 银行筹集贷款资金的成本 + 非资金运营成本（包括银行职工的工资）+ 客户违约风险金 + 长期贷款风险金 + 期望得到的利润

最常用的消费贷款利率计算方法包括年百分利率、单一利率、贴现率和附加利率方法。一般来说，消费贷款的期限较短，使用固定利率。20 世纪 90 年代之后，美国商业银行利率出现了极大幅度的浮动，浮动利率消费贷款越来越多。

2. 住房贷款的定价

住房抵押贷款的定价内容包括初始利率、月还款额和首付款金额的计算等。

首付金额的计算公式如下：

住宅抵押贷款的首付金额 = 抵押贷款金额 × 银行收取的首付金比率

月还款额计算公式如下（其中 t 为贷款持续年限，按月还款）：

$$\text{消费者抵押贷款月支付额} = \frac{\text{贷款本金} \times \dfrac{\text{年利率}}{12} \times \left(1 + \dfrac{\text{年利率}}{12}\right)^{t\times 12}}{\left(1 + \dfrac{\text{年利率}}{12}\right)^{t\times 12} - 1}$$

我国个人住房贷款分期还款方式有两种，即等额本息还款法和等额本金还款法。前者是每月以相等的还本付息数额偿还贷款本息；后者是递减还款法的一种，是将贷款本金分摊到还款的各期，每期还本金额不变，应还利息由未偿还本金计算得出，逐期减少。

等额本息还款法的计算公式如下（其中总还款期数以月为期）：

$$\text{月均还款额} = \frac{\text{贷款本金} \times \text{月利率} \times (1 + \text{月利率})^{\text{总还款期数}}}{(1 + \text{月利率})^{\text{总还款期数}} - 1}$$

等额本金还款法的计算公式如下：

$$每月(季)还本付息额=\frac{贷款本金}{还本付息次数}+(贷款本金-已偿还本金累计数)\times 月(季)利率$$

我国个人住房贷款大部分为浮动利率贷款,2006年各商业银行陆续推出了固定利率贷款。固定利率贷款对银行和借款人而言都是一把“双刃剑”,当利率处于上升阶段时,固定利率对客户有利,但当利率处于下降阶段时,固定利率对银行有利。自1997年东南亚金融危机以来,利率处于下降时期,到2006年利率水平达到谷底,所以固定利率对客户相对有利,但是,银行也可能收取较高的利率水平来预防未来利率上升的风险。而2014年下半年至今,央行屡次宣布降息,在降息阶段,借款人承担的就是利率降低的风险,因为利率固定,不能享受到降息带来的优惠。但是据了解,银行一般都允许客户在固定利率与浮动利率之间互相转换,比如某银行规定已办理浮动利率房贷的客户可转办固定利率房贷业务(包括住房商用房),办理时不收取任何违约金和手续费;对于已办理固定利率房贷且固定利率贷款存续期在1年以上的客户在缴纳一定违约金的情况下可申请转办浮动利率,房贷固定利率贷款存续期在5年以上的客户免收违约金。

(二)中间产品定价

中间产品定价主要有四种方法:

(1)基于账户收费,即对账户管理收取一定费用,费用水平通常通过账户余额来确定,而非按照每次具体交易的金额来确定。

(2)基于交易收费,即银行根据客户每次交易的金额来确定收费,不收取客户账户年费。

(3)基于“一揽子”服务收费,这种方法与基于账户收费类似,不过对账户管理之外的一些服务还要收取额外的年费。

(4)基于间接收入收费,即对账户和日常交易都不收取费用,而是通过其他渠道去弥补,如透支、循环信用等。

银行具体采取何种定价方式,往往不是由经济水平决定的,更多的是受一国风俗习惯及监管的影响。

银行在为中间产品和服务定价时,往往将两种或两种以上定价方式相结合。例如,对于汇款业务,在一定的金额之内,按照金额的百分比确定手续费,超出该金额之后,则按照笔数收费;对于银行卡业务,银行收取的年费属于基于账户收费,而实际上,长期以来,国内银行对持卡人不收取年费,或在满足一定的条件下免年费;对非跨行交易只收取异地取款费用。银行大部分收入来自透支利息、存款的利用及商户手续费,这类费用属于基于间接收入收费。

第三节 银行产品销售

一、银行产品销售渠道方式

21世纪,银行正逐步构建一个包括物理渠道(分支行/ATM/社区银行)、电子渠道(电话/网络/移动终端)、泛渠道(合作伙伴)在内的立体渠道体系,以达到用最有效率的方式覆盖不同客户群，使整体经营效应最优化的目的。

（一）物理渠道

1. 分支行

分支行模式是银行最传统的销售方式，其优点是通过银行员工与客户面对面的交流，增加客户对银行的感知程度和信任感，这一点对抽象的金融产品而言相当重要；而可以直接向银行员工进行咨询也是部分客户十分看重的。

时下新的银行产品销售方式高度依赖于技术，这对于习惯了传统购买方式的客户，尤其是保守客户和老年客户并没有太多吸引力，而且技术本身对部分客户也是不可获得或获得成本很高的；高技术带来的时间节约对一些客户尤其是退休的老年人是无关紧要的。另外，在我国，信息利用还不够充分，信息系统建设还不够完善、发达，在这种情况下，某些银行产品目前还很难通过分支行之外的销售渠道传递给客户。

2. 自动柜员机

自动柜员机（Automated Teller Machine，ATM）是银行在不同地点设置的一种小型机器，银行利用一张信用卡大小的胶卡上的磁带记录客户的基本资料（通常就是银行卡），客户可以通过 ATM 办理提款、存款、转账等银行柜台业务，因为大多数客户主要利用的是 ATM 的提款功能，所以也常把这种自助机器称为自动提款机。20 世纪 80 年代中期，中国银行为了提升银行现代化形象，开始引进 ATM。自 20 世纪 90 年代末以来，中国开始投入大量人力、物力，进行 ATM 的研制和生产。经过多年的培育，中国 ATM 市场得到了长足发展。

自 2000 年以来，中国的 ATM 总保有量便以 24.62% 的年均复合增长率高速增长。截至 2010 年年底，中国联网 ATM 保有量已经达到 27.10 万台，同比增长 26.11%。中国已经取代日本成为全球第二大 ATM 市场，排在美国之后。从每百万人口拥有 ATM 的数量上看，截至 2010 年年底，中国平均每百万人拥有 ATM 约 220 台，低于世界平均百万人拥有 315 台的水平，更远远低于美国和日本等发达国家与地区每百万人拥有超过 1 250 台的水平，且 ATM 分布状况极不均匀，市场发展空间巨大。

芯片金融卡推出以后，许多银行便结合网络的功能，让用户借由自行安装的芯片卡读卡机，在自己的电脑上通过网络进行转账、查询余额等非存、提领现金的交易动作。

随着移动互联网的发展，大多数银行都推出了手机终端应用，直接通过手机应用进行银行转账，ATM 逐渐退居二线。

3. 社区银行

社区银行（Community Bank）的概念来自于美国等西方金融发达国家，其中的“社区”并不是一个严格界定的地理概念，它既可以指一个省、一个市或一个县，也可以指城市或乡村居民的聚居区域。凡是资产规模较小、主要为经营区域内中小企业和居民家庭服务的地方性小型商业银行都可称为社区银行。发展社区银行的呼声日益高涨，已成为金融改革的热门话题之一。发展社区银行是缓解小企业和个体工商户贷款难的治本性措施，也是改善金融生态和宏观调控的必要措施。

我国第一家社区银行是龙江银行“小龙人”社区银行，它根据社区银行网点周边社区特点、居民特征，为社区居民提供特色化、差异化的社区银行服务。2010 年 4 月，宁波银行启动社区银行战略;5月,上海农商银行首家金融便利店在徐汇天平街道开业。自2013年6月以来,商业银行对社区银行的热情被瞬间点燃。继6月兴业银行获批在福建省开出第一家社区银行之后,民生银行也开始在全国“跑马圈地”,并提出要在三年内在全国设立超过1万家金融便利店。此外,浦发、中信、平安、华夏等股份制银行均已采取积极态度。而拥有地域优势的地方银行,如北京农商行、南京银行等地方银行也开设了社区银行网点,而长沙银行宣布将设立100家社区银行。

社区银行具有三大优势:第一,定位社区银行的目标客户群是中小型企业(特别是小企业)和社区居民这些中小客户,大型商业银行则是以服务大中型企业客户为主。尽管可能存在重叠,但彼此在对方领域不会形成激烈冲突。因此,社区银行能够在准入、占领和保持巨大的中小企业和社区居民客户市场方面赢得独特优势。第二,信息。社区银行的员工通常十分熟悉本地市场,这对开展高风险的中小企业贷款十分重要。信息不对称程度相对大银行而言较小,风险识别能力较强,这使得社区银行在对中小企业贷款中可以获得比大型银行更大的安全赢利空间。第三,地区。大型银行通常将其在一个地区吸收的存款转移到另外一个地区使用,而社区银行则主要将一个地区吸收的存款继续投入到该地区,从而推动当地经济的发展,因此会比大型银行更能获得当地政府和居民的支持。由于运作都在本地,熟悉本地市场,因此社区银行条件灵活,手续简化,速度较快,大大降低了运营成本,这种来自地域的优势是社区银行经营发展的最大无形资产。

拓展阅读

银行业大力发展社区金融

随着互联网金融的迅猛发展、利率市场化步伐的加快以及资本市场向好引发的资金分流,银行零售业务面临新的机遇与挑战。多家银行认识到,金融变革的大潮不可逆转,但因势利导的策略却能带来机遇,创新开辟“小区金融”市场,或者称为“社区金融(社区银行)”市场,是顺应时下金融新形势的必然举措。

2015年3月15日,中国银行业协会发布的《2014年度中国银行业服务改进情况报告》显示,2014年,中国银行业积极践行金融普惠社会责任,加快社区金融战略布局,纷纷设立社区银行(含小微银行),为社区居民、小微企业等提供专业、便捷、贴身的金融服务,满足服务民生、服务客户、服务社区和支持小微企业发展的多重需求。截至2014年年末,中国银行业各金融机构设立社区网点8 435个,其中小微网点937个。

以华夏银行为例,华夏银行社区银行推出社区专属金融产品,满足社区客户需求;开发金融IC联名卡,将银行金融功能与社区物业卡、楼宇门禁卡、社区停车卡等进行整合,方便客户缴费、出行;推出错时营业服务,满足社区客户不同时段的金融服务需求。该行在社区银行内配备了大量自助金融设备,向客户提供产品演示和体验服务;可提供自助代收快递产品的“速递通”服务、免费WiFi上网服务、儿童娱乐区等便民服务。该行还与街道、居委会、物业公司等联合开展趣味运动会、金融知识讲座、露天电影放映、健康知识讲座、书画展等活动。

以平安银行为例,平安银行社区银行为居民提供最新的银行产品信息、客户权益信息、资产配置、理财融资咨询、金融风险提示、寿险咨询转介、产险咨询转介、集团其他子公司产品服务咨询、非金融便民服务等产品及服务。通过金融和非金融的结合,更好地满足社区居民各层级的产品及服务需求。其中,小微支行还配置小企业客户经理,为小微企业客户提供专业、便捷、贴心的"一站式"综合金融服务。

以上海浦东发展银行为例,该行立足便民惠民,积极开展社区银行(包括社区支行、小微支行)建设,应用远程智能银行(VTM)、移动营销平台、NFC 手机等新型智能设备和创新技术,搭建金融服务平台。该行社区银行特别设置便民增值服务区,可为社区居民提供诸如特约商户优惠、公共事业缴费、旅游留学咨询、票务代订等多项便民惠民服务,并不定期举办金融投资者教育、社区亲子及文体活动等,努力将社区网点打造成便利金融、实惠金融、社交金融、文化金融和科技金融的综合服务平台,为社区居民、小微企业提供专业、便捷、贴心的金融服务。

作为社区金融的先行者,中国民生银行更是力求实现社区金融开发的"标准化、模块化、批量化",以"抓合规、创效益、树品牌"作为社区金融销售管理的核心思想,并提出三大管理措施:抓好队伍、建好制度、做好监控。未来,民生银行将落实战略,践行承诺,承担和谐社会的社会责任,同时建立可持续发展的社区商业模式。

详情链接:中国证券报 · 中证网(www. cs. com. cn),2015 年 3 月 15 日。

(二) 电子渠道

根据中国银行业监督管理委员会 2006 年 3 月 1 日施行的《电子银行业务管理办法》中的有关定义,电子银行业务是指:商业银行等银行业金融机构利用面向社会公众开放的通信通道或开放型公众网络,以及银行为特定自助服务设施或客户建立的专用网络,向客户提供的银行服务。电子银行业务主要包括利用计算机和互联网开展的网上银行业务,利用移动电话和无线网络开展的移动银行业务,利用电话等声讯设备和电信网络开展的电话银行业务,以及其他利用电子服务设备和网络,由客户通过自助服务方式完成金融交易的网络服务方式。

1. 网上银行

网上银行是指借助互联网作为传输渠道向客户提供银行服务的方式,它既可以是机构的概念,也可以是业务的概念。网上银行的出现是金融业的一场革命,它消除了时间和地域的差异,就像把银行搬到了自己的家或办公室里,客户无须亲自前往银行网点,而只需要一台与 Internet 相连的计算机,就可以在任何时间、任何地点享受银行为其提供的金融服务。网上银行的出现不但精简了传统银行的分支机构,而且使银行的运营效率和收益不断提高,并能为客户提供更有效、更具个性化的服务。

网上银行能提供低成本、高收益、方便、高效的全方位的银行服务,其提供的服务可以包括全球或地域性的金融信息查询、资金转账、外汇交易、股票交易、贷款、咨询、金融分析等。从网上银行的发展趋势来看,今后,网上银行必将朝着多渠道、多功能融合的方向发展,不断融入现代高新技术,借助国际互联网,逐步实现以客户为中心,以现代经济为导向,为客户提供安全保障可靠、信息渠道通畅、服务功能完善、产品品质优良的新型金融产品。

拓展阅读

中国网上银行市场交易规模持续增长

在网上银行注册用户数增长率逐渐降低的背景下,中国网上银行市场在2013年第四季度市场交易规模仍保持稳定高速增长,可见网上银行发展已经进入成熟期,大多数银行的网上银行替代率已经超过或接近80%,活跃用户占比显著提升,户交易额持续增高。根据易观智库产业数据库最新发布的《2013年第四季度中国网上银行市场行业数据库》的数据显示,2013年第四季度中国网上银行市场整体交易规模达到347.3万亿元人民币,环比增长10.1%,同比增长27.2%。下图为2012年第四季度至2013年第四季度中国网上银行交易规模统计图。

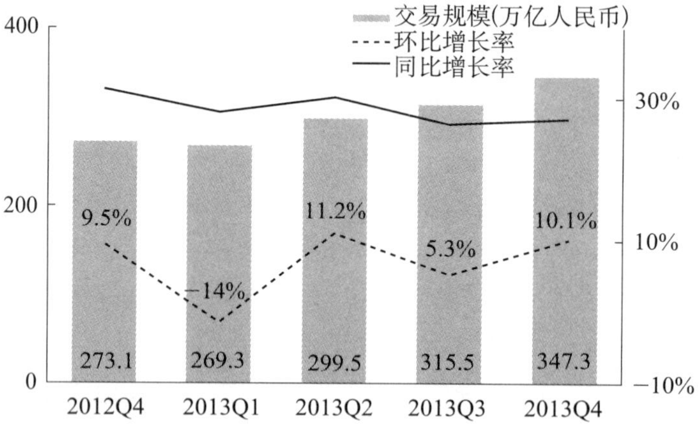

2012年第四季度至2013年第四季度中国网上银行交易规模

资料来源:易观国际·易观智库·中国互联网商情(www.enfodesk.com)。

加强活跃用户的占比和客户的交易频率,依然是网上银行重点发力的方向。2014年第一季度各家银行在与电商购物平台合作、社交平台互动抽奖、网上银行交易享受优惠等多方面同时发力,其中以建行推出的"建行悦生活"、工行推出的大型优惠专场最为突出。通过优惠活动,可以实现在不断挖掘潜在用户的同时,促使现有用户持续使用网银交易,培养网银交易习惯。

在产品创新方面,银行针对小微客户、企业推出更多贷款和理财创新产品,以应对互联网金融冲击。延续2013年第四季度携手基金公司推活期存款基金的理财之势,民生银行2014年第一季度联合民生加银、汇添富两家基金公司拟推出可将活期储蓄与货币收益挂钩的新型电子银行卡。招行针对中小企业贷款需求首创推出"e+稳健融资项目",这是大型银行首次尝试涉足P2P行业。工商银行推出融e购电商平台,打造消费和采购平台、销售和推广平台、支付融资一体化的金融服务平台,希望做到用户流、信息流、资金流"三流合一"的数据管理平台。

详情链接:易观智库(http://www.enfodesk.com),2014年1月27日。

2. 移动银行

移动银行也可称为手机银行，是利用移动通信网络及终端办理相关银行业务的简称。作为一种结合了货币电子化与移动通信的崭新服务，移动银行业务不仅可以使人们在任何时间、任何地点处理多种金融业务，而且极大地丰富了银行服务的内涵，使银行能以便利、高效而又较为安全的方式为客户提供传统和创新的服务。而移动终端所独具的贴身特性，使之成为继 ATM、互联网、POS 之后银行开展业务的强有力工具，越来越受到国际银行业者的关注。中国移动银行业务在经过先期预热后，逐渐进入了成长期，如何突破业务现有发展瓶颈、增强客户的认知度和使用率，成为移动银行业务产业链各方关注的焦点。

3. 电话银行

电话银行是近年来日益兴起的一种高新技术，它是实现银行现代化经营与管理的基础，它通过电话这种现代化的通信工具把用户与银行紧密相连，使用户不必去银行，无论何时何地，只要通过拨通电话银行的电话号码，就能够得到电话银行提供的其他服务（往来交易查询、申请技术、利率查询等），银行安装这种系统以后，可以提高服务质量，增加客户，为自身带来更好的经济效益。

（三）泛渠道

泛渠道是指要在不断了解、积累、分析、满足乃至创造用户需求的基础上，实体银行与线上电商所打造的通力合作的渠道，目前，泛渠道概念现在在国内还处在一个感性理解的阶段，但泛渠道并不是肤浅地卖东西，它背后需要强大的供应链和系统支撑，需要不断优化使用流程、发掘和满足用户的精准需求，供应链也要匹配需求的满足。

二、银行产品销售主体——以客户为中心

银行产品的销售对象是客户，而客户及其需求是变化的，商业银行时刻面临客户满意度、客户忠诚度和客户贡献度等的挑战，没有良好的客户关系管理，就不会有银行的竞争优势和良好的发展前景。

商业银行在以“以客户为中心”的发展战略和经营理念的指导下，发现、观察、判断、优选、发展和保持客户；以客户关系为重点，通过优化企业机构和业务流程，增强服务客户的能力，提高客户满意度、忠诚度、贡献度、关联度，提高银行经济效益。

拓展阅读

招商银行以创新促服务升级

从“一卡通”到“金葵花”理财，从“一网通”到“网上银行专业版 7.0”，从“手机银行”到“微信银行”，在竞争激烈的零售银行领域，招商银行通过不断推出创新产品和服务，铸就了许多业内领先的服务品牌。

2014 年，在提升客户服务能力方面，招行零售条线启动了三大方面的升级换代：服务体系的新体验，服务延伸的新渠道，传统网点的新技术。

具体而言，作为一名招行的零售客户，从选择招行的服务到完成交易，整个服务流程都

能感受到升级换代后的惊喜。首先,客户可以在一网通、手机银行等渠道预先查阅《小招服务宝典》,了解常用零售业务办理流程,然后通过网上银行电子填单系统完成业务预填单,再进行预约排号,到达网点无须排队即可直接到柜面体验无纸化业务流程;或者通过可视柜台实现"人机对话",办理非现金的"面签"业务;还可以在升级后的网上银行7.0和微信银行实现金融交易。全程现代化的业务流程能将整个金融体验提升到极致,也实现了招行基于客户的服务流程再造。

为了令客户真正从深层次上体验到招行服务的创新,招行零售银行近期启动了"客户服务升级体验季"活动。开展该项活动,既凸显了招行的服务创新,也与客户展开了许多情感上的互动。

详情链接:《现代快报》,2014年11月14日。

第四节　银行零售业务发展趋势

一、银行零售业发展状况

随着中国银行业对外资全面开放,零售业务越来越受到国内外银行的关注和重视。个人理财业务已日趋成为银行利润的增长热点,各大银行纷纷推陈出新,个人高端客户市场上的竞争已如火如荼。竞争就意味着变革。近年来,零售业务作为国内商业银行稳定收入、降低经营风险的战略性业务主线,在资源配置、经营策略、市场营销、产品开发、服务创新等方面得到了一系列改革。在经营理念上,由以储蓄存款计划为导向转变为以客户和市场需求为导向;在经营目标上,由以增加存款转变为提高综合效益;在营销方式上,由以产品为中心转变为以客户为中心;在客户服务上,确立了由提供一般存贷款业务向提供全面个人理财规划的战略调整,银行已不再只是为储户看守钱财的"账房先生",而是为客户财产增值提供服务的"理财师"。一线网点的功能也逐渐从以结算为主发展成销售服务型网点。

二、银行零售业务的创新

(一) 渠道创新

目前,银行网点仍旧是商业银行最主要的和交易占比最高的服务渠道。如何更加合理地设计与利用其他种种低成本、高效率的服务渠道,是国内商业银行下一步发展的重点方向。在这方面,我们可以借鉴国外银行的许多经验:不仅仅有联网电脑、声音应答、呼叫中心等便捷的现代化服务渠道,还有邮箱、公共ATM、支票机、电子钱包等创新型服务渠道,甚至还有商业销售点、快递或邮购等传统的综合服务渠道。

(二) 制度创新

随着个人金融业务的快速发展,国内银行正在探求更加合理的制度体系。各大银行相继成立直属总行的信用卡中心与私人银行部门,正是顺应趋势、响应要求的做法。逐渐出现的金融外包服务,也正体现了国内银行业务专业化分工的趋势。金融业务组织架构扁平化,是近年来国内商业银行在业务管理制度方面的全新尝试，也是未来的发展趋势。然而，在扁平化管理的改革过程中，面对着成几何级数增加的基层网点，综合管理能力如何相应提高？在这方面，一些中外资商业银行个人金融条线管理制度改革的成功案例值得借鉴。这些银行按照扁平化和业务主线管理驱动的模式建立了独立的金融体系组织架构，将其个人金融业务全面整合。制度改革精炼了经营管理层次，缩短了经营管理通道，扩大了经营管理的宽度和广度。

银行业务外包是银行把内部业务的一部分发包给外部专业机构的一种战略行为，其实质在于银行重新定位，再次配置各种资源，将其集中于相对优势领域，提升自身的比较优势。银行业务外包的种类非常宽泛，既包括非主营业务，如人力资源、产品设计，也包括银行的部分主流业务，如信用卡、个人住房和消费贷款等，甚至是个人理财规划这样的高门槛业务。目前，国内银行业务成熟的外包主要集中在后勤保障、设施管理、通勤交通等方面。商业银行各业务条线管理体制的不断变革创新，将最终提升银行的核心竞争力。

（三）产品创新

产品创新是一切企业发展的源泉，国内银行近年来推出了一系列涵盖个人投资、融资、咨询、代理等种类繁多的个人金融业务。首先，银行要深入研究客户日益变化的金融需求和消费方式，不断开发符合市场预期且竞争力更强的新产品。同时，还要实施“品牌”战略，使成长中的产品不断完善。其次，银行要整合现有产品，实行组合营销。要加强基础类产品与代理类产品的组合营销，如针对高校学生的助学贷款与高等教育保险的组合；要加强信贷类产品与代理类产品的组合营销，如住房贷款与房屋保险的组合。最后，银行要针对网络技术迅猛发展的现状，加强对网上银行、电话银行、手机银行、个人电子汇款、个人外汇买卖等电子金融产品的个性化开发。

（四）服务创新

服务创新体现在赢得市场、争夺客户的竞争中。商业银行的服务创新已不仅仅是“微笑服务”“客户满意”，而是银行各部门整体功能的综合体现。一要培养全体员工强烈的服务意识，强化员工文化素质，提高员工业务技能，使服务由“微笑”型向复合型转变。二要合理开设营业网点，优化业务环境。在营业网点布局上，要进一步将物理网点和虚拟网点相结合，根据客户需求合理配置资源。在营业环境的建设上，要针对不同客户，在营业大厅进行功能分区服务。三要系统性、持续性地优化服务方式，形成系列的服务惯例，并建立健全服务质量监控体系。四要充分利用先进科学技术，不断更新服务系统，确保硬件设施的安全、高效。

拓展阅读

零售银行网点转型路在何方？

国有大型商业银行的零售业务是由原先的储蓄业务发展而来的，那时的银行类似于“生产型”企业，只提供标准化的基础产品，由客户来选购。2005 年以来，为了配合客户需求的变化，满足股东对利润的追求，各家商业银行陆续开展了零售业务转型，搞得如火如荼，先后经历了硬件改造、服务提升、培育营销意识和技能等几个阶段,初步完成了从交易结算型网点向营销服务型网点的转变,实现了服务生产力的提升,使传统零售银行从一个"生产型"企业回归到了服务行业,赶上了其他服务行业的步伐。2013 年以来,互联网服务业快速发展,冲击着传统服务行业,也对传统金融业发展产生了深远的影响。面对互联网金融、利率市场化、金融脱媒、存款投资化等一系列挑战,零售银行的转型不但不能停止,而且要提速、要主动、要超前。同时,物理网点代表的是长期积累的丰富客户资源和安全稳健的企业形象。网点转型 2.0 版应该包含以下几个重要理念:

一是调整客户结构,变数量优势为质量优势。客户数量多、分布广是国有银行的传统优势。但面临互联网金融企业低成本获得客户的优势,大城市核心城区客户人口持续外迁的现状和客户交易习惯的改变,营业网点必须更加注重金融服务的专业性、客户沟通的个性化和客户体验的细节,保持其在中高端客户心目中不可替代的地位,留住核心客户关系和核心金融交易,抓住客户核心诉求,紧跟客户的交易习惯,强调网点的体验式服务功能。

二是重建营销模式,变"赢在大堂"为"赢在系统"。随着金融交易离柜化的趋势逐步显现,过去依靠在网点大堂坐等客户上门的营销模式已经越来越难以为继。大量优质客户在网上"隐身",大量有价值的交易都更多地在"贵宾理财室"和"家庭及办公场所"进行。但是,客户虽然不在网点大堂出现,但其消费痕迹依然存在于交易系统中。因此,要积极利用大数据技术专注于挖掘系统中的客户,转变等客户上门的思维方式,开拓理财室及非营业场所会面模式,利用电子银行、远程银行、短信银行等非柜台渠道,为客户提供便捷和更有针对性的服务,增加与客户的亲密度。

三是提升转型层次,变"基层转型"为"管理行转型"。近年来,银行业转型更多关注的是网点,针对的对象主要是客户经理、柜员,现在一方面需要加强基层网点零售业务负责人的管理能力,重点培养网点主任在网点定位、氛围营造、功能分区、人员配置、岗位联动、客户管理、日常管理、绩效考核等方面的能力,这是建立营销服务转型长效机制的关键。另一方面需要对一级支行、分行管理机构进行转型,通过增强市场策划能力,进行跨行业合作,打通银行自身的客户渠道,通过公司联动、零售业务批发等方式做大源头型业务。

四是重视科技支撑,变"数据孤岛"为"资源整合"。传统银行的基础运营系统是交易系统,后来为了营销管理的需要开发了各种客户管理系统、业绩统计系统,但这些系统彼此相对独立,系统的分割必然带来服务的割裂,不能实现客户交易服务一体化。整合的交易经营数据及客户营销管理系统可以提供更为准确的信息支持、管理支持、考核支持,实现离柜的产品交易和服务操作,有助于解放网点人员的生产力,为客户营销人员提供更多的支持,最终为客户提供更加满意的个性化服务。

详情链接:欧阳刚,《新形势下的银行网点转型与效率提升》,《银行家》,2015 年第 2 期。

本章主要网络链接

1. 中国银行业监督管理委员会:http://www.cbrc.gov.cn
2. 招商银行:http://www.cmbchina.com
3. 平安银行:http://www.pingan.com/bank

4. 上海浦东发展银行:http://www.spdb.com.cn

关键术语

零售业务　产品定价　利率　汇率　手续费　隐含定价　社区银行　网上银行　移动银行　电话银行

复习思考题

1. 商业银行零售业务具体包括哪些业务?
2. 开展零售业务对商业银行具有什么意义?
3. 我国商业银行零售业务发展现状如何？与发达国家商业银行相比有何差距?
4. 我国商业银行应该如何提升零售业务水平和盈利能力?

第九章

商业银行其他业务管理

学习目标

- 了解商业银行国际业务的主要内容，掌握银行国际贸易融资业务和国际结算业务的类型及其管理要点
- 了解租赁与信托业务的作用和特点
- 了解信托投资公司和金融租赁公司的业务特征与作用

案例导读

案例1 某大学接受社会捐赠的几笔奖学金、助学金原先都以定期存款的形式存放在银行，现在陆续到期。如果再存银行，利率太低；买国债，长期国债最近跌幅很大；开放式基金也大幅缩水；而投资证券市场风险太大，也不符合基金章程确定的用途。

校长经人介绍来到了当地一家信托投资公司信托业务部，找到了信托业务部的经理，希望借助信托寻求一种省心省力的方式。经理得知其来意后，介绍道："像你们学校目前掌握的奖学金、助学金等一大笔资金完全可以采用公益基金信托的方式来运作。一方面，学校、信托投资公司等多方面的约束监督可以有效保证资金不会挪作他用；另一方面，由于你们这些基金会的理事多为社会知名人士或文化人士，缺乏理财专长，难以使基金保值增值，而信托投资公司恰恰可以弥补这一不足，发挥信托投资公司的融资优势，实现基金的最大效益。"

详情链接：王淑敏、齐佩金，主编，《金融信托与租赁案例与习题》，中国金融出版社，2006年版。

案例2　建行自股改上市后，就致力于提高全行的股东回报率、资本回报率和国际影响力。根据建行国际化经营战略，在海外拓展方面，以中国香港地区为重点，力争在亚洲地区的业务取得突破性发展，不断提升海外业务对全行整体业务发展的综合贡献度。

目前，建行已经在中国香港、新加坡、法兰克福、东京、首尔、伦敦、纽约等一流国际金融中心设立了分支机构，与世界多个国家和地区的银行建立了代理行关系，形成了遍布欧洲、美洲、大洋洲、亚洲和非洲的全球性代理行网络。有数据显示，2007年年末建行表内贸易融资余额同比增长了一倍多，国际结算量创历史最高，达到近3 000亿美元。2008年前5个月，建行保持了强劲的发展势头，贸易项下国际结算业务量和国际结算业务收入同比增幅在四大行中保持第一。2008年6月8日起，建行国际贸易单证处理中心正式承接建行海外子银行——建设银行（亚洲）和建设银行（澳门）的国际结算单证业务，开始为海外机构提供服务，从而成为第一家代理海外机构国际结算单证业务的中资银行，这标志着建行在国际业务拓展的道路上又迈出了新的步伐。

详情链接：《建设银行国际业务发展再获新突破》（http://www.022net.com/2008/7-8/465870182815846.html）。

你是不是有下面的疑问

1. 金融租赁的特点是什么？运作模式有哪些？
2. 银行抵押贷款与金融租赁的区别是什么？
3. 信托业务的融资模式是什么？
4. 商业银行国际结算业务风险如何控制？
5. 案例中提到的贸易融资产品具体有哪些？

进入内容学习

第一节　商业银行国际业务管理

近年来，跨国公司的规模、经营方式、产业结构均产生了前所未有的变革，国际金融市场迅速发展，为各国商业银行拓展国际业务提供了广阔的空间和巨大的商机。越来越多的商业银行扩大国际业务的规模与范围，到国外设立分支机构，提高金融服务的水平和质量，加入跨国银行的行列中，国际业务已成为商业银行业务中不可分割的一部分。国际业务的规模和水平体现着一家商业银行的国际竞争力，其内容主要包括国际负债业务、国际资产业务（其中以国际贸易融资业务为主）、国际中间业务（其中以国际结算业务为主）、外汇交易业务等。

一、商业银行的海外业务机构形式

商业银行的海外业务机构有代表处、代理处、海外分支行（境外联行）、附属银行（子银行)、代理银行、联营银行、银团银行等七种形式。

代表处是商业银行设立的能够转移资金和发放贷款,但不能从东道国吸收当地存款的金融机构。

代理处比代表处稍微完善,根据法律规定的权限,代理处不允许吸收公众存款,但是可以提供或购买贷款、开立信用证、向客户提供技术支持和建议、管理客户的现金账户以及协助客户完成证券交易等。

海外分支行是商业银行在海外设立的营业性机构,其业务范围及经营内容要与总行保持一致,总行对其活动负有完全责任。

附属银行是商业银行由于不能直接在某些国家设置分支机构,而通过收购外国银行的全部股份或大部分股份所成立的附属机构。

代理银行是外国银行在开展国际业务的过程中,建立在业务上彼此合作与支持的相互委托关系的伙伴银行。

联营银行在法律地位、性质和经营特点上和附属银行类似,只是在联营银行中,任何一家外国投资者拥有的股权都在50%以下,其余股权可以为东道国所有,或由几家外国投资者共有。

银团银行通常是由两个以上不同国籍的跨国银行共同投资注册而组建的公司性质的联合银行,任何一个投资者所持有的股份都不超过50%。

在以上七种形式中,代表处、代理处和海外分支行不是独立法人,母行完全可以对其进行控制;附属银行、联营银行、银团银行是独立的法人,母行只能根据控股的多少而对其产生不同程度的影响。从业务范围看,代表处、代理处的业务有限,银团银行一般不经营小额业务,只有海外分支行、附属银行、联营银行的经营范围较广。代理银行是外籍银行,与本国银行有着广泛的业务代理关系,但毕竟不是自己的银行,故在使用上不如本国境外联行方便。

二、商业银行国际负债业务

商业银行国际负债业务是指银行在国际范围内筹集资金的业务,是银行负债业务在国际范围的延伸。

(一) 国际存款

国际存款是商业银行资金来源的重要组成部分,一般包括同业存款和非银行存款。同业存款是指国外其他银行存放在本国银行的存款。非银行存款是指其他国家非银行类机构、组织或个人存放在本国银行的资金。

国际存款使用的货币大多为欧洲货币。欧洲货币又称"境外货币"(Off Shore Currency),指投放在某货币发行国国境以外的银行的所有存储与放贷的该种货币。在境外市场经常使用的欧洲货币包括美元、日元、英镑、欧元、瑞士法郎等,其中美元占主导地位。

在欧洲货币市场,银行就像在国内市场一样从顾客那里吸收存款,并借贷给其他顾客。但与国内市场明显不同的是,银行、借款者和贷款者皆不受他们所经营的货币所属国家有关当局的直接管辖。

(二) 国际借款

国际借款是指商业银行为应付业务经营过程中所出现的临时性的资金短缺及短期资金

周转的需要,而在国际上进行的同业拆借业务。国际借款是商业银行进行短期国际借贷的主要方式,一般通过其国外分支机构向外国银行借入。

国际借款期限较短,一般在一年以内,利率一般以伦敦银行同业拆借利率(LIBOR)为基础确定。这种借款属信用借款,不需抵押品,且手续简便、资金供给充裕。同时,借款不限定用途,币种选择灵活。

(三) 发行国际债券

发行国际债券是商业银行在国际金融市场上筹集中长期资金的重要方式。通过发行国际债券,商业银行能筹措到较长期限的可使用资金,使自己的资金来源多样化。

以发行的债券是否以发行市场所在国货币为面值作为划分依据,国际债券可分为外国债券和欧洲债券。所谓外国债券,是指某一国的发行人(包括政府、企业、银行等法人)在另一国债券市场上发行的,以市场所在国的货币标明面值的债券。常见的外国债券可以分为扬基债券、猛犬债券、武士债券等。所谓欧洲债券,是借款人在其本国之外的资本市场上发行的以第三国的货币为面值的国际债券,其特点是债券发行人、债券发行市场、债券面值三者分别属于三个不同的国家。

三、商业银行国际资产业务

国际资产业务是指商业银行在国际范围内运用其资金的业务,主要包括国际信贷业务和国际投资业务。国际信贷业务一般又分为国际贸易融资业务和国际放款业务两类。

(一) 国际贸易融资业务

贸易融资是指商业银行在进出口贸易过程中对进口商和出口商提供资金融通。贸易融资不仅为国际贸易活动提供资金上的融通,从而促进国际贸易的发展,同时也为商业银行自身扩展了业务范围和服务对象,成为商业银行利润收入的重要途径。

1. 进出口押汇

(1) 进口押汇,指在信用证结算方式下,银行应进口商的请求对出口商开出信用证后,在接到议付行寄来的议付通知书索汇时,经审核验明单证相符后,以进口商的全套提货单据为抵押,代进口商向出口商垫付货款的一种贸易融资方式。

由于进口押汇融资对银行具有一定的风险,需要加强管理。首先,银行必须认真审核出口商交来的单据,只有在单证相符的情况下,才能对外垫付款项。其次,必须对进口商品的国际国内行情进行认真了解,以确定进口商品是否有良好的市场销路和盈利性,保证押汇的按时收回。再次,银行审核同意押汇后,双方要签订进口押汇协议书。最后,进口押汇属短期垫款,期限一般不超过 90 天,利息从银行垫款之日起开始计收,到期与本金一并归还。

(2) 出口押汇,指在信用证结算方式下,银行以出口商发运货物后取得的提货单据为抵押向出口商提供的融资业务。

银行办理出口押汇业务时,在收到出口商提交的信用证项下的全套出口单据和出口押汇申请后,应认真审核开证行的资信及其他注意事项。凡有下列情况之一的,不做出口押汇:审核不符或有疑点;开证行或偿付行资信、经营作风不佳;索汇线路迂回曲折,影响安全及时收汇;开证行或偿付行所在国家或地区的政局不稳定,或已发生金融危机。

2. 打包放款

打包放款是指出口商与国外进口商签订买卖合同后,就要组织货物出口。在此过程中,出口商可能出现资金周转困难的情况。这时,出口商用进口地银行向其开具的信用证,或其他保证文件,连同出口商品或半成品一起,交付出口地银行作为抵押,借入款项。待出口商收回货款后再归还银行的本息,若不能按期收回时,需转做出口押汇,从其结汇额中扣还。

打包放款要视同信用贷款来考虑,因为在进行打包放款时,银行虽持有受益人交来的出口信用证,但信用证仅是出口商有把握收到货款的证明,倘若出口商不能如期装货或因其他原因不能按时出货发运,或者不能出示单证相符的单据,贷款行就没有收回贷款的保证。因此,如果仅凭出口信用证做打包放款,这种方式实质上就是一种无抵押的信用放款,银行必须十分谨慎。

3. 出口信贷

出口信贷是指出口国银行为了支持本国企业开拓国际市场,促进本国商品出口而向国际贸易商提供的一种信贷方式。

根据接受信贷对象的不同,出口信贷可分为买方信贷和卖方信贷。买方信贷是由出口国银行向进口商或进口国银行提供的用于购买出口国商品的中长期贷款。卖方信贷是出口国银行在本国出口商将产品赊销给外国进口商之后,在收回货款以前,向出口商提供的周转贷款。

在这两种信贷方式中,尤以买方信贷应用较为普遍。商业银行开展买方信贷业务需要把握以下要点:贷款发放以进口买卖合同为前提;贷款金额不得超过贸易合同金额的95%;贷款仅限于贷款国进口商支付进口货款,由贷款银行直接划拨给进口商;为了防范风险,最好能取得政府的政策支持或利息补贴。

4. 福费廷业务

福费廷(Forfeiting)业务又被称为包买票据,是指出口商把经进口商承兑的远期汇票,无追索权地售予出口商所在地的银行,以提前取得现款的一种资金融通形式。

对出口商而言,福费廷业务意味着当他履行了商业合同,并将合格的单据交给银行以后,银行就对他不再拥有追索权。这意味着贷款期间的利率、汇率变化以及买方、卖方银行和买方国家的风险都与出口商没有关系,即福费廷业务将出口收汇风险全部转嫁给了贴现银行,因此加大了银行的风险。所以,承接福费廷业务的商业银行必须对进口商的资信和偿还能力进行严格审查,并对远期汇票的担保银行的资信条件和担保能力有清楚的了解,确认无误后,再承接该业务。尽管承接福费廷业务的收益可观,但由于贴现的票据到期时间较长,银行对未来的偿付风险仍应予以重视,因此,对进口商和票据担保行的履约能力及履约意愿的审查就显得尤为关键。

拓展阅读

中行推出创新福费廷业务

2007年4月,中国银行广东分行为一家大型家电公司提供国内信用证下的福费廷产品服务,后者得以将应收账款卖断给中国银行获得融资,从而避免了2002年的“南京爱立信倒戈事件”再度上演。据了解,中国银行广东分行是中国境内首家提供国内信用证下福费廷产品服务的商业银行。

“南京爱立信倒戈事件”当时震惊国内银行界。爱立信倒戈的原因是,该公司为改善母公司财务报表,需将应收账款从资产负债表中彻底剔除,而南京当地与之有近10年往来关系的工商银行、交通银行等中资银行,无法为其提供买断应收账款服务,爱立信最终转向花旗银行等外资银行寻求金融服务。

“我们已经感受到外资银行的强大竞争,率先推出国内信用证项下福费廷业务,也是适应这一竞争的要求”。中国银行国际结算部相关人士称。

据介绍,上述大型家电公司为世界500强在华投资企业,与中国银行有多年合作关系,一般采用传统的延期付款的国内信用证方式与部分国内买方企业进行日常结算。买方延期付款的结算方式虽然有利于赢得更多订单,但会造成应收账款规模过大,导致流动资金紧张、财务指标质量不高等一系列问题。但若要求买方即期付款,又会面临客户流失的风险。

中行广东分行了解到这一情况后,全面分析该公司使用的结算产品种类、规模结构、资金流量和需求以及财务报表,提出借鉴国际信用证项下福费廷产品的设计理念,对该公司国内信用证项下已经银行付款确认的应收账款,提供无追索权买断型融资的构想。前述创新的福费廷产品即应运而生,由中国银行获得贴现利息收入和手续费收入。

详情链接:《中行推出创新“福费廷”业务》(http://www. p5w. net/stock/hkstock/ah/200704/t880366. htm)。

5. 保理业务

保理是保付代理的简称,是指出口商以商业信用的形式出卖商品,在货物装船后立即将发票、汇票、提单等有关单据卖断给经营保理业务的商业银行、财务公司或专门组织,收进全部或部分货款,从而取得资金融通的业务。保理业务是一项集贸易融资、商业资信调查、应收账款管理及信用风险担保于一体的新兴综合性金融服务。

办理保理业务时,银行不仅要考核申请保理业务的供应商的资信状况和还款能力,更重要的是要看采购商的履约付款能力。因此,银行一般也要求必须签订银行、供应商和采购商之间的三方合同。同时,在签订三方合同的过程中,银行可以亲自走访采购商,从而获得更多的信息,进一步确认销售合同的真实性,分析采购商的履约付款能力,从而降低贷款的风险。

(二)国际放款业务

国际放款是商业银行重要的国际资产业务,是银行利润的重要来源,因其跨越了国界,所以在放款对象、放款风险及放款方式上均与国内放款有所不同。

1. 商业银行国际放款的类型

商业银行国际放款的类型可根据不同标准来划分。从期限来看,有短期、中期和长期三种。短期放款的期限为一年以内;中期放款的期限为一至五年;长期放款期限在五年以上,风险较大,往往由银团来完成。从放款对象来看,有个人放款、企业放款、银行间放款、对外国政府机构及对国际经济组织放款等。从放款的组织形式来看,有单一放款、银团放款、联合放款、双边放款等。

以上国际放款类型中尤以银团放款较为重要和普遍。银团贷款也称辛迪加贷款,是由一家或数家商业银行牵头,多家或数十家银行为参与行,共同向某一借款人提供的金额较大的中长期贷款。银团贷款是国际信贷的重要方式之一,它有着单一贷款所没有的巨大优势,可以满足借款人巨额的资金需求,有效地分散贷款风险,形成规模优势,提高借贷双方的知名度。

2. 商业银行国际放款的主要政策和原则

(1) 从放款对象来看,大多数商业银行都选择外国银行和政府、大型跨国公司和本国公司在国外的分支机构,因为这类对象相对来说信誉较好、风险较小。

(2) 从放款期限来看,银行间的贷款以短期为主,而对国际经济组织及外国政府的贷款则以中长期为主。

(3) 从放款担保来看,商业银行选择的担保者应该是外国银行和政府,抵押则以固定资产为主。

(4) 从放款价格的确定来看,商业银行主要按利润最大化原则来进行。放款价格一般由放款利息、承诺费和管理费、代理费及其他杂费等几部分组成。利息是放款价格的主要部分,它是根据放款期限、数额、国际金融市场利率水平等来确定的。承诺费是对贷款额度中未动用部分收取的费用。国际放款价格通常按差额定价法确定,即先根据放款的成本费用和当前国际金融市场上的利率水平确定一个基础利率,再加上一个最低利润率,确定出一笔放款的实际价格,对于浮动利率,在执行过程中还需适时调整。

(三) 国际投资业务

商业银行的国际投资业务是指商业银行在国际范围内购买外国有价证券的活动。

一般来讲,国际债券的发行人多为各国政府、金融机构和跨国公司,信誉普遍较高,通常还有政府担保,投资风险相对较小,而且债券利息收入多不征税,可以获得较高的收益。所以国际债券成为国际性商业银行的主要投资对象。

商业银行国际投资的目的是获取收益,进行投资决策时需权衡收益与风险,投资管理的目的在于预测风险、减少损失、增加收益。

四、商业银行国际中间业务

(一) 国际结算业务

国际结算是指商业银行对世界各国之间因经济、政治、文化活动而发生的债权债务关系所进行的了结与清算。商业银行国际结算方式主要有信用证、托收和汇兑三种。

1. 信用证结算方式

信用证是银行根据进口商的请求,对出口商发出的,授权出口商签发以银行或进口商本人为付款人的汇票,承诺只要交来符合条款规定的汇票单据必定承兑和付款的一种书面保证文件。信用证实际是以银行信用对进出口业务双方的商业信用的担保。

信用证结算方式具有如下特点:

(1) 开证行负第一付款责任。只要出口商交来的单据符合信用证的要求,银行必须把款项付给出口商,而不管进口商是否已经或能够付款给开证行。

(2) 信用证是一项独立文件,不依附于贸易合同,信用证的当事人只受信用证条款的约束，不受合同条款的约束。

(3) 信用证的业务处理以单据而不是以货物为准。只要单据符合信用证的要求，银行必须付款，而不管货物状况。

对信用证的开证行来说，由于一旦开出信用证，就担负第一付款责任，这会给银行形成或有负债，存在一定风险。因此，开证行在办理信用证业务时应注意以下几点：

(1) 必须对开证申请人的资信条件认真分析和评估，确保资信优良，信用等级至少不低于 AA 级。

(2) 要对开证申请人提交的进口贸易合同的真实性进行审核，确保信用证的签发是基于真实的进出口贸易。

(3) 在开证前必须落实足额或者规定比例的付款保证。付款保证可采用保证金、质押、抵押、担保等几种形式。保证金必须存入保证金账户专户管理，不得提前支取或挪作他用。如果开证申请人是银行的优质客户，或者有授信额度，信誉良好，且与银行的往来无不良记录，可酌情减免开证保证金。

(4) 进口开证对于外汇管理制度较严格的国家，往往涉及许多外汇管理规定的执行，政策性强。因此，商业银行经办人员应随时掌握现行的外汇管理政策，按照有关规定要求，对开证申请人提交的有关合同、证件、证明进行认真审核，保证所开信用证的合规合法性。

(5) 对信用证的种类，开证行可以争取开立可撤销信用证、限制议付或不得议付信用证，以降低风险，但这往往会与客户的要求相矛盾，只能相机使用。

对信用证的议付行来讲，收到开证行交来的信用证后，要注意以下几点：

(1) 要核对来证密押或印鉴是否相符，确保信用证的真实性，同时，审核来证国家或地区必须是本国对外政策可以接受的国家或地区。

(2) 必须严格按信用证条款、国际商会 UCP500 以及该惯例所体现的国际标准仔细审查，确保来证内容与信用证条款相符，还要对开证行的经营作风、规模实力及资信状况和付款能力进行调查分析，以防范开证行的违约风险。

(3) 对远期信用证，议付行审核单证相符后，往往要对出口商进行贸易融资，如出口押汇、票据贴现等。从事这种融资业务，议付行必须对出口商提交的发货单据与信用证和贸易合同的要求认真核对，务必做到单单一致、单证相符，以防范开证行因单证不符而拒付。另外，对出口商贸易融资额的计算应以出口单据上标明的金额为限。

2. 托收结算方式

托收方式是由出口商在发运货物后，开立汇票并委托当地银行通过其在国外的分行或代理行，向进口商收取货款的一种结算方式。托收方式一般包括四个当事人：委托人，即出票人；托收行，即接受委托向国外收取款项的银行；代收行，即托收行委托向付款人收取款项的银行；付款人，即国外债务人。托收业务常见的方式有光票托收和跟单托收两种。

光票托收是委托人开立的汇票不附带货运单据的托收。这种方式以商业信用为基础，没有确实可靠的单据作保证，在进出口贸易中未能广泛使用，只是用于收取贸易从属费用，如广告费、附加运费、附加保险费、样品费等。

跟单托收是指委托人将附有货运单据(如提单、保险单等)的汇票送交托收行代收款项的一种结算方式。国际贸易结算中一般使用跟单托收。

3. 汇兑结算方式

汇兑结算方式是由汇款人委托银行将款项交收款人的结算方式。汇兑方式主要用于侨民汇款、赠予、资本借贷及贸易从属费用的支付。汇兑业务多为个人或单位的小额款项,业务分散,每笔业务数额不大,但这正是体现银行细微周到的服务之处,更要精益求精,做到优质服务,以赢得客户的信赖。另外,对于这类业务银行特别需要注意的是严格执行结算原则中的“谁的钱进谁的账”“银行不垫款”等要求。收款人来行取款,一定要仔细核实取款凭证和印鉴,既要防止冒领客户款项,又要杜绝银行代垫款的发生。

(二) 国际担保业务

1. 银行保证书

银行保证书也称保函,是指银行应客户的申请,向受益人开出的担保申请人到期履行约定义务的一种书面保证性文件。若申请人不履行约定义务,则担保银行行使保证责任,代为履行义务。

2. 备用信用证

备用信用证是商业银行对国外方开出的、保证开证申请人履行自己职责,否则商业银行负责清偿所欠款项的担保文件。按国际惯例,备用信用证属跟单信用证范畴,主要用于各种灵活的贸易。实际上它也是一种银行保证书性质的凭证,之所以和银行保证书名称相异,是因为诸如美国、日本等一些国家,不允许银行向受益人开立保证书,而有时银行的客户又要求银行提供信用担保。由此,银行采取回避的方式,创造出了备用信用证这种银行保证文件。

银行保函与备用信用证都属于银行为客户提供的有条件的担保,两者都可能形成银行的或有负债,属于有风险的中间业务。因此,商业银行在开立担保前必须仔细审查申请人的资信状况和履约能力,并且确保银行担保的提供是建立在申请人真实的交易基础之上的,防止骗取银行担保,给银行带来损失。

(三) 国际咨询业务

商业银行利用其积累的大量经济信息资料及大批具有高深知识和丰富经验的专门人才,为各进出口企业、跨国公司、国际经济机构等单位,提供与商品市场、金融市场相关的重要的信息咨询服务,并对市场现状进行分析研究,对未来市场发展趋势做出较准确的预测,使有志于开展国际贸易或进行国际投资的客户,在较充分、客观、及时、准确地了解国际市场发展状况与动向的基础上,正确地制定自己的发展战略。当然,银行要对那些接受咨询信息的客户收取一定的咨询费用,在国际经济交往日益活跃的今天,咨询顾问类收费也将成为银行的一笔不小的收入。

五、商业银行外汇交易业务

(一) 商业银行参与外汇交易的目的

1. 规避外汇风险

银行持有一定数量和规模的外汇资产和负债,除了通过各类交易增加银行的收益外,还可以通过各类外汇交易降低银行本身的外汇风险。银行作为交易的一方,必须不断调整资产和负债的币种结构、利率和期限结构,通过远期交易规避汇率风险,或通过外汇期货交易使银行实现保值,减少汇率风险,或通过货币互换等工具消除敞口风险。

2. 调整货币结构

在外汇资产和负债一定的情况下,这种资产和负债的货币结构不一,银行以本币表示的收益将有所差异。在汇率波动的情况下,银行经营者必然考虑这些外汇资产和负债的币种结构。另外,调节货币结构还有调整银行本身持有外汇资产和负债中外汇暴露头寸的需要,以降低外汇风险。

3. 调整外汇头寸

银行客户买入或卖出外汇后,银行自身所持有的外汇就会出现多余或短缺。当某种货币的买入额大于卖出额时,就会形成外汇头寸的“多头”,此时,银行承担了外汇贬值的风险。当某种货币的卖出额大于买入额时,则形成外汇头寸的“空头”,此时,银行承担了外汇升值的风险。银行账户上出现多头或空头都意味着银行有遭受损失的可能性,因此银行在与客户完成外汇交易后会借助同业间的交易进行外汇头寸的调整,一般遵循“买卖平衡”的原则,轧平各币种的头寸,即多头抛出、空头补进,此时银行是风险回避者。

4. 获得交易利润

有意保持头寸不平衡,进行投机、套利、套汇等活动,从而赚取利润。

(二) 商业银行外汇交易的业务种类

1. 即期外汇交易

即期外汇交易又称现汇交易,是指外汇买卖成交后,于当日或在两个营业日内办理交割的外汇业务。交割日,又称“起息日”,指买卖双方实际办理外汇收付的这一天。

即期外汇交易是外汇交易中最基本的交易,它可以满足客户即时付款的需要,可以帮助银行或持有外汇的企业调整外汇头寸,以防范外汇风险。商业银行也可以利用即期外汇交易来进行套汇和投机。

2. 远期外汇交易

远期外汇交易又称期汇交易,指外汇买卖双方先签订远期合约,合约中规定买卖外汇的币种、金额、汇率以及将来交割的时间,到了交割日买卖双方办理外汇的实际收付。远期外汇交易的期限通常有1个月、3个月、6个月、9个月和12个月等多种。

商业银行参与远期外汇交易,可以避免外汇风险、平衡远期外汇头寸和进行期汇投机。

3. 套汇交易和套利交易

套汇交易是指在同一时间,同种货币在不同的外汇市场上出现汇率差异,于是通过低价买进、高价卖出从而赚取利润的行为。利用两个不同地点的外汇市场上的汇率差异进行的套汇称为直接套汇,又称双边套汇或两角套汇。利用三个或多个不同地点的外汇市场上的汇率差异进行的套汇称为间接套汇,又称三角套汇或多角套汇。

套利交易是指利用两国短期利率的差异,赚取利息差额的行为。套利分为不抛补套利和抛补套利。不抛补套利指在进行套利活动时,对汇率风险不进行抵补。抛补套利指在进行套利活动时,利用远期外汇交易对汇率风险进行抵补。

4. 掉期交易

掉期交易是指交易者在外汇市场上将交割日期不同的同种货币进行等额的(或数额相

当的)、买卖方向相反的一种外汇交易。其特点是:买卖同时进行;买卖某种货币的数额相等(数额相当);交易的期限不同。

商业银行在短期资本投资或在资金调拨活动中,如果将一种货币调换成另一种货币,为避免外汇汇率波动的风险,常常运用掉期业务,以防可能发生的损失。

5. 外汇期货交易

外汇期货交易是指交易双方在期货交易所内通过公开叫价的拍卖方式,买卖在将来某一日期以既定汇率交割一定数量外汇的期货合约的外汇交易。

商业银行参与外汇期货交易,可以通过套期保值来规避汇率风险。所谓套期保值,是指通过买进或卖出与现货市场数量相当、但交易方向相反的期货合约,以期在未来某一时间通过卖出或买入期货合约而补偿因现货市场价格变动所带来的实际价格风险。

商业银行也可以利用外汇期货交易进行投机,即当预期汇率上升时,则买入期货合约;反之,则卖出期货合约。

6. 外汇期权交易

外汇期权交易是指外汇期权合同的买方具有在到期日或到期日以前按合约规定的价格买入或不买入、卖出或不卖出约定数量的某种外汇资产的权利。

商业银行可以利用外汇期权交易避免汇率风险。期权买方享有"买"或"卖"的权利,也享有"不买"或"不卖"的权利。期权卖方在期权买方行使"买"或"卖"的权利时,必须承担起"卖"或"买"的义务。期权买方为了获得权利,支付给期权卖方的报酬称为"期权价格"或"期权费"。期权买卖双方在期权合约中约定的价格称为协定价格,或敲定价格、行使价格。

外汇期权交易按照行使期权的时间分为美式期权和欧式期权。美式期权的买方可以在合约到期日之前的任何一天行使选择是否履约的权利;欧式期权的买方只能在合约到期日行使选择是否履约的权利。按照期权的性质分为看涨期权和看跌期权。看涨期权是指期权买方具有"买的权利",期权出售方具有"卖的义务";看跌期权是指期权买方具有"卖的权利",期权出售方具有"买的义务"。

典型实例

招商银行个人外汇期权业务介绍

招商银行的个人外汇期权合约是客户在根据招商银行的报价支付了期权费后,即拥有了在未来按照约定的价格买入或卖出标的货币的权利。招商银行提供的期权合约的规格如下,如有变动,以招商银行交易系统公布为准:

招商银行个人外汇期权业务情况表

货币对	欧元/美元	英镑/美元	美元/日元	澳元/美元
标的金额(每份合约)	100 欧元	100 英镑	100 美元	100 澳元
看涨期权	看涨欧元 看跌美元	看涨英镑 看跌美元	看涨美元 看跌日元	看涨澳元 看跌美元
看跌期权	看跌欧元 看涨美元	看跌英镑 看涨美元	看跌美元 看涨日元	看跌澳元 看涨美元

（续表）

类型	欧式期权（期权合约持有人仅在期权到期日有权行使权利）
执行价格	由招商银行定制
期限	3 个月、6 个月等
合约起始日	由招商银行定制
合约到期日	由招商银行根据起始日及合约期限设定
履约清算日	合约到期日

详情链接：招商银行外汇期权业务（http://www.cmbchina.com/personal+business/products/invest/whqq/intro/intro01.htm）。

7. 外汇互换交易

互换交易是指两个或两个以上的当事人按共同商定的条件，在约定的时间内交换一系列支付款项的金融交易。包括货币互换和利率互换。

银行在外汇互换交易中，可充当交易一方或充当中介人。银行作为交易者，可通过互换交易降低融资成本，规避汇率风险和利率风险。

银行作为中介方参与互换安排时，运用公开或非公开介绍的方式进行。

（1）在公开方式下，银行将互换双方安排为面对面的直接谈判。银行在这一过程中充当咨询和中介，因此不承担风险，仅收取包含介绍费和咨询费等内容的手续费。

（2）在非公开方式下，互换双方分别与银行签合约，为此银行承担了交易双方的违约风险，这种风险是双重的。另外，银行为撮合这类交易，向交易双方或一方出售灵活性和适应性，这将导致互换双方在期限或利息支付等方面承受不完全匹配的差额风险。因此，在非公开方式下，银行必须加强对风险的管理与控制。

（三）商业银行外汇交易业务的管理

银行经营外汇交易能带来巨大的收益，但也带来了相应的风险。因此从经营管理角度来讲，商业银行的外汇交易业务应注意以下几方面：

1. 在汇率预测基础上进行外汇交易决策

汇率的波动受经济和非经济因素的影响，这些因素分属宏观与微观两个层面，为此，应采用基本分析法和技术分析法对外汇市场进行分析，考虑汇率的中长期趋势，并据此判断是否进行交易，以及用何种方式进行交易。建立在短期波动预测上的过度短期投机行为对银行外汇业务的拓展并不利。

2. 选择合适的交易方

在外汇交易中，选择资信良好、作风正派的交易方，是外汇交易安全、顺畅的前提。选择交易方应考虑以下四个方面：

（1）交易方的服务。交易方的服务应包括及时向对手提供有关交易信息、市场动态及他们对经济指标或未来汇率波动产生影响的程度的预测等。

（2）交易方的资信度。资信度和交易方的实力、信誉和形象有关。交易方资信度的高低直接影响交易的风险，如果交易方资信不佳，银行在外汇交易过程中承担信用转移风险的概率就会加大。

(3) 交易方的报价速度。报价速度的快慢也是一个衡量标准。良好的交易方,其报价速度快,方便银行抓住机会,尽快促成外汇交易。

(4) 交易方的报价水平。好的交易方应该在报价上显示出很强的能力,报价能基本反映市场汇率的动向,具有竞争性和代表性。

3. 合理选择经营范围

外汇交易业务以基于国际贸易、对外投资、保值为目的的外汇买卖为主,交易方式应以即期、远期、掉期交易和以套期保值为目的的期货、期权、互换交易为主,而少从事有风险的以投机为目的的套汇、套利及期货、期权等衍生金融交易。应大力拓展外汇代理交易业务,以优质的服务赚取稳定的中间业务收益。

4. 制定严格的外汇交易管理内控制度和规则

外汇交易是银行风险较高的一种国际业务,因此必须建立严格的内控制度和规则以控制风险。建立专门的外汇交易室,外汇交易室的岗位要分工明确,职责清晰;上下级沟通的信息渠道畅通有效,重大交易事项及时向上级汇报;不同的交易员按业务能力、素质、级别授予不同的交易权限和限额,严禁越权交易;对于从事单纯的外汇投机交易,交易员建立敞口头寸后,必须随时跟踪市场变化,要有严格的交易止损观念,一旦到达止损点必须果断斩仓;交易人员和结算人员严格区分,将交易员作弊的可能性减至最小。内部稽核监督部门要定期对外汇交易员和交易记录进行检查,及时发现问题,将风险消灭在萌芽状态。

5. 选择培养高素质的交易员

交易员能给银行带来丰厚的利润,也能使一家大银行毁灭。因此,应当选择心理素质高、专业能力强、道德修养好的交易员。

第二节 金融租赁业务

一、租赁的概念及内容

(一) 租赁的概念

租赁是物资财产所有者(出租人)将其物资财产定期出借给承租人使用,并向承租人收取租金的一种经济行为。在整个租赁期内,物资财产的使用权要转移给承租人。

在人类社会发展的历史进程中,租赁经历了古代租赁、传统租赁和现代租赁三个阶段,分别代表了不同生产力发展水平及生产关系的不同特点。

1. 近代租赁的特征

(1) 以设备租赁为主,由古代租赁的土地、房屋和农具租赁逐渐转化为近代租赁的设备租赁。

(2) 制造厂商作为出租人直接与承租人开展业务,尚未出现租赁公司。租赁是作为分期付款的商业信用。

(3) 由于社会化大生产的发展,买方市场逐渐形成,租赁的主要目的只是促销,租赁还不是一种金融工具。

2. 现代租赁的产生及特点

现代租赁的主要表现形式是融资租赁,它起源于第二次世界大战后的美国。一些制造厂商为了扩大产品的销售能力,开始采取分期付款的方式销售其产品。但由于涉及信用问题,分期付款并没有取得明显的效果。从1952年开始,有人尝试在分期付款的基础上引入租赁模式。第一家专业开展融资租赁业务的公司是美国国际租赁公司(原美国租赁公司),创立于1952年5月。经过五十多年的发展,融资租赁业务得到了各国的普遍运用。为了适应经济的发展和社会的需要,融资租赁业务不断创新,出现了杠杆租赁、回租赁、风险租赁、委托租赁等形式。

(二) 租赁的内容

1. 租赁当事人

租赁通常有两个当事人,一方是出租人,另一方是承租人;出租人是物件的所有者,承租人是物件的使用者。在租赁业务中,拥有物件所有权的出租人将物件租给承租人使用,承租人拥有物件的使用权,并向出租人支付一定的费用。

就租赁当事人的法律资格来看,出租人与承租人可以是法人,也可以是自然人。但在金额较大的租赁业务中,出租人和承租人通常都是法人。

2. 租赁标的

标的指在经济活动中当事人交易的对象,在租赁业务中,出租人和承租人所交易的对象被称为租赁物件,因此,租赁标的就是租赁物件。

中国人民银行颁布的《金融租赁公司管理办法》中规定"适用于融资租赁交易的租赁物资为固定资产";商务部颁布的《外商投资租赁业务管理办法》中明确规定了租赁财产包括生产设备、通信设备、医疗设备、科研设备、检验检测设备、工程机械设备、办公设备等各类动产以及飞机、汽车、船舶等各类交通工具。

3. 租赁期限

租赁期限即租期,是指出租人与承租人约定的,出租人将租赁物件租给承租人使用的期限。租期的长短不一,一般经营性租赁的租期比融资租赁的租期短。租期的长短要根据承租人的使用要求、资金情况及其风险来确定。

4. 租赁费用

租赁费用主要是指租金,租金由两部分组成,一是出租人在租赁物件上所花费的成本,二是出租人在租赁交易中所获取的收益。它是承租人在租期内为获得租赁物件的使用权而支付给出租人的费用,或者说是出租人在租期内为获得租赁物件的使用权而向承租人收取的报酬,体现了出租人与承租人之间的信用关系。

(三) 租赁业务的种类

1. 融资性租赁

融资性租赁是以融通资金为目的的租赁。这种租赁业务的发生是因为有的公司企业需要购买或更换大型设备,但缺少资金,通过这种方式,可以及时得到所需设备。融资性租赁的具体做法是:出租人首先融通资金购进用户所需的设备或技术,然后租给承租人使用;或者出租人先与出售设备的厂商谈判好,并签订合同后,转交出租人出资购买后再行租用,承租人按合同规定,分期向出租人缴纳租金,合同期满后,根据合同条款处理设备。设备的处理一般有三种方法:一是退给出租人;二是另订合同,继续租赁;三是留购,即承租人以很低的价格买下设备。因为是出租人支付全部资金,等于提供了信贷,故称其为融资性租赁或资本性租赁;又因为租赁期间,出租人通过收取租金的形式收回购买设备时所投入的全部资本,包括成本、利息和利润,所以又叫全额收回性租赁。承租人亲自选定设备,所以出租人对于出租的机器设备性能与物理性质、老化风险以及是否适用,都不负任何责任,全部由承租人承担。

融资性租赁以租用人对设备的长期使用为前提,所以租期基本上应与设备的使用寿命相同,至少必须超过租赁设备使用年限的3/4。图9-1展示了融资租赁的流程。

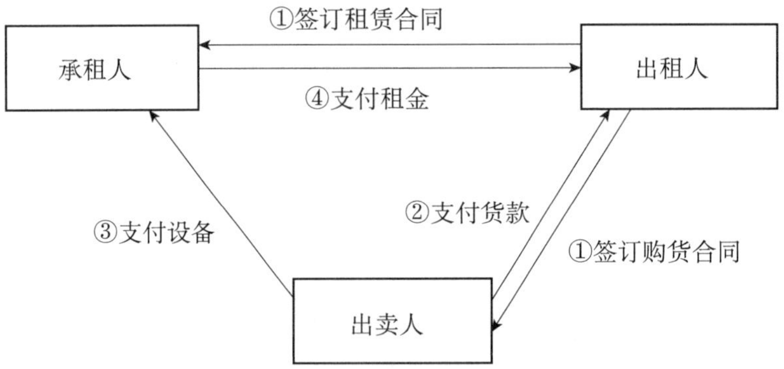

图9-1 融资租赁流程

2. 杠杆租赁

杠杆租赁实际上是一种抵押放款的租赁方式,适用于价格昂贵的大型设备的出租。其业务处理程序是:承租人选好设备,并谈妥条件,然后向出租人提出租赁申请,出租人无力自行负担时,它便向其他金融机构申请办理以租赁物为抵押品的抵押贷款,由于抵押贷款额度一般只能达到抵押物品价格的60%—80%,因此,出租人一般要自筹租赁物品价款20%—40%的资金,其余的由抵押贷款解决,购入物品出租后,承租人应向贷款人支付租金,以此来替代出租人偿还贷款。

3. 操作性租赁

操作性租赁又称经营性租赁或服务性租赁,它是由出租人向承租人提供特殊服务的租赁。出租人除向承租人提供租赁物品外,还承担租赁设备的保养、维修、配件供应以及培训技术人员等项服务。操作性租赁是一种短期的租赁,服务性强,租金较高,一般适用于一些需要专门技术保养、技术更新或使用次数不多的设备。经营性租赁对于出租人来说,除了要承担设备老化的风险外,还要承担在租约到期前承租人退租和租约到期后承租人不愿续租或承购的风险。相反,对承租人来说,则可避免这些风险,所以,操作性租赁对承租人是比较有利的。

4. 售后回租

售后回租又称出售与租式租赁或回租赁，是财产所有者将其财产卖给租赁公司，然后再从租赁公司租回来使用的一种租赁方式。当企业一方面需要继续使用所拥有的厂房和机器设备，一方面又急需周转资金而告贷无门时，可以把自己所拥有的厂房和机器设备的所有权出售给租赁公司，然后按商定的条件和期限再租回厂房和设备的使用权。这种租赁方式适用于生产流动性较差的企业，它可以将固定资产变为货币资金。

售后回租业务主要用于已使用过的设备。通过这种方式，原设备的所有者可将出售设备的所得资金另行投资，加速资金的周转。图 9－2 展示了售后回租的流程。

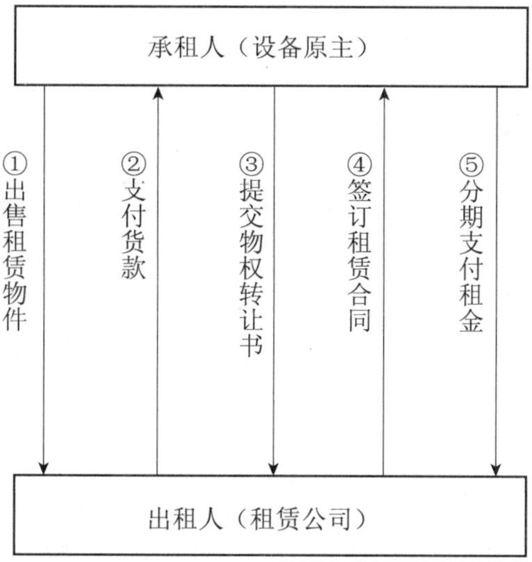

图 9－2　售后回租流程

5. 转租赁

转租赁又称再租赁，是将设备或财产进行两次重复租赁的方式。国际上通常采用这种租赁方式。其具体做法是：A 国的租赁专业公司向本国出租人承租设备，再将设备转租给 B 国的承租人使用。同一设备经过两次租赁，产生了两个租约。两个租约有内在联系，同时并存有效。图 9－3 展示了转租赁的流程。

6. 卖主租赁

卖主租赁是设备的制造厂商、经销商为了推销产品，向设备使用者提供购买其产品的贷款，然后设备使用者再以租金形式向设备制造商或经销商归还资金的一种租赁方式。它类似于融资性租赁，但其目的不是获得融资利息，而是推销产品。

7. 委托租赁

委托租赁是指有闲置设备的单位，为了充分利用设备并取得一定的收益，愿意将闲置的设备出租，委托金融机构代为寻找承租人的一种租赁方式。在委托租赁中，租约由承租人、出租人双方签订，租金由出租人收取，银行等金融机构收取手续费。银行在委托租赁中实际上是监督租约执行的中介人。

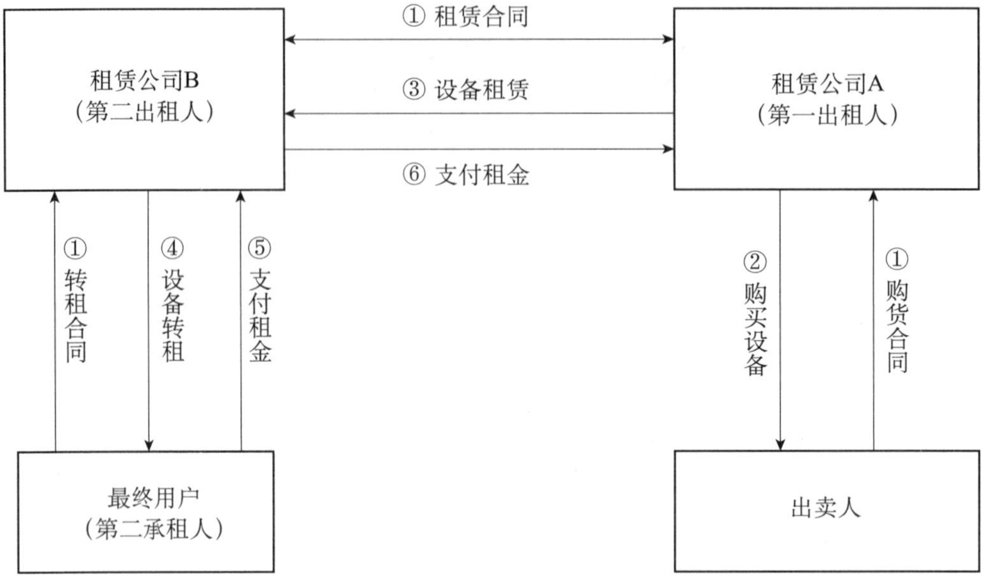

图 9-3 转租赁流程

二、我国的金融租赁公司

1. 金融租赁公司的设立

目前,我国的融资租赁业务分别归口两个国家行政管理部门管理。内资融资租赁公司、外资租赁公司由商务部(原对外贸易经济合作部)批准设立,截至 2015 年 3 月底,内资租赁公司 191 家,外资租赁公司 1 900 家。这类公司由于无金融许可证,未列入金融企业;金融租赁公司是原由中国人民银行批准、以经营融资性租赁业务为主的非银行金融机构,现由中国银行业监督管理委员会监管,到 2015 年 3 月,共有 30 家。

1981 年,中国第一家外商投资融资租赁公司——中国东方国际租赁有限公司由中国国际信托投资公司、北京市机电设备公司与日本东方租赁株式会社共同投资成立。2001 年 8 月 14 日,国家对外贸易经济合作部颁布了《外商投资融资租赁公司审批管理暂行办法》,此后进行了修订和完善,并于 2005 年 3 月 5 日正式出台了《外商投资融资租赁业管理办法》。

1981 年 7 月,中国创立了第一家金融租赁公司——中国租赁有限公司。中国人民银行 2000 年 6 月 30 日颁布实施了《金融租赁公司管理办法》,从此,金融租赁公司的设立有了依据。图 9-4 是金融租赁公司组织机构示意图。

2004 年 11 月,国家商务部和国家税务总局联合下发了《关于从事融资租赁有关业务的通知》,要求各地在从事各类机械设备租赁的公司中,选择 1—2 家,开展融资租赁业务试点。2014 年 3 月,中国银监会发布《金融租赁公司管理办法》,对适用于融资租赁交易的租赁范围、关联交易管理制度、资产证券化业务规则等部分内容进行了调整。

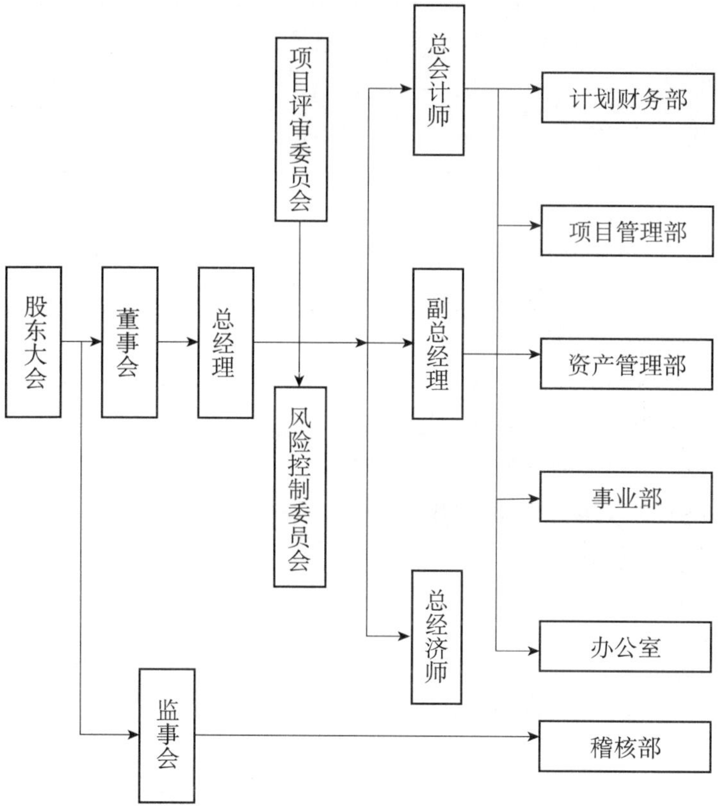

图9-4　金融租赁公司组织机构

典型实例

浙江金融租赁股份有限公司

作为金融租赁的“旗舰”——浙江金融租赁股份有限公司(以下简称“浙租”),因无法偿还银行到期债务,已于2005年12月1日被中国华融资产管理公司(以下简称“华融”)以债转股对价7.1亿元购买。

浙租成立于1984年,其90%以上的股权归民营企业“明天系”所有。历经20年的发展,浙租总资产由50万元发展到2004年的56.8亿元,占全部金融类租赁公司资产的1/4,带动了相关投资1 600亿元。其融资租赁服务领域包括交通运输、医疗设备、印刷、传媒、环保(水务)、不动产等行业;业务范围从浙江扩展到了北京、上海、江苏等23个省(市)、自治区。浙租的经营模式被行业内称为“浙租模式”,成为中国金融租赁业响当当的一块“招牌”。

浙租被接管的主要原因是“假租赁、真圈钱”。浙租采取关联交易的方式,通过所谓“回租”的形式为大股东圈钱逾20亿元。具体做法是:第一步,由浙租将大股东的资产购为己有,然后以此资产作为抵押向银行贷款;第二步,浙租将资产重新租给大股东,同时将从银行获得的资金一并交与大股东使用。这个过程中所暴露的违规行为是,大股东出售给浙租的很多资产是不存在的。时至今日,随着浙租被接管,民营资本已经全部退出金融类租赁企业。

详情链接:中国银行业租赁信息网(http://www.clfa.cn)。

2. 金融租赁公司的业务范围

依据《金融租赁公司管理办法》的有关规定,金融租赁公司的业务范围包括:

(1) 直接租赁、回租赁、转租赁、委托租赁等融资性租赁业务;
(2) 经营性租赁业务;
(3) 接受法人或机构委托租赁资金;
(4) 接受有关租赁当事人的租赁保证金;
(5) 向承租人提供租赁项下的流动资金贷款;
(6) 有价证券投资、金融机构股权投资;
(7) 经中国人民银行批准发行金融债券;
(8) 向金融机构借款;
(9) 外汇借款;
(10) 同业拆借业务;
(11) 租赁物品残值变卖及处理业务;
(12) 经济咨询和担保;
(13) 中国人民银行批准的其他业务。

3. 金融租赁公司的资金筹措

金融租赁公司的主要业务自始至终由自己主导,从资金的筹措到资金的运用,直至租金的回收,资金是租赁公司生存和发展的决定因素和必要条件,筹措资金能力的大小和资金管理水平的高低,直接关系到租赁公司的发展。根据《外商投资融资租赁业务管理办法》和《金融租赁公司管理办法》的有关规定,金融租赁公司用于租赁项目的人民币和外汇资金主要来源渠道有资本金、向银行借款、设立租赁基金、发行股票、票据贴现、租赁债权证券化等,金融租赁公司还有同业拆借、发行金融债券等筹资渠道。

4. 金融租赁业对我国经济发展的贡献

首先,金融租赁解决了外汇资金短缺问题。在我国金融租赁市场构成中,外商投资融资租赁公司占有重要位置,1983—1990 年,通过融资租赁方式引进外资额占我国实际利用外资总额的比重分别为 4.15%、8.76%、20.69%、17.23%、19.04%、15.59%、10.23% 和 9.94%,成为我国引进外资的重要渠道。此外,外商投资融资租赁公司扶持了大批中小企业,如红塔山集团、小天鹅集团和万象集团等中小企业都是利用融资租赁来解决外汇资金的不足。

其次,依靠金融租赁方式引进外国先进的技术设备,改善产业结构。从 1998—2000 年的两年间,外商投资融资租赁公司为全国近 7 000 家企业提供融资租赁外汇资金约 74 亿美元,涉及民航、轻纺、能源、通信、运输、机械、烟草、电子和化工等行业的技术改造项目。如华通国际租赁有限公司项目、中国环球租赁有限公司承办的河北石家庄市第六棉纺织厂的租赁项目等。

最后，我国融资租赁业的发展促进了欧洲、美国、日本的外商在华投资，引进了现代租赁的概念，取得了融资租赁项目评估和项目风险管理的先进经验和科学体系。

拓展阅读

租赁和银行之间具有天然的合作关系

银行的资金是最富裕而成本又是最低的，但其流动性过剩（2005 年国内银行的存贷差已超过 9 万多亿元，这意味着银行吸收的相当一部分存款没有真实地进入实体经济部门运行中，资金使用效率严重失衡）已成为我国金融运行中的一个突出现象。租赁公司虽然资金量远小于银行，但却有银行不具有的独特功能，如表外融资、加速折旧、促进销售、安全度高于贷款、“破产”不破租赁等功能。这样，在面对一些优质公司（如电信类公司、航空公司等）的特殊需求时，银行便可以与租赁公司紧密地结合起来，优势互补，共同发展。

银行想为优质机构（如电信类公司）贷款，但由于负债因素的限制进不来；租赁公司的独特的表外融资功能、回租功能使得优质公司喜欢租赁公司，但租赁公司资金少，于是便催生出“租赁＋银行保理”的“租赁保理”这一金融创新产品的诞生，即银行购买租赁公司的租金收益权，租赁公司获得资金，实现再融资。

在银行无追索权的情况下，租赁公司也可以实现“表外融资”，改善财务报表，优化财务结构，用迅速收回的资金继续开展下一个项目，如此循环，租赁公司的资金获得倍增效应，租赁资产增大，效益也增大，最终实现银行与租赁公司，以及供货商、承租人四赢的局面。

根据我国《商业银行法》的规定，银行目前还不能直接开展租赁业务。由于租赁具有诸多好处与功能，银行想通过租赁公司的平台参与租赁业务，租赁公司当然欢迎银行介入租赁业务。银行与租赁公司之间必然的需求关系造就了它们之间天然的合作关系。租赁保理业务就是顺应银行与租赁公司之间的必然关系而将租赁业务与银行贷款业务结合起来形成的创新金融产品，是指在出租人与承租人形成租赁关系的前提下，出租人将其对承租人应收租金转让给保理银行，保理银行为出租人提供综合性金融服务，包括融资、应收账款管理、应收账款催收和信用风险担保等。

详情链接：中国银行业租赁信息网（http://www.cfla.cn）。

第三节　信托业务

一、信托的概念及内容

（一）信托的概念

信托就是拥有资金或财产的法人、社会团体或个人，为了更好地运用和管理自己的资财，获得较好的经济利益，把资金或财产委托给银行信托部门代为管理、经营或处理。银行信托以代理他人运用资金、买卖证券、发行债券、股票、管理财产等为主要内容。

信托是一种经济行为。银行信托有一个基本条件,即委托人必须拥有该项财产的合法所有权,受托人才能承诺此项信托。达成一个银行信托必然涉及三个方面的关系人:委托人,即信托财产的所有者,是让受托人遵从其目的对财产进行管理或处理的人;受托人,即接受委托者的要求,按合同规定对信托财产加以管理、处理的法人或自然人;受益人,是享受信托财产利益的人,可以是委托人指定的单位或个人,可以是委托人不确定的多数人,也可以是委托人自己。

广义的信托还包括代理业务,如受托代办有价证券的签证、收回、调换、转让、还本付息以及代客保管物品等。严格地说,信托与代理的区别在于财产所有权是否转移,如果财产权从委托人转移到受托人,则是信托关系,而代理则不涉及财产权转移。

信托财产的形式多种多样,如有形财产,包括股票、债券、土地、房屋、银行存款等;无形财产,包括保险单、专利权、商标、商誉等。甚至一些或然权益也可作为信托主体。如一个立遗嘱的人,在他死前,他的遗嘱已为某受益人创造了一种或然权益,这种或然权益也可以成为信托对象。

(二) 信托的内容

信托必须具备信托行为、信托目的、信托主体和信托客体四个基本要素。此外,信托还应具备信托报酬和信托结束等约定要素。

1. 信托行为

信托行为是指以设立信托为目的而发生的一种法律行为,也就是信托当事人在约定信托时,为使信托具有法律效力而履行的一种手续。信托行为就是信托约定或信托设立行为,信托关系通过信托行为而得到确立。

2. 信托行为形式

信托行为形式一般通过以下几种方式体现出来:

(1) 书面合同,即委托人、受托人之间签署的书面信托合同文书。书面合同是信托行为体现的最基本形式。

(2) 个人遗嘱,即遗嘱人按照法律规定的方式处理遗产或者其他事务,并于遗嘱人死亡时发生效力的法律行为。

(3) 法院裁定命令书,即当事关系人之间无明确的信托表示,或并无成立信托的意愿,而是由法院根据关系人之间已经发生的经济关系以及法律的有关规定来确定关系人之间的信托关系。法院裁定命令书具有一定的强制性。

《中华人民共和国信托法》规定,设立信托应当采取书面形式。书面形式包括信托合同、遗嘱或者法律和行政法规所规定的其他书面形式。设立信托,其书面文件应当载明下列事项:一是信托目的;二是委托人、受托人姓名或者名称、住所;三是受益人或者受益人范围;四是信托财产的范围种类及状况;五是受益人取得信托利益的形式、方法。除上述事项外,信托文件可以载明信托期限、信托财产的管理方法、受托人的报酬、新受托人的选任方式、信托终止事由等事项。

3. 信托目的

信托目的是委托人通过信托行为所要达到的目的,由委托人提出并在信托契约中写明。受托人应按照委托人所明确的信托目的进行信托财产的管理和运用。

信托目的是委托人想要实现的某种信托利益，因此，信托利益是信托目的的表现形式。信托目的可以是自益，即委托人为了自己的利益而设立信托；也可以是他人利益，即委托人为了受益人的利益而设立的信托；还可以是公益，即委托人为了某一特定社会公众的利益而设立的信托。

4. 信托主体

信托主体即信托行为的主体，又称信托当事人或关系人。信托主体包括委托人、受托人和受益人。

（1）委托人是指基于受益人的利益，或者出于其他目的，将其合法财产委托给受托人管理或处分的当事人。委托人可以是法人、依法成立的其他组织，也可以是自然人；在一项信托业务中，委托人可以是一个人，也可以是数人。

（2）受托人是接受信托，按照信托合同的规定管理或处分信托财产的当事人，即受人之托、代人理财的人。在信托关系中，受托人的地位十分重要，是关系到信托关系能否设立及信托利益能否得到保障的重要因素。受托人管理和处分信托财产是为了完成信托目的，其行为宗旨是受益人的利益最大化。受托人可以是自然人，即个人受托；也可以是法人，即法人受托。在一项信托事务中，受托人可以是一个人，也可以是几个人。同一信托的受托人有两个以上的，为共同受托人。

（3）受益人是在信托关系中享受信托利益的人。受益人由委托人指定，受益人可以是自然人、本人、法人或者依法成立的其他组织。受益人可以是一个人，也可以是数人。受益人本身也可以是受托人，但受托人不得是同一信托的唯一受益人。在信托关系人中，受益人的资格不受限制，凡是具有权利能力的人都可以成为受益人，而不是需要具备民事行为能力。

5. 信托客体

信托客体是指信托关系的标的物，即信托财产。信托财产是委托人委托受托人管理或处分的财产，也就是受托人承诺信托而取得的财产。同时，信托财产还包括信托成立后，经受托人管理或处分而获得的新增财产，如利息、红利和租金等。

6. 信托报酬

信托报酬是受托人管理和处分信托财产所取得的报酬。受托人承办事务有获得报酬的权利，信托报酬高低应在信托合同中约定，信托报酬可以向受益人收取，也可以从信托财产中提取，还可以由委托人另外单独支付，具体采用何种形式也应在信托合同种约定。目前资金信托的报酬主要是从信托受益中提取，提取方式主要有三种：一是固定金额，二是固定比率，三是浮动比率。受托人对信托财产所负担的捐税和费用，以及在处理信托事务中由于并非自己过失而造成的损失，可以在应得报酬之外向受益人或委托人索取。

7. 信托结束

信托结束是指信托行为的终止。对于信托终止问题，《中华人民共和国信托法》第十五条已明确规定。信托终止的事由有：信托文件规定的终止事由发生；信托的存续违反信托合同；信托目的已经实现或者不能实现；信托当事人协商同意；信托被撤销；信托被解除。

信托终止时，信托财产属于信托文件规定的人。信托文件未规定的，通常按下列顺序确定归属:受益人或者其继承人;委托人或者其继承人。

(三) 信托的种类

根据划分标准不同,可将信托划分为不同种类。下面以委托人为标准划分个人信托与法人信托。

1. 个人信托

个人信托是指委托人(指自然人)基于财产规划的目的,将其财产权利转予受托人(信托投资公司),使受托人依信托契约的本旨为受益人的利益或特定目的,管理或处分信托财产的行为。个人信托业务主要包括四种:财产处理信托业务、财产监护信托业务、人寿保险信托业务和特定赠与信托业务。

典型实例

特定赠与信托

刘先生在日本留学、工作多年,前不久其母逝世,他从日本赶回国内料理母亲的后事,此外,还有一件重要的事情就是解决刘先生身患残疾的妹妹日后的生活问题。回国之前,刘先生已经了解到日本有一种特定赠与信托方式,于是他来到当地的信托公司,向信托公司的专业人员请教有关特定赠与信托的情况。通过信托公司的介绍,刘先生了解到通过设立特定赠与信托,他可以把赠与妹妹的财产委托给信托公司,这样该笔财产就属于信托财产,受到法律保护,在运用和处理信托财产时,信托公司会严格按照信托合同的规定,保护委托人和受益人的权益不受损害,这样既可以保证支付妹妹的生活费、护理费等,不耽误他在日本的工作,还可以防止这笔钱被他人挪用。这样一来,刘先生放心了,他的问题可以通过特定赠与信托来解决。

详情链接:王淑敏,《金融信托与租赁案例与习题》,中国金融出版社2006年版。

2. 法人信托

法人是指根据制定程序设立的能够独立承担经济责任的社会组织,其基本特点是能够以自己的名义从事经济活动、享受经济权利、承担经济义务,并能在法院起诉、应诉。而法人信托是指由公司、社团等法人委托信托投资公司办理的各种信托业务。法人信托的种类主要包括:公司理财、融资服务、交易安全服务、塑造企业形象与履行社会责任、为企业员工谋福利与增强公司凝聚力等。

二、信托的功能

商业银行信托既是一种信用关系,又是一种财产管理形式,它具有以下基本功能:

1. 投资融资功能

银行信托是一种信用关系,具有筹措资金和融通资金的职能,并且在受理、办理融资业务的方式上比较灵活。

2. 财务管理功能

信托是财产管理的一种形式，这决定了它具有财务管理功能。信托机构接受财产所有者的委托，对信托财产进行必要的管理和处理。尽管受托人只能按委托人的意愿管理和经营信托财产，而不能自行其是，但是，无论信托财产的所有权是否彻底转移，受托人执行的社会性的“代人理财”的财务管理功能则是确定无疑的。

3. 信用服务功能

银行信托业务，无论对个人、法人或团体，都可以根据实际需要，提供内容丰富的信用服务，根据社会需求，开办相应的信用服务项目。因此，在提供的信用服务上，银行信托比银行信贷要广泛得多、深刻得多、灵活得多。

三、我国信托业的发展

我国信托业自 1979 年恢复至今已有 30 多年的发展历史。信托业为优化社会资源配置、满足企业和个人日益增长的金融需求发挥了重要作用。由于对信托行业的功能定位和运行机制等处于不断探索的过程中，行业监管环境和社会需求都面临特定局限，自 20 世纪 70 年代末期改革开放以来，我国信托行业走过了一条曲折坎坷的发展道路，造成了全行业先后五次被清理整顿，直到 2001 年《信托法》的颁布奠定了我国信托业发展的法律基础，信托公司业务才得以回归本源。2007 年，中国银监会颁布实施新的《信托公司管理办法》和《信托公司集合资金信托计划管理办法》，明确了信托公司作为财富管理机构的功能定位，为信托业实现彻底改造和科学发展奠定了制度基础，信托业步入规范运行的轨道，从而成长为四大金融支柱行业之一。

根据中国信托业协会发布的报告，截止到 2015 年 3 月，全国共有信托公司 68 家，管理的信托资产规模为 14. 41 万亿元，平均每家信托公司管理资产规模达到 2 119. 10 亿元，同比较 2014 年第一季度的 11. 73 万亿元增长 22. 85%；固定资产规模达到 3 670. 33 亿元，平均每家信托公司固定资产规模达到 53. 98 亿元，比 2014 年同期增加 22. 96%；实现经营收入 229. 96 亿元，平均每家信托公司 3. 38 亿元，同比较 2014 年第一季度末的 178. 65 亿元增长 28. 72%；实现利润总额 169. 31 亿元，平均每家信托公司 2. 49 亿元，同比较 2014 年第一季度末的 126. 61 亿元增长 33. 73%；信托业实现人均利润 77. 25 万元，相比 2014 年第一季度末的 66. 35 万元有所增加。

四、信托投资公司的业务范围

1. 信托投资公司的设立形式

根据《信托投资公司管理办法》的规定，设立信托投资公司，应当采取有限责任公司或者股份有限公司的形式。设立信托投资公司，必须经中国人民银行批准，并领取《信托投资公司法人许可证》。未经中国人民银行批准，任何单位和个人不得经营信托业务，任何单位不得在其名称中使用“信托投资”字样。

2. 信托投资公司的业务范围

《信托投资公司管理办法》规定，信托投资公司可以申请经营下列部分或全部业务：

（1）受托经营资金信托业务。

(2) 受托经营动产、不动产及其他财产的信托业务。

(3) 受托经营国家有关法规允许从事的投资基金业务,作为基金管理公司发起人从事投资基金业务。

(4) 经营企业资产的重组、购并及项目融资、公司理财、财务顾问等中介业务。

(5) 受托经营国务院有关部门批准的国债、企业债券承销业务。

(6) 代理财产的管理、运用与处分。

(7) 代保管业务。

(8) 信用见证、资信调查及经济咨询业务。

(9) 以自有财产为他人提供担保。

(10) 中国人民银行批准的其他业务。

信托投资公司的上述业务包括外汇业务。

信托投资公司可以接受为了下列公益目的而设立的公益信托,如救济贫困、扶助残疾人、发展教育、科技、体育、文化、艺术事业,发展医疗卫生事业、维护生态环境等。

信托投资公司运用信托、自有资金方式,如采取出售、出租、贷款、投资、同业拆放等方式进行。但自用固定资产和股权投资余额总和不得超过其净资产的80%。经中国人民银行批准,信托投资公司可以办理金融同业拆借。

拓展阅读

做自己的信托理财师

提起信托理财产品,2009年4月有这样两则新闻困扰着投资者,一是部分银行信托产品提前终止公告不断,二是银行发行此类理财产品瞬间售罄。为什么这样矛盾的两种现象会同时出现?关于信托理财,还有哪些投资机会值得人们期待呢?

矛盾产生于银行与市场的博弈。高收益、低风险的信托理财产品一直受到市场的青睐,也一直是银行理财产品中的重要角色,但是自从2008年下半年开始,这种情况出现了转变,银行不仅减少了这类产品的推出,同时也降低了产品的预期收益率,那么为什么信托理财产品仍然受到投资者的热捧呢?这是因为与其他银行理财产品相比,信托产品高收益低风险的特征并没有彻底改变。建设银行推出的“利得盈”信托贷款型理财产品2009年第1期投资周期为6个月,预期年化收益率为3.18%,而6个月的银行定期存款利率仅为1.98%。由于信托类理财产品中有相当数量产品的借款人是垄断性的行业或大型集团企业,它们的生产经营稳定,盈利能力较强,信用等级较高,因而产品的风险较低,在经济不景气、市场动荡的今天,尤其符合投资者保守投资的需求。中国社会科学院金融研究所研究员袁增霆说:“产品提前终止是银行出于自身产品管理的考虑,当它认为这些产品不能更好地提供价值创造时,就会出现提前终止,这与市场大环境有很大关系,比如说降息。”2008年下半年的多次降息,以及央行放松对商业银行信贷规划的硬约束,使得在当时通过银行信托理财产品进行融资的企业负担了比现今实际利率高很多的利息负担,为了节约成本,企业一般选择提前还贷,再借新贷,因此银行也只能提前终止相应的理财产品。

另外,降息和放松银行信贷规模的措施,使得银行将注意力更多地集中在直接发放贷款上，而非通过理财产品曲线发放贷款上，这是因为存贷利差要比理财产品收益率与贷款利率的差值更大，银行发行信托理财产品的动机大大减弱。

详情链接：中国信托业协会（http://www.xtxh.net）。

关键术语

国际结算 福费廷 银团贷款 国际贸易融资 金融租赁 信托报酬

复习思考题

1. 跨国银行的组织形式主要是什么？
2. 国际结算的方式都有哪些？各种方式是如何操作的？
3. 国际银团贷款对发展中国家的经济发展有何意义？
4. 结合项目融资案例，谈谈项目融资的特点和风险管理方法。
5. 融资租赁业务的种类有哪些？各种方式如何运作？
6. 金融租赁与银行信贷的区别是什么？
7. 请说明商业银行开展信托业务的特点和作用。

本章主要网络链接

1. 信托网：http://www.trust-one.com
2. 中国信托基金网：http://www.china-trust.com.cn
3. 中国金融租赁信息网：http://www.clfa.cn
4. 中国信托业协会：http://www.xtxh.net
5. 中国银行：http://www.boc.cn
6. 招商银行：http://cmbchina.com
7. 中国建设银行：http://www.ccb.cn/portal/cn/home/index.html

第十章

商业银行资产负债管理

学习目标

- 了解商业银行资产负债管理的内涵、原则和内容
- 理解商业银行经营管理理论的演变
- 掌握现代商业银行资产负债管理的方法
- 了解资产证券化的运作机制及其在商业银行经营管理中的应用

案例导读

2015年大型银行加速“资管模式”转型

目前国内几家大型商业银行均已明确表示,2015年将“加快推动传统经营模式向大资产大负债模式转变”。究其原因,在利率市场化、金融脱媒以及同业竞争不断加剧的情况下,我国银行业面临的一大挑战就是如何加强资产负债管理,借此控制风险,实现价值最大化。而且面对银行净息差不断收窄的局面,银行亟须通过资产负债管理稳定收益,实现可持续发展。

以中国建设银行为例,其拟构建的大资产大负债管理模式包括:打造大资产管理平台,加强集团资金全量管理,提升金融市场业务管理水平;加快交易性金融负债、同业大额可转让定期存单等主动负债发展;提升资产管理能力,逐步从以信贷为主向资产管理为主转变;研究大资产大负债综合化考核办法。

目前,在监管部门相关政策的推动下,转型的核心工作已经开始。以对资产管理模式产生优化作用的同业存单为例,数据显示,2014年全年共有92家银行计划发行同业存单,规模约15 000亿元。而截至2015年1月14日,今年将发行同业存单的银行就已达到35

家，预计发行规模将远超2万亿元。

另外，作为银行资产负债管理的核心内容之一——流动性管理，很多银行通过保持资产负债合理结构、设立流动性风险限额体系、建立数据管控体系等手段加强管理；还有一些银行通过明确流动性风险计量指标和方法，规范流动性风险计量程序，设定在暂时性、局部性资金短缺和严重流动性危机情况下的应急处置方案，建立起完整的流动性风险管理框架。大型银行在这方面的表现也较为抢眼。建行通过不断推出一些创新手段，如按照存款余额的一定比例设定现金回流限额，通过对资金实行差别化的内部转移定价机制，运用价格手段引导资金部门主动维持合理规模的流动性组合，建立起有效的流动性储备制度。

详情链接：《大型银行加速"资管模式"转型》，中国金融新闻网，2015年2月9日（http://www.financialnews.com.cn/yh/xw/201502/t20150209_70671.html）。

你是不是有下面的疑问

1. 什么是资产负债管理？
2. 商业银行资产负债管理的内容包括什么？
3. 商业银行资产负债管理的理论依据是什么？
4. 商业银行资产负债管理的方法有哪些？

进入内容学习

第一节 商业银行资产负债管理概述

一、商业银行资产负债管理的内涵

资产负债管理是在全球金融自由化浪潮的冲击下，于20世纪70年代后期开始形成，到90年代，特别是90年代中后期迅速发展并占据主流地位的现代商业银行经营管理方法。1997年亚洲金融危机之后，以市场风险管理为核心的资产负债管理更是得到了国际银行业的高度重视。

资产负债管理是商业银行为了在可接受的风险限额内实现既定经营目标，而对其资产负债组合所进行的计划、协调和控制，以及前瞻性地选择业务策略的过程，其内涵如下：

（一）资产负债管理是风险限额下的一种协调式管理

在现代经济环境中，商业银行面临各种经营风险，包括信用风险、流动性风险、利率风险、汇率风险、操作风险等。要想完全规避风险是不可能的，商业银行实际上也只有通过承担和管理风险方能获取利润。换句话说，现代商业银行不是要回答承担与不承担风险的问题,而是要回答承担多大风险的问题。而这个问题必须是在风险可以计量的前提下,由银行管理层在董事会所授予的权限内决定。各种风险限额确定以后,资产负债管理的主要工作就是对资产负债组合所涉及的利率结构、期限结构、币种结构进行全面的计划、匹配、协调和控制,在风险限额范围内追求经营利润的最大化和企业价值的最大化,寻求风险与收益这一“联立方程”的最优解。

(二) 资产负债管理是一种前瞻性的策略选择管理

在实践当中,没有一家银行能够或试图占领所有的市场,任何银行都必须明确自己的经营方向和经营策略。但银行经营方向和策略的选择不是凭主观臆测得出的,而必须依靠资产负债管理来实现。通过科学测算每一种金融产品的风险和收益,再通过必要的模型将风险量化为成本,资产负债管理就可以提出资本分配的解决方案,战略性、前瞻性地引导商业银行各条业务线主动地收缩或扩张。

二、商业银行资产负债管理的原则

(一) 总量平衡原则

总量平衡原则是指商业银行的负债总量必须同资产总量相平衡。这一原则要求商业银行要根据负债总量来安排资产总量,坚持负债总量制约资产总量,决不能超负荷地运用资金。从会计角度来看,银行的资产和负债始终是平衡的。但透过表面现象,可以发现有的银行法定存款准备金缴存不足,有的银行限制客户提取存款或要求客户保持存款最低限额,等等。这些都是资产负债总量失衡的表现。因此,商业银行资产负债管理所要求的总量平衡是动态上的或实质上的平衡。

总量平衡原则按具体内容可以分为负债总量平衡、资产总量平衡和资产负债总量平衡。负债总量平衡是指负债方自身总量的平衡,其目的是保持负债的稳定;资产总量平衡是指资产方各类资产在总量的比例上的协调与平衡;资产负债总量平衡是指在保持经济合理增长基础上的资产方和负债方在规模上的动态平衡。银行主要通过坚持以资金来源制约资金运用,来保证自身的流动性需求和盈利性需求,努力扩大规模,提高资金使用率。资产负债总量平衡要求首先使资产总量与负债总量分别平衡,在此基础上,才能使两者在总体上达到平衡。

(二) 结构对称原则

资产负债结构对称是指银行资产与负债在以资金为表现形式的运动中要保持对称状态。一是资产负债期限结构要对称,即资金来源的期限结构在一定程度上要制约资金运用的期限结构。具体来说就是短期负债用于短期资产,长期负债用于长期资产,银行不能超过负债期限过度发放长期贷款或进行长期投资,以避免流动性风险。二是资产负债种类结构要合理。随着经济的进一步发展,社会各界对金融服务的需求日趋多样化,以使资产负债种类结构趋于合理。三是资产负债利率结构要一致。银行在合理确定资产负债利率水平的基础上,还要根据市场利率的变化,加强市场预测,合理调整资产负债的利率结构,以避免利率风险。

(三) 目标替代原则

目标替代原则是指商业银行在安全性、流动性、盈利性三个经营目标之间进行合理选择，相互组合，相互替代，而使银行总效用不变。银行的三个经营目标虽然是相互矛盾的，但三者之间存在着一种共同的东西——效用，三者的效用之和就是银行的总效用，因此，可以对这三个目标进行比较和相加，也可以使它们相互替代，即流动性和安全性的降低可以通过盈利的提高来补偿；同样，盈利的减少也可以通过提高安全性和流动性来补偿。这时银行的总效用不变。

目标替代原则大大深化了对银行效益的认识，为经营者提供了重要的方法论。明确这一点，在经营实践中就不必固定某一个目标，单纯根据某一个目标来考虑资产分配，而应将安全性、流动性和盈利性结合起来进行综合平衡，以保证银行经营目标的实现，力图使最终达到的总效用最大。

（四）资产分散化原则

资产分散化原则是指银行进行资金分配时，应当尽量将证券和贷款的种类分散，避免资金集中于某种证券或贷款上。即银行应选择一些相互独立、相关系数极小甚至不相关的证券投资或放款，其目的在于分散资产风险，提高安全性。银行在经营过程中，无论是在总体上安排资产结构，还是在某一项业务上确定具体对象，都要避免资产过于集中。

资产分散化是银行经营中的一个重要原则。无论是从总体上安排资产结构，还是在某一项业务中确定具体对象，都必须遵循资产分散化原则。银行业务本身是一个风险性业务，银行不可能从单纯避免和防止风险的观念出发，限制业务活动范围。作为自负盈亏的企业，银行需要取得尽可能大的收益。而如果希望从经营活动中取得较大收益，就必须承担较大风险。面对风险程度不同、收益各异的经营项目，银行可采取转移或分散的方法，将风险控制在最小限度内。例如，资产业务经营可采取多种形式，除贷款外还可以进行证券投资、票据贴现、抵押贷款等。实行资产分散化，一旦贷款收不回，银行还可以从其他渠道收回投资。但是在实际工作中，由于市场功能加强，经济金融形势复杂化，银行要想通过资产分散来使经营风险化解为零是不可能的。但是坚持资产分散化原则至少可以将银行风险降低，或者把风险控制在某一限度内。

三、商业银行资产负债管理的内容

（一）制定资产负债管理政策

制定资产负债管理政策是进行资产负债管理的首要任务。在资产负债管理政策中，要阐明进行资产负债管理的宗旨、目标与实现目标可采取的方法，资产负债管理的组织程序、人员配备、绩效考评、奖惩办法等内容。一般而言，政策所做的规定仅仅是方针性、宏观性的，并没有细致的条款。这样做的好处是既把握了原则，又保持了灵活性。

（二）制定资产负债管理指标体系

资产负债管理指标体系是实施资产负债管理的依据，也是评价管理绩效的标准。资产负债管理指标分绝对数与相对数两种。一般而言，资产负债管理指标除了必须满足金融监管的有关规定外，还要根据本地区、本银行的具体情况制定更细致、更周密的指标。

（三）调节资产负债结构

资产负债管理部门最为实际的一项工作就是调节银行资产负债结构，以满足管理要求、符合管理指标。具体而言,由资产负债管理委员会发布有关指令,各主要职能部门进行具体的调节工作。

(四) 监控与评价资产负债管理

监控与评价工作涉及银行财务报表分析、市场动态监测、横向纵向比较等内容。在管理实践中,大量的资产负债调节工作是发生在各项指标符合规定的情况之下的。在这种情况下,调节与否取决于监控机制对银行对未来的管理变量的预测和估计,如果调节成本超过调节可能取得的预期收益,则这样的调节就不可行;反之,资产负债管理部门就要做出具体的调整方案。评价机制则专注于本期各项计划是否达到,进度如何,以及可能的改进方案等内容。

拓展阅读

"腕骨监管体系"

银监会在2010年创建"腕骨监管体系",其应用对象是具有"系统重要性金融机构"特征的国有大型银行,体现出一定的微观审慎监管特性。

"腕骨"(CARPALs)监管指标体系模型由资本充足性(Capital Adequacy)、贷款质量(Asset Quality)、风险集中度(Risk Concentration)、拨备覆盖(Provisioning Coverage)、附属机构(Affiliated Institutions)、流动性(Liquidity)、案件防控(Swindle Prevention & Control)等7方面13项指标构成,同时辅之以银行监管者的有限自由裁量权。这7项指标的第一个英文字母拼起来正好是英文单词"腕骨"(CARPALs),再加上有限自由裁量权共8个方面,犹如人体腕部的8块腕骨,八股合一构成手部力量,暗合银监会的"铁腕"监管思路。目前,美国的金融监管体系为CAMELS,英国为ARROW。

"腕骨"体系的7大类、13项指标,突破了自2006年股改以后大型银行一直沿用的"3大类、7项指标"。为应对"大而不能倒"的问题,银监会对这13项监管工具寄予厚望。它们具体为:资本充足率、杠杆率、不良贷款率、不良贷款偏离度、单一客户集中度、不良贷款拨备覆盖率、贷款拨备比率(拨贷比)、附属机构资本回报率、母行负债依存度、流动性覆盖率、净稳定融资比率、存贷比、案件风险率。

详情链接:《大型银行"一行一策" 银监会力推"腕骨"监管》,21世纪经济报道,2011年3月1日(http://epaper.21cbh.com/html/2011-03/01/content_141741.htm)。

第二节 商业银行资产负债管理理论

商业银行的经营活动是在一定的经营方针的指导下,根据一定的经营管理理论而实现的,商业银行在其发展过程中,逐渐形成了一套比较系统的经营管理理论,其经营管理理论随着各个历史时期经营条件的变化,大体经历了资产管理理论、负债管理理论、资产负债管理理论的演变过程。20世纪80年代后期以来,商业银行经营管理理论出现了一些新的发展，主要有资产负债外管理理论和全方位满意管理理论。

一、资产管理理论

资产管理理论又称流动性管理理论。20世纪60年代以前它在商业银行管理理论中占有主导地位。商业银行在其产生后的较长时期里，由于资金来源渠道相对固定和狭窄，主要是活期存款，企业的资金需求也比较单一，金融市场欠发达，因而这一时期商业银行的经营管理理论的重点主要放在资产方面。资产管理理论认为，银行的资金来源的规模和结构是银行自身无法控制的外生变量，它完全取决于客户存款的意愿和能力；银行不能主动地扩大资金来源，而资产业务的规模与结构则是其自身能够控制的变量，银行应主要通过对资产规模、结构和层次的管理来保持适当的流动性，实现其经营管理目标。资产管理理论随着历史的发展经历了以下几个发展阶段：

（一）商业贷款理论

商业贷款理论又称真实票据理论，产生于二百多年以前，亚当·斯密在1776年出版的《国民财富的性质和原因的研究》一书对此就有论述。这种理论认为，银行的资金来源于客户的存款，而这些存款是要经常提取的。如果存款人在需要资金时，无法从银行提出自己的存款，银行就要倒闭。因此，为了应付存款人的难以预料的提款，银行只应发放与商品周转相联系或与生产物资储备相适应的自偿性贷款，而不应发放长期贷款或进行长期投资。鉴于上面的原因，该理论认为只有商业贷款能够满足安全性、盈利性和流动性的要求。

商业贷款理论产生于资本主义的自由竞争阶段，对商业银行的业务经营起到了一定的积极作用：首先，它保证了银行的流动性和安全性。这在当时没有任何机构给商业银行提供流动性保证的情况下显得尤为重要。其次，它能适应商品交易对银行信贷的需要。银行信贷随商品交易规模的扩大或缩减而进行自动调节，可以避免通货膨胀或通货紧缩。因此，这种理论至今仍对商业银行经营方针起重要作用，是整个资产负债管理的理论基础。

但这一理论过于偏重了资产的流动性，存在着一定的缺陷。随着资本主义经济的发展，其缺陷表现得越来越充分：首先，该理论忽视了国民经济的发展对贷款需求的扩大和贷款多样化的要求。随着经济的发展，企业对长期借入资本的需求越来越大；同时，人们的消费观念开始变化，消费贷款需求不断增加。如果固守这一理论，商业银行的业务经营就会受到限制，银行就会在竞争中处于劣势，也阻碍了经济的高速发展。其次，该理论忽视了银行存款的相对稳定性。经验表明，银行存款具有相对稳定性，存和取的余额可以在相当长的时间内保持稳定，这就使得发放一些长期贷款而不至于影响其流动性成为可能。特别是随着经济的发展，银行定期存款比重上升，稳定性增强，银行资金的可用程度越来越大，这一理论的弊端也就越来越突出。再次，该理论忽视了贷款自我清偿的外部条件。贷款的清偿既受制于贷款性质，也取决于市场状况。如果在萧条时期，或是发生经济危机，即使短期的自偿性放款也难以保证银行的流动性。如果银行坚持短期放款必须如期偿还，就可能迫使多数借款人无力偿还而宣告破产，在这种情况下，短期放款并不一定比长期放款安全。最后，该理论可能助长经济波动。根据该理论的要求，银行贷款规模将完全依照商业需要而自动伸缩。在经济繁荣时期，商业信用扩张，真实票据多，银行信贷会自动膨胀，刺激物价上涨；在经济萧条时期，银行信贷会自动收缩，从而加速物价的下跌，进一步激化经济衰退。这就自发地加剧了商业循环的波动幅度,与中央银行逆风向、反周转性的货币政策相悖。

商业贷款理论在流行了一百多年后,终因其存在难以克服的缺陷而被人们所怀疑,代之而起的是转移理论。

(二)转移理论

转移理论又称可转换理论,是一种关于保持银行资产流动性的理论。1918 年,美国的莫尔顿在《商业银行及其成本》一文中提出了转移理论。该理论认为:为保持流动性、应付提存需要,商业银行可将资金购买可转换的资产,即能够转让出卖给第三者的资产。这类资产一般具有信誉较高、期限较短、容易出售的特点。持有这些资产,银行便可在需要变现时立即将其转移出去,从而保证其流动性需要。如果资金不足,银行可以把贷款转让给中央银行,只要中央银行随时准备购买银行提出转让的资产,银行体系就能保持流动性。

转移理论的产生是与当时的社会和经济背景密切相关的。当时正值第一次世界大战之后,美国因军费需要开支甚巨,导致公债大量发行。同时,经济危机的频繁爆发,以及随后的第二次世界大战的爆发,使得企业和个人对银行的借款需求急剧减少,而此时政府的借款需求激增,商业银行把大量资金投放于短期国家债券,美国联邦储备系统的统计资料显示:1945 年美国商业银行的资产构成中,政府公债竟达 73%,加上其他证券共达 79%,而贷款仅占 21%。这样一方面消除了贷款保持流动性的压力,可分出一部分资金用于长期贷款;另一方面也因一部分现金转化为有价证券,而使商业银行既保持了一定的流动性,也增加了一部分盈利。正因为如此,转移理论自问世以来,就得到广泛推行,银行持有的各种证券成为商业银行资产的主要组成。

转移理论比商业贷款理论前进了一步,它扩大了商业银行的资产范围,使其业务经营更加灵活多样。银行除了可以经营短期性放款外,还可以从事有价证券的买卖,并腾出一部分资金用于长期贷款,既不影响银行资金的流动性,又可以获得更大的收益。同时,也促进了短期证券市场的发展。

转移理论也有其局限性。流动性资产能否在不造成银行损失的情况下顺利变现,除了要以充足的短期证券为条件外,还要取决于市场状况。当所有的银行都因需要资金而出售生利资产时,寻找买方便成了问题。所以,这种理论就整个银行系统中的某个个体可能是适用的,但不一定适用于整个银行系统。

(三)预期收入理论

预期收入理论是第二次世界大战以后产生的一种资产管理理论。第二次世界大战后,美国从战时经济转轨为平时经济。由于经济建设的需要,产生了大量设备和投资贷款的需求,特别是对中长期贷款的需求更是突出。同时,凯恩斯理论的影响不断扩大,消费者也改变消费意识和观念,产生了举债消费的新观念。这样,商业银行迅速调整了资产结构,减少证券投资,而转向增加各种贷款。银行不仅提供中长期贷款,消费贷款和房屋抵押贷款也应运而生。此外,商业银行为了在激烈的金融竞争中求得生存与发展,也急需开拓新的资产业务领域。预期收入理论就是在这样一种时代背景下产生的。该理论由美国的普鲁克诺于 1949 在《定期放款与银行流动性理论》一书中提出。该理论认为,如果贷款的归还期是根据借款人的未来收入制定的,那么银行就可以事先安排它的流动性,即银行的安全性和流动性取决于借款者的到期收入。这种理论并不否定商业贷款理论和转移理论,它只不过是把强调贷款的归还与借款人的收入联系起来，而并非完全依靠抵押品。因此，这一理论认为，只要预计银行的资产能保证到期收回并获得收益，商业银行就不仅可以发放短期商业性贷款，而且可以发放中长期贷款和非生产性的消费贷款。

这种理论并没有否定上述两种理论，但强调的不是放款的用途（指自偿性），也不是担保品（指可转换性），而是借款人的预期收入。从此，审查放款和投资的标准就不仅仅停留在期限方面，而是更多地放在贷款和投资项目的预期收入上，以贷款和投资的预期收入来保证银行放款的安全性和流动性。

预期收入理论为商业银行资产业务的发展提供了新的理论依据，使商业银行的资产结构发生了巨大变化。它深化了对贷款清偿的认识，没有固守商业性贷款理论只注重流动性的教条。预期收入理论在以流动性为前提的情况下，开辟了多种资产业务，这不仅增强了商业银行自身的竞争实力，而且为整个社会经济的发展扩大了资金来源。此外，预期收入理论还促使银行增强参与企业经营活动的意识。由于贷款是按对企业预期收入评估而发放的，在贷款发放后，银行为了保证其资产的安全，就会主动关心企业的生产经营活动。这使得商业银行由生产领域的局外人变为企业生产经营活动的积极参与者，加深了银行对经济的渗透和控制。

预期收入理论的致命缺陷是预期收入被视为资产经营的标准。但预期收入状况是由银行自己预测的，其精确程度难以保证。并且，在资产期限较长的情况下，债务人的经营情况可能恶化，到期不一定具备偿还能力，所以，按照预期收入理论，银行资产的流动性是不能够得到完全保证的。

以上三种资产管理理论，反映了商业银行在不同发展阶段的经营管理特点，在保证银行资产流动性方面各有侧重。商业贷款理论主要是通过短期放款来保证流动性；转移理论是在金融市场得到一定程度的发展，金融资产交易较为普遍的条件下，主要通过金融资产的转换来保证流动性，强调了资产转换性的作用；而预期收入理论则主要是从放款投资的健全性方面来考虑，保证资产的安全与流动，但它并不排除保持一定数额的短期放款和持有一定的短期票据来保持流动性的必要。不论商业银行以什么样的经营理论作为指导，业务形式的发展如何，短期放款总还是商业银行的重要资产业务。因此，资产管理的各种理论之间并不是相互排斥的，而是一种相互补充的关系，反映了资产一种不断完善和发展的演进过程。各种理论的产生，都为银行的资产管理提供了新的思路，推动了银行资产业务的不断发展。

二、负债管理理论

负债管理理论最早出现于20世纪50年代的美国，在60年代达到了极盛时期。负债管理理论的产生是多方面因素共同作用的结果：首先是经济发展的推动。20世纪50、60年代是西方资本主义国家战后最繁荣的经济时期，经济的高速发展使得社会各方面对贷款的需求猛增，其增长幅度远远超过了银行存款的增长速度。商业银行为了满足新的贷款需求，需要从存款以外的地方去寻找新的资金来源。其次是竞争的外在压力。50年代在经济迅速发展的同时，非银行金融机构的数量也日益增加，这无疑加剧了银行业的竞争。商业银行需要与其他金融机构争夺阵地，这使其一方面感到可贷款资金紧张，另一方面又受到流动性的压力。如果要获取高额利润，就不得不降低流动性，而如果要通过调整资产结构来实现流动性,又满足不了追逐利润的要求。这时商业银行越来越感觉到管理的重点必须从资产业务转为负债业务,从资产调整之外的地方去寻找新的流动性管理办法,扩大资金来源,满足客户的各种资金需要,增加银行盈利。再次是金融环境的影响。20世纪60年代,市场利率不断上涨,而存款利率则有上限限制,如美国1933年的银行法曾对银行支付的存款利率规定了最高限制,该条例规定禁止对活期存款支付利息,定期存款的最高利率为2.5%,这一规定长期未变。企业为了减少在银行存款的利息损失,纷纷提取存款转投于购买商业票据和其他短期证券,使得商业银行存款急剧下降,造成"脱媒"现象,影响了商业银行的经营活动。为了寻找新的资金来源,大银行纷纷推出许多新的金融资产工具,市场上出现了可转让大额定期存单、欧洲美元借款等新的融资方式,这为负债管理理论的实施提供了现实基础。最后,存款保险制度的建立与发展,进一步增强了商业银行的冒险精神,刺激了负债经营的发展。

负债管理理论认为,银行在维持其流动性上,除应注意在资产方面加强管理外,还应注意负债方面。因而负债管理理论提出,银行要维持其流动性,可以向市场借入资金来满足这种需要,而且在吸收存款上银行也可以主动去管理。

负债管理理论的产生,是银行经营理论的一大发展,对于促进银行经营管理有着重要的积极意义,负债管理理论的意义主要表现在:首先,为银行的经营和保证流动性提供了新的方法和理论。在流动性管理上变单一的资产管理为资产和负债两方面同时调整。在新的经营环境下,能够较好地解决流动性和盈利性之间的矛盾,鼓励银行家的进取精神。其次,为扩大银行的信贷规模、增加贷款投放创造了条件。按照资产经营理论,银行贷款规模主要决定于存款,有多少存款就能发放多少贷款,资产安排只能被动地适应于负债的数量和结构。而在负债管理理论的指导下,银行可以对负债进行主动管理,这样就可以根据资产的需要来调整和组织负债,让负债主动适应或支持资产。也就是说,如果需要增加贷款投放,即使没有存款或存款不足也没有关系,银行可以发行存单和组织各种借款来保证资金的需要。再次,增强了银行的经营能力。由于可以通过主动负债形式扩大资金来源,银行的资金实力得到了增强,这对于银行在激烈竞争中取胜有着重要意义。实际上,负债问题是银行经营的首要问题,在银行经营管理中,必须充分重视扩大负债的重要性。

负债管理理论也存在着一定的缺陷。首先,增加了银行的经营成本。主动负债的利率较其他借款利率高,这类负债数量的增加,必将增加银行的负债成本。其次,增加了银行的经营风险。这种风险来源于三个方面,一是借款增加导致资产与负债之间的不对称从而引起失衡;二是当资金市场紧张时,如果借不到资金,银行资产的流动性就无法保证;三是由于负债成本增加,为了保证利润,银行会把资产投入到收益高而风险大的贷款或投资上。

三、资产负债管理理论

资产管理理论和负债管理理论在保证安全性、盈利性和流动性的均衡方面,都存在一些不足。资产管理理论过于偏重安全与流动,在一定条件下是以牺牲盈利为代价的,使盈利性没有突破性的进展;负债管理理论虽然能够比较好地解决流动性与盈利性的矛盾,但往往给经营带来很大的风险,导致安全性程度不够。

20世纪70年代中期以后,西方国家出现了严重的经济衰退,同时保持着较高的通货膨胀率。利率变动频繁,且变动的幅度在不断扩大,尤其是80年代西方发达国家相继放松或取消了对商业银行存贷款利率和其他金融业务的管制。在商业银行实现了业务电子化、综合化和国际化,政府放松了对商业银行的管制,以及商业银行利率风险、信用风险、流动性风险日益突出和新出现表外业务风险的情况下,商业银行资产负债管理理论最终诞生。

资产负债管理理论认为,商业银行单靠资产管理或负债管理,不能形成安全性、流动性和盈利性的均衡,只有根据经济情况的变化,通过资产结构和负债的调整,通过资产、负债两方面的统一协调管理,才能实现银行经营总目标的要求。

资产负债管理理论比前面的两种理论又前进了一步。其最突出的一点是资产负债管理理论使得银行能够了解到随着利率的变化,银行的资产负债将会发生什么变化。资产负债管理理论对完善和推动银行现代化管理起了积极的作用,使银行的管理效率和管理艺术得到了进一步的提高。尽管如此,这种理论也有一定的局限性:第一,如果对于利率的变动方向或变动量预期错误,可能会使银行遭受损失。第二,资产负债管理方法过分强调利率风险,忽视了信用风险或违约风险,从而可能产生某种危险。有时,资产负债管理方法还可能恶化风险。

资产负债管理的不足,可以通过金融期货掉期、销售抵押贷款、销售抵押担保证券和利率掉期等调整资产负债不平衡的方法来完成。

四、商业银行经营管理理论的新发展

20世纪80年代后期以来,由于商业银行作为信用中介的地位受到削弱,银行发展的重心和银行竞争的焦点已逐渐转向金融服务领域,以服务为重点的经营管理理论应运而生,主要有资产负债外管理理论和全方位满意管理理论。

资产负债外管理理论提倡从正统的银行资产、负债业务以外的地方去寻找新的经营领域,开辟新的盈利源泉。如以信息处理为核心的服务,成为银行资产负债外业务的广阔领域;各种服务费收益在银行盈利中的地位日益上升。这种理论认为,存贷业务只是银行经营的一条主轴,在其旁侧可以延伸发展起多样化的金融服务,同时提倡将原本资产负债表内的业务转化为表外业务。如将贷款转售给第三者,将存款转售给急需资金的单位等,从而使表内业务经营规模缩减或维持现状,使银行逃避审计、税务检查,维护银行收益的持久、稳定。

全方位满意管理理论是在全面质量管理的基础上发展起来的。它强调企业全体与顾客满意的管理概念,即银行通过塑造独特的文化,提供能令顾客完全满意的产品或服务,达到与顾客建立长期合作的目标。顾客的绝对满意是这一理论的主要关心点和立足点,它强调满足顾客对产品或服务的质量、数量、价格、设计、办理时间以及配套服务等不同要求,而不只是对质量的要求。顾客的评语和行为反馈是考核产品或服务的标尺,在追求"顾客绝对满意"的目标下,变革银行文化和组织制度。在激烈的市场竞争中,唯有确实做到令顾客绝对满意,经得起顾客苛刻考验的金融企业,才能立于不败之地。

从商业银行经营管理理论的发展演变过程中,我们可以得到如下启示:

第一,各种理论彼此衔接,互为补充。银行经营管理的各种理论虽产生于不同的历史时期,但它们彼此衔接,互为补充,对银行经营范围的扩大、业务内容的深化以及管理总方针的贯彻起到了积极的作用。

第二,资产管理的各种理论在保证银行资产的流动性方面各有侧重。资产管理的各种理论反映了银行在不同发展阶段的管理特点,在保证银行资产的流动性方面各有侧重。商业贷款理论主要通过短期放款来保证流动性,转移理论则强调通过金融资产的转换来保证流动性,预期收入理论则主要是从放款、投资的安全性考虑,来保证资产的安全与流动。但不论银行以什么样的理论作为指导,保持一定数额的短期资产(短期放款、短期票据等)都是必不可少的。因此,各种资产管理理论并不是相互排斥的,而是互为补充的,反映了资产管理理论的不断完善和发展。

第三,负债管理理论为保持银行流动性提供了新的思路。负债管理理论主张在管理方法上变单一的资产调整为资产负债相互结合,根据资产需要,主动扩大负债规模,增加可用资金。这样既可以增强银行的流动性,又可以增加资产以求盈利,在有效协调流动性与盈利性的矛盾方面做出了贡献。

第四,资产负债管理理论是资产理论和负债理论在较高层次上的有机结合。资产负债管理理论强调对银行的资产和负债进行全面多元化的管理,在坚持银行“三性”原则的前提下,以获得最大利润为目标运用资金,对降低银行经营风险具有重要意义。

第五,资产负债管理的理论会不断发展,为银行业务扩大和金融创新指明方向。

拓展阅读

银行服务收费的理论依据:资产负债外管理理论

20 世纪 80 年代末,西方国家放松管制,实行金融自由化,银行业竞争空前激烈,存贷利差日益缩小,迫使银行寻找新的管理思想。此时,西方银行家重温六七十年代曾经出现的超货币供给理论,提出了资产负债外管理理论。该理论认为,存贷业务只是银行经营的一条主轴,在其旁侧可以延伸发展出多样化的金融服务,因此提倡从正统的银行资产和负债以外的地方去寻找新的经营领域,去开辟新的盈利源泉。国外大多数银行在此理论的指导下,提供了各种类型的表外业务。非利息收入增比大幅超过利息增比、非利息收入占总收入之比大幅增长,已经成为国际银行业发展的新趋势。

近年来,国内各大银行面临变化莫测的外部环境,都意识到经营战略调整的重要性,纷纷推动创造手续费收入的中间业务的发展。鉴于中间业务既不消耗银行自身的资本金,又能够增加客户黏度和忠诚度,且不易受到大环境变动的干扰,因此促进非利息收入的中间业务的增长成为推动净利润增长的正向因素,对于银行业健康发展有着非凡的意义。目前,非利息收入主要来源于代理业务手续费、信用承诺手续费及佣金、银行卡手续费、结算与清算手续费、资产管理费、外汇买卖价差收入、财务顾问和咨询费、托管与其他受托业务佣金等。目前国内 16 家上市银行 2014 年中报数据显示,非利息收入占比均呈现不同程度的提升,其中招商银行、中国银行和民生银行三家的非利息收入占比已经突破 30%,分别为 36.08%、33.31%和 33.05%。而 2013 年全年,仅有中国银行的非利息收入占比达到 30.41%。

第三节　商业银行资产负债管理方法

银行资产负债管理的中心内容就是进行资产负债的合理搭配，以实现安全性、流动性和盈利性的最佳组合。

一、偿还期对称法

偿还期对称法，是指银行根据资金来源与流转速度，决定流动性资产和盈利性资产的分配。短期负债对应短期资产，长期负债对应长期资产。其表示如图10-1所示：

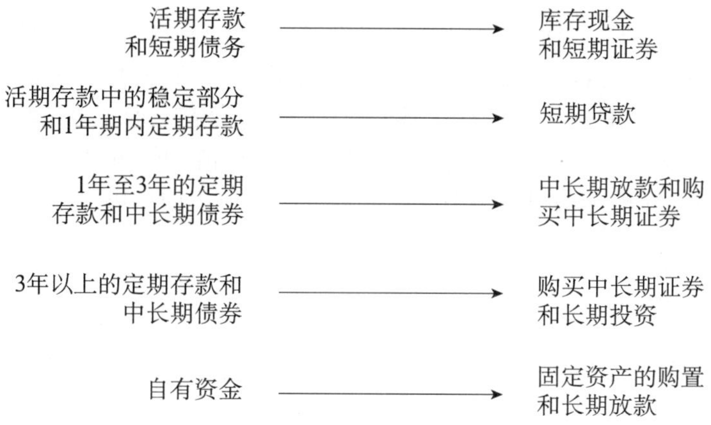

图10－1　偿还期对称法

偿还期对称法的核心内容是用负债的期限结构去抑制资产的期限结构，而其基本原则是"规模对应"原则，即存贷款之间有对应的比例关系，所有资金运用在资金来源许可的范围内进行，二者应该相互对称。但是这里的"对称"只是原则上或方向上的对称，而不是要求资产与负债的偿还期一一对应。它包括总量、结构两个方面的对称，即必须坚持综合平衡的原则，以资金来源制约资金使用，合理安排适度的贷款规模，防止超负荷经营。同时，要积极采取各种有力措施，努力扩大资金来源，加速信贷资金周转，提高资金效益，实现资金的积极平衡；结构对称原则是各项资产的长短期限与各种负债的长短期限应该互相对应，严格限制短期资金长期使用，提高资金的流动性。这是该方法的核心所在。

二、集中管理法

集中管理法，又称资金蓄水池法，它是指不分资金来源的期限长短，而把它们统一集中起来，然后根据资产流动性和盈利性的目的，从"蓄水池"中将资金分配到银行认为最合适的资产上去，分配的次序为一级储备、二级储备、贷款及投资、固定资产购置。其表示如图10-2所示：

其中一级储备由现金资产（包括存入中央银行的法定准备金）组成，以保证资产的流动性和清偿能力；二级储备主要由可转让的短期有价证券组成，当一级储备不能确保资产的流

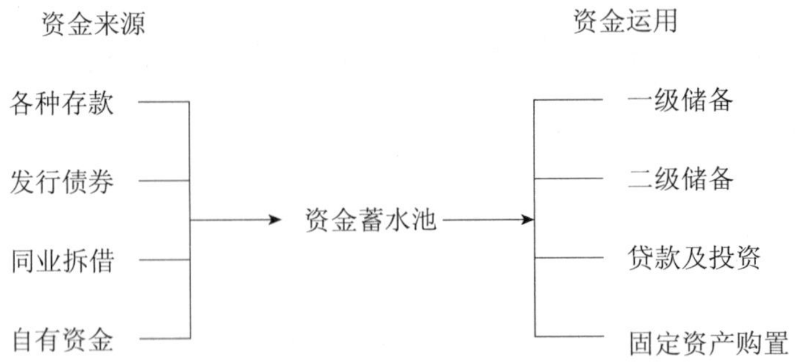

图 10-2　集中管理法

动性和清偿能力时,需将二级储备转让出去取得现金以弥补一级储备的不足。

集中管理法的特点是资产分配不受负债期限结构的限制,而只受负债总量的制约,因而资产结构的调控比偿还期对称法灵活。但是各种资产怎样按比例分配,则很难把握,如一级储备和二级储备的多少,如果分配不好,则可能造成要么流动性资产过多,要么盈利性资产过多的局面。另外,这种方法根本不考虑资产期限结构与负债期限结构的关系,也未必完全正确。

三、中心分配管理法

中心分配管理法,是指银行根据资金来源的不同,按照其周转速度的快慢和上缴法定准备金的多少,把资金划归到不同的中心,从而分配给不同的资产领域。

一般,法定准备金率越高,资产周转速度越快,则表明这种资金来源的波动性越大,稳定性越低;反之亦然。依据该原则,一般存在四个资金管理中心,即活期存款中心、储蓄存款中心、定期存款中心和自由资金中心。其表示如图 10-3 所示:

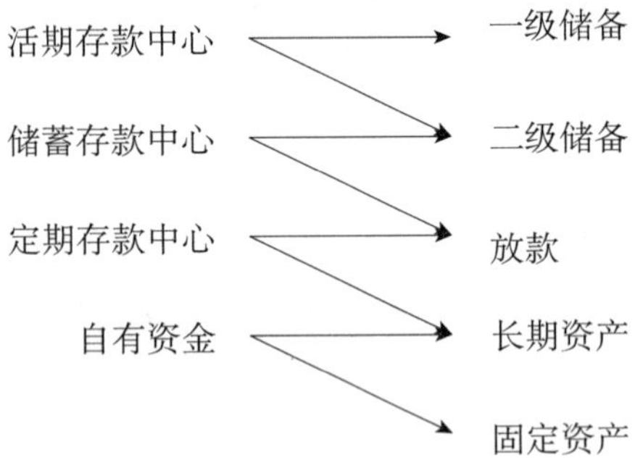

图 10-3　中心分配管理法

中心分配管理法根据资金来源的特点分类建立中心,然后采取不同的分配政策,这样能够把资产的周转速度与负债的周转速度,资产的流动性和负债的流动性有机联系起来。保持两者在规模与结构上的一致性。通过资金来源的划分,可以减少投放于流动性资产的资金数量,通过储蓄存款和定期存款获得的资金可以大部分投向流动性较低的长期资产,以增加盈利性,同时也可以保持流动性需要。

四、负债管理法

负债管理法又分为储备头寸负债管理法和全面负债管理法两种。

1. 储备头寸负债管理法

商业银行在面临清偿能力不足时，可用短期借入款来弥补提取的存款。这样在负债方一增一减，正好轧平。其表示如图 10-4 所示：

资　产	负　债	
贷　款	存款提取	} －
	存　款	
投　资	借入款	
	短期借入款	} ＋

图 10-4　储备头寸负债管理法

2. 全面负债管理法

商业银行在发生可贷资金不足时，可通过借入款来应付增加的借款需求。这样，银行的负债和资产都同时增加，而且还会因资产扩大而带来额外的收益。其表示如图 10-5 所示：

	资　产	负　债	
	贷款	存　款	
	投资	借入款	
＋{	增加贷款	增加借入款	} ＋

图 10-5　全面负债管理法

西方商业银行一般通过下列途径来扩大负债，以解决银行的流动性和盈利性问题：发行大额可转让定期存单；向中央银行借款；向其他商业银行借款；通过回购协议借款；从欧洲货币市场借款。

五、利率敏感性缺口管理

资产负债管理的重要内容之一就是有效防范利率风险，防止银行的利润因利率波动而蒙受损失。利率敏感性缺口管理是商业银行在对利率进行预测的基础上，调整考察期内利率敏感性资产与负债的对比关系，以规避利率风险或从利率风险中提高利润水平。利率敏感性缺口管理是目前最常用的利率风险分析和管理技术。

1. 相关概念

（1）利率敏感性，指利差由于受内生或外生因素影响而发生波动的敏感性。内生因素包括银行资产负债结构、贷款期限与质量、资金期限与成本等。外生因素包括总体经济形势和利率水平等。

（2）利率敏感性资产，指考察期内可能重新定价的资产。

（3）利率敏感性负债，指考察期内可能重新定价的负债。

2. 利率敏感性缺口

利率敏感性缺口是指利率敏感性资产与利率敏感性负债之差,可用来反映银行资金的利率风险暴露情况。利率敏感性缺口的表示方法有很多,最常见的一种称为资金缺口,用公式可表示为:

资金缺口(Gap) = 利率敏感性资产(RSA) - 利率敏感性负债(RSL)

按缺口的取值情况,可以将银行资金状况为资产敏感(正缺口)、负债敏感(负缺口)和资产负债匹配(零缺口)三种情况。当利率变动时,利率敏感性缺口的状况会直接影响净利息收入的变动,变动关系如表 10 - 1 所示。

表 10 - 1　利率敏感性缺口、利率变动与银行净利息收入变动三者之间的关系

缺口值	利率变动	净利息收入变动
正	上升	上升
正	下降	下降
负	上升	下降
负	下降	上升
零	上升	不变
零	下降	不变

3. 利率敏感性缺口管理

由于利率敏感性缺口值与银行净利息收入变动之间存在着密切联系,银行可通过缺口管理规避利率风险,甚至利用利率的变动来扩大收益。利率敏感性缺口管理主要有两种策略:

(1) 进取性策略。进取性策略是指利用利率变动主动获利。当预测利率将上升时,银行应保持正缺口,如预期利率上升幅度较大,正缺口值也应扩大;反之,如预测利率将下降,银行应使缺口值为负,如果预期利率下降幅度较大,负缺口值也应扩大。这种策略适合于大银行和投机意识较强的银行。

(2) 防御性策略。采用进取性策略要冒一定风险,如果不能准确把握利率的变动趋势,银行将蒙受巨大损失。所以大多数中小银行往往采用防御性策略,保持利率敏性资产与敏感性负债之间的平衡,使缺口值为零或很小,以达到最大限度地减少利率风险损失的目的。

六、持续期缺口管理

利率敏感性缺口管理主要是针对净利息收入而言的,不能很好地反映利率变动对银行净值造成的风险,而银行股东最为关心的是银行净值的变化,这就决定了银行的资产负债管理必须探索新的更为有效的管理方法,以满足股东的最大利益。持续期管理方法就是在这种情况下产生的,它是分析银行净值对利率变动敏感性的有效工具。

1. 持续期的概念

持续期的概念起源于证券投资组合理论,近年来在财务、金融与投资领域得到了广泛的运用。持续期是指金融工具以现值方式收回其价值的一段时间,用公式表示为:

$$D=\frac{\sum_{t=1}^{n} t \cdot PV_t}{\sum_{t=1}^{n} PV_t}=\frac{\sum_{t=1}^{n} \frac{t \cdot PV_t}{(1+i)^t}}{\sum_{t=1}^{n} \frac{P_t}{(1+i)^t}}$$

式中：D——持续期；

PV——现值；

PV_t——t 期的某现金流现金；

P_t——t 时刻的现金流量价值；

t——现金流量发生期距现在的时间；

i——金融工具的到期收益率；

n——现金流量发生的次数。

金融工具的持续期不同于期限。期限是指金融工具的生命周期，从其产生开始一直持续至到期为止。而持续期概念则要考虑到金融工具到期前的全部现金流量特征，例如利息支付、本金提前偿还等。一般而言，对于到期一次偿付本息的金融工具，其持续期即等于期限，而对于多次付息或本金分期偿还的金融工具而言，持续期总比期限要短。

2. 持续期对银行净值的影响

根据会计上的定义，银行净值等于银行资产与负债之差，也就是股东收益。而银行资产、负债的价值变动与市场利率、持续期之间存在以下关系：

$$\Delta P_A=-D_A \times \frac{\Delta i}{1+i} \times P_A$$

$$\Delta P_L=-D_L \times \frac{\Delta i}{1+i} \times P_L$$

式中：ΔP_A——资产价值变动额；

ΔP_L——负债价值变动额；

P_A——资产市值；

P_L——负债市值；

D_L——各种负债的综合持续期；

D_A——各种资产的综合持续期；

Δi——利率变动。

持续期与银行资产、负债价值变动之间的关系决定了它对银行净值有重大影响。

3. 持续期缺口

持续期缺口是指资产的综合持续期和负债的综合持续期乘以总负债与总资产之比的积之间的差额，用公式表示为

$$DGAP=D_A-W \times D_L$$

式中：$DGAP$——持续期缺口；

D_A——各种资产的综合持续期；

D_L——各种负债的综合持续期；

W——总负值与总资产之比，即 P_L/P_A；

$DGAP$ 有三种情况：为正，为负，为零。持续期缺口、利率变动与银行净值变动三者之间

的关系如 10－2 所示。

表 10－2　持续期缺口、利率变动与银行净值变动三者之间的关系

持续期缺口	利率变动	资产现值变动	比较	负债现值变动	股权市场价值变动
正	上升	减少	>	减少	减少
正	下降	增加	>	增加	增加
负	上升	减少	<	减少	增加
负	下降	增加	<	增加	减少
零	上升	减少	=	减少	不变
零	下降	增加	=	增加	不变

注:“比较”一列指资产现值变动幅度与负债现值变动幅度相比的大小,如第一行“ > ”即指资产现值的减少幅度大于负债现值的减少幅度。

4. 持续期缺口管理

持续期缺口管理与利率敏感性缺口管理相似,只是目标不同。前者目标是股权价值最大化,后者则侧重于净利息收入的最大化。在持续期缺口管理中,也有进取性和防御性两种策略。进取性策略旨在通过对缺口值的调整增加银行股权价值,因而在利率上升时期缩小缺口值,在利率下降时期扩大缺口值。防御性策略旨在保持银行股权价值的相对稳定,采取零缺口或微缺口的方式避免利率风险。

关键术语

资产负债管理　利率敏感性　持续期

复习思考题

1. 简述商业银行资产负债管理的内涵。
2. 简述商业银行资产负债管理的原则。
3. 试对商业银行经营管理理论的发展演变过程进行评价。
4. 商业银行如何运用利率敏感性缺口来管理其资产和负债?
5. 我国商业银行的资产负债管理取得了哪些成效?
6. 试述我国商业银行实施资产负债管理存在的问题和对策。

第十一章

商业银行风险管理与内部控制

学习目标

- 了解商业银行风险的内容，掌握商业银行风险管理的步骤
- 了解银行全面风险管理体系
- 了解商业银行公司治理和内部控制的主要内容
- 了解和掌握商业银行风险种类和风险控制方法
- 了解商业银行贷款风险的控制方法

案例导读

2015——商业银行资产质量关键之年

受中国经济增速持续放缓的影响，近年来商业银行不良贷款余额和占比延续上升态势。2015 年，以小微企业为代表的实体经济企业信用风险状况仍难有明显改善，商业银行不良贷款将惯性增长，资产质量下行压力依然较大。但相关政策的支持和商业银行自身财务实力的提升有利于不良贷款的平稳运行，并使资产质量处于可控范围。

2014 年，商业银行的不良贷款继续快速增长。虽然商业银行持续加大了不良贷款核销和处置的力度，但季度不良余额增长仍持续创出近年来的新高，前三季度银行业金融机构不良贷款余额共增长 1 749 亿元，达到 7 669 亿元，单季不良贷款率增长也由原先的平均每季 3—4 个基点上升至第三季度的 8 个基点。银行业总体拨备水平小幅提高，拨备提取和使用较为平衡。2014 年前三季度，商业银行贷款损失准备与不良贷款保持同步较快增长的态势，余额增加 2 212 亿元，达到 18 952 亿元。虽然受不良贷款快速增长所形成的下拉作用影响，拨备覆盖率较 2013 年年末下降 35 个百分点，达到 247. 15%，但同期拨贷

比指标提高了5个基点,达到2.88%,是银监会推出该项监管指标以来的最高位,反映商业银行风险抵补能力在保持稳定的同时略有提升,行业整体风险可控。

宏观经济继续在“新常态”下运行,经济增速放缓,在短期内仍将对银行业的风险管理造成一定的压力。2015年有关部门将继续提高对信用风险的重视程度,进一步改善市场和监管环境,从商业银行自身角度来说,将继续合理运用拨备资源,加大使用拨备核销贷款的力度,使相对较高的拨备覆盖率和拨贷比向监管要求的正常水平回归,从而改变目前不良贷款和拨备“双高”的局面,有助于商业银行资产质量的稳定。

详情链接:连平,《2015——商业银行资产质量关键之年》,中证网,2015年1月26日,(http://www.cs.com.cn/sylm/zjyl_1/201501/t20150126_4628676.html)。

你是不是有下面的疑问

1. 何谓商业银行资产质量?
2. 如何评价商业银行资产质量?
3. 如何通过风险管理提高商业银行资产质量?

进入内容学习

第一节　商业银行风险的管理概述

商业银行风险是指银行在经营过程中,由于各种不确定因素的影响而使其资产和预期收益蒙受损失的可能性。同时,与风险相伴会产生收益,这是银行愿意承担风险的根本原因。因此,风险也可以定义为未来收益或损失的一种不确定性。商业银行的核心功能是管理风险,风险管理始终贯穿于商业银行的所有经营管理活动。商业银行的利润来源于管理风险,如果不存在风险,也就不存在真正的商业银行。因此,有效管理风险是商业银行生存与发展的基础和关键。

一、商业银行风险管理概述

(一) 商业银行风险的概念、特征及种类

1. 商业银行风险的概念

商业银行风险是指商业银行在经营中由于各种不确定因素的存在而导致经济损失的可能性。商业银行风险管理是指商业银行通过风险识别、风险估计、风险处理等方法,预防、规避、分散或转移经营中的风险,从而减少或避免经济损失,保证经营资金安全的行为。商业银行风险的概念主要包括以下内涵:

(1) 商业银行风险的承担者是指与其经济活动有关的经济实体,如居民、企业、商业银行、非银行金融机构以及政府等。

（2）商业银行的风险与收益是对称的，商业银行的风险越高，其遭受损失的可能性也就越大，但其获取超额利润的可能性也就越大；反之，要想获得高收益，就要承担与之相应的高风险。

商业银行风险可以与经营过程中的各种复杂因素交互作用，使经济系统形成一种自我调节和自我平衡的机制。

商业银行风险研究的对象不仅包括可计量的风险，还包括不可计量的风险。

2. 商业银行风险的特征

商业银行作为经营货币信贷业务活动的企业，与一般工商企业及其他经营单位相比，最显著的特点是负债经营，即利用客户的各种存款及其他借入款作为主要的营运资金，通过发放贷款及投资获取收益，其自有资本占资产总额的比率远低于其他行业。这一经营特点决定了商业银行本身就是一种具有内在风险的特殊企业。因此，风险管理在商业银行经营管理中占有十分重要的地位。

（1）从经营对象看，商业银行经营的是货币资金，而不是具有各种使用价值的物质商品。因此，商业银行所面临的各种风险都会直接表现为货币资金损失风险。

（2）商业银行具有涉及面广、涉及金额巨大的特点。在当今商品经济发达和货币化程度较高的社会中，人人都离不开货币，银行业务渗透到社会的每一个角落和人们生活的方方面面。因此，商业银行风险带来的损失远远超过一般企业的风险损失。

（3）商业银行具有信用创造职能，通过这一职能，信用活动风险被成倍扩大，并形成连锁反应，对整个经济体系造成潜在风险。

社会上各种经济风险都向商业银行集中，这就要求商业银行具有更大的风险承受能力，以及消除、控制、转移风险的风险管理能力。

3. 商业银行风险的种类

商业银行在其经营过程中面临的风险种类繁多，从不同角度可做如下划分：

（1）按商业银行经营的外部环境因素划分，可以分成信用风险、利率风险、价格风险、汇率风险、竞争风险、国家风险、意外事故风险等。

信用风险是指由于债务人违约而导致的贷款或证券等银行持有资产不能收回本息而造成损失的可能性。

利率风险是指市场利率水平变化给银行带来损失的可能性。

价格风险是指证券、金融工具或某些与银行债权债务相关的商品的市场价格变动给银行带来损失的可能性。

汇率风险是指外汇价格变动给银行带来损失的可能性。

竞争风险是指激烈的同业竞争造成银行客户流失、利差缩小，增大银行损失，威胁银行安全的可能性。

国家风险即国家信用风险，指借款国经济、政治、社会环境的变化使该国不能按照合同偿还债务本息的可能性。

意外事故风险是指偶发事件，例如火灾、地震、洪水、爆炸、盗窃、抢劫等，给银行带来损失的可能性。

典型实例

国家风险中非经济因素的影响

非经济因素包括政治因素和社会因素,其中政治因素是主要方面。政治上的变化,尤其是政府的更替,常常会引起政府在宏观经济政策方面以及对外国投资、外国银行活动的态度方面发生变化,有时会直接影响到国际银行债权的收回,或增加国际银行负债的成本。朝鲜战争爆发后,美国在1950年11月冻结了中国在美国的资产,其中主要是银行资产和一些机关、团体的资产,直至1980年1月31日美国财政部才宣布解冻中方资产;1959—1960年古巴革命胜利以后,卡斯特罗政府废除了对美国银行的债务;1979—1980年伊朗政府也曾冻结了美国资产。2001年9月11日,纽约世贸中心大厦遭受恐怖分子袭击而倒塌,给在该大厦办公的金融机构造成了巨大的人员伤亡和财产损失;9月24日,美国总统布什签署行政命令,冻结了27个被认为与恐怖活动有关的组织和个人的资产,禁止美国任何个人和团体与这些组织和个人进行金融交易,而且冻结恐怖分子资产不局限于美国境内。

详情链接:柳永明,中国银行业从业资格认证考试教材《商业银行风险管理》,上海人民出版社2007年版,有改动。

(2) 按商业银行经营的内部因素划分,可以分为资本风险、流动性风险、盈亏性风险、结构性风险、经营风险、决策风险等。

资本风险是指银行资本充足率不够,最终无法发挥清偿职能的可能性。

流动性风险是指银行不能支付到期债务或不能满足临时提取存款的需求而使银行蒙受信誉损失或经济损失甚至被挤兑倒闭的可能性。

盈亏性风险是指经营不善或其他不确定因素造成银行亏损的可能性。

结构性风险是指银行资产负债的各种比例失调给银行造成损失的可能性。

经营风险是指经营成本与原先预期的目标发生较大偏差,从而引起净收入下降的可能性。

决策风险是指银行决策者决策失误给银行造成损失的可能性。

(3) 按商业银行业务范围划分,可以分为负债风险、信贷风险、投资风险、汇兑风险、外汇交易风险等。

负债风险是指银行在负债业务方面存在的风险,主要有清偿性风险、流动性风险、利率风险等。

信贷风险是指银行贷出去的款项,借款人到期未能偿还而形成逾期、呆滞、呆账,使银行遭受损失的可能性。引起信贷风险的原因可能是决策失误、经营失误或是外部的市场风险、自然风险、欺诈风险等。

投资风险是指由于与投资有关的因素存在不确定性而导致的投资收益未能达到投入本金时所预期的目标的可能性。导致投资风险产生的因素很多,有政治方面的因素、经济方面的因素,也有道德、法律等方面的因素。

汇兑风险是指银行办理汇兑业务过程中面临的风险。主要包括信用风险、欺诈风险、意外事故风险、工作失误等。

外汇交易风险是指银行在从事外汇交易时产生损失的可能性。导致外汇交易风险发生的因素主要有市场风险、信用风险、流动性风险、决策风险、国家风险等。

二、商业银行风险管理对象及发展历程

(一) 商业银行风险管理对象

市场经济国家都将商业银行定位为“风险机器”,也就是说,银行是通过提供金融服务、承担各种各样的风险来获取风险回报的。然而在银行面临的风险中并不是所有的风险都必须由银行自身来承担。在许多情况下,银行可以通过适当的方法消除或缓解风险,或者说,通过定价和产品组合将风险向外转移。

银行风险管理的对象有不同的分类方法。Old Field 和 Santomero(1996)从风险管理的角度将金融机构(银行)面临的风险分为三大类:通过做业务可以消除或避免的风险,可以转嫁到其他方的风险,以及必须积极管理的风险。对第一类风险,至少有三种方法可以规避:通过风险管理程序科学化;通过不同国别、不同地区、不同行业、不同客户、不同贷款产品的组合来分散风险;通过有效的激励和约束机制来防范风险。对第二类风险可以通过一些技术进行转嫁,如采用利率掉期或衍生产品转移利率风险。第三类风险是指通过前述方法无法规避、转嫁或消除,但银行又必须面临的风险,针对这些风险,银行只有积极主动加强管理才可能降低风险损失,否则只能被动承受。除了以上可以消除或转嫁的风险外,还有两类风险,银行必须对其进行积极管理。第一,有些银行资产的风险难以转嫁出去,如银行持有的专有资产,这类资产的市场参与者较少,规避这类风险较困难。第二,为获得预期收益而不得不承担的风险,如贷款中可能发生的信用风险,银行必须对这种风险进行及时监控和有效管理。本章即是围绕商业银行承担的风险及风险管理展开的。

(二) 商业银行风险管理发展历程

1. 20 世纪七八十年代银行业的发展

20 世纪 70 年代,国际金融业处于稳定发展时期,这主要得益于诸多因素。例如,严格的金融监管使商业银行单纯经营存款和贷款业务,限制了银行业的竞争,给银行带来了稳定可观的收益。金融监管机构保护着银行业的安全,控制着货币的发行,其颁布的诸多监管原则限制了各种信用机构的经营范围,同时也降低了银行的经营风险。20 世纪 70 年代末 80 年代初掀起了银行业变革的第一次浪潮,金融市场功能的扩张、放松管制和竞争加剧成为这次浪潮的主要推动力量。

金融市场功能的扩张首先是国际货币体系由布雷顿森林体系向牙买加体系转变的结果。1944 年确立的以美元为基础的固定汇率体系虽然对于第二次世界大战后各国经济的稳定起到了积极的作用,但是在黄金—美元固定汇率制度下,却难以避免“特里芬悖论”,而“特里芬悖论”造成的两难困境使 1960—1973 年间共爆发了十次美元危机。1976 年 1 月,在牙买加会议上,国际货币基金组织对原有的国际货币体系进行了重大修正,确立了以浮动汇率为主要特征的国际金融体系,这种体系为各国政府的国际收支不平衡问题找到了解决途径,同时也由于其本身缺乏稳定性而使银行面临的市场风险增加。其次,融资证券化和资产证券化成为全球金融市场迅猛发展的潮流。在国际金融市场上,证券融资取代了国际银行

贷款,成为占主要地位的融资方式。最后,20 世纪 70 年代西方主要资本主义国家先后发生滞胀,客观上宣告以政府干预为核心的凯恩斯主义失效,美、英等国家纷纷改弦易辙,在金融、交通运输、信息通信等服务业采取自由化的措施。金融自由化浪潮放松或解除了对资金流动的管制,追求利润的本性使得资本在全球寻觅获利机会,资本流量呈现递增趋势,流速不断加快,金融效率极大提高。国际金融市场的种种变化为银行业的发展带来了空前的机遇和挑战。

放松管制的浪潮起因于废除对分业经营的种种限制,并通过废除以往对银行业的限制而向纵深发展。许多以前的监管措施变得与银行业日趋激烈的竞争不相协调。长期以来存在于美国、日本的商业银行与投资银行业务之间的严格界限也日渐消失,不论是美国的《格拉斯—斯蒂格尔法案》还是日本的“六十五款”,其效力都在银行的发展变革中逐渐削弱。在有些国家,尤其是以全能银行为主导的欧洲国家,虽然对于分业经营的管制不是十分严格,但这种银行功能由分散走向集中的趋势也日趋强烈。放松管制同时还是市场公平竞争的产物。最为突出的例子便是“Q 条例”催生出欧洲美元市场。

拓展阅读

《格拉斯-斯蒂格尔法案》(Glass-Steagall Act),也被称为《1933 年银行法》。20 世纪 30 年代大危机后在美国颁布实施,将投资银行业务和商业银行业务严格地划分开,保证商业银行避免证券业的风险。该法案禁止银行包销和经营公司证券,只能购买由美联储批准的债券。

“六十五款”指日本《证券交易法》的第六十五款,于 1948 年颁布,禁止银行进行证券承销业务,标志着日本银行业与证券业的分离。随着金融管制的放松、金融产品和交易的自由化,分业的界限被不断打破,终于在 1998 年启动“金融大爆炸”。金融改革法彻底取消了对银行经营证券业务、保险业务的限制,促进了银行、证券、信托三种不同形态业务的相互渗透。

Q 条例是指美国联邦储备委员会按字母顺序排列的一系列金融条例中的第 Q 项规定。其主要内容是:银行对于活期存款不得公开支付利息,并对储蓄存款和定期存款的利率设定最高限度,即禁止联邦储备委员会的会员银行对它所吸收的活期存款(30 天以下)支付利息,并对上述银行所吸收的储蓄存款和定期存款规定了利率上限。当时,这一上限规定为 2.5%,此利率一直维持至 1957 年都不曾调整,而此后却频繁进行调整,对银行资金的来源去向都产生了显著影响。

详情链接:http://article.yeeyan.org/view/413383/367854

2. 20 世纪 90 年代以后银行业的发展

(1) 20 世纪 90 年代以后银行业的兼并浪潮一浪高过一浪。在新的科技条件下,规模收益递减的规律在许多产业中已经失效。为了降低成本、提高竞争力,金融产业的集中程度和规模越来越大。通过合并与兼并,超巨型商业银行和超巨型投资银行不断涌现。1994 年美国大通银行和化学银行宣布合并,让世人大为震惊。1995 年又传出日本三菱银行和东京银行合并，成为日本最大银行的消息。1998 年金融业的合并更是值得大书特书，合并家数和金额屡创世界纪录。这些巨型投资银行和机构投资者在国际资本的全球流动中扮演着越来越重要的角色。这些超大型金融机构的经营战略完全是全球性的，它们在全球范围内追求利润最大化。它们既是金融全球化的表现，又进一步推动了全球化的发展。

在金融全球化发展进程中，美国商业银行及其他金融机构由于过度追求高利润、不断开发创新金融衍生产品，2008 年，由华尔街著名投资银行雷曼兄弟银行破产为导火索，引发了美国“百年不遇”的金融危机，其金融风险很快便扩散到了美国其他商业银行，在短短的半年内，使美国大量的中小商业银行破产，由此导致了美国经济的衰退。随着金融危机的蔓延，全球很多国家的实体经济也开始出现了下滑，各国金融业也随之进入了一个新的调整时期，全球金融格局发生了变化。

（2）各国利率等指标联动和全球利率下降。在通信系统如此发达的情况下，资金的流动将迅速导致同一币种的同类型贷款的国内外市场利率相等。全球化的趋势表现为各国利率、市盈率、债务—股权比和资本充足率的趋同以及外资所有权比重的提高。另外，由于金融市场的全球化，利率较低的贷款者得以扩大其市场份额，从而导致全球利率的下降。同过去相比，世界平均利率水平下降了一半。20 世纪 90 年代以来，各国的利率水平普遍有所下降，连素来奉行高利率政策的一些国家也不例外，如韩国的贴现率从 1991 年的 7.0% 降至 1996 年的 5.0%，市场利率从 1991 年的 17.0% 降至 1996 年的 12.4%。2008 年，美国雷曼兄弟银行破产引发的金融危机使全球大部分国家的流动性出现了阻碍，为了缓解流动性问题，并遏制实体经济的下滑，美国及全球大部分国家集体降息。以我国为例，2008 年 9 月至 12 月的 100 天内，中国人民银行连续五次降低利率、四次降低存款准备金率。调整后的一年期存款基准利率为 2.25%，仅高于 2002 年 2 月的 1.98%，为历史次低水平；贷款基准利率为 5.31%，与 2002 年 2 月的历史最低水平持平；中小银行的存款准备金率降至 14%，大型银行的存款准备金率降至 15%。

（3）国际证券投资迅速膨胀意味着金融中介的快速转换。全球证券业内 50 家顶尖的券商都不过是银行集团和金融集团下属的部门。银行业与证券业合二为一，使国际资本市场效率更高，竞争性更强，方便了国际资本转移。大量而迅速的全球资金流动，也将各国经济更紧密地联系在一起，促进了资金在国际的有效分配和世界经济的发展。但金融全球化是一把“双刃剑”，由于国际证券投资，尤其是短期证券的发行与运作存在不稳定的因素，比如发行证券可以免受有关准备金、存款保证金和资本比率法规的约束，存在无中央银行的保险及发行人资本不充足的危险；证券发行涉及大量的当事人，他们分散在不同的国家里，受制于不同的法律法规，因而市场的违约、欺骗、经营失败和其他突发事件等更不容易控制，从而增加国际投资的风险；证券投资运作的自由化催生了许多新的金融衍生工具，使得大量交易离开了银行的资产负债表，银行监督部门难以衡量和控制自身的风险程度。

在金融全球化、市场波动性的增加以及分业经营壁垒消除的背景下，银行所面临的风险与日俱增。于是在银行业变革的浪潮中，加强风险管理的必要性日趋显著。随着旧的监管制度逐渐退出历史舞台，监管机构不再能一如既往地依靠分业经营的原则来管制金融风险，而是迫切需要重新制定新的规则来保证银行业的稳健经营。于是，国际清算银行不断修订金融监管准则，以促使国际银行之间的稳健经营和公平竞争。

三、商业银行风险管理的意义

商业银行的风险管理,无论对于商业银行经营管理的微观要求,还是对于整个社会经济的宏观要求,都有十分重要的意义。

1. 商业银行风险管理能增强金融体系的安全性

商业银行是金融体系的主体,其经营管理得当,能对经济发展起到重要的促进作用,反之,则会阻碍经济的发展。个别银行经营管理不善甚至倒闭会波及其他银行,进而影响社会公众对整个金融体系的信心,严重的还会酿成金融危机。如 2008 年下半年,美国雷曼兄弟银行因次级贷款引发了全球金融危机,造成世界大部分国家的经济出现了衰退,甚至个别国家出现了国家破产的现象,这次金融危机对各国经济的影响将持续一段时间,尤其是美国的经济和美国的房地产行业遭受了百年不遇的损失。正因为如此,各国金融监管部门对商业银行实行严格的监管,商业银行自身也大都积极地实行风险管理,制定相应的防范措施,增强自身经营的安全性、流动性和盈利性。

2. 商业银行风险管理能增强商业银行的竞争能力

银行竞争能力包括资金、人才、技术和管理优势,其中管理优势最为重要。而银行风险管理是银行经营管理的核心内容。银行通过风险管理将由风险引起的损失降到最低点,增加了银行的盈利,进而提高了银行的信誉和实力,保证了银行经营的安全性,增强了银行的竞争能力。

3. 商业银行风险管理能促进商业银行的国际竞争能力

巴塞尔协议Ⅲ要求国际银行的资本充足率不低于 8%,一级资本充足率不低于 6%,核心一级资本充足率不低于 5%。资本充足率指标是任何一个国家的银行进行国际化经营所必须遵循的基本准则。商业银行要想达到或超过资本充足率,就必须加强银行资产的风险管理,通过对资产风险的识别、估价、控制和处置等,降低风险资产总额,达到提高资本充足率的目的,最终促进银行的国际化经营。

4. 商业银行风险管理能促进企业加强风险管理

银行的风险管理归根结底是企业风险管理。管理好企业的风险就是降低了银行的风险。银行可通过其专业机构的特点,有效阻止企业风险转嫁,保护银行自身的利益,促进企业加强自我约束,特别是加强对其面临风险的管理。

四、商业银行风险因素

商业银行风险因素是指那些隐藏在损失背后、增加损失可能性和损失程度的因素。

1. 商业银行风险的客观因素

商业银行风险的客观因素包括宏观和微观两个方面。

(1) 宏观方面,一个国家的宏观经济因素、经济政策和金融监管等在很大程度上决定了该国商业银行风险的大小。宏观经济中的通货膨胀和经济周期等是商业银行的主要风险因素之一;宏观经济政策影响了一国的货币供应量、投资规模与结构以及外汇流动等,这些因素直接或间接地影响了商业银行的盈利与安全;金融监管是为了实现商业银行的安全性、流动性及盈利性三大目标,各国金融监管机构的监管方式、力度和效果等构成了商业银行的主要风险因素。

（2）微观方面，市场变化、市场竞争以及市场风险等环境因素也影响了商业银行风险的大小。市场变化一方面表现为金融市场上的资金供求、生命周期、价格以及资源等变量难以估计；另一方面表现为金融市场上的资金供求、利率和汇率等市场变量难以预测。市场竞争也表现为两个方面：一是来自外部的竞争，造成货币“脱媒”现象；二是来自内部的竞争，无论是有序的还是无序的竞争，都会增加商业银行的经营成本，增大盈利的不确定性。利率和汇率等市场变量又进一步加剧了商业银行的风险。

2. 商业银行风险的内部因素

商业银行风险的内部因素是指与业务经营活动直接相关联的经营管理水平及其通过加强内部控制可以减弱消除的风险因素。如人力资源管理、计划管理、财务管理、组织管理等。商业银行经营管理水平的提高，可以在很大程度上弱化其面临的风险。

第二节 商业银行风险识别和估计

商业银行面临的风险往往多种多样，而且相互交织，需要认真加以识别，方能对其进行有的放矢的估计、评价和处理。风险识别所要解决的核心问题，是商业银行要判明自己所承受的风险在本质上归属于何种具体形态。

一、风险识别

（一）风险识别

风险识别是指在各种风险发生之前，商业银行对业务经营活动中可能发生的风险种类、生成原因进行分析、判断。这是商业银行风险管理的基础。风险识别准确与否，直接关系到商业银行能否有效地防范和控制风险损失。

（二）风险识别方法

1. 财务报表分析法

目前，西方商业银行的财务报表主要有资产负债表、损益表、留存收益表和财务状况变动表等。通过财务报表，可以获得各种风险指标，例如，流动性风险比率、利率风险比率、信用风险比率、资本风险比率等。进行财务报表分析，不仅要分析风险指标的状况及变化，而且要对银行的整个财务状况进行综合分析。除了进行静态分析，如比率分析、比例分析，还要进行动态分析，如时期比较分析、趋势分析等。就具体的业务而言，还要对与之往来的银行或客户的财务报表进行风险分析。采用综合、系统的财务报表分析方法，才能准确地判定银行目前及未来经营的风险因素。

2. 风险树搜寻法

风险树搜寻法是以图解的形式，将商业银行风险逐层分解，以便顺藤摸瓜，最终找到银行所承受的风险的具体形态。因为风险分散后的图形呈树枝状，所以称风险树。采用这种建立风险树的识别方法，商业银行可以清晰、准确地判明自己所承受风险的具体形态及性质，方便、迅速地认清自己所面临的局势，为以后的相关决策提供科学的依据。

3. 专家意见法

由商业银行风险管理人员制订出一种调查方案,确定调查内容,以发放调查表的方式连同银行经营状况的有关资料一起发给若干名专家。专家们根据调查表所列问题并参考有关资料各自独立地提出自己的意见。风险管理人员汇集整理专家们的意见,把这些不同的意见及其理由反馈给每位专家。然后,经过多次反复,使意见逐步收敛,由风险管理人员决定在何时停止,将意见汇成基本趋于一致的结果。这种识别方法的特点是专家各自提出意见,互不干扰,使各种意见能够充分地表达出来。通过反馈各种意见,每位专家可以从各种意见中得到启发,从而达到集思广益的效果,逐步得出对经济风险的比较正确的看法。

4. 筛选—监测—诊断法

筛选是指对各种风险因素进行分类,确定哪些风险因素明显地会引起损失,哪些因素需要进一步研究,哪些因素明显地不重要应该排除出去。监测是指对筛选出来的结果进行观测、记录和分析,掌握这些结果的活动范围和变动趋势。诊断是指根据监测结果进行分析、评价和判断,对风险进行识别。

二、风险估计

(一) 客观概率法

在大量的试验和统计观察中,一定条件下某一随机事件相对出现的频率是一种客观存在,这个频率就称为客观概率。人们对某一随机事件可能出现的频率所做的主观估计,就称为主观概率。

商业银行在估计某种经济损失发生的概率时,如果能够获得足够的历史资料,用以反映当时的经济条件和经济损失发生的情况,则可以利用统计的方法计算出该种经济损失发生的客观概率。这种方法叫做客观概率法。

客观概率法在实际运用中有时会遇到一些困难:一是历史资料收集较为困难,其准确性和全面性亦难肯定;二是经济环境不断变化,客观概率法的假定前提往往不能成立。

(二) 主观概率法

主观概率法是商业银行选定一些专家,并拟出几种未来可能出现的经济条件提交给各位专家,由各位专家利用有限的历史资料,根据个人经验对每种经济条件发生的概率和在每种经济条件下商业银行某种业务发生经济损失的概率做出主观估计,再由商业银行汇总各位专家的估计数值进行加权平均,根据平均值计算出该种经济损失的概率。

(三) 统计估值法

利用统计得来的历史资料,可以确定在不同经济条件下,某种风险发生的概率,或是在不同风险损失程度下,某种风险发生的概率。这种相关关系也可以用直方图或折线图来表达。利用统计方法和样本资料,可以估计风险平均程度(样本期望)和风险分散程度(样本方差)。估计方法可以采用点估计或区间估计。点估计是利用样本来构造统计量,再以样本值代入估计量求出估计值。但是由于样本的随机性,这样的估计值不一定就是待估参数的真值。那么,它的近似程度如何?误差范围有多大?可信程度如何?这些问题就要采用区间估计来解决。区间估计用来表示在某种程度上某种风险发生的条件区间。

（四）假设检验法

对未知参数的数值提出假设，然后利用样本提供的信息来检验所提出的假设是否合理，这种方法称为假设检验法。像统计估值法一样，假设检验法适用于统计规律稳定、历史资料齐全的风险概率估计。假设检验法是概率性质的反证法。对风险参数的假设检验的基本思想是：首先提出假设 H_0，然后构造个事件 A，使它在假设 H_0 成立的条件下概率很小。再做一次试验，如果 A 在一次试验中居然发生了，则拒绝接受 H_0。这是因为小概率原理认为，概率很小的事件在一次试验中是几乎不可能发生的。如果发生了，就说明导出了一个不合理的现象。而这一现象的出现源于假设 H_0，因此应该拒绝接受假设 H_0。反之，则不应拒绝假设 H_0。

（五）回归分析法

回归分析法是通过找出间接风险因素与直接风险因素的函数关系，来估计直接风险因素的方法。例如，利率风险的直接风险因素是利率水平的变动，而影响利率水平的还有货币市场供求状况、中央银行利率政策等多种间接风险因素。如果设直接风险因素为 Y，间接风险因素为 $X_1, X_2, \cdots, X_n$，则回归模型为：

$$Y = b_0 + b_1X_1 + b_2X_2 + \cdots + b_nX_n + u \qquad (11-1)$$

其中，$b_0, b_1, b_2, \cdots, b_n$，为回归系数，$u$ 为随机扰动项。回归系数可以根据历史资料用最小二乘原理求出，从而得到回归方程：

$$Y = b_0 + b_1X_1 + B_2X_2 + \cdots b_nX_n \qquad (11-2)$$

利用回归方程即可进行点估计和区间估计，以此来进行风险估计。回归分析可以是一元的，也可以是多元的；可以是线性的，也可以是非线性的。在间接风险因素与直接风险因素之间存在非线性相关关系的情况下，可以采用直接代换或间接代换的方法将非线性形式转化为线性形式来处理。

拓展阅读

商业银行重大风险的识别和评估

对重大风险予以警觉，并自觉识别与评估之，将会推动建立全面风险管理框架和内部资本充足评估体系，保持银行业稳健运行。实施新资本协议的商业银行不仅要对信用风险、市场风险和操作风险计提资本，而且应对其他主要风险和剩余风险计提资本。监管机构要求商业银行根据自身风险特征和运营复杂程度建立适合自身需要的资本充足评估程序，定期监测和报告银行资本水平以及主要影响因素的变化趋势。

重大风险识别的管理流程包括风险分类与定义、风险全面识别、重大风险认定、持续重检更新四个步骤。风险分类与定义根据相关监管指引文件与行业实践进行，同时结合银行的风险轮廓进一步明确风险。风险全面识别由风险管理部门统筹组织，并由各业务条线的专家完成，采用自下而上和组合层面两种方式对不同风险进行识别。重大风险认定需要建立重大风险认定标准，从风险事件发生的可能性和影响程度两个角度来判断哪些风险是重大风险。持续重检更新每年由风险团队和业务专家完成，是基于内外部环境的变化对新的风险因素进行识别,并对已经识别的风险进行再评价。

重大风险评估工作步骤包括:第一,设计风险评估模板;第二,讨论确定模板指标及权重;第三,收集相关数据、信息及资料;第四,根据相关信息填写评估模板;第五,讨论确定风险评估结果;第六,撰写重大风险评估报告;第七,审阅重大风险评估报告;第八,确认重大风险评估报告。重大风险评估主要从风险状况和风险管理状况两个维度进行,其中,在两个大维度下又根据监管要求以及具体管理情况进行细分。

详情链接:俞勇,《警觉与自觉:管好银行的重大风险》,《当代金融家》,2014 年 12 月。

第三节　商业银行风险评价和风险处置

一、风险评价方法

(一) 风险评价

风险评价是指在取得风险估计结果的基础上,研究该风险的性质、分析该风险的影响、寻求风险对策的行为。风险评价方法在很大程度上取决于管理者的主观因素。不同的管理者对同样货币金额的风险有不同的评价方法。这是因为相同的损益对不同地位、不同处境的法人具有不同的效用 。

(二) 常见的风险评价方法

1. 成本效益分析法

成本效益分析法是研究在采取某种措施的情况下,需要付出多大的代价,以及可以取得多大的效果。

2. 风险效益分析法

风险效益分析法是研究在采取某种措施的情况下,需要承担多大的代价,以及可以取得多大的效果。

3. 权衡风险方法

权衡风险方法是将各项风险所导致的后果进行量化比较,从而权衡风险存在与发生可能造成的影响。

4. 综合分析方法

综合分析方法是利用统计分析的方法,将问题构成因素划分为不同范畴,对各范畴内的具体项目进行专家调查统计,评出分值,然后根据分值及权数,计算出要素实际评分值与最大可能值之比,作为风险度评价的依据。

5. 统计型评价方法

统计型评价方法是对已知发生概率及其损益值的各种风险进行成本及效果比较分析并加以评价的方法。

(三) 选择风险原则

风险评价的目的是寻求风险对策。选择风险对策,首先需要确定选择原则,常用的原则有以下几种：

（1）优势原则。在可采取的措施方案中，利用比较优势，剔除劣势方案。

（2）期望值原则。在可采取的措施方案中，选择益损值的期望较大的方案。

（3）最小方差原则。方差越大，说明该方案的实际发生的益损值偏离期望的可能性越大，从而该方案的风险越大。因此，实际中应选择方差较小的方案。

（4）最大可能原则。当一种状态发生的概率显著地大于其他状态时，就可将其视为肯定状态，根据这种状态下各方案的益损值大小进行决策。

（5）满意原则。定出一个足够满意的目标值，将各备选方案在不同状态下的益损值与此目标值相比较，益损值达到或优于这个目标值且概率最大的方案即为当选方案。

二、风险处置方法

要控制风险，就必须选择风险管理处置方法。风险管理可分为控制型管理和财务型管理两大类。前者是指以避免、消除和减少意外事故的发生，限制已发生损失继续扩大的一切措施，重点在于改变引起意外事故和扩大损失的各种条件；后者是指在实施控制型管理后，对无法控制的风险所做出的财务安排。具体来说，风险管理处置方法主要有以下几种：

1. 风险预防

风险预防指对风险设置各层预防线。商业银行抵御风险的最终防线是保持充足的自有资本。各国金融管理当局对商业银行资本充足率都有明确的规定，并将其作为金融监管的一项重要内容。

2. 风险规避

风险规避指对风险明显的经营活动所采取的避重就轻的处理方式。对于风险较大、难以控制的贷款，必须采取规避和拒绝的原则。风险规避常用的方式有：资产结构短期化；投资选择避重就轻；债权互换，扬长避短；对有关汇率走势做出明智的判断，努力保持硬通货债权、软通货债务，以避免汇率变化带来的风险。

典型实例

买期保值　规避金融风险

B公司在下半年需要1 000万美元外汇用于进口材料，目前的美元兑人民币汇率为1∶8.25。6月底到期的美元期货价格为8.255元，每手合约为1 000美元。为了规避汇率上升的风险，B公司可以买进1万手6月底到期的美元期货。如果6月底美元汇率上升为1∶8.27，6月底到期的美元期货价格也上涨为8.27元，B公司既可以卖出该期货合约，再买进现汇，也可以待期货到期后进行交割。但不管采取哪种方式，都可以将换汇成本控制在8.255元。如果6月底美元汇率下跌为1∶8.20，6月底到期的美元期货价格也下跌为8.20元，B公司既可以卖出该期货合约，再买进现汇，也可以待期货到期或进行交割，此时换汇成本也为8.255元。这虽然规避了美元汇率上升的风险，但是也失去了美元汇率可能下降带来的好处。

详情链接：陈学彬，《金融学》，高等教育出版社2011年版。

3. 风险分散

商业银行风险分散方法有两种:随机分散和有效分散。随机分散指单纯依靠资产组合中每种资产数量的增加来分散风险。有效分散指运用资产组合理论和有关的模型对各种资产选择进行分析,根据各自风险的收益特性和相互之间的相关性来实现风险和收益的最优组合。

4. 风险转嫁

风险转嫁是指利用某些合法的交易方式和业务手段,将风险全部或部分地转移给他人的行为。具体方法有风险资产出售、担保、保险等。

5. 风险抑制

承担风险之后,要加强对风险的监督,发现问题及时处理,争取在损失发生之前阻止情况恶化或提前采取措施减少风险造成的损失,这就是风险抑制。

6. 风险补偿

风险补偿是指商业银行用资本、利润、抵押品拍卖收入等资金补偿其在某种风险上遭受的损失。

7. 风险自留

风险自留又称自担风险或留置风险,是一种损失发生后由商业银行自己承担财务后果的风险处置方式。风险自留可以是有意选择的,如有些损失被自留是因为金额相对较低,损失不严重;也有可能是因为没有意识到潜在损失的存在。风险自留是通过商业银行自身的基金来支付损失的。

8. 保险

保险是指商业银行通过投保来规避相应风险的经济行为。风险的保险涉及商业银行是自留还是投保的决策,该决策主要考虑投保的机会成本。

第四节　商业银行风险管理方法

一、商业银行风险管理内容

商业银行风险管理是指商业银行在筹集和经营资金的过程中,对风险进行识别、衡量和分析,并在此基础上有效控制和处置风险,用最低成本来实现最大安全保障的科学方法。商业银行风险管理包含以下内容:

(1) 商业银行风险管理的主体是商业银行,管理程序是由风险的识别、衡量、分析、控制和决策等环节所构成的,通过计划、组织、指导和管理等过程,并且合理运用各种科学方法来实现目标。

(2) 商业银行风险管理是以选择最佳的风险管理技术为中心,体现了成本与效益的关系。商业银行应从最经济合理的角度来处置风险。

(3) 商业银行风险管理存在狭义和广义之分。前者是研究商业银行系统内部风险的产生和控制;后者则是研究系统外部风险对商业银行经营的影响和控制。商业银行研究的风险包括了全部风险。

(4) 商业银行风险包括静态风险和动态风险。前者是指只有损失的可能而无获利机会的纯损失型风险，又称纯粹风险，如商业银行被窃或遭受自然灾害而形成的风险；后者则是指既有损失机会又有收益机会的风险，又称投机风险。

二、商业银行风险管理方法

20 世纪 90 年代以后，巴林银行事件、大和银行事件和雷曼兄弟银行事件的发生，使全球银行业深刻领悟到在经营中可能遭遇各种风险和危害，于是各银行开始重视各种风险的综合影响，并采用新型的风险管理方法。

（一）风险价值法

风险价值法是一种市场风险测量的新方法。它把银行的全部资产组合风险折合为一个简单的以美元为单位计量的数字，表示在概率给定的情况下，银行投资组合价值在下一阶段最多可能损失的大小，以此作为风险管理的核心。在金融交易中，高收益总是与高风险相伴，交易员可能冒险去追逐巨额利润，银行出于稳健经营的需要，对交易员可能的过度投机行为要进行限制。风险价值法可使每个交易员或交易单位都能明确自己在进行多大风险的金融交易，并可以为每个交易员或交易单位设置风险价值法限额，以防止过度投机行为的出现。因此，执行严格的风险价值法管理，一些重大金融交易亏损就可以完全避免。风险价值法还可以用于业绩评估。当然，风险价值法也有其局限性，该方法表示一定置信区间内的最大损失，但并不能排除高于风险价值法值的损失发生的可能性。

（二）风险调整的资本收益法

风险调整的资本收益法是信孚银行创造的银行业绩衡量与资本配置方法。在进行一项投资时，风险越大，其预期的收益或亏损也越大，投资如果产生亏损，将会使银行资本受侵蚀，最严重的情况可能是银行倒闭。虽然银行对投资亏损而导致的资本侵蚀十分敏感，但银行必须认识到，只有能承担风险才能盈利。问题的关键在于，银行应在风险与收益之间寻找一个恰当的平衡点，这就是风险调整的资本收益法的宗旨所在。使用这种方法的银行在对其资金使用进行决策的时候，不以盈利的绝对水平作为评判基础，而是以该资金投资风险基础上的盈利贴现值作为依据。

决定风险调整的资本收益法的关键是潜在亏损即风险值的大小，该风险值或潜在亏损越大，投资报酬贴现就越多。风险调整的资本收益法还可用于业绩评估。如果交易员从事高风险的投资项目，由于风险价值法值较高，即使利润再高，风险调整的资本收益法值也不会很高，当然其业绩评价也就不会很高。风险调整的资本收益法可以较真实地反映交易人员的经营业绩，并对其过度投机行为进行限制，有助于避免大额亏损现象的发生。近几年出现的巴林银行倒闭、大和银行亏损和香港百富勤集团倒闭等事件，都是对交易员业绩评价不合理所导致的。在这些倒闭事件中，管理者都是只考虑了交易的盈利水平，没有考虑在获得盈利时所要承担的风险。

（三）全面风险管理法

全面风险管理是对整个机构内各个层次的业务单位所承担的各类风险的通盘管理。这种管理要求将信用风险、市场风险及各种其他风险及包含这些风险的各种金融资产、承担这些风险的各个业务单位纳入统一的风险管理体系中，对各类风险依据统一的标准进行测量并加总,对风险进行控制和管理。这种方法是银行业务多元化对银行机构本身产生的一种需求,全面风险管理可以改进风险收益分析质量。

(四) 资产组合调整法

资产组合调整法是银行吸收证券投资组合的经验而建立的一系列方法,包括贷款证券化、并购、信用衍生产品。贷款证券化比较通行的做法是由商业银行将所持有的各种流动性较差的同类或类似的贷款组合成若干个资产库,出售给专业的融资公司,再由融资公司以这些资产作为抵押,发行资产抵押债券。并购是指通过收购与兼并掌握其他银行已经运用成熟的业务,降低银行涉足新领域的风险,并形成一个平衡的、地理分布比较广泛的收益基础。信用衍生产品是指交易双方签订一项金融合同,在不改变与客户关系的前提下允许将信用风险从其他风险中隔离出来,并可以从一方转到另一方。

上述方法是西方商业银行在长期的经营与管理实践中摸索出来的,在一定程度上完善了银行的风险管理。随着金融业务的迅猛发展,银行风险的种类和发生的可能性都在增加,风险管理的方法也需要不断创新。

拓展阅读

商业银行流动性风险管理办法(试行)

2014 年 1 月 17 日,银监会发布了《商业银行流动性风险管理办法(试行)》(以下简称《办法》),以加强对我国银行业流动性风险的识别和管理,有效防范流动性风险,维护银行体系的安全稳健运行。《办法》中有如下规定:

第十八条 商业银行的流动性风险管理策略应当明确其流动性风险管理的总体目标、管理模式以及主要政策和程序。流动性风险管理政策和程序包括但不限于:

(一) 流动性风险识别、计量和监测,包括现金流测算和分析。

(二) 流动性风险限额管理。

(三) 融资管理。

(四) 日间流动性风险管理。

(五) 压力测试。

(六) 应急计划。

(七) 优质流动性资产管理。

(八) 跨机构、跨境以及重要币种的流动性风险管理。

(九) 对影响流动性风险的潜在因素以及其他类别风险对流动性风险的影响进行持续监测和分析。

……

本办法适用于在中华人民共和国境内设立的商业银行,包括中资商业银行、外商独资银行、中外合资银行。

详情链接:中国银行业监督管理委员会网站,2014 年 1 月 17 日。

第五节　商业银行内部控制

一、商业银行内部控制的概念及产生

内部控制是企业为适应管理需要，保证经营目标的实现而建立的一种相互联系、相互制约的控制制度和体系。目前，内部控制已成为商业银行经营管理活动中的一种自我约束的管理手段和技术。

从内部控制概念的演进历程来看，内部控制的基本思想和初级形式是“内部牵制”。15世纪末，借贷复式记账法在意大利出现，显示出内部控制制度的雏形。到了19世纪末，在经济发展较快的资本主义国家里，内部牵制逐渐演化为企业各项内部管理制度的核心，其特征是以查错防弊为目的，以职务分离和账目核对为手段，以钱、账、物等会计事项为主要控制对象。而内部控制则是在20世纪40年代，随着西方审计理论与实践的发展而产生的，同时它也是人们在企业经营管理过程中，在不断实践、总结、创新的基础上逐步完善的产物。

1998年出版的《中华金融辞库》对内部控制一词的解释是：金融企业的最高管理层为保证特定经营目标的充分实现，保持各项业务经营活动的高效有序进行和防范金融风险而制定和实施的一系列制度和措施。

1992年，由美国会计学会、注册会计师协会、内部审计师协会、财务经理协会、管理会计协会等专业团体组成的内部控制研究机构——科索委员会（COSO）发表了题为《内部控制——完整结构体系》的专题报告，首次形成了内部控制制度的统一理论框架。该委员会认为：“内部控制是由一个企业的董事会、管理层和其他人员实施的过程，旨在为实现下述各类目标提供合理保证——经营的效率和有效性；财务报告的可靠性；遵守相应的法律和法规。”

目前，科索委员会提出的内部控制体系已经在世界范围内得到了广泛认可。在这一框架中，内部控制概念包括以下五个既相互关联、又具有管理功能的要素：

1. 控制环境

控制环境指各级机构所创造的内部控制氛围，包括诚信程度、职业道德观和对工作的胜任程度。控制环境还包括管理部门的处事理念和运作风格，授予权力和界定职责的方法以及对员工的组织和能力开发。在国外商业银行中，董事会给予银行的关注和指导也是控制环境的内容之一。控制环境是其他内部控制因素的基础，为内部控制界定了纪律和基本结构。

2. 风险评估

风险评估指确定和分析实现目标所引发的相关风险，针对如何应对风险做出决策，判断情况变化所带来的风险。风险评估的目标就是要识别并分析影响企业目标实现的各种风险，并为决定如何管理这些风险打下了良好基础。

3. 控制活动

控制活动指与核准、授权、鉴定、调节、评估运作状况、保护资产、明确责任等相关的规章和程序。这种控制在整个企业内部的各个级别、各个部门展开，目的在于确保管理层的指令得以实施，必要时采取行动以应付影响企业目标实现的风险。

4. 信息与交流

员工必须了解相关信息,以便恪尽职守。信息系统提供的报告包括经营、财务和与法律法规有关的信息,使管理层得以经营和控制各项业务,同时使所有员工了解自己在内部控制系统中的作用,以及怎样将个人活动与他人工作相互联系。此外,银行与客户、商家、政府等也要进行有效的信息交流。

5. 监督

银行必须对内部控制制度进行监督,以评价该制度的实施状况。这种监督通过连续的监督活动、专项评估,或两者同时采用来实现。

二、商业银行内部控制体系及控制制度

强化银行的经营管理,提高内控水平,是银行防范金融风险的根本措施,也是商业银行的一种自律行为。

(一)商业银行内部控制体系

1. 商业银行的公司治理

一个健全的公司治理结构主要包括实行一级法人体制和经营班子、董事会、监事会三权分立的公司治理架构。商业银行的一级法人体制是指商业银行总行对全系统的业务经营活动进行集中统一管理,其分支机构的所有业务经营活动都在其总行的授权范围内进行,由总行以法人名义统一对外享有民事权利并承担民事义务。商业银行公司治理是指建立以股东大会、董事会、监事会、高级管理层等机构为主体的组织架构和保证各机构间独立运作、相互制衡的制度安排,以及建立科学、高效的决策、激励和约束机制。商业银行公司治理应当遵循的基本准则是:完善股东大会、董事会、监事会、高级管理层的议事制度和决策程序;明确股东、董事、监事和高级管理人员的权利、义务和责任;建立、健全以监事会为核心的监督;建立完善的信息报告和信息披露制度;建立合理的薪酬制度,强化激励约束。

商业银行的公司治理对于建立和实施有效的激励和约束机制具有重大意义,它是推动银行稳健经营和创新发展的决定性因素,良好的公司治理是防止股东损害存款人利益、防止大股东损害中小股东利益、防止内部人损害股东利益的基础。

2. 人事管理

商业银行的人事管理包括编制、岗位、职能三定方案的制订,以及一般员工的录用、考核、培养、选拔、聘任、交流和福利等方面。人事管理是商业银行内部控制的重要组成部分。只有管好人,商业银行才有可能有效地控制各项业务活动。有效的人事管理既可以使商业银行各部门、岗位、职能的设置更加科学合理,克服机构重叠、职责不清、人浮于事的现象,又能够把每个员工安排到最合适的岗位上,充分调动工作积极性,使人力资源最有效地发挥作用,同时它也是商业银行激励的重要方面。

3. 内部稽核

内部稽核是指金融企业的各级稽核部门以国家的法律政策、金融监管部门以及本银行制定的规章制度为依据,按照一定的程序和步骤,对同级其他职能部门及下级分支机构的业务经营情况、计划执行情况、制度落实情况等进行检查、考核和评价的过程,并将结果反馈给上级机构,以确保上级机构能够对被检查机构的情况做出正确的判断,从而为调整经营方针

策略或对有关计划、制度进行修改提供依据。商业银行的内部稽核是其总行全面掌握分支机构经营管理情况最直接、最有效、最快捷的办法，是商业银行内部控制体系的重要组成部分。

为保证内部稽核更好地发挥作用，商业银行的内部稽核部门应具备必要的独立性和权威性，并根据业务发展配备足够的称职人员。

典型实例

德意志银行内部控制与管理

德意志银行是一家规模巨大的跨国银行，它的分支机构多达 2 494 个，遍及 50 个国家和地区，业务范围涉及商业银行、投资银行等各类金融业务，资产规模达 7 200 亿马克（1995 年）。对于这样一个巨型“金融百货公司”，其总行实施内部控制的核心手段有：①建立高度集中、资源共享的信息中心，为达到这一目的，在全集团范围内推行标准化的数据结构。②财务会计与管理会计并重，在全集团范围内推行单位经济效益考核。③在全集团内推行标准、统一的风险评估、衡量、控制手段和政策。从这几个手段来看，德意志银行总行把内部控制的重点放在了集中、协调、作业和行为准则标准化等方面。

德意志银行是享有 AAA 信用等级的少数几家银行之一，由此可以推测出其内部控制应该是相当严密的。但是在 1996 年，该行在伦敦的商人银行机构（DMG）却出了漏洞，造成了 7.1 亿美元的潜在亏损，使其信誉受到了极大损害。为什么这样一家信誉卓著的银行还会出现如此严重的问题？该行在伦敦的附属机构管理着许多投资基金，其中两支基金由彼得·杨负责。按照英国的有关规定，这两支基金投资于未上市公司股票的份额不得超过 10%，但为了获得更大的利润，彼得·杨偷偷购买了大量的北欧中、小企业的未上市股票，明显地超过了这个标准。彼得·杨为躲避检查，在卢森堡建立了好几个子公司，然后通过子公司来购买那些未上市公司的股票。未上市公司的股票流动性差、风险高，当投资者发现彼得·杨违反了规定时，纷纷向 DMG 提出赎回要求，导致两只投资基金的价格一时间急剧下降。德意志银行为了维护信誉，不得不注资营救，把那些未上市公司的股票从基金投资者手中买过来，造成潜在经济损失 7.1 亿美元。

大量的分析表明，内部控制薄弱是导致上述巨额损失的主要原因之一，其薄弱环节表现在：①授权不当。作为基金管理人，彼得·杨的权力太大，而他的同事和上级对他的违规行为采取了姑息的态度。②牵制不够。按照内部规定，基金经理在购买未上市公司股票时，应报上级批准，但上级却听信了他的一面之词并签了字。③德意志银行整个集团的基金业务的管理方式没有理顺，总行对伦敦附属机构控制失当。④当事人有意钻法律的空子。

详情链接：吴念鲁《商业银行经营管理》，高等教育出版社 2009 年版，有改动。

（二）商业银行内部控制制度

有了健全的公司治理结构，有效的内控制度就是商业银行实现提高内控水平和效率的重要手段。根据巴塞尔委员会发布的《有效银行监管的核心原则》，内部控制主要包括三个方面的内容:一是组织结构(决策和管理层的职责界定,贷款审批权限的分离和决策程序),二是会计规则(对账、控制单、定期试算等),三是双人原则(不同职责的分离,交叉核对,资产双人控制和双人签字)。上述原则概括地描述了商业银行内部控制制度的要点,具体的内容主要包括以下几个方面:

(1) 建立组织结构和各种规章制度。包括制定明确的银行政策目标;对每一个工作人员给予明确的授权;建立合理的组织架构,明确每个部门的业务范围、部门之间的关系;建立畅通的报告渠道;制定各项业务标准化的操作规程;建立会议记录、重要文件、凭证、报告的保存制度;制定重大决策事项的标准操作程序。

(2) 科学有效的监控措施。银行的管理层要对每天的业务发生情况、规章制度的执行情况、银行的经营情况给予经常性的监督和控制,确保各项业务按照既定的方针政策,有计划、有秩序地进行。主要检查各类头寸报表、财务报表、流动性报告、贷款作业程序报告、存款报告和合法合规经营报告等。

(3) 职责分离原则。指分配任务和明确职责时,应避免让某个部门或者工作人员承担一些不可兼容的职责。商业银行最主要的职责分离业务是贷款的审查和发放的分离、会计和出纳的分离等。

(4) 有效授权原则。授权是指银行董事会向管理层及管理层向其下级机构赋予的一种能够代表银行从事某一项业务或某些业务的权利。通常所讲的授权是一般意义上的授权,即指任何业务只要满足规定的标准和条件,都在授权之列。

(5) 档案管理。银行档案主要包括会计档案、业务档案、重要会议记录和报告等,是银行内部控制的基础工作。提高档案管理水平是强化管理和防范法律风险的重要措施。

(6) 安全保卫、保密措施。商业银行的安全保卫措施和作业程序是内部控制的一项重要内容。银行必须对资产、器具、重要空白凭证、业务秘密等给予充分的保护,如重要档案库、日常操作的重要业务凭证、计算机网络安全、计算机和网络设备的保护,以及重要业务的保密等。

(7) 严格的会计管理和审慎的财务制度。银行一方面要经常进行账户的核对核销工作,保证所有账户与控制账户、联行、代理行寄发的对账单相符,另一方面要对负债、资产和利润等重要财务指标的计算实行审慎的原则,根据实际情况准确反映各项财务指标。一般来讲不要高估资产和利润,也不要低估负债。

拓展阅读

银监会加强对商业银行内部控制管理

为进一步推进商业银行规范内部管理,中国银监会 2014 年 9 月 28 日发布修订后的《商业银行内部控制指引》(以下简称《指引》),增加了有关违反规定的处罚措施。银监会及其派出机构对内部控制存在缺陷的商业银行,责成其限期整改,对逾期未整改的商业银行,根据有关规定采取监管处罚措施。

近年来,我国商业银行的组织结构和业务经营复杂程度发生了较大变化,面临的风险日益多元化,内部控制的重要性也日益突出,需要修订《指引》以更好地引领商业银行完善内部控制体系建设。《指引》要求商业银行建立内部控制评价制度,明确内部控制评价的实施主体、频率、内容、程序、方法和标准,强化内部控制评价结果的运用,推动内控评价工作制度化、规范化,以利于促进商业银行不断改进其内控设计与运行。要求商业银行构建覆盖各级机构、各个产品、各个业务流程的监督检查体系,银监会及其派出机构通过非现场监管和现场检查等方式实施对商业银行内部控制的持续监管,强调发挥内外部监督合力。

原《指引》对银行的一些业务或环节做了详细的操作性规定,修订后的《指引》只对商业银行风险管理、信息系统控制、岗位设置、会计核算、员工管理、新机构设立和业务创新等提出原则性要求,没有针对具体业务的章节和条款。

详情链接:《银监会加强对商业银行内部控制管理》,新华网,2014 年 9 月 28 日,(http://news.xinhuanet.com/fortune/2014-09/28/c_1112666205.htm)。

关键术语

商业银行风险　国家风险　风险识别　风险估计　风险评价　内部控制

复习思考题

1. 商业银行风险管理的概念和主要类别有哪些?
2. 简述商业银行风险识别的方法。
3. 试述商业银行风险管理的几种方法。
4. 什么是商业银行内部控制?
5. 商业银行内部控制的要素是什么?
6. 简述商业银行内部控制的内容。

第十二章

商业银行绩效评价

学习目标

- 了解商业银行会计报表的内容和财务分析的基本方法
- 理解商业银行绩效评价指标
- 掌握商业银行绩效评价的主要方法

案例导读

上市商业银行经营绩效评价分析

我们选取12个指标对上市商业银行经营绩效进行评价分析，分别是：净资产收益率(X1)、每股收益(X2)、成本收入比(X3)、营业收入利润率(X4)、流动比率(X5)、存贷比率(X6)、资本充足率(X7)、不良贷款率(X8)、拨备覆盖率(X9)、营业收入增长率(X10)、净利润增长率(X11)、总资产增长率(X12)。这些指标的选取依据是2002年我国财政部建立的我国商业银行的绩效评价体系，该指标体系涵盖了安全性、流动性、盈利性、发展能力四个方面，因此具有适用性。

从综合排名上来看，两家城市商业银行和部分股份制商业银行排名好于国有商业银行。兴业、南京、北京、浦发、招商银行位于前五位，说明在15家上市银行中，这五家银行的2013年上半年综合经营绩效水平最高。华夏、光大、中行、农行、平安银行排在后五位，其综合经营水平相对较弱。

从F1安全因子得分排名来看，在安全性方面，股份制商业银行得分比国有商业银行高，兴业、浦发、招商、民生位居前列，五大国有银行排名比较靠后，两家城市商业银行居中。从F2盈利性因子得分排名来看，国有商业银行除农行外，排名靠前，盈利性表现良好，而平安、华夏、民生银行盈利相对逊色。从F3成长性因子得分排名来看，股份制商业银行表现突出，国有商业银行则表现一般，南京银行排在第一位，农行、中信、兴业、平安银行具有较大发展潜力，而国有商业银行具有相对的局限性。各银行的营业收入增长率和净利率增长率趋同，说明银行的业务同质化，竞争相对较大。从F4流动性因子得分排名来看，中信、招商、平安银行则位列前三，国有商业银行则表现得参差不齐，建行和交行名列第四和第五，而农行和工行则相对靠后，两家城市商业银行排名居中。目前来看，中小银行的流动性比率和大型银行的流动性比率没有很大的不同，但从长期来看，中小型银行资产负债率较高，财务风险较大。

案例详情链接：王吉恒、闫晓婷，《2013年上半年上市商业银行经营绩效评价分析》，《中国经贸导刊》，2014年第4期。

你是不是有下面的疑问

1. 如何进行商业银行绩效评价？
2. 商业银行绩效评价的具体指标有哪些？
3. 我国商业银行绩效评价的方法和指标与国外相比有何不同？
4. 我国商业银行如何提高自己的经济利润？

进入内容学习

商业银行绩效评价是商业银行运用一组财务指标和一定的评估方法，对其经营目标实现程度进行考核、评价的过程。在不同时期，由于经营的环境和条件不同，银行的经营目标可能会出现明显的差异，但其长期经营目标是基本一致的，这就是股东利益最大化。这也是优先于其他目标的最重要的目标。

商业银行绩效评价体系是一组财务比率指标，计算和分析这些比率的过程也就是财务分析的过程。在财务分析的过程中，要运用各种信息之间的关系，评估银行过去和现在的财务状况和经营成果，预测银行将来的前景。

一般说来，财务分析的主要方法是比率分析法，即结合资产负债表、损益表及其他财务报表的相关项目，通过计算有关比率进行分析。

第一节 商业银行的财务报表

按照规范的商业银行报表体系，商业银行的财务报表由资产负债表、损益表以及现金流量表和其他附表组成。在商业银行的财务分析中，最主要的报表是资产负债表和损益表。

一、资产负债表

资产负债表是反映银行在某一特定日期，如月末、季末和年末的财务状况的会计报表。

资产负债表将银行全部的资产、负债和所有者权益,按照一定的分类标准和一定的顺序排列。资产类各项目反映银行所拥有的各种实际资源以及偿债的实际能力,负债类各项目表明银行所负担的长短期债务的数量和偿还债务期限,所有者权益类各项目反映银行的投资者在银行中拥有的权益。资产负债表的基本等式为:

$$资产 = 负债 + 所有者权益$$

商业银行资产负债表的项目内容以流动性为标准进行排列,左方的资产类项目按流动资产、长期资产、无形资产、递延资产及其他资产排列,右方的负债及所有者权益类项目按流动负债、长期负债、其他负债、所有者权益排列。表 12－1 是商业银行资产负债表的基本格式。

1. 资产类项目

(1) 现金资产。这是银行资产中流动性最高的部分,一般包括库存现金、在中央银行的存款、存放同业、联行款项及在途资金等。

(2) 准备金。每一家银行都必须依法将其吸收的存款按法定比例交存中央银行或提留现金准备。

(3) 证券投资。有价证券投资是银行拥有的生息资产,短期证券投资主要是为了保持银行的流动性,长期证券投资则主要是为了盈利。

(4) 贷款。这是银行的主要盈利资产。

(5) 固定资产。银行的房产和设备,包括银行的办公用品、设备、家具用具、固定装置、房产等。

(6) 其他资产。如已承兑的顾客对银行的负债、预付费用等。

表 12－1　资产负债表

编制单位:　　　　　年　月　日　　　　　单位:万元

资产	行次	年初数	期末数	负债及所有者权益	行次	年初数	期末数
流动资产:				流动负债:			
现金及银行存款	1			短期存款	46		
贵金属	2			短期储蓄存款	47		
存放中央银行款项	3			财政性存款	48		
存放同业款项	4			向中央银行借款	49		
存放联行款项	5			同业存放款项	50		
拆放同业	6			联行存放款项	51		
拆放金融性公司	7			同业拆人	52		
短期贷款	8			金融性公司拆人	53		
应收进出口押汇	9			应解汇款	54		
应收账款	10			汇出汇款	55		
减:坏账准备	11			委托存款	56		
其他应收款	12			应付代理证券款项	57		
贴现	13			卖出回购证券款	58		
短期投资	14			应付账款	59		

（续表）

资产	行次	年初数	期末数	负债及所有者权益	行次	年初数	期末数
委托贷款及委托投资	15			其他应付款	60		
自营证券	16			应付工资	61		
代理证券	17			应付福利费	62		
买入返售证券	18			应交税金	63		
待处理流动资产净损失	19			应付利润	64		
年内到期的长期投资	20			预提费用	65		
流动资产合计	21			发行短期债券	66		
长期资产：				一年到期长期负债	67		
中长期贷款	22						
逾期贷款	23			流动负债合计	68		
减:贷款呆账准备	24			长期负债	69		
应收租赁款	25			长期存款	70		
减:未收租赁收益	26			长期储蓄存款	71		
应收转租赁资产	27			保证金	72		
租赁资产	28			应付转租赁租金	73		
减:待转租赁资产	29			发行长期债券	74		
经营租赁资产	30			长期借款	75		
减:经营租赁资产折旧	31			长期应付款	76		
长期投资	32			长期负债合计	77		
减:投资风险准备	33			其他负债			
固定资产原值	34			所有者权益	78		
减:累计折旧	35			实收资本	79		
固定资产净值	36			资本公积	80		
固定资产清理	37			盈余公积	81		
在建工程	38			未分配利润	82		
待处理固定资产净损失	39			所有者权益合计			
长期资产合计	40						
无形、递延及其他资产							
无形资产	41						
递延资产	42						
其他资产	43						
其他资产合计	44						
资产总计	45			负债及所有者权益总计	83		

2. 负债及所有者权益类项目

（1）存款。这是银行的主要资金来源，包括活期存款、定期存款、储蓄存款、财政存款等。

（2）非存款负债。这是除存款以外的银行的又一资金来源，包括同业拆借、中央银行再贴现、金融市场融资和发行债券等。

(3) 其他负债。主要包括应付税金、应付工资、应付福利费、其他应付款等。

(4) 所有者权益。所有者权益是银行投资人对银行净资产的所有权,是资产减去负债后的余额,也称净资产。所有者权益包括实收资本、资本公积、盈余公积和未分配利润等。

通过资产负债表,可以考核银行的各项资产、负债、资本的增减变动及其相互之间的对应关系,检查银行的资金来源和资金占用的结构是否合理,银行是否有足够的偿债能力等。

二、损益表

损益表是用来反映商业银行在报告期收入、支出、税金、利润等情况的报表。它反映的是商业银行在一段时间内的经营收入、成本及利润状况,是一个动态报表。表 12-2 是损益表的基本格式。

表 12-2　损　益　表

编制单位:　　　　年　月　　　　单位:元

项　目	本期数	本年累计数
一、营业收入		
利息收入		
金融企业往来收入		
手续费收入		
证券销售差价收入		
证券发行差价收入		
租赁收益		
汇兑收益		
其他营业收入		
二、营业支出		
利息支出		
金融企业往来支出		
手续费支出		
营业费用		
汇兑损失		
其他营业支出		
三、营业税金及附加		
四、营业利润		
加:投资收益		
营业外收入		
减:营业外支出		
加:以前年度损益调整		
五、利润总额		
减:所得税		
六、净利润		

损益表包括收入、支出和利润三大部分。

1. 收入

商业银行的收入一般由利息收入、手续费收入、其他收入三部分构成。

（1）利息收入。利息收入是银行收入的最主要来源。利息收入中最主要的是放款和贴现的利息收入。

（2）手续费收入。该项收入的主要来源有：银行为客户办理的各项结算业务所收取的费用；对外保证业务手续费；包销债券或股票所收取的佣金；代客买卖证券或贵金属、外汇的佣金；咨询业务收入；银行卡的费用等。

（3）其他收入。包括信托收入、租赁收入、证券销售（或发行）的差价收入、同业往来收入及其他各种非利息的营业收入。

2. 支出

商业银行的支出，主要包括利息支出和各项费用支出。在利息支出中包括存款利息支出、借款利息支出和其他利息支出，其中存款利息支出占利息支出的绝大部分。利息支出反映的是银行从社会获取资金的代价。

商业银行为开展业务，除了向资金提供者支付利息外，还要消耗人工和费用以及其他一系列开支，具体包括支付职工或雇员的工资和福利、房屋和设备的折旧费、办公费用、广告费用，等等。

3. 利润

我国现行会计制度规定，银行利润分为营业利润、利润总额及净利润。其中：

$$营业利润 = 营业收入 - 营业支出 - 营业税金及附加$$

$$利润总额 = 营业利润 + 投资收益 + 营业外收入 - 营业外支出$$

$$净利润 = 利润总额 - 所得税$$

三、现金流量表

现金流量表是综合反映商业银行在一段时期内营运资金的来源和运用及其增减变化的报表。

对商业银行而言，现金流量中的现金是指现金资产（库存现金、在央行的准备金以及同业存款）和一些可以视为现金的流动资产（原定期限等于或短于三个月的投资），后者包括短期国库券、商业票据、货币市场资金等，在银行需要时可以迅速转换为现金。

银行的现金流量包括经营活动的现金流量、投资活动的现金流量和筹资活动的现金流量。不断增加现金流量是银行得以发展、扩大并保持充分流动性的条件之一。银行的现金流量表可以清楚地反映出一定时期银行现金流入流出的情况，帮助经营者和投资者判断银行的经营状况。通过现金流量表提供的经营活动净现金流的信息，可以分析和评价银行对外筹资能力、清偿能力和支付投资者利润的能力；通过分析本期净利润与经营活动现金流量之间的差异及其产生原因，还可以合理预测银行未来的现金流量。此外，现金流量表还提供了报告期内与现金有关或无关的投资活动与筹资活动的信息。因此，现金流量表也是银行财务分析的重要依据。

典型案例

一份足以取信于人的国有银行财务报表的产生过程

“国际投资者的一个重要疑虑是——中资银行的资产负债表是否可信,经过重组之后不良资产是否真的大大降低了?”曾经负责中国建设银行IPO项目的摩根士丹利中国区原CEO竺稼深有感触:任何估值都必须以获得投资者的信任为前提。

通过梳理建设银行的全部审计流程,人们可以更为清晰地观察到国有银行的真实面貌。

1. 试点先行

毕马威对建行的审计花了两年的时间,挑选了最好的和最差的两家分行作为试点。毕马威首先对这两家试点分行进行了系统认证,审查了内部管理系统的体制和内控的完善程度。对对财务报表有较大影响力的业务系统,如贷款、存款和中间业务等,进行着重审查,检测内部监控系统的落实程度。

一旦发现内控系统和管理层的说法不同,会计师会及时记录实际情况,并与管理层确认。如果发现某些监控点无效,会计师会找其他的监控点来弥补,或者大量增加测试样本。试点审计为会计师制订详细的审计计划提供了重要的指导,此后对银行其他分支行的审计其实就是对这一程序的复制。

2. 信贷风险

据了解,会计师在对国有银行进行审计时,其对银行企业贷款的抽样达到了贷款总金额的60%—70%,这在国际审计上是不可想象的。“我们对境外银行的贷款审计一般不会超过总额的10%。”一位参与审计的会计师称,“中国对五级分类的准备金提取不是很熟悉,所以我们比较担心,抽取的量也比较高。”

3. 公允价值

公允价值是国际会计准则中对很多资产类别计入会计报表的计价标准。采用公允价值标准对资产记账,意味着企业要对相关类别的资产不断地做价值上的调整。

目前中国国内最新的会计准则在金融工具的计量上也提出了公允价值的概念。在国有银行的财务报表中涉及公允价值估值的资产主要为金融产品。然而,相对于国际知名银行,国内银行的金融产品在结构上要简单得多,在数量上也要少得多。不过,“对这些产品公允价值的计算,需要很多历史交易数据,逐笔计算,工作量非常大。”一位参与审计的会计师说。

4. 定价基准

净资产的调整是审计工作“修成正果”的最后步骤。在抽取的各分行完成审计后,资料汇编到总行,并表后按照国际会计标准进行转换。根据业内会计师的经验,国有银行在上市前按照国际准则调整准备金后,净资产一般都会有所下降。

让会计师头痛的是,一来国内企业的体制混乱,无法实际辨别哪些算是国有企业;二来在关联问题上也分不清楚。因此会计师最后的做法是,向投资者披露上市银行和国企的确有关联交易,但对过去交易的实际情况则无法做出详尽披露。

详情链接:张洁,郭琼,叶伟强,《财务报表出台背后》,《财经》,2006年第17期。

第二节　商业银行的财务分析与绩效评价

一、商业银行的财务分析

商业银行的财务分析就是利用报表提供的有关数据资料，根据分析目的，选择适当的财务分析方法，对有关财务指标进行分析计算，进而对银行的财务状况及经营情况做出判断。通过财务分析，可以找出影响银行经营活动和财务状况的各种因素。根据这些影响因素，可以提出相应问题的解决办法，做出正确的决策。

商业银行的财务分析方法主要有比率分析法、趋势分析法、对比分析法、因素分析法等。

1. 比率分析法

比率分析的意义在于揭示财务报表中各个数据之间的内在联系。比率分析法是指对同一会计期间财务报表的相关数据进行比较，求出它们之间的比率，并采用对比的方法进行分析，从而对银行的财务状况和经营成果做出概括性判断的一种方法。在对银行的盈利能力、资产流动性和风险情况进行分析时，一般采用比率分析法。

2. 趋势分析法

趋势分析法又称动态分析法，这种方法是通过对银行连续数期的财务报表进行分析，比较各期有关项目的增减方向和幅度，揭示当期财务状况和营业情况的增减变化及其发展趋势。使用这种方法可以看出银行经营活动的过程及其规律性。

3. 对比分析法

对比分析法就是将两个或两个以上具有内在联系和可比性的经济指标进行比较，以确定差异、分析原因进而提出改进措施的一种分析方法。对比分析有多种形式，具体包括：

（1）实际指标与计划指标的对比分析。银行各项计划的完成情况如何，是银行工作质量状况的主要标志。为了考核银行原定计划的完成情况，需将本期实际数据与计划指标进行对比，从而为进一步分析原因和加强管理指明方向。

（2）本期指标与历史指标的对比分析。如把本期实际数字与上期数字、上年同期数字、历史最好时期或某一特定历史时期的实际数字相比较，从而判断银行目前所处的发展水平，并动态地把握银行的发展趋势。

（3）同业比较分析。银行在进行同业比较分析时，需将本行的数据与同业数值相比较，以得知自己的竞争地位。在选取对比对象时，既可选择国内银行，也可选择国外银行，从而使这种比较更全面，结论更准确。

在进行对比分析时，要特别注意指标之间的可比性，对比的指标应该性质上同类、范围上一致、时间上相符。在进行不同银行之间的同类指标对比时，应考虑它们之间在技术、经济特点和经营环境等方面的可比性。

4. 因素分析法

因素分析法是在影响某个指标的几个相互联系的经济因素中，分别测定各个因素对指标变动影响程度的分析方法。例如，银行的贷款利息收入指标是受贷款额的大小和利率高低两个因素制约的。在实际工作中，只要影响某一指标的因素有两个或两个以上，就可以采用因素分析法。

二、商业银行的绩效评价

对于商业银行的绩效评价,站在不同的角度会有不同的目标和侧重点。金融监管部门的着眼点会放在流动性风险及能否为公众提供符合需要的金融产品和服务上,金融监管部门虽然也关心商业银行的收益水平,但更关注可能发生的贷款损失和资本充足率方面的问题。至于银行的所有者,也就是银行的股东们,最关心的当然是盈利性,尤其是税后的利润。广大存款户则最关心银行的流动性和安全性,即当他们需要提款时,银行会不会无力偿付。

(一)商业银行绩效评价的内容

商业银行绩效评价主要包括以下内容:

1. 营运能力评价

能够反映商业银行营运能力的指标包括资金实力、银行机构数量和分布情况,以及银行资产的使用效率等。

(1) 资金实力。银行的资金实力不仅表明它的资信能力,而且预示了其发展的潜力。评价资金实力的具体指标有:银行资产总额、银行各项存款余额、银行各项贷款及投资总额,等等。

(2) 银行机构(网点)数量和分布状况。这一指标反映的是银行对公众的服务面及能力大小,在此应充分重视银行对新的技术手段的采用和推广情况,如 ATM、自助银行等。

(3) 银行资产的使用效率。这一指标反映的是银行通过资产营运所产生的收入情况。

2. 清偿力评价

对银行清偿力的分析主要是观察银行的资信能力和银行经营的风险。

3. 盈利状况评价

盈利状况评价是商业银行业绩评价的核心内容。

4. 风险状况评价

同其他企业一样,银行利润的获得是以承担不同程度的风险为代价换取的,因此,对银行风险的分析和评价就构成银行业绩评价的另一重要内容。

5. 对社会贡献水平评价

这一评价主要衡量银行运用全部资产为国家或社会所创造的价值大小及所支付价值的高低。

(二)商业银行绩效评价指标

1. 商业银行经营风险评价指标

银行业是一个有较高风险的行业,通常我们将银行的风险分为内部风险和外部风险两大类。

银行的内部风险是指银行自身管理方面的原因而导致的损失发生的可能性。银行的内部风险主要有决策风险、内部控制风险、贪污盗窃风险等。

银行的外部风险是指银行外部环境变化给银行带来的损失发生的可能性。银行的外部风险主要有宏观环境变化风险、信用风险、利率风险、外汇风险、同业竞争风险等。

衡量商业银行经营风险的指标主要有以下几个:

（1）流动性风险比率。流动性风险是指银行由于现金和其他流动性资产不足而蒙受损失的可能性。当银行出现流动性不足时，不得不以较高的成本组织资金，或将银行的资产以较低的价格变现，从而导致银行利润减少，严重的将导致银行因无法清偿到期债务而宣告倒闭。

$$流动性风险比率=\frac{短期投资}{存款总额}\times 100\%$$

在上述公式中，我们用存款代表对银行流动性的需求，用短期投资代表银行对流动性的供给，用两者之比来近似反映银行的流动性风险。该比率越高，说明银行对流动性的需求越小，也就意味着银行的流动性风险越小。

（2）资本资产比率。资本资产比率是考查商业银行经营风险最常用的指标，它反映的是银行承受资产损失风险的能力，该比率越高，银行承受资产损失风险的能力越强。

$$资本资产比率=\frac{资本总额}{资产总额}\times 100\%$$

（3）资本风险比率。资本风险比率反映的是银行所能承担的资产价值损失的程度。如果这一比率超过了一定限度，就意味着该银行承担不起风险资产可能带来的损失。

$$资本风险比率=\frac{风险资本}{资产总额}\times 100\%$$

（4）利率风险比率。利率风险比率反映的是利率变动对商业银行经营的影响程度。

$$利率风险比率=\frac{利率敏感性资产}{利率敏感性负债}\times 100\%$$

利率风险是指在市场利率变化时，银行资产的收益和价值与负债的成本和价值所发生的不利于银行的变化。利率敏感性资产是指那些在市场利率变化时，其利息收入会发生相应变化的资产。利率敏感性负债是指那些在市场利率变化时，其利息支出会发生相应变化的负债。

当利率风险比率为 1 时，商业银行的净利差就能保持极强的稳定性，无论市场利率如何变动，银行都不受影响；当比率大于 1 时，说明商业银行存在利率正缺口，如果利率上升，商业银行可获得额外收益，利率下降时，则要遭受损失；当比率小于 1 时，情况正好相反。

（5）不良贷款比率。不良贷款比率可以说明银行贷款质量的恶化程度，在一定程度上反映出银行资产的质量，以及银行资产中风险资产的比重大小。不良贷款是次级贷款、可疑贷款、损失贷款的总称。

$$不良贷款比率=\frac{不良贷款余额}{全部贷款余额}\times 100\%$$

2. 商业银行经营效益评价指标

衡量商业银行经营效益的具体指标包括盈利资产比率、盈利水平比率和利差比率三类。

（1）盈利资产比率。盈利资产比率是商业银行的盈利资产与总资产的比值，反映商业银行资产中可盈利的部分所占的比重或者某些重要的资产运用项目在商业银行业务中的地位状况。常用的分析比率有贷款资产率、贷款投资与资产比率、工商业贷款与资产比率、不动产贷款与资产比率、消费者贷款与资产比率等。

① $贷款资产比率=\frac{贷款总额}{资产总额}\times 100\%$

② 贷款投资与资产比率 $=\frac{\text{贷款总额}+\text{投资总额}}{\text{资产总额}}\times 100\%$

③ 工商业贷款与资产比率 $=\frac{\text{工商业贷款总额}}{\text{资产总额}}\times 100\%$

④ 不动产贷款与资产比率 $=\frac{\text{不动产贷款总额}}{\text{资产总额}}\times 100\%$

⑤ 消费者贷款与资产比率 $=\frac{\text{消费者贷款总额}}{\text{资产总额}}\times 100\%$

上面①、②两个比率反映的是商业银行每百元资产中用于盈利资产的金额，而③、④、⑤三个比率则反映了工商业贷款、不动产贷款与消费者贷款在商业银行资产业务中的地位。

（2）盈利水平比率。盈利水平比率用来衡量商业银行的盈利水平，是衡量商业银行盈利能力的最重要的指标。盈利水平比率主要有资产收益率、资本收益率、资产使用率、利润与收入比率等。

① 资产收益率 $=\frac{\text{净利润}}{\text{资产总额}}\times 100\%$

该比率反映的是商业银行的整体盈利能力，即每百元的资产能带来多少利润。

② 资本收益率 $=\frac{\text{净利润}}{\text{资本总额}}\times 100\%$

该比率反映的是商业银行每百元资本能带来的利润额，因此与银行股东的利益密切相关，对商业银行股票市价具有重大影响。

③ 资产使用率 $=\frac{\text{营业收入总额}}{\text{资产总额}}\times 100\%$

该比率反映的是商业银行资产的周转速度或使用效率，该比率越大，说明银行资产的使用效率越高，周转速度越快。

④ 利润与收入比率 $=\frac{\text{净利润}}{\text{营业收入总额}}\times 100\%$

该比率反映的是商业银行收入中利润的比重，即体现其控制成本与增加收入的能力。

（3）利差比率。利差比率也是评估商业银行盈利水平的常用指标，具体包括利差率和利率差两个比率。

① 利差率 $=\frac{\text{利息收入}-\text{利息支出}}{\text{盈利资产总额}}\times 100\%$

② 利率差 $=\frac{\text{利息收入}-\text{利息支出}}{\text{盈利资产需付息的负债}}$

利差率是分析商业银行盈利能力的重要指标，其实质反映的是单位盈利资产带来的利润大小；利率差则是指商业银行盈利资产的平均收益率与需付息负债的平均利息成本率的差额。

3. 商业银行流动性评价指标

衡量商业银行流动性大小的比率主要有以下几类：

（1）备付金比率。备付金是银行资产中流动性最高的资产，备付金比率越大，说明银行资产的流动性越强，清偿力越强。银行的备付金包括库存现金、在中央银行的存款。备付金比率又称一级准备比率，其计算公式为：

$$备付金比率=\frac{备付金}{各项存款总额}\times 100\%$$

（2）短期可销售证券与总资产比率。短期可销售证券是商业银行的二级准备，它一般具有迅速变现的能力，且在变现过程中往往不会有价格损失。这一比率越高，银行的流动性和清偿力越强。

$$短期可销售证券与总资产比率=\frac{短期可销售证券}{总资产}\times 100\%$$

（3）短期资产比率。期限在一年或一年以内的短期资产是商业银行获取流动性的主要手段，该比率反映商业银行的流动性水平。显然，该比率越高，流动性越强。

$$短期资产比率=\frac{期限在以年或一年以下的所有资产}{资产总额}\times 100\%$$

（4）短期负债比率。短期负债也叫流动负债，是指将在一年以内（含一年）到期偿还的债务。在全部负债中，短期负债比例越大，银行的偿债压力越大，流动性越弱。

$$短期负债比率=\frac{短期负债总额}{全部负债}\times 100\%$$

（5）活期存款比率。活期存款是指不事先约定存款期限，随时可以提取的存款，属于短期负债的范围。在负债总额中，活期存款的占比越大，银行的偿债压力就越大，流动性越弱。

$$活期存款比率=\frac{活期存款总额}{负债总额}\times 100\%$$

（6）定期存款比率。定期存款是指事先约定存款期限的存款，一般到期才能提取，到期前银行可以放心使用这笔款项。负债总额中定期存款占比越大，银行的资金来源就越稳定。

$$定期存款比率=\frac{定期存款总额}{负债总额}\times 100\%$$

（4）（5）（6）三个比率属于负债的流动性比率，一般来说，负债的流动性越强，说明商业银行的资金来源越不稳定。因此比率（4）（5）越大，说明银行资金来源对短期负债的依赖性越强，而比率（6）越大，则说明银行的资金来源稳定性越强。

（7）流动比率。流动比率是衡量流动资产抵偿流动负债能力的通用比率，流动比率越大，抵偿能力越强。

$$流动比率=\frac{流动资产}{流动负债}\times 100\%$$

（三）商业银行经营状况评价——骆驼评级体系

所谓骆驼评级体系是一种金融管理机构评定商业银行经营管理水平所采用的方法。其中共有五项考评指标，即资本充足程度（Capital Adequacy）、资产质量（Asset Quality）、管理水平（Management）、盈利水平（Earnings）和流动性（Liquidity）。其英文第一个字母组合在一起为“CAMEL”，正好与“骆驼”的英文单词相同，所以有的地方也称该评级方法为“骆驼”评级体系。该方法目前已被大多数国家采用。

1. 资本充足程度

金融管理机构把资本充足率，即资本与资产的比率作为考评银行资本充足程度的标准，

要求这一比率达到6.5%—7%,具体的考评标准是:

第1级:资本充足率大大高于7%,银行资本非常充足。

第2级:资本充足率略高于7%,银行的资本充足性令人满意。

第3级:资本充足率在6%—7%之间,银行的资本充足性比较令人满意。

第4级:资本充足率低于6%,资本状况不能令人满意,需要补充资本。

第5级:资本充足率在4%以下,资本充足性完全不能令人满意,银行风险资产太多,需要调整资产结构,补充自有资本。

2. 资产质量

金融管理机构对资产质量的评定,是以贷款检查为基础的。商业银行的贷款一般分为完全没有问题贷款和有问题贷款两大类;按照风险的严重程度,有问题贷款又可分为不符标准贷款、有疑问贷款和损失贷款三类。

有问题贷款与基础资本之比,是衡量银行资产质量的主要尺度,可据此评价出银行资产质量的等级:

第1级:该比率在5%以下,银行资产质量高,管理水平也高,完全令人满意。

第2级:该比率低于15%,银行资产质量比较令人满意。

第3级:该比率在15%—30%之间,银行资产质量不太令人满意,应引起管理部门的注意。

第4级:该比率在30%—50%之间,银行在放款方面存在严重问题,若不及时采取措施,有可能导致银行倒闭。

第5级:该比率在50%以上,资产质量极差,足以导致银行倒闭。

3. 管理水平

对商业银行管理水平的考评,实际上是对商业银行组织管理中人的因素的考评,也是金融管理机构最重视的考评内容之一。其考评的范围和指标有;

(1) 部门管理者的领导能力,包括管理者的经验与技巧以及业务开拓能力等。

(2) 银行职员的业务素质,职工队伍的培训及组织状况。

(3) 银行在处理突发问题时的应变能力。

(4) 银行内部的技术控制系统是否完善。

(5) 银行更新金融服务、吸引顾客的能力。

(6) 董事会的决策能力。

考评结果可分为五级:

第1级:考核的各项内容均达到标准。

第2级:在管理的某一方面稍有不足,管理水平比较令人满意。

第3级:在管理的某些方面存在问题,虽然不太令人满意,但总的来说还比较安全。

第4级:在许多管理环节上存在问题,管理层不能做出明智决策。

第5级:在管理方面存在严重问题,管理出现失职现象,银行面临倒闭。

4. 盈利水平

金融管理机构评定一家商业银行的盈利水平,通常要考虑如下因素:

(1) 该银行是否适量补充自有资本,股份分红水平是否过高,是否会因追求眼前利益而忽视长期发展。

（2）该银行利润的变化趋势、前景是否乐观。

（3）盈利质量如何。如果银行的盈利是由一些偶然因素的出现而产生的，或者是由出售银行的不动产而获得的，则对其盈利水平的评级就会相对偏高。

（4）银行盈利的来源是否合法，商业银行是否会通过非法渠道获得盈利。

金融管理机构评定商业银行盈利等级的指标，是净利润与盈利资产之比。这一比率称为银行资产的收益率。若该比率在1%以上：则其盈利等级就为第1、2级；若该比率在0—1%之间，其盈利等级就为第3、4级；资产收益率为负数的银行则被评为第5级。等级越高，盈利水平越低。

5. 流动性

金融管理机构对商业银行流动性进行评定的目的，在于检查商业银行库存现金和可变现资产的数量、质量，判断银行是否有充足的变现能力和偿付能力。金融管理机构对商业银行资产流动性的考评，主要依据以下几个方面：

（1）贷款期限结构是否与投资账户相匹配。

（2）银行存款的波动情况。

（3）银行对借入资金的依赖程度，即对大额存款单和同业拆借资金的依赖程度。

（4）银行可临时变为现金的资产，在总资产中占多大比例。

（5）资金对利率的敏感度。

（6）银行资产负债的管理水平。

（7）银行向外借款的数量和频率。

（8）银行借款的能力，是否能在相对短的时间内以相对较低的成本借到所需资金等。

在全面考虑以上各方面因素后，金融管理机构对商业银行的流动性做出考评结论，确定其资产流动性的等级。

第1级：流动性好。

第2级：银行有较多的流动性资产，但不是最高水平。

第3级：流动性资金不足以在任何时候满足各方面的需要。

第4级：流动性资金明显不能在任何时候满足各方面的需要。

第5级：流动性水平过低，已经影响到存款者和银行经营的安全。

金融管理机构根据以上考评结果对商业银行做出最后的综合评价。

拓展阅读

商业银行绩效评价方法与现状

一、商业银行绩效评价方法

早在19世纪初，绩效评价就作为一种管理工具在西方得到广泛应用。就绩效评价方法而言，Hotelling（1933）首先提出用主成分分析法从众多指标中提取关键性指标，这一方法得到广泛应用，被引入银行经营评估中；戴维·科尔（1972）在商业银行的经营管理中引入杜邦财务分析体系;Altman(1983)利用因子分析法在17个财务比率中提取出资产投资报酬率、流动比率、利润率、股东权益报酬率等9个公因子;Kaplan和Norton(1992)提出平衡计分卡绩效评价模型。

二、我国商业银行绩效评价的研究

从20世纪90年代开始,我国银行业主要运用经济增加值法(EVA)、VaR模型方法、平衡记分卡方法等。层次分析法(AHP)是将与决策有关的元素分解成目标、准则、方案等层次,在此基础上将决策问题按总目标、各层子目标、评价准则直至具体的备投方案的顺序分解为不同的层次结构,然后求解判断矩阵特征向量,进行定性和定量分析的决策方法。商业银行的特殊性、利益相关者的多元性、业务内容与评价指标的多样性决定了商业银行绩效评价是一个复杂而综合的过程。运用层次分析法对商业银行的绩效水平进行定性与定量分析,其评价结果将更全面、可靠。

三、我国商业银行绩效评价现状

人民银行于2000年出台了第一个金融机构绩效评价办法——《国有独资商业银行考核评价办法》;2002年,人民银行发布《商业银行内部控制指引》;2004年,银监会颁布《股份制商业银行风险评级体系(暂行)》;2005年,银监会制定了《商业银行风险预警操作指引(试行)》;2009年,财政部出台《金融类国有及国有控股企业绩效评价暂行办法》;2011年,财政部发布《金融企业绩效评价办法》。绩效评价制度逐步建立并完善。然而,多元利益相关者的评价目标存在差异,绩效评价结果难以满足多方需求。

表12-3 人民银行、银监会及财政部绩效评价的主要指标

监管主体	文件名称	指标内容
人民银行	《国有独资商业银行考核评价办法》(2000年)	盈亏、贷款质量、流动性、资本充足率
人民银行	《商业银行内部控制指引》(2002年)	效益、资产流动、资产安全、发展能力、内部管理
银监会	《股份制商业银行风险评级体系(暂行)》(2004年)	资本充足、资产安全、管理、盈利、流动性
银监会	《商业银行风险预警操作指引(试行)》(2005年)	资本充足度、信用风险、市场风险、经营风险、流动性风险
财政部	《金融类国有及国有控股企业绩效评价暂行办法》(2009年)	盈利能力、经营增长、资产质量、偿付能力
财政部	《金融企业绩效评价办法》(2011年)	盈利能力、经济增长能力、资产质量、偿付能力

表12-4 国有商业银行经营者绩效评价的主要指标

行名	指标内容				
工行	效益类	资产质量类	存贷比例	案件类	
农行	效益管理	风险管理	可持续发展	业务协调	内部控制
建行	价值创造	同业竞争	质量风险	效率成本	执行力
中行	财务	资产质量	业务发展	内部管理	

表 12－5　工商银行、农业银行 2012 年绩效指标情况

评价内容	评价指标	工行	农行
盈利能力指标(%)	平均总资产回报率	1.45	1.16
	加权平均净资产收益率	23.02	20.74
	净利息收益率	2.66	2.81
	加权风险资产收益率	2.66	2.01
	……		
资产质量指标(%)	不良贷款率	0.85	1.33
	拨备覆盖率	295.55	326.14
	贷款拨备率	2.50	
	贷款总额准备金率		4.35
资本充足率指标(%)	核心资本充足率	10.62	9.67
	资本充足率	13.66	12.61
	总权益对总资产比例	6.43	5.67
	加权风险资产占总资产比例	54.22	54.48

详情链接:许莉、路程、朱珠、曹东《分层次商业银行绩效评价体系构建》,《财会通讯》,2015 年 5 月第 1 期。

本章主要网络链接

1. 中国银行业监督管理委员会:http://www.cbrc.gov.cn
2. 上海证券交易所:http://www.sse.com.cn
3. 深圳证券交易所:http://www.szse.cn

关键术语

绩效评价　财务报表　资产负债表　损益表　现金流量表　财务分析　评价指标　经营风险　经营效益　经营状况　骆驼评级体系

复习思考题

1. 商业银行财务报表的构成及其与普通企业财务报表的区别是什么?
2. 商业银行绩效评价的具体指标有哪些?
3. 我国商业银行绩效评价的方法和指标与国外相比有何不同?
4. 绩效评价对商业银行有何意义?
5. 我国商业银行应如何提高自己的经济利润?

第十三章

银行并购

学习目标

- 了解商业银行并购方式
- 理解商业银行并购的动因及成本
- 掌握目标银行的价值评估和并购的收益分析

案例导读

我国商业银行的并购与综合化经营

2013年11月1日，中国建设银行与巴西Banco Industrial e Comercial S. A.（以下简称“BIC银行”）控股股东签署了股份买卖协议。根据股份买卖协议，建设银行同意收购BIC银行控股股东直接和间接持有BIC银行发行的157 394 932股普通股和24 702 582股优先股（该等普通股股份和优先股股份合称“控股股份”，购买该等控股股份的交易简称“本次交易”）。成功交割后，建设银行将持有BIC银行总股本72%的股份（如总股本剔除库存股，建行持股比例则为73.96%）。2014年1月29日，中国工商银行签署协议，同意向标准银行伦敦控股有限公司收购标准银行公众有限公司已发行股份的60%。

随着我国金融改革开放的进一步深化，跨境、跨业、跨市场的金融活动日益频繁，混业经营趋势明显加快，商业银行纷纷布局全牌照经营，综合化金融服务能力已经成为衡量银行国际竞争力水平和银行转型成效的关键。值得关注的是，多元化发展也带来新的挑战。伴随经营范围和业务领域的扩大，新的风险因素、新的风险种类也接踵而至，商业银行风险管理的复杂程度大大提高。

为适应银行业混业跨境经营出现的新变化和新趋势，银监会日前修订发布了《商业银行并表管理与监管指引》,以敦促商业银行做好内部的并表管理,提升自我风险管理能力。

自2005年以来,国务院先后批准商业银行开展投资基金管理公司、金融租赁公司、信托公司和保险公司的试点工作。自此,商业银行的综合化经营开始加速推进。据统计,截至2013年年末,我国共有18家商业银行投资设立了14家基金管理公司、15家金融租赁公司、4家信托公司、7家保险公司、6家投资银行和3家消费金融公司,而其中五大行占据了多数席位。

详情链接:根据各银行年报和《金融时报》数据整理。

你是不是有下面的疑问

1. 银行在传统存贷款业务以外,为什么要开展并购活动?
2. 银行并购与银行综合化经营或混业经营是什么关系?
3. 银行并购后经营绩效是否有显著改善?
4. 国际上银行业并购的发展历程如何?

进入内容学习

第一节　银行并购概述

并购是指在市场机制作用下,企业为了获得其他企业的经营控制权而进行的产权交易活动。并购的具体形式多种多样,一般可分为合并和收购两种形式。合并是指两个以上的企业联合起来组成一个新的企业,在此基础上,原有企业不复存在,可以表述为 A + B = C,其具体条件由参加合并的企业协商决定。收购是指企业用现金、债券或股票购买另一家企业的部分或全部资产或股权,以获得对该企业的控制权,在收购活动中有明确的买方和卖方,收购后的企业结构完全由买方决定,即 A + B = A′。

在上述一般化的并购定义的基础上,银行并购可以定义为:在市场竞争机制的作用下,并购银行通过有偿购买目标银行的部分或全部产权,以获取对目标银行的经营控制权为目的,并实现资产一体化经营管理的活动。狭义的银行并购主要是指银行与银行之间的并购,广义的银行并购则包含了银行作为并购方(发起方)对相关金融领域企业实施的并购。比如,银行为了增强其综合化经营实力,对基金公司、保险公司、金融租赁公司、信托公司等进行并购,这也是当代银行业和金融业发展的重要趋势之一。

企业并购已有100多年的历史,但是银行间的并购活动则是随着20世纪70年代以来的金融自由化才逐渐增多的。银行并购是银行业乃至金融业重建的重要方式,并购加剧了银行间的竞争,越来越多的银行意识到并购可能带来的利益,从而积极地寻求有潜在利益的并购活动。20世纪90年代中后期,银行并购高潮迭起,无论是原因还是方式,均有明显的特殊性。

一、银行并购的方式

按照不同的标准,可将银行并购的方式划分为不同类型。

1. 按关联程度划分

按照收购银行与目标银行从事业务的关联程度,可以将银行并购分为纵向并购、横向并购与混合并购。

(1) 纵向并购,指有银行背景的金融银行并入各自银行。例如,新加坡的金融重组就是以这种方式为主,原因主要在于新加坡的十多家金融银行大多都有一定的银行背景,其业务或多或少地与各自银行有着千丝万缕的联系,所以采取此种方式不足为奇。

(2) 横向并购,指银行同业之间的并购。比如美国花旗银行与旅行者集团合并组成花旗集团,德国德意志银行收购美国信孚银行,日本兴业银行、第一劝业银行及富士银行三强合并组成瑞穗金融集团。

(3) 混合并购,指银行为扩大业务范围而并购保险、证券等金融机构,从而创建金融航母。比如新加坡华侨银行收购瑞银华宝证券,华侨银行集团重组旗下保险业务,并入大东方控股。

2. 按出资方式划分

依据出资方式的不同,银行并购可分为现金收购、股票收购和综合证券收购。

(1) 现金收购。现金收购是并购活动中最清楚、最迅速的一种方式,在各种支付方式中占很高的比例。这是因为现金收购的估价简单,对卖方比较有利,常常是卖方最愿意接受的一种出资方式,以这种方式出资,卖方所得到的现金额是确定的,不必承担证券风险,亦不会受到兼并后新银行的发展前景、利息率以及通货膨胀率变动的影响,便于收购交易尽快完成。

一般而言,凡不涉及发行新股票的收购都可以被视为现金收购。即使是由收购银行直接发行某种形式的票据完成收购,也是现金收购。在这种情况下,目标银行的股东可以取得某种形式的票据,但其中不含有股东收益,只表明对某种固定的现金支付所做的特殊安排,是某种形式的推迟了的现金支付。

(2) 股票收购,指收购银行通过增加发行本银行的股票,以新发行的股票替换目标银行的股票以达到并购目的的一种出资方式。股票收购区别于现金收购的主要特点有二:一是买方不需要支付大量现金,因而不会影响收购银行的现金状况;二是收购完成后,目标银行的股东不会因此失去他们的所有者权益,只是变拥有原目标银行所有权为拥有收购银行所有权。也就是说,当并购交易完成之后,目标银行被纳入了收购银行,收购银行扩大了规模,并且扩大后的银行的股东由原有股东和目标银行的股东共同组成。一般来说,这种变化不会影响收购银行的大股东对并购后新银行的控制。但是,目标银行的股东如果拥有了控股权,就可能反客为主,成为新银行的控制者。这种情况被称为反向收购。

(3) 综合证券收购,指收购银行对目标银行提出收购要约时,其出价有现金、股票、可转换债券、认股权证等多种形式证券的组合。

二、银行并购的动因

美国经济学家J·弗雷德·威斯通曾将企业并购的动因做了归类:①消除无效率的管理者;②达到经营协同效应和财务协同效应;③引进战略性重组;④获得价值低估的好处;⑤传送信息;⑥解决代理问题;⑦市场力量;⑧税收方面的考虑;⑨再分配。这9种动因的划分也基本上适用于银行并购。银行并购的动因,换言之,也就是银行并购所可能带来的收益,包括以下几方面:

1. 银行并购的根本动因

从银行并购的历史来看,银行股东、管理者和政府都可能对银行并购起到推动作用。首先,银行股东追求收益最大化的行为推动了银行并购。如果银行股东相信银行并购能够增加银行的盈利能力和市场价值,从而增加股东财富的话,股东就会推动银行并购。其次,银行管理者也可能从自身利益出发推动银行并购,这是因为在很多情况下,银行管理者在社会上的地位和影响力依赖于该银行的规模而不是其利润水平,而且大银行倾向于向高层管理者支付更高的报酬。这样,银行管理者客观上也存在通过并购扩大银行规模的冲动。最后,从政府的角度来看,政府既要保持市场的公平竞争,同时也要鼓励市场的适度集中,以增强银行实力,参与国际竞争。特别是在出现银行破产倒闭的情况下,政府特别希望有实力的银行能够对破产银行进行并购,从而维护金融秩序的稳定。

从根本上看,银行并购这种经济行为的原始动力是追求股东利益的最大化。银行作为金融企业,其存在和发展的目标是增加其股东的财富,也就是上市银行的市场价值。和其他投资决策一样,银行并购是否发生,取决于并购能否增加股东财富或市场价值。银行并购可以扩大银行的规模,增加新的金融品种,拓展金融服务领域,获得更多的利润。同时,银行并购也是在面对激烈的市场竞争下,商业银行进行低成本扩张以扩大银行规模,增强银行竞争力的重要手段。所以,对利润的追逐和生存竞争的压力推动着商业银行展开大规模的并购活动,并购的最终目的在于使股东利益最大化。

2. 银行并购的具体动因

追求银行股东利益最大化只是银行并购的原始推动力,引起银行并购兴趣的主要是以下6个方面:

(1) 降低成本,追求规模效应。银行并购以后,通过减少重复设置机构,实现资源有效配置,可以减少总的经营成本。并购将使得新银行能以较少的员工和较低的资金成本来提供与并购前相同质量的金融服务。在许多并购案例中,并购成功后紧接着就是大规模的机构撤并和裁员,这显然可以节约大量的成本。同时,由于规模太小的银行可能无法开展信托等其他业务,并购使得银行规模扩大后达到某个规模临界值,一个大型控股银行集团就可以支持信托业务、国际业务等其他业务。

(2) 互补优势,实现协同效益。一是地区性互补。例如,在美国,美洲银行的业务主要集中于西海岸,而国民银行的业务主要集中于东南部,合并后可抵御较小地区的经济放缓带来的冲击,从而保证新集团整体盈利的稳定增长。二是业务互补。由于金融创新的激励,各家银行都在竭力推出自己的新产品,但是不仅新产品开发费用高昂,而且在不明底细的情况下,其他银行也不敢贸然运用新产品,在这种情况下就只能在业务运作上相互协调,迅速发挥整体优势。美洲银行在批发业务方面具有优势,而国民银行则擅长零售业务,合并后,美洲银行在三藩市的总部主导批发银行业务,国民银行在北卡罗来纳州的总部主导零售银行业务。同样,东京与三菱银行合并后,由于三菱银行擅长日本本土和零售业务,而东京银行作为外汇专业银行,其国际业务和批发业务发达,因此可以相得益彰,在国内外开展更全面的银行服务。三是产品交叉销售。合并各方可以互相利用对方的客户基础和经销渠道,通过交叉销售来扩大经销网络,增加销售额,其理论根据在于一家银行的某种产品(例如信用卡)的客户是它的其他产品(例如汽车贷款)的理想对象。比如花旗银行在商业银行业务领域拥有广大客户基础,有 3 000 个分支机构,在居民与企业存贷款、外汇交易、贸易融资、信用卡发行等方面占有巨大的市场份额。旅行者集团可以利用这些客户,推销其共同基金、退休基金、人寿基金、物业保险、资产管理、投资咨询等金融服务,特别是可以利用花旗银行的庞大海外机构及影响,来弥补自己海外业务方面的不足。而花旗银行则可以利用旅行者集团在共同基金、退休基金,特别是保险方面的广大客户,推销其消费者贷款、信托外汇买卖、债券交易等产品和服务。

(3) 进入新市场。与在目标市场雇用新员工、成立一家新银行相比,并购能大大减少进入新市场的成本。特别是在市场管制较为严格的地区,把所收购的银行作为基础,以分行的形式进入新市场的案例是很多的。例如,1991 年新英格兰银行被美国联邦监管机构关闭,其大约 130 亿美元的优质资产被拍卖。Fleet 银行金融集团通过这次并购成功进入新英格兰地区,成为新英格兰最大的银行。

(4) 提高市场占有率。许多银行并购是为了增加银行的核心存款,从而扩大其在核心存款市场上的占有率。核心存款的扩大能够增加新银行的市场价值,并提高其在将来的并购中讨价还价的能力。例如 1994 年美洲银行对大陆银行的并购。大陆银行拥有巨大的客户网,与美国最大的一万家大企业中的 1 600 家有业务联系,良好的支票结算和现金管理等多项服务使得这些客户不易流失。美洲银行对大陆银行的并购将使得新银行拥有巨大的客户网,扩大市场占有率。

(5) 节税。如果目标银行出现亏损,将其收购还可能带来税收上的好处。对并购银行来说,可以用目标银行的亏损冲抵自己的利润,这样能够降低应税利润,减少纳税。另一方面,并购可以成为一种拖延纳税的手段,因为如果银行将用于并购的资金向股东发放现金股息,股东则需要为此交纳所得税。如果银行留下资金用于并购,股东财富会因此增加。

(6) 获得目标银行的优质资产。不少银行并购是在监管机构的撮合下完成的,目的是保留有限的保险储备,避免因为银行倒闭带来的客户服务的中断。在这种并购中,收购者往往并不买下整个目标银行的资产,而只是买下适合自己并满足标准的那部分优质资产。由于目标银行已经宣告破产,并购银行往往能以较低的价格购进其优质资产。一个突出的例子是 1993 年 1 月纽约的化学银行通过它的得克萨斯商业银行对得克萨斯第一城市银行集团的并购。化学银行只用一笔少于 3.5 亿美元的小额资金就购买了大约 66 亿美元的巨额资产。

3. 银行并购效果的验证

银行并购是否达到了预期的效果,可以从以下两个方面来验证。[①] 一是股价是否会上

---

① 银行并购的价值创造问题是一个颇具争议的研究领域,实证检验也未能得出统一结论,Hogary 甚至提出"银行并购的确对于冒险家们有着极大的吸引力,但却是一项零收益且充满风险的活动"。

升。股价的上升直接说明了银行股东的财富增长，银行并购的目的达到了。二是银行获利能力是否得到改善。银行获利能力的改善预示着其股价在未来将会提高，从长远来看有利于增加股东财富。

（1）股价是否会上升。银行并购的拥护者们认为，通过并购，目标银行的股价将会上升，同时并购银行的股价不会下降，在并购交易中创造的价值将增加目标银行股东的财富。

1990 年，Hanawini 和 Swary 运用实证研究方法分析了从 1970 年到 1987 年的 118 桩银行并购案，他们发现在消息宣布的那一周，对风险进行调整后，目标银行的股价平均上升了 11.5%，然而并购银行的股价平均下降了大约 1.5%，不过，他们的分析依然表明银行并购增加了总财富。1991 年，Cornett 和 De 发现无论对并购银行还是目标银行来讲，股价对银行并购公告的反应是显著的，他们将该结果归功于银行并购决策放出了有关资本质量的正信号和银行并购中出现的协同效应。

以上两个著名的实证研究似乎证明了并购确实能够对并购双方的股价产生总体上的正效应。然而，也存在相当多的反例，例如在 2000 年，德意志银行和德累斯登银行宣布合并后不到一个月，即因意见不合而分道扬镳。当两家银行取消合并的消息传出后，各自的股价反而出现了上扬。

（2）获利能力是否得到改善。并购双方的银行由于在人事和管理等方面都存在明显差异，必须有一个磨合的过程，这可能对银行的有效运行产生不利影响。同时，并购后的银行由于内部组织体系变得更加庞大，将使行政管理费用急剧升高。

根据安达信顾问公司（Andersen Consulting）对一些美国银行所做的成本与获利分析研究，从银行服务每一客户使用的成本与银行获利来看，自 1995 年起，小型银行的营运效率一直比大型银行的营运效率高。1997 年，资产规模小于 100 亿美元的小型银行服务一位客户的费用支出比率要比大型及超大型银行低 20%，对顾客提供的放款与企业重整咨询的获利比超大型银行高出 44%。事实证明，大型银行的获利能力确实不如小型银行。

另外，美国一家财务咨询公司 SNL 针对过去 5 年美国商业银行并购进行研究后发现，通过并购使资产规模扩张最多的前 10 家银行，它们通过并购取得的资产超过 200 亿美元，但没有一家的股价表现超出 SNL 的美国银行指标。而在通过并购使资产规模扩张最小的 10 家银行中，它们通过并购取得的资产不到 50 亿美元，却有 4 家银行的股价表现优于指数。

拓展阅读

中资商业银行近年来积极谋划全球布局，收购兼并已经成为中资商业银行拓展境外机构网络的重要形式。自 20 世纪 90 年代以来，我国商业银行在有效防范风险的前提下，积极拓展海外市场，科学实施海外布局，构建与中国企业“走出去”相匹配的服务网络。早在 1994 年，建设银行就收购了香港大新金融集团的全资附属银行，香港工商银行 40% 的股权（此后这一比例逐步上升到 70%），并更名为建新银行。2006 年以来，工商银行平均每年都有一次跨国并购，最新的案例是 2012 年 5 月和 11 月工商银行分别完成了对东亚银行和阿根廷银行的并购。随着股份制银行国内业务的快速壮大，资本实力的大幅增强，近年来部分股份制银行也加入到海外扩张的队伍中来，并购金额也在不断提高。历史上每次金融危机均会对金融机构进行重新洗牌。2008 年金融危机的爆发从一定程度上改变了世界范围内的银行业格局,我国银行业的国际地位逐渐提升,为我国商业银行进行海外并购提供了契机。

根据中国人民银行发布的《中国金融稳定报告(2013)》统计,截至 2012 年年末,我国商业银行将企业金融服务需求和自身战略发展目标结合起来,已在全球 14 个国家和地区进行了海外并购交易,覆盖亚洲、欧洲、美洲、非洲和大洋洲。

1998—2012 我国商业银行海外并购区域分布

地区名称	中国银行	工商银行	建设银行	股份制银行	横向总计
港澳台	1	7	3	3	14
东南亚	1	1	—	1	3
欧洲	2	2	—	1	5
北美洲	—	2	—	—	2
南美洲	—	1	—	—	1
非洲	—	1	—	—	1
大洋洲	1	1	—	—	2
纵向总计	5	15	3	5	28

详情链接:根据各银行年报整理。

三、银行并购的成本

银行并购的成本可分为两类:一是内部成本,即并购银行本身为并购所付出的代价;二是外部成本,即社会为银行并购所可能付出的代价。

(一) 银行并购的内部成本

1. 直接的并购支出

如前所述,银行并购一般有三种方式:现金收购、股票收购和综合证券收购,每一种收购方式都会带来直接的并购支出。在现金收购中,收购银行需要支付一定数量的现金,以取得对目标银行的所有权,从而形成收购银行的一项即时现金负担。在股票收购中,收购银行需将目标银行的股票按一定比例换成本银行的股票,对于收购银行来说,虽不需要支付大量现金,但新增发的股票改变了银行原有的股权结构,导致了股东权益的稀释,甚至有可能使原先的股东丧失对银行的控制权,所以实际上也等同于支付了收购费用。至于综合证券收购,其出价不仅有现金、股票,而且还有认股权证、可转换债券和公司债券等多种混合形式,因此收购银行的支出也就是多元的,包括支出现金、分散股权和增加债务。直接的并购支出,也被称为并购的价格,如今随着并购案的增多,并购的价格也直线上升,在美国 1990 年并购银行的平均出价为目标银行资产总值的 1.47 倍,而 1996 年国民银行对巴尼特银行的并购价高达资产总值的 4 倍和年收入的 24 倍。

2. 各种市场中介费用

银行并购需要多种市场中介机构的参与,比如投资银行、会计师事务所、律师团等,其中以投资银行的费用最高。投资银行广泛参与银行并购业务,从中收取酬金,通常按并购价的一定百分比计算,大致有三种计算方式。

(1) 并购价格越高,百分比越低。此种酬金结构通称为 5－4－3－2－1 雷曼公式(Lehman Formula),即酬金是第一个 100 万美元的 5%,第二个 100 万美元的 4%,第三个 100 万美元的 3%,第四个 100 万美元的 2% 和任何超出量的 1%。

(2) 不论并购价格高低,均采取固定的百分比。典型的固定百分比是并购价格的 2%—3%。

(3) 如果并购价格比预定的优惠,则在一个固定的百分比上再加上鼓励酬金。此外,若是杠杆收购,并购银行还得对投资银行的贷款支付较高的利息。由此可见,投资银行从并购中所获甚丰,他们总是并购的积极推动者,所以有人认为,20 世纪 90 年代以来的并购热潮很大程度上是投资银行推动的结果。

3. 整合成本

并购银行与目标银行作为两个不同的企业,在管理模式、财务资料、企业文化等诸多方面都会有显著不同,现在要合并成一家银行,就得对这些相异点进行整合。显然,财务资料的更换、企业文化的重建都会产生一笔不小的开支,而且在当今信息化社会中更值得关注的是计算机软件整合所带来的风险。比如对在同一地区设立分行的第一银行和芝加哥第一银行来说,要有效地进行合理化调整,就必须迅速解决分行网点和不同技术衔接的困难。20 世纪 90 年代以来,美国银行业掀起了多次信息革命热潮,其中 1995 年的主题就是银行并购的信息整合,其难度由此可见一斑。

4. 并购失败风险

银行并购并非总是一帆风顺,往往要经受重重考验。首先,并购方案股东未必赞成,由于并购会稀释股权或增加现金支出,股东可能不愿意承担风险,从而在股东大会上将并购方案予以否决。其次,由于被收购至少对目标银行经理阶层的既得利益构成损害,目标银行可能会做出反收购努力,竭力避免被收购。最后,反垄断法和兼并准则的限制。银行不同于一般企业,各国监管当局都对银行兼并给予格外关注,倘若并购失败,并购银行的股价势必大跌,而为并购所支付的一切费用也自然付之东流。

(二) 银行并购的外部成本

1. 过分垄断可能损害消费者的利益

大规模的银行并购直接导致银行数目的减少,美国在 1920 年有 30 000 家银行,1985 年有 15 000 家,1996 年则只剩下 9 530 家;截至 2002 年,加拿大、英国分别有 53 家和 212 家银行,都较从前大大减少。银行数量的减少表明消费者和客户的选择余地的减少,竞争的缺乏将不利于降低费用。对于大银行是会把节省下来的钱用到消费者身上,还是利用他们的垄断地位提高收费标准,美国公益调查咨询公司曾做过调查,结果表明银行扩大意味着费用提高,较大的银行用垄断力量来向消费者收取高于小银行和信用社的费用。例如美洲银行和国民银行合并之后,控制了全美各地大约 1.5 万台自动取款机,一些金融分析家就认为,由于有那么庞大的一个网络,它就可以无所顾忌地收取使用自动取款机的费用。

2. 超大规模带来的经营风险

银行并购虽然在一定程度上维护了银行体系的稳定,但潜在的威胁并没有消除。大银行也会破产,当其陷入困境时,对其营救将更加困难,大银行破产所产生的负面影响范围更大,更容易冲击全球金融市场。在当今金融创新日新月异的情况下,大银行更有实力去从事高风险投资,这使得大银行的基础显得十分薄弱。一旦投资失败,即使是资本雄厚的大银行也难逃厄运,巴林银行事件、大和银行事件就是典型的例子。

另外,银行规模过大,会降低灵活性。中小银行面临激烈的竞争,可以灵活调整自己的经营方向,以适应市场,而大银行自身的问题常被掩盖,而一旦问题暴露,改革起来就相当困难。

3. 金融监管困难

从金融监管部门的角度来看,银行并购是一把双刃剑。一方面,银行数量的减少使监管部门可以集中精力对付若干家大银行。另一方面,银行并购后又会给监管带来新的挑战,体现在两方面:一是合并后的银行会形成一个更大的力量来对付金融监管,影响立法机构、监管机构的决策;二是在多数国家金融监管是由不同的机构依据不同的金融业务领域来实施的,而合并后的银行广泛涉足各个金融领域,这就会形成同一银行被多个金融监管机构监管的局面,由此产生多个金融监管机构间的协调问题。以美国为例,目前对美国银行实施监管的大部分权力在州一级,新的超级银行的出现将大大增加由联储和通货委员会掌握的中央控制权,显然这会引起监管权力的重新划分。

4. 并购带来的大幅度裁员问题

银行并购的直接动因之一就是降低成本,这往往是通过关闭分行削减员工来达到的。巴伐利亚联合银行与抵押银行合并后就在 5 年内每年节省了 10 亿马克的人事业务费用。表 13－1 反映了几起银行并购所引发的裁员数量。

表 13－1　银行并购引发的裁员数量

合并案	计划裁员数	裁减率(%)
大通曼哈顿银行与化学银行	63 000	84
联合银行与加利福尼亚银行	850	/
富国银行与第一州际银行	/	23.5
瑞士银行与瑞士联合银行	9 000—12 000	/
巴伐利亚银行与抵押银行	7 000	18
美洲银行与国民银行	5 000—8 000	2.7—4.4

四、银行并购的财务原则

银行并购的财务不同于正常经营中的财务,它主要处理与并购有关的各利益集团的财务关系。在并购时,必须坚持以下基本原则:

1. 资产评估原则

由于种种原因,银行资产的实际价值往往与其账面价值不一致。因此,在并购前,必须对目标银行的资产进行重新估价,确定其资产的现有价值,合理评价银行全部资产的优劣,为估计其实力、确定转让价格提供科学的依据。

2. 有偿性原则

并购实际上是一种产权的买卖行为。这种产权作为特殊的商品应遵循商品交换的等价原则,即有偿转让。银行并购时,转让价格应根据目标银行资产的现有价值,并考虑银行的盈利能力和其他因素加以合理确定。

3. 合法性原则

并购有其负面作用,就一般市场经济国家而言,主要的负面作用是可能导致垄断。垄断限制了自由竞争和平等竞争,阻碍了社会经济的进一步发展。为了防止垄断,西方国家先后制定了反垄断法,如美国的《反托拉斯法》、日本的《禁止垄断法》、德国的《反控制竞争法》等,反垄断法对由于过度兼并、收购而造成垄断的行为进行限制。同时,并购过程中经常出现欺诈、蒙骗、强制等非法行为,损害了投资者的合法利益。为此,许多国家在商法、银行法、证券交易法等相关法律中做出了相应规定,以维护并购过程中的公平、合法交易,保护每一个投资者的合法利益。

4. 可行性原则

并购中的可行性原则,是指并购必须得到有关各方的认可。

(1) 所有者的认可。在我国,国有银行的并购必须经财政部、中国人民银行和国有资产管理部门的同意和批准;股份制银行的并购必须经股东大会表决同意。

(2) 债权人的认可。当银行决定实施并购后,应向各债权人发出通知或公告。债权人如在法定期限内提出异议,银行应提供偿债担保品或立即清偿债务。若双方发生纠纷,应该按法律程序予以解决。

(3) 银行登记主管机构的认可。

第二节　目标银行的价值评估

目标银行的价值评估是并购交易的精髓,每一次成功并购的关键就在于找到恰当的交易价格。寻找成交价格,对买卖双方来说都是极富创造性而又耗时费神的过程,应当在分析目标银行的财务状况和了解其在同行业中的竞争地位的基础上选择适宜的评估方法。并购的价值评估是确定并购价格的基础,下面介绍几种常用的价值评估方法。

一、贴现现金流量法

贴现现金流量法(Discounted Cash Flow Method,DCF)是一种最基本的并购估值方法,常常被认为是最有效的。所谓贴现现金流量法就是用未来一段时期内目标银行的一系列预期现金流量以某一折现率的现值与该银行的初期现金投资(即并购支出)相比较。如果该现值大于投资额,即净现值等于或大于0,可以认为这一定价对并购方是可以接受的或有利的;如果净现值小于0,对并购方来说,常常被认为是不可接受的。当选择的折现率恰好使净现值等于0时,这个折现率就是内部收益率(IRR)。内部收益率与计算净现值的折现率的经济含义不同:内部收益率反映的是并购方未来能得到的最高的收益水平,如果并购方对这一收益水平满意,该项并购在经济上就是可行的,否则,就是不可行的;而折现率有一定的随意性,折现率定得高,折现值就小,折现率定得低,折现值就大。我们在运用这个方法时,先要确定未来的现金流量包括什么内容;然后估算出未来的现金流量,这可以通过估算未来的收益增长率得到;最后考虑应选用多高的折现率才符合目标企业未来的增长情况。

现值的计算公式为:

$$V = \sum_{t=1}^{n} \frac{CF_t}{(1+i)^t} + \frac{TV}{(1+i)^t}$$

式中:V——对目标银行的估价;n——预测期;CF_t——第 t 年的现金流量($t = 1,2,\cdots,n$);

TV——第 n 年年末目标银行的终值;i——折现率。

1. 现金流量的预测

现金流量是指目标银行每年产生的或必须投入的现金,包括营业现金流量、投资现金流量和筹资现金流量。需要特别指出的是,该现金流量是目标银行被并购后的现金流量。

2. 预测期的确定

理论上,预测期应该持续到增量投资的预期报酬率等于资本成本(即投资者要求达到的最低报酬率)时为止,在并购估价实践中,5—10 年的预测期最为普遍。

3. 终值的确定

由于目标银行持续经营和现金流量预测期有限性之间存在矛盾,我们有必要确定目标银行在预测期期末的剩余价值,即终值。并购实务中,终值的确定方法一般有两种:永续增长模型和市盈率法。永续增长模型为:

$$终值 = \frac{CF_t}{(k-g)}$$

式中:CF_t——计算终值的那一年的现金流量;

k——资本加权平均成本或股东成本;

g——CF_t 永续增长的预期增长率。

市盈率法的计算公式为:

终值 = 预测期最后一年的预计现金流量 × 市盈率

4. 折现率的确定

折现率必须反映目标银行资本的边际成本,而不是并购银行总的资本成本费用。另外,折现率还必须反映获得预期结果的内在风险。在并购实务中,一般采用以下四种方法来确定适当的折现率:

(1) 选择目标企业现在的加权资本(负债与权益)成本作为基准折现率,然后将它调高几个百分点(因为新的项目应当比已有的运作有更高的收益率要求)。

(2) 选择目标企业历史上的资产收益率作为基准折现率,然后像(1)中那样将它调高几个百分点。

(3) 利用对未来预期利率的估计作为基准折现率,然后将其根据行业、企业及财务结构等相关的风险因素加以调高。

(4) 根据公开数据,利用对同行业企业的加权资本成本的估计值作为基准折现率,然后也像上面一样根据风险因素调高。

贴现现金流量法是适用面很宽的一种估价方法,它既可以用于上市公司,也可以用于非上市公司,既可以用于交换股票的并购方式,也可以用于非交换股票的并购方式。但是,在具体运作中,由于很难预测并购给并购银行带来的今后各年现金流量的增量,而且折现率的确定也带有很大的随意性,所以该方法的主观性很强。同时,贴现现金流量法只是对银行营运资产的评估,没有包括非营运资产,而后者也是银行价值的一部分,也应予以确认和评估,这个因素应当在该方法的运用中加以考虑。

二、股票交换法

股票交换法适合于用交换股票方式进行的并购,其关键在于谈判中对股票交换率的确定。在给定股票交换率时,运用并购双方的多项指标,我们可以求出目标银行售价的溢价水平,在与市场上同类型并购的溢价水平进行比较后可以对目标银行的价值进行评估。该交换率的分子、分母可以用并购双方的许多指标替代。通常的可用指标为每股账面价值、每股市价等。

1. 账面价值法

账面价值法是指在确定目标银行价值时以该银行的账面价值为依据。每股的账面价值等于银行资产负债表中的股东权益除以发行的股票数。目标银行的股票溢价可由下式计算:

$$P = \frac{B_1 \cdot E_r - B_2}{B_2}$$

式中,P——目标银行的股票溢价系数;

B_1、B_2——并购银行和目标银行的每股账面价值;

E_r——并购银行与目标银行的股票交换率,即1股目标银行的股票可以交换并购银行股票的股数。

显然,溢价系数的大小取决于谈判所达成的股票交换率。股票交换率越大,溢价就越高。在并购实务中,溢价系数可参考其他类似的银行并购案例来确定。以美国市场为例,1983—1988年银行并购案例中收购价与目标银行账面价值的比率系数依次为1.50、1.53、1.64、1.63、1.83、1.50。可以看出,一般的溢价系数应当在0.5到0.8之间。

给定股票溢价P,股票交换率可以由下面的公式算出:

$$E_r = \frac{B_2(1 + P)}{B_1}$$

账面价值法的优点是简单明了、容易计算,而且和市场价值相比,账面价值比较稳定。缺点是账面价值与实际价值可能差距很大,这是因为对问题贷款估计过低和表外业务可能未在资产负债表中反映。

2. 调整账面价值法

由于账面价值法不能全面反映一家银行的真正经济价值,实际并购中需要对目标银行的资产及负债的账面价值进行某些调整,调整时考虑的因素包括贷款质量、贷款损失准备、其他资产的评估、表外业务活动、或有负债、核心存款等。具体可以采用如下方法:目标银行的有价证券按目前市价计值,贷款及其他资产根据所含信用风险和利率风险采用估算市价计值,各项负债亦按估算市价计值,然后用重新定价的资产总额扣除重新定价的负债总额,得出接近目标银行真实市价的调整净资产价值。并购银行本身的股票如果交易不活跃,也可以采用类似估价过程确定其调整净资产价值。根据并购银行价值和目标银行调整净资产价值确定的实际并购价格,一般要略有利于目标银行,这是因为并购银行在并购达成后能够获得某些无形价值,如目标银行的控制权、新市场进入等,而这些在一般性的调整中并未计入。我们把调整后的目标银行账面价值用 B_2^* 来表示,则经调整后的溢价为:

$$P = \frac{B_1 \cdot E_r - B_2^*}{B_2^*}$$

相应地,股票交换率则可按下式计算:

$$E_r = \frac{B_2^*(1+P)}{B_1}$$

3. 市场价格—账面价值溢价法

因为投资者应该更关心股票现在的市场价格,所以用并购银行的市场价格来代替账面价值,自然就得出了市场价格—账面价值溢价法。MP_1代表并购银行的市场价格,则目标银行的溢价就是:

$$P = \frac{MP_1 \cdot E_r - B_2}{B_2}$$

一般认为,150%到200%的市场价格—账面价值溢价是正常的,因此实际上目标银行股东还可以要求更高的溢价水平。知道了正常的股票溢价,谈判中可能达成一致的股票交换率也可以用下式来确定:

$$E_r = \frac{B_2(1+P)}{MP_1}$$

4. 市场价格法

市场价格法假设市场是有效率的,一家公开上市的银行,其股票的市场价格代表了投资者对该银行未来经营业绩及风险的预期,可以看成是投资的现值。如果这一现值为并购双方所认同,在计算溢价时,不仅是并购银行,连目标银行的经营指标也要用市场价格来代替。如果用 MP_1、MP_2分别代表并购银行和目标银行的市场价格,则目标银行的溢价为:

$$P = \frac{MP_1 \cdot E_r - MP_2}{MP_2}$$

如果知道同类收购活动的平均溢价,也可推导出可能的股票交换率:

$$E_r = \frac{MP_2(1+P)}{MP_1}$$

在使用市场价格法进行换股并购时,应考虑到充分有效的市场是不存在的,因此,股价并不是上市银行的真正价值。而非上市银行的价格则与真实价值相差更远。可以说,这一交换率仅适用于交换活跃的大银行。

5. 每股收益法(EPS)

许多人倾向于用股票的收益而非资本价值作为换股的依据。如果以 EPS_1 和 EPS_2 分别表示并购双方每股收益,则并购溢价为:

$$P = \frac{EPS_1 \cdot E_r - EPS_2}{EPS_2}$$

在考虑了同类并购活动中的并购溢价后,股票交换率为:

$$E_r = \frac{\mathrm{EPS}_2(1+P)}{\mathrm{EPS}_1}$$

由于每股收益变动较大，为了使该比率既能体现并购双方目前的盈利性，又能体现未来的盈利性及其风险，需对以上比率的分子、分母进行调整，可用加权平均法来计算每股收益。

6. 市盈率法

市盈率就是股票价格与每股收益的比率，用 MP/EPS 表示。把上述每股收益法的公式中的 EPS 用 MP/EPS 来代替，即可得到用市盈率法计算并购溢价和股票交换率的公式：

$$P = \frac{(MP/\mathrm{EPS})_1 \cdot E_r - (MP/\mathrm{EPS})_2}{(MP/\mathrm{EPS})_2}$$

此时，

$$E_r = \frac{(MP/\mathrm{EPS})_2(1+P)}{(MP/\mathrm{EPS})_1}$$

市盈率法的运用也要求银行股票在一个较为有效的市场进行交易，这样市盈率才能较为可靠地反映银行的价值。对股票交换率的计算也可参照同类银行并购的并购溢价，美国市场上 1982—1988 年银行并购的收购价与目标银行税后利润相比所得出的比率系数依次为 13. 42、12. 59、12. 65、13. 70、18. 76、21. 08 和 18. 36。

7. 核心存款法

核心存款是剔除公众基金后的活期存款、储蓄存款和固定利率定期存款。核心存款法侧重于对核心存款支付溢价。有大量核心存款的银行的资金成本较低，因此容易成为并购的目标。但在美国，由于 Q 条例的取消，核心存款开始减少，存款构成的这种结构变化使得对核心存款支付溢价的方法较为少见了。

第三节　银行并购的效益分析

并购的基本目的是增加银行的收益。由于未来收益具有不确定性，对银行并购的效益分析是很困难的，但这种分析又是有效的。并购的效益分析方法有很多，本节讨论两种常用的效益分析方法：成本收益分析和每股收益变动分析。

一、成本收益分析

1. 成本收益分析原理

并购的目的是产生增值。并购后的收益可用下式表示：

$$B = V_{1\&2} - V_1 - V_2$$

式中，B——并购后的净收益；

$V_{1\&2}$——两家银行并购后的现值；

V_1, V_2——并购银行和目标银行在并购前的现值。

并购过程中，并购方可能付出一定的代价，其成本可由下式表示：

$$C = P_2 - V_2$$

式中，P_2——并购方付给目标方的收购款；

V_2——目标方的现值;

C——并购方的并购成本。

C 的大小往往由并购双方谈判确定。显然,目标银行希望获得尽可能高的 C,而并购银行希望尽量降低 C。

综合并购收益与成本,应以下式描述目标银行值得并购的必要条件为:

$$B - C = V_{1\&2} - V_1 - P_2 > 0$$

如果上式成立,则并购方股东的财富将增加,这也是并购方最愿看到的。

2. 成本收益分析的拓展

并购前后目标银行的市场价格很可能不等于其内在价值,因为进行并购的传言会使股票的市场价格高于其内在价值。在这种情况下,并购成本必须用如下公式计算:

$$C = (P - MP_2) + (MP_2 - V_2)$$

式中,MP——市场价值。

公式右边的第一项代表并购方支付的超过目标银行 B 市场价值的溢价,而第二项代表了市场价值与内在价值之间的差额。通常此成本要高于"无谣言"时的成本,因此对目标银行而言,关于并购的新闻是好消息,而对并购银行而言却是坏消息。

二、每股收益变动分析

1. 每股收益变动的计算

许多银行家极为关注并购后银行股票的每股收益所受的影响,而并非所有的银行并购都能成功地增加每股收益。银行并购大多数是以股票交换的方式进行的,由于两家银行的股票收益不同,企业文化、管理方式和经营范围等各方面都有很大不同,需要一定的时间才能调整这些差异,所以并购后在短期内每股收益略有下降是可以接受的。按照一般标准,并购后每股收益下降不应超过5%。每股收益下降率可由下式算出:

$$\text{每股收益下降率} = \frac{EPS_1 - EPS_{1\&2}}{EPS_1}$$

2. 市盈率对每股收益变动的影响

一般来说,使得并购双方的股东都会在每股收益上获得好处的条件是:

(1) 具有较高市盈率的银行收购市盈率低的银行。

(2) 并购后共同收益不会下降。在这种情况下,即使向目标银行股东支付一定的溢价,最终每股收益仍然会上升。

举例来说,假设 A 银行当前股价为 20 美元,B 银行当前股价为 16 美元,两个银行最近的每股收益都是 5 美元,它们的市盈率分别是 4 和 3.2,两家银行的普通股流通股本分别是 100 000 股和 50 000 股,净收益分别是 500 000 美元和 250 000 美元,两家银行的总收入为 750 000 美元。如果 B 银行股东同意以现行股价出售现有股票并换取 40 000 股的 A 银行股票,即股票交换率为 0.8,并购完成后的银行将共有 140 000 股在外流通。如果并购后收入保持不变,则每股收益为 750 000/140 000 = 5.36(美元),高于并购前的 A 银行和 B 银行单独的每股收益。

如果并购银行的市盈率高于目标银行的市盈率,还存在一定空间向目标银行的股东支付溢价来促成并购交易的达成。这里的并购溢价指的是并购银行支付给目标银行每股股票市价之上的额外资金。在上例中，如果股票交换率是 1，B 银行股东可得到 50 000 股 A 银行股票，并购后的银行将有 150 000 股流通股。如果并购后收益仍为 750 000 美元，并购后的银行将保持现在每股 5 美元的收益水平（即 750 000/150 000 股）。

但是，并购溢价的支付往往不受控制，这些年来常有支付 50%—100% 并购溢价的案例，这可能对并购后的银行产生不良后果。在上例中，如果向 B 银行股东提供 50% 的并购溢价，即对现价为 16 美元的股票支付 24 美元，在股票交换中意味着股票交换率为 1.2，1 股 B 银行股票可换得 1.2 股 A 银行股票，这样并购后总股票数为 160 000 股。如果总收益并购后仍为 750 000 美元，每股收益将是 750 000/160 000 = 4.69（美元）。显然，由于向目标银行股东发放与原来价值相比过量的股票，并购后银行的每股收益下降。

如果目标银行的市盈率比并购银行的市盈率更高，那么，并购后银行的 EPS 将低于并购前水平。接上例，假设 A 银行情况不变，但 B 银行的市盈率变为 5，股价为 25 美元，假设并购后总收益 750 000 美元不变，如果两个银行股票按市价进行交换，即股票交换率为 25/20 = 1.25，并购后股票总数为 162 500 股，每股收益为 750 000/162 500 = 4.62（美元），小于 A 银行在并购前的 5 美元的每股收益。在这个例子中，每股收益下降较大的原因在于目标银行的市盈率较大，向目标银行股东支付的新股数量也较多。

3. 每股收益变动分析的意义

每股收益变动分析主要考虑交易后短期内的银行经营状况，它不能反映这项投资的真正回报。当然，如果预期未来收益由于并购的原因会更快地增长，那么，即使并购后的 EPS 下降，交易仍然是值得进行的。如果从长期来看，效率和成本节约有显著提高，则在并购时付出一定代价，例如发行较多的股票支付给目标银行股东，最终会得到补偿。财务管理要求分析不同情况下未来收益和股价的变化。根据未来 EPS 的变化，如果需要很长时间才能弥补并购的成本，并购方的管理者就会采取别的方式达到并购目标。

问题的关键是要经过多长时间并购银行的每股收益才会超过原有的每股收益。因此，并购银行需要进一步考虑一定期间内的投资回报率。为方便起见，许多银行侧重于分析要多长时间才能收回投资并获得既定的投资回报率。当然，用来购买目标银行的投资越少，或者并购带来的收益越大，银行能收回投资并达到一定投资回报率的期限也就越短。

第四节　银行并购与反收购策略

运用价值评估和收益分析，并购双方的股东和经营者都能估计并购对自己的利益的影响。并购方一旦认为并购对自己有利，将竭尽所能来寻求并购的成功，而倘若目标方认为自己的利益没有得到保证，将采取各种手段来进行反收购。因此，并购策略和反收购策略是并购过程的两个方面，并购和反收购的博弈贯穿于并购过程的始终。

一、银行并购策略

许多因素都会导致银行并购的失败，包括准备不充分、企业文化难以融合、目标方的出价过高、没有考虑客户的感受和想法，等等。为决定是否进行并购，并购方的管理层和董事会应当考虑目标银行许多方面的特点,这些特点可以归纳为以下六大类:银行历史和所有者;银行资产负债表的状况;银行过去的经营业绩;银行利润表和现金流量表的状况;银行所服务市场的经济状况和前景;银行从事的金融服务种类的市场进入壁垒、市场份额和市场集中程度。

除此之外,并购银行还要考虑目标银行的主要客户、目标银行目前的人员配置和员工的福利水平、并购中涉及的会计和管理信息系统的兼容性、目标银行的实物资产状况、并购导致的所有权和收益的稀释等问题。

一般认为,应采取如下步骤进行并购前的全面评估:

(1) 了解自己。并购银行必须全面评价自身的财务状况、过去的经营业绩、目前服务市场的优势和劣势以及银行自身的战略目标,看清并购能否真正给并购银行自身带来好处。

(2) 分析目标银行和市场。并购银行应当组建专门的并购小组,这个小组要包括外来的顾问。小组成员应具备对潜在市场、未来的并购行动和本公司的优劣之处进行准确分析的能力。理想的并购目标应当能够保持持续的收益增长、具有较好的市场接受度、坚实的资本基础、运行良好的设备、完整的成本内部控制以及双方优势互补的目标和动机。而有利并购的市场主要表现在:收入和销售额过去一直以稳定的中高速增长,人口年龄在平均水平以上,人口构成中以专业人员、企业主和经理占较大比重,物价水平为轻微的通货膨胀,监管环境没有过多的限制。

(3) 进行价值评估和收益分析。利用资本成本对预期未来收益进行贴现时,应当根据能切实反映目标市场、目标银行的风险水平和并购银行将面临的所有预期花费来进行估算,为目标银行确立一个真实的价值。

(4) 一旦并购双方达成共识,应成立一个联合管理小组,领导和控制两家银行向一个有效的银行融合过渡的进程。应当在并购双方的高层管理层,以及分行、执行经理和职员间建立一整套联络和报告系统,使各方面的想法能够快速地双向沟通,并使各级人员都参与到并购中来。

(5) 在职员和客户间架起沟通的桥梁,使他们能够理解为什么进行并购,并解释并购会给他们带来什么影响。建立客户评估组,对并购后银行的社区形象、服务和销售推广的有效性、定价计划和对客户提供的一般帮助等问题进行评估。

即使完全遵照以上步骤,也并不能保证银行并购的成功,但这些步骤可以使并购过程更加顺畅,有利于达到并购目标。

二、敌意收购和反收购战略

如果目标银行的管理者和股东认为并购对他们并没有好处,他们可能会反对并购并为并购设置各种障碍。此时,并购方如果坚持将并购继续下去,双方将打响一场并购和反收购的战争。面对敌意收购,目标银行可以采取如下措施以实施其反收购战略。

(1) 绝对多数条款。银行在公司章程中把通过重大事项的所需股权数,由简单多数提高到绝大多数如2/3或80%,有时甚至是95%,以增加收购方的收购难度。这样,只要银行管理层和员工持有一定数量的股票,即使收购方控制了其余所有股票,也难以完成收购。

(2) 董事会轮选制。该项制度规定每次董事会换届选举只能更换很小比例的董事,这样并购银行即使获得了控股权,要全部更换董事会也必须经过一个相当长的时间。由于董事会轮选制使并购不能一次性地在目标银行董事会中过多安插代理人,这一制度能够有效地阻止其操纵目标银行的行为。

(3)寻找"白衣骑士"(White Knight)。目标银行为免受敌意收购者的控制而自行寻找一家与自己关系较好的金融机构,以更优惠的条件达成善意收购。这家愿意与敌意收购者竞争目标银行控制权的金融机构便称为"白衣骑士"。一般而言,如果收购方出价较低,目标银行被"白衣骑士"拯救的希望就大,如果收购方出价很高,目标银行获救的机会便相应减小。

(4)实施"金色降落伞法"。这是一种补偿协议,收购方事先与管理人员和其他职员签订合同,合同规定,如果银行被收购后董事、总裁等高级管理人员被解职,他们将可以获得一笔相当丰厚的解职费、股票期权收入和额外津贴,巨额的安置费增加了收购的成本。

(5)安放"毒丸"。具体形式包括"优先股毒丸"和"债务毒丸"等。前者是指目标银行以红利发放的形式给股东购买优先股的权利,这种优先股的购买定价高于市价,以致没有股东愿意行使该权利。但是,一旦收购发生,目标银行的股东会纷纷向收购者行使这种权利。后者是指目标银行在收购威胁下大量增加自身负债,降低被收购的吸引力。目标银行可以发行债券并约定在银行股权发生大规模转移时,债券持有人可要求立刻兑付,从而使得收购方在收购后立即面临巨额现金支出,降低其收购兴趣。

(6)推行"焦土战术"。目标银行在遇到敌意收购而自身无力反击时,为使收购者对自己不再感兴趣,可能会出卖业务中最有利可图的部分,或是增加大量与经营无关的资产,从而使敌意收购者自行丧失收购兴趣,这是一种两败俱伤的做法。

除了上述经济手段,目标银行还常常实施法律手段来进行反收购。目标银行可以诉诸反垄断委员会等政府机构,控告收购方的行为会造成垄断,这种做法有时可以使收购方知难而退。即使无济于事,也可争取一些宝贵的时间,在收购方应付调查之际部署下一步的反收购计划,也利于寻找"白衣骑士"。同时,对并购方的诉讼也可重振目标银行管理层的士气。

应当注意的是,即使反收购取得了胜利,目标银行也要进一步加强管理,反思引起敌意收购的原因。银行受到收购的威胁最终还是因为自身存在着一项或多项致命的弱点或重大缺陷。因此,为避免自己再次成为收购目标,银行应当推行更有效的管理方法,以免使自己陷入被收购的境地。

典型实例

美国金融业并购的三次浪潮

19 世纪末 20 世纪初,美国金融业并购的第一次浪潮。这次浪潮发生在资本主义工业集中和垄断初期。工业集中要求银行集中,进而也促进了银行集中。同时,银行业的竞争也引起了银行集中。据资料记载,美国当时两大财团拥有占全美所有金融业总资产的50%以上,分支机构遍布全国各地。银行业的集中还表现在一家大银行控制和支配越来越多的中小银行,并且扩大分支机构,建立遍布全国的银行网络。纽约 6 家大银行在全国的分支机构、存款部、兑换所以及所支配的股份制银行等机构就达几百个。

美国金融业的第一次并购浪潮确立了美国金融业的垄断地位,促进了美国经济的发展,为美国金融业并购奠定了良好的基础。1920 年,美国共有银行 30 291 家,通过并购,到 1930 年仅剩下 23 679 家,其中的 2 000 多家都是规模很小的分散在各个地区的小型银行机构。金融市场被少数庞大的金融机构所垄断,3% 的银行数控制着 99% 的银行资产总额。

1950—1980 年,美国金融业并购的第二次浪潮。第二次世界大战后,美国银行的资本迅速增长,银行集中程度不断提高。美国的大银行兼并中小银行达到当时的高潮。根据联邦存款保险公司的年度报告和季度银行业概况的资料,1949 年美国银行并购数只有 80 个,但到 1979 年已经达到了 235 个。1950—1975 年间,美国各类银行共有 3 641 家被兼并,被兼并的资产额达 868.6 亿美元。20 世纪 50 年代美国的洛克菲勒银行、摩根保证信托银行、制造商汉诺威信托银行、第一花旗银行等四大银行均是在这次并购浪潮中形成的。

这次并购浪潮的一个重要特征是,金融机构多样化和银行业务范围不断扩大,银行信用活动遍及各个领域。除了商业银行外,各种储蓄团体、保险银行、金融银行、投资银行都有了普遍发展。1950 年美国有人寿保险银行 649 家,资产共 640 亿美元,到 1979 年,就增加到 1890 家,资产额增加到 4 324 亿美元,增长了近 6 倍。银行除了经营信贷和结算业务外,还经营租赁、信托、咨询等业务。银行信用不仅用于扩大企业生产,还用于个人消费信贷、住房抵押贷款和政府借款等非生产性方面。本次金融业的并购浪潮为 60 年代美国经济的发展提供了强有力的金融支持,为其他行业的并购做了资金上的准备,也为 90 年代金融业的第三次并购浪潮打下了基础。

1991 年至今,美国金融业的第三次并购浪潮。本次并购浪潮始于 1991 年,1998 年达到高峰,目前仍未结束。1991 年 7 月,全美排名第六的化学银行和排名第九的汉华银行合并,合并后资产跃升至 1 354 亿美元,成为仅次于美国最大银行——花旗银行的全美第二大银行。同年 7 月下旬,美国第七大银行北卡罗来纳国民银行吞并了具有一定规模的苏夫然银行,并购后资产额达 1 130 亿美元,成为美国第三大银行。同年 8 月,美国第二大银行美洲银行吃掉了第五大银行太平洋安全银行,并购后资产额达 1 900 亿美元,仅比全美最大的花旗银行资产少 270 亿美元。1995 年,化学银行与大通曼哈顿银行合并,资产总额达 3 000 亿美元,成为了当时全美最大的银行,对美国前几名的银行形成了极大的冲击。1997 年,美国大大小小的银行并购案发生了 11 起,交易额达到创纪录的 953 亿美元。1998 年 4 月 6 日,美国大型金融集团旅行者银行(Travelers)与著名的花旗银行正式合并,创造了总交易额达 829 亿美元的世界最大并购案。此后一周,美国西海岸最大的商业银行美洲银行与全美第三大银行国民银行宣布联姻,创造出总资产达 5 700 亿美元、交易金额 600 亿美元的最大银行。同一天,美国第一银行与芝加哥第一银行也宣布“合二为一”,使得交易金额为 300 亿美元、资产总计 2 400 亿美元的并购活动付诸实施。这三起并购案,交易金额近 2 000 亿美元。特别是花旗银行与旅行者银行合并组成的花旗集团,总资产达 7 000 亿美元,成为世界超级巨型金融机构。银行业大规模并购的同时也带动了保险业和其他行业并购活动的迅猛发展。位居美国第三位的美国再保险公司被慕尼黑再保险公司购买;美国通用再保险银行也完成了对德国科隆再保险公司的收购。

详情链接:编者根据网络资料整理。

本章主要网络链接

1. 中国银行业监督管理委员会:http://www.cbrc.gov.cn/chinese/home/jsp/index.jsp
2. 中国人民银行:http://www.pbc.gov.cn

关键术语

商业银行并购 综合化经营 贴现 现金流 并购风险 并购效应

复习思考题

1. 简述银行并购的方式。
2. 分析银行并购的动因。
3. 如何看待银行并购的成本?
4. 简述银行并购的风险。
5. 试述目前我国商业银行综合化经营的发展现状。

第十四章

商业银行的发展趋势

学习目标

- 理解商业银行面临的挑战
- 了解商业银行经营的发展趋势
- 了解商业银行监管的发展趋势
- 了解互联网金融时代商业银行未来发展的方向

案例导读

中国工商银行发布互联网金融品牌“e-ICBC”

“互联网+”被写进2015年政府工作报告,3月23日中国工商银行趁热向全国正式发布了互联网金融品牌“e-ICBC”和一批主要产品,成为国内第一家发布互联网金融品牌的商业银行,这也标志着中国最大的商业银行已经全面加快互联网金融战略的实施。

工行此次发布的“e-ICBC”互联网金融品牌主要包括“融e购”电商平台、“融e联”即时通信平台和“融e行”直销银行平台,支付、融资和投资理财三大产品线上的“工银e支付”“逸贷”“工银e缴费”等一系列互联网金融产品,以及“支付+融资”“线上+线下”和“渠道+实时”等多场景应用。消费者将可能在未来利用工行网上、移动终端实现买房、买车、投资、贷款、缴费等。

工行董事长表示:“对银行而言,真正的挑战并不是来自于跨界竞争者,而是我们自己能否更好地适应互联网时代的金融生态环境和客户需求变化,以创新进取拥抱变革。”据介绍,目前工行以互联网业务为主的电子银行业务占全行业务的比重达87%。工行的“融e购”电商平台对外营业14个月以来,注册用户已达1 600万人,累计交易金额突破

1 000 亿元。工行表示，预计今年企业对消费者的 B2C 电商平台交易量将达 3 000 亿元，而企业对企业的 B2B 电商平台交易量将达到 2 000 亿元。

这意味着中国工商银行全方位启动互联网金融战略。业内人士评价说，作为全球银行界的“超级航母”，工行的战略转换，不仅对工行是一件具有里程碑意义的大事，而且对于整个互联网金融业态来说也具有划时代的意义。

详情链接：《中国工商银行发布互联网金融品牌“e-ICBC”》，凤凰财经新闻（http://finance.ifeng.com/a/20150323/13575601_0.shtml）。

你是不是有下面的疑问

1. 案例中“互联网 +”的含义是什么？
2. 中国工商银行为什么要实行战略转换？
3. 互联网时代，金融环境和客户要求发生了哪些变化？

进入内容学习

第一节　商业银行面临的挑战

近年来，复杂的宏观经济和政治环境、日益严格的监管政策、不断增强的金融非中介化趋势、颠覆传统模式的互联网金融，以及客户需求的根本性变化，都给全球银行业的不稳定复苏带来诸多挑战。

一、经济环境：阶段性放缓带来的挑战

经济是金融增长的土壤，目前世界经济处在危机后的调整期，主要经济体复苏疲软，经济增速低于潜在增长率，有效的结构调整和推动实体经济增长的全球性力量还没有形成。新兴市场的增长趋势虽然还没有发生重大变化，但面临着内部结构调整的问题。如果调整不到位，将有可能陷入中等收入陷阱。世界宏观经济长期呈现出增长缓慢且不稳定、不平衡的特征，带来了两方面问题：

1. 规模扩张动力减弱

经济增长阶段性放缓，使银行信贷需求的总量、结构产生深刻的变化，传统的规模扩张的空间将受到越来越大的制约。一方面，由于银行资产规模增长主要来自于经济规模的扩张，经济增速放缓使得宏观经济对银行资产增长的支撑作用减弱，抑制企业贷款需求；另一方面，由于信贷资产目前仍旧是驱动银行净利润增长最稳定、最主要的因素，信贷增速的下降，意味着银行盈利增长的放缓，这将使商业银行靠存贷利差为主的经营模式受到挑战。

2. 信贷风险增加

伴随经济增速放缓和经济结构调整,银行业面临的信贷风险也在明显增加。主要体现在:由于借款人不履行契约、合同所规定的义务,无力偿还或不愿偿还贷款本息而形成的信贷风险尤为明显,原来在经济高涨时期被掩盖和忽略了的问题,此时可能正是引发风险的重要因素;另外,信用风险增大引发商业银行普遍的惜贷情结,造成信贷资源的紧张,那些急需资金但是又不符合贷款标准的企业可能通过外部欺诈,人为编造符合贷款准入的条件,骗取银行的信贷资金。

拓展阅读

“新常态”经济

“新常态”本身是一个新的经济术语,发端于美国,后被学者引入中国,意义几经演变。

(一)美国债券大王“创造”——形容金融危机后的发达国家

2009年年初,全球最大的债券基金——美国太平洋投资管理公司(PIMCO)的两位首席投资官比尔·格罗斯和穆罕默德·埃尔埃利安用“新常态”一词来归纳2008年金融危机之后世界经济特别是发达国家经济所发生的变化。他们给“新常态”划定了几个特征:增长乏力、失业率持续高企、私人部门去杠杆化、公共财政面临挑战,以及经济增长动力和财富活力从工业化国家向新兴经济体转移。

(二)中国学者“拿来”——讨论国际经济形势赋予本土内涵

曾任世界银行副行长的经济学家林毅夫在2012年的一次演讲中指出,全球经济大衰退可能是未来五至十年的新常态,也就是美欧将无法走出政府债务负担过大、投资回报率不高、风险非常巨大、经济增长非常缓慢、失业率非常高的国际经济新常态。另外一些学者则将“新常态”带入中国经济社会发展的语境,为之赋予了本土化内涵。北京大学国家发展研究院教授黄益平在2012年的一篇专栏文章中阐述了构成中国经济“新常态”的重大变化:较低的经济增长、较高的通货膨胀、更为公平的收入分配、更为平衡的经济结构、加速的产业升级换代和更为激烈的经济周期。他还特别明确地提出:“7%至8%已成为中国经济增长的‘新常态’”,并称“经济‘新常态’对经济决策提出的最重要的要求是放弃单纯追求GDP增长的政策目标”。“新常态”的中国意义已初具雏形。

(三)习近平表述——对中国发展阶段性特征的判断

2014年,习近平在河南考察时提及“新常态”,这是这一词汇首次出现在中国官方的表述中。这不仅是从当前的经济形势出发,而且是从中国发展的中长期态势出发做出的基本判断。强调新常态,重在强调中国发展的“阶段性特征”——中国仍然处在快速发展时期,但增长速度减缓;增长基本面较好,但是结构性问题较为突出,前期累积的失衡因素迫切需要调整。

详情链接:《“新常态”来源考》,新华网,2014年5月28日(http://news.xinhuanet.com/fortune/2014-05/28/c_1110905132_3.htm)。

二、政策环境:严格监管带来的挑战

当前,金融监管趋紧,银行面临严格约束。金融危机对全球金融环境造成了严重冲击,无数个人和家庭付出了惨痛的代价,主要经济体根据暴露的问题开始了新一轮监管,这些监管规定使商业银行面临着资金成本上升、盈利空间缩小的局面,银行不可能重返危机前高速扩张的态势。这一轮的金融监管有三个突出特点:

第一,通过更加严格的资本金和流动性监管,限制银行经营管理中对高风险的偏好。各经济体还相继引入一系列有关流动性的新指标,以进一步增加银行管理流动性的能力。

第二,金融监管的范围更加全面,突出了对消费者权益的保护。除了将系统重要性银行纳入监管之外,还对证券化市场、场外交易市场,特别是场外衍生品市场,以及具有系统重要性的支付、清算、结算体系的全面监管采取了更多措施,维护消费者的权益,要求银行提高透明度。

第三,金融监管的国际协调与合作日渐紧密,对银行的合规性提出了更高的要求。

三、竞争环境:金融脱媒带来的挑战

脱媒是指在进行交易时跳过所有中间人而直接在供需双方间进行。金融脱媒又称金融非中介化(Financial Disintermediation),指在金融管制的情况下,资金供给绕开商业银行体系,直接输送给需求方和融资者,完成资金的体外循环。随着经济金融化、金融市场化进程的加快,商业银行作为金融中介的重要地位在相对降低,储蓄资产在社会金融资产中所占的比重持续下降,社会融资方式由间接融资为主逐渐向直接、间接融资并重转换。

1. 居民储蓄存款份额下降

近年来,随着金融产品的不断创新,居民可供选择的理财产品和渠道增多,储蓄存款出现大量分流。居民储蓄存款增速放缓导致经营成本增加、盈利水平降低,这使得商业银行减少了传统、稳定、安全、低成本的资金来源,这是对商业银行以存贷款利差为主要利润来源的传统经营模式的最直接的挑战。

2. 加大银行风险管理难度

金融脱媒将从多个方面对银行的风险管理提出更高的要求。首先,由于优质大客户贷款被资本市场分流,银行将加大对风险相对更大的小微企业的信贷投入,这就加大了银行的信用风险管理难度。其次,理财业务、同业业务等主动性负债业务稳定性不如银行存款,增加了银行流动性风险管理难度。最后,企业融资渠道的多元化,增加了银行判断客户财务风险的难度,且其他融资渠道的风险可能传导至银行,进一步加大银行风险管理的难度。

四、技术环境:互联网金融带来的挑战

技术革新使得传统金融模式面临着巨大变革,特别是随着互联网技术和大数据的快速发展,银行的传统经营模式面临改革。互联网正在以前所未有的信息交流方式,迅速改变着传统的商业模式和组织形式。行业内各类金融机构之间,甚至是行业之间的边界开始变得模糊,银行面临着全新的挑战,消费者的消费习惯和支付方式也开始发生了根本性的转变。在互联网基础的进一步发展中,在网络支付、社交网络和搜索引擎、云计算三大支柱的支撑

下,信息不对称、资金供需双方不匹配、风险分担等诸多问题都有可能以较低的成本得到解决,所以传统金融机构面临着去中介化的严重挑战。这一挑战不仅是业务形态、产品和服务的竞争,更重要的是互联网信息技术应用水平的竞争和客户入口的竞争。

五、市场环境:客户需求变化带来的挑战

金融危机后的国际银行业普遍面临着社会认同危机和客户关系危机,必须通过重塑银行业来赢得客户信任。西方银行业追求短期利益而忽视风险管理的行为,使广大投资者在金融投资中屡屡损失,银行和客户之间的信任关系雪上加霜,经历了百年一遇的危机之后,消费者观念中商业银行的名誉和社会责任已经变得越来越重要。与此同时,客户的结构产生了变化,特别是中产阶级和富裕人群迅速扩大。客户结构的变化也对银行的金融服务提出了更高的要求。提供多元化、高收益和富有特色的金融产品服务成为银行等金融机构赢取中产阶级和富裕人群的重要途径。

第二节　商业银行经营的发展趋势

面临金融脱媒、互联网金融、客户需求变化等诸多挑战,商业银行的经营环境已经发生了深刻变化。为了顺应和深化创新发展的需要,近年来国际银行业积极转变经营模式,体现出新的时代特征和趋势。

一、银行机构集中化

提供多元化的金融服务、提高金融市场竞争力、获取规模经济效应和增强风险抵御能力一直是推动商业银行集中化的四个主要原因。银行机构集中化主要体现在两个方面:

(1) 银行机构日益大型化。在未来的金融市场竞争中,随着竞争的加剧,各银行为增强竞争实力,提高抗风险能力,降低经营成本,必然向大型化、规模化扩展,以满足客户对金融产品和服务的新的需求,提高技术创新和使用新技术的能力,为股东带来更丰厚的利润,银行机构将日益通过兼并、重组、扩张等实现规模化和集中化。目前,主要国家的银行业务十分集中。例如,2013 年美国五家最大的银行占据着美国银行业 44.2% 的市场份额,中国五大国有银行占据着银行业 70.6% 的市场份额。

(2) 银行机构向国际化集中。随着经济国际化、全球化的深入,银行业务的国际化和全球化将为银行的发展带来革命性的改变,银行服务将向全功能转化,以国际大银行为中心的兼并、重组将使银行机构向国际化集中。银行机构规模化、集中化的途径有三:一是通过兼并、重组的方式;二是通过不同国家、不同类型的商业银行的业务合作来实现,优势互补,规模发展;三是通过不同类型金融机构的业务合作与兼容,实现市场的共同开发。

银行并购是集中化的主要推手,世界前 10 大银行,除个别银行外,几乎都是通过并购扩大规模的,如摩根大通、汇丰集团、富国银行等。当前国际银行业的并购浪潮对国际金融领域产生了重要的影响,也带来了一些值得关注的问题。首先,大规模的银行并购将改变国际银行业的竞争格局。经过多次的并购之后,银行业将更加趋向大型化、综合化和国际化,银行的数量减少。在这种情况下,一国或地区的银行业务或绝大部分银行业务将由少数几家

银行所控制，银行业的竞争主要是在大银行之间进行，国际银行业趋向垄断。其次，银行垄断导致资金和服务质量下降。通过并购可使银行获得规模经济的好处，但实际上，银行规模并非越大越好，如果超过了银行经营的最佳盈利点，规模的扩大反而会增加单位经营成本。因此，大银行未必就是好银行，未必就是最有效率和竞争力最强的银行。通过并购而形成的"超级银行"能否持久地获得规模经济效益，仍有待于进一步观察。更重要的是，并购后的大银行在许多方面的优势有可能形成业务垄断，垄断必然导致资金配置的非合理性，从而造成资金效率的下降。而且，竞争对手的减少，也将导致银行服务质量的下降。最后，并购加大了金融监管的难度，存在着金融动荡的潜在风险。银行并购必然促进银行业向综合化和国际化发展，金融创新工具的广泛使用使高风险投资大量增加，无疑将加大金融监管的难度。诚然，银行并购在一定程度上有利于金融体系的稳定，但银行规模的不断扩大，随之而来的内部经营管理问题、风险控制问题、企业文化的整合问题都可能带来所谓"并购风险"，对银行经营的安全性和稳健性构成威胁，使金融动荡的潜在风险进一步加大。

尽管银行并购存在着一些值得关注的问题，但从推动国际银行业并购发展的宏观与微观因素来看，这些因素对银行并购的主导作用在日益加强，因此银行业并购浪潮将会在中长期内继续迅猛发展。值得注意的是，银行业并购浪潮是国际银行业走向全能银行、跨国银行、网络银行和银行再造时代的必然要求，同时也为此奠定了充分的基础。

二、银行业务全能化

欧洲大陆的商业银行一直是混业经营的，在银行、债券、保险业务之间并没有法律规定的防火墙，但各家商业银行的主营业务比较突出，在综合经营的前提下具有专业化经营特色。特别是1999年美国出台的《金融服务现代化法案》，取消了银行、证券、保险业之间的限制，允许金融机构同时经营银行、证券、保险等多种业务，形成"金融百货公司"或"金融超级市场"，金融业由"分业经营、分业管理"的专业化模式向"综合经营、综合管理"的全能化模式发展。

银行业务全能化发展主要有三方面优势：

第一，成本优势。由于全能银行业务范围广泛，有利于大幅度降低经营成本。一般而言，在费用或投资水平确定的情况下，银行某种业务量的增加，将会提高效率、增加收益；全能银行的流行模式是将银行、证券、保险等各类金融业务融入一体化的架构之中，形成所谓的"金融超市"（或称"金融百货公司"），当不同的业务由一个机构提供时，其成本将低于多个机构提供时的成本。

第二，竞争优势。全能银行所具有的成本优势无疑将使其竞争力大大提高。除此之外，全能银行通过全面的金融服务，使客户与银行之间更加相互了解，加强了双方的联系，有利于巩固银行与客户之间的合作关系，从而也使其在竞争中处于有利地位。

第三，抗风险优势。全能银行具有"内在稳定"的特征，由于全能银行的业务多样化和收入来源多元化，银行的一部分业务亏损可由其他业务活动的盈利来补偿，即利用内部补偿机制来稳定利润收入，这就可以降低风险，使银行经营更加稳健，有利于整个银行体系保持稳定。

三、渠道建设网络化

互联网银行是指以互联网为渠道,为客户提供多种金融服务的银行。它是利用公共互联网络作为传输媒介,以单位或个人计算机及其他通信工具为入网终端,使客户足不出户就能够安全便捷地享受金融服务的银行业务模式。

从国际银行业的现状来看,网络银行的发展有两种模式:

(1) 纯粹网络银行模式。这种模式的网络银行是完全依赖于互联网发展起来的全新的电子银行,这类银行几乎所有的业务交易都依靠互联网进行。这种模式又有两种情况:一是直接建立独立的网络银行;二是以原银行为依托,成立新的独立的银行来经营网络银行业务。采用这种模式的有美国安全第一网络银行、Telebank 等。

(2) 传统银行拓展网络业务模式。这种模式是指在传统银行基础上运用公共互联网服务,开展传统的银行业务交易处理服务,通过其发展家庭银行、企业银行等服务,即将传统银行业务延伸到网上,在原有银行内部发展网络银行业务。采用这种模式的有美国花旗银行集团、美洲银行、威尔士法戈银行等。

上述两种模式各有利弊。美国网络银行的发展以大、中型银行为主,纯粹网络银行数量较多。与传统银行相比较,网络银行具有自身独特的运行特征,主要表现在以下几个方面:

(1) 虚拟化。传统银行是有形银行,有现实的分支机构和网点。而网络银行没有实际营业场所,没有地址,只有网址,其营业场所是互联网带来的电子化空间。网络银行实现了无纸化银行服务,所处理的货币已经电子化。

(2) 智能化。传统银行主要借助于资金以及众多的银行员工为客户提供服务。而网络银行主要是借助知识和智能,许多工作由电子计算机自动完成,员工人数较传统银行而言大量减少。网络银行使银行从劳动密集型企业转变成为技术密集型企业。

(3) 高效率。网络银行打破了传统银行分支机构所受到的时间和地理的局限,为客户提供跨地区、全天候的服务,这种服务包含更多的针对性和个性化。而且,网络可以方便地进行不同语言文字之间的转换,这就为网络银行开拓国际市场创造了条件。

(4) 低成本。网络银行的设置成本远远低于传统银行分支机构,在美国开办一家网络银行的成本为 100 万美元,而开办一家传统银行分支机构的成本为 150—200 万美元。据美国联邦存款保险公司(FDIC)统计,各种客户服务渠道的平均每项交易成本有较大的差别,利用传统手段完成一笔业务的费用高达 1.07 美元,而网络银行的成本仅为 1 美分。

目前,各商业银行均加快了在重点区域的网点布局,增加自助银行服务终端,推进现有网点服务功能的转型,并以客户体验为中心,对网点进行差异化定位,如全功能型(旗舰店)、理财型(贵宾理财中心)、基础型(交易型)等,目标是把网点建设成功能齐全、产品丰富、服务优良的营销堡垒,提高网点的产出效能。此外,多数商业银行在其战略规划中都明确要加快网络银行的发展,依托信息技术,大力发展电子银行等低成本业务分销方式。虚拟服务渠道对物理渠道的替代率因此不断提高。对于发展互联网金融,很多银行表示愿意与电商等非金融机构开展合作,实现优势互补,参与开展互联网金融业务。部分银行针对互联网金融成立了研究部门,致力于构建全方位、立体化的电子渠道体系,提升电子银行的分流能力、创新能力、新兴市场渗透能力,向信息化、绿色化、低成本业务转型,构筑物理网点渠道与虚拟服务渠道相互补充、共同发展的多元化服务渠道体系。

典型案例

建行布设12家智慧银行　开启渠道创新新篇章

2015年,建行已经在12座大型城市实现了智慧银行布设,开启了建行渠道创新的崭新篇章,也在银行业掀起了一股科技引领和体验驱动的革新浪潮。

与传统网点相比,建行智慧银行最大的特点在于通过核心智能设备和系统开发优化业务流程,让服务变得更加智能、简单和快捷。营业大厅设有智能预处理终端,这种设备集业务分流、客户识别、排队叫号为一体,客户只需刷一下身份证,就能把个人信息传输到柜员的操作系统,节省了客户手工填单的时间。客户也可以在家里或者路上拿起手机进行预填单,到网点后打印出叫号凭条和预处理单据。营业大厅还设有金融超市、移动金融场景运用区、智能桌面等新型人机互动区域。在金融超市,客户只要在货架上拿起感兴趣的产品卡片,旁边的屏幕就会自动播放该产品的动漫介绍;在移动金融场景运用区,客户可通过手机银行扫码支付,体验便捷支付方式的魅力;智能桌面为客户带来全新的互动方式,客户有感兴趣的理财产品,客户经理可通过邮件将相关介绍内容发给客户。此外,营业厅还设有远程银行VTM,客户可以在远程柜员的视频协助下自助办理开户、电子银行签约、银行卡挂失、银行卡激活等各项业务。

这些焕然一新的科技和服务体验背后,凝聚着建行智慧银行在科技创新和流程再造上的最新突破:

一是功能上的突破,建行智慧银行共包含了智能叫号预处理、远程银行VTM、电子银行服务区、智能互动桌面等近20项创新应用,以全球化的视角,开放式、前瞻性地整合应用当今渠道创新应用的最新技术成果,它不仅是一个体验营销中心,更是一家全功能的综合性网点,同时还成为建行在重点城市的重要品牌展示基地。

二是大数据应用上的突破,建行智慧银行充分采用用户交互技术和体验设备,吸引客户浏览、试用、比较各类金融产品,辅以工作人员推荐,从客户、地域、产品等多种维度,挖掘客户需求,实现对合适的客户、在合适的时间、通过合适的渠道、推荐合适的产品。

三是渠道协同上的突破,建行智慧银行开创性地按照O2O的交互理念,强调电子银行、手机银行、自助渠道、人工渠道的全渠道协同与集成,为客户提供"泛在"的银行服务,使线上挖掘的营销线索和需求在网点实现落地的同时,借助网点内的体验式营销促进电子渠道产品的签约和使用,通过线上线下渠道协同,为客户提供完整交易流程和一致、无缝的交互体验。

四是处理效能上的突破,建行智慧银行从业务流程再造入手,借助全行新一代核心系统推进实施的有利时机,充分体现业务支持和经营提升,强调无纸化,减少数据输入,显著提高业务处理效率,而不仅仅是一个体验和展示平台。

智慧银行代表着未来银行网点升级换代的方向。建行智慧银行的设立,投射出建行对未来银行业发展趋势的深度探索,也真正体现了建行对"以客户为中心"的充分聚焦与实践。建行在智慧银行领域所做的大胆探索与尝试,为银行业进一步开展渠道创新、提升客户体验提供了一个有益样本。

详情链接:《建行布设 12 家智慧银行　开启渠道创新新篇章》,新华网,2015 年 1 月 29 日(http://www.js.xinhuanet.com/2015－01/29/c_1114179462.htm)。

第三节　商业银行监管的发展趋势

近年来,国际银行监管界实施了大量改革,在资本、杠杆率、流动性等领域出台了更为严格的监管标准,宽管制、严监管已成为银行业监管的重要取向。近年来,在实现这一目标过程中,商业银行监管呈现出一系列新的发展趋势。

一、加强对系统性风险的防范

后危机时代,欧美等发达经济体均加强了对系统性风险的防范,并设立超级金融监管机构负责识别、防范与处置系统性金融风险,实施宏观审慎监管的职责。美国于 2011 年公布了《多德—弗兰克华尔街改革和个人消费者保护法案》,英国也于次年公布《美英金融服务法案》,两国还分别设立了金融稳定监管委员会(FSOC)和金融政策委员会(FPC)以加强宏观审慎监管,力求弥补在维护金融系统整体稳定方面的监管漏洞。

美国 FSOC 的主要职责在于识别和应对影响金融体系稳定的风险。该委员会由 10 个拥有投票权的成员和 5 个无投票权成员组成。委员会主席由财政部部长担任,10 个有投票权的成员包括财政部、联邦储备委员会、货币监理署、证券交易委员会、商品期货交易委员会、联邦存款保险公司、联邦住房金融委员会、全国信用社管理局、消费者金融保护局的负责人以及一个由总统任命的具有保险专业知识背景的独立成员,5 个无投票权成员包括金融研究局、联邦保险局、州银行、保险和证券监管机构的负责人。该委员会拥有广泛的职权,如果 FSOC 中有三分之二的成员认为一个非银行金融机构的倒闭将给金融系统带来负面影响,或者其行为将对美国的金融稳定带来威胁,则有权把该金融机构纳入美联储监管范围;如果 FSOC 中有三分之二的成员认为一个大型金融机构已对美国的金融稳定构成了严重威胁,则有权对其实行强制分拆重组或资产剥离;对于大型金融机构,FSOC 还有权建议美联储在资本充足率、杠杆率、流动性、风险管理等方面实施更严格的监管要求。

英国的 FPC 属于英格兰银行理事会内设的下属委员会,它将专注于识别、监测和管理系统性风险,以帮助英格兰银行实现保护和强化金融系统稳定性的目标。FPC 由英格兰银行行长担任主席,其成员包括英格兰银行行长和副行长、金融行为监管局(FCA)总裁、一名英格兰银行行长任命的成员(任命前需与财政大臣协商)、四名财政大臣任命的成员,以及一名不享有表决权的财政部代表。FPC 的主要职能包括:监控英国金融系统稳定性,以便识别和评估系统性风险; 向英国审慎监管局(PRA)或英国金融行为监管局(FCA)发出指令,以使他们能够通过履职来确保宏观审慎政策的实施;就金融机构救助、支付清算系统等方面的事宜向英格兰银行提出建议,就宏观审慎政策等方面的事宜向财政部提出建议,根据 FCA 和 PRA 的履职情况向他们提出建议;每一年度出版两份《金融稳定报告》。此外,英格兰银行还可在征得财政部同意后安排 FPC 履行其他职能。总体上看,FPC 的创立被认为是英国政府强化金融稳定框架的基石。

二、监管要求更加细化

首先,按巴塞尔协议Ⅲ相关文件的要求,全球主要国家监管当局进一步完善资本监管制度、设立流动性监管指标。其次,美国、英国等发达经济体通过《沃尔克规则》《维克斯报告》等调整商业银行组织架构,督促商业银行设置内部防火墙,防止风险传导。此外,随着美国《2009 企业与金融机构薪酬公平法案》、英国《薪酬实践守则》等一系列监管规则的通过,商业银行高管薪酬体制改革成为健全商业银行公司治理的前提。最后,为更好、更及时地解决商业银行"大而不倒"的问题,美国提出创立银行控股公司破产清算机制。英国则在《改革金融市场》白皮书中规定,英国政府有权在存款机构出现严重危害金融稳定风险时对其进行国有化。

三、加强金融消费者的利益保护

各国政府逐渐体会到金融消费者是金融稳定的基础,主要经济体在监管体制改革中都把金融消费者保护作为改革的重要内容。美国于 2010 年 7 月 21 日正式出台的《多德—弗兰克华尔街改革和个人消费者保护法案》中,加强金融消费者的保护被认为是其重要的亮点和特色。为保护金融消费者不受市场滥用行为的侵害,根据该法案的规划,美国新成立了消费者金融保护局(CFPB),CFPB 虽设在美联储内,但其治理结构的特点又使该局能作为自治机构独立履行职能,CFPB 有独立的预算、独立的人事权以及独立的立法权,美联储无权干预该局的任何事项。CFPB 将以往不同监管机构的消费者保护职责集于一身,主要职责包括对相关金融机构遵守联邦消费者金融法律情况的监管以及发布这些法律的实施规则。此外,CFPB 还被赋予了一些具体授权来保护特定消费者的权益,主要包括对"不公平、欺诈或滥用行为和实践"予以界定并有权采取行动,制定有关消费者金融产品信息披露的新规则,要求金融机构按照消费者的请求向消费者提供有关金融产品的信息等。

与之类似,根据 2012 年《金融服务法案》,英国也进一步加强了对金融消费者的保护。新设立的 FCA 把金融消费者保护作为其三大操作目标之一。与英国金融服务管理局(FSA)的原有职能相比,FCA 还被授予了金融产品管理干预权、金融产品和服务推广限制权等一系列新的权利,以最大限度保护消费者的利益。FCA 有权在金融产品最初设计过程中即进行干预,以更早地发现金融产品设计中的潜在问题。FCA 有权对金融机构设计、经营和销售金融产品的各个环节进行监督,如评价金融产品设计中是否考虑了目标客户的需求,产品的销售策略是否合适等。此外,在必要时 FCA 有权通过制定产品干预规则直接对金融产品进行干预,以防止其对金融消费者造成损害。FCA 不通过执法程序即可禁止误导性的金融产品和服务在市场上推广。例如,可限制特定金融产品某些功能的使用,可限制特定金融产品向部分或全部消费者进行推广,也可采取限制金融产品销售等临时性产品干预手段。根据 2012 年《金融服务法案》,如果金融产品对金融消费者构成了不可接受的风险,FCA 可制定规则禁止这些金融产品在市场上销售。如果这些金融产品是在禁令生效后销售给消费者的,FCA 可通过制定规则让消费者取回他们购买这些产品时支付的资金。

四、强调监管的国际合作

随着全球经济一体化步伐的加快,世界各国的经济联系日益密切,金融全球化的时代已经到来,在应对国际金融市场共同的风险时,加强国际金融监管的合作和协调已经成为各国的共识。巴塞尔委员会的成立是各国加强金融监管合作的成果。巴塞尔委员会推出的一系列协议,尤其是巴塞尔协议Ⅱ、巴塞尔协议Ⅲ,代表了各国对国际金融监管改革的共同看法。巴塞尔协议对国际金融监管的贡献充分说明国际金融监管合作的重要性,同时,单纯依靠一国是无法应对金融危机的冲击的,而抚平危机对经济社会的创伤则更是需要不同国家的通力合作。

注重区域和双边的金融合作,加强各国监管信息的共享是各国加强国际金融监管合作的重要途径,其常用方式有两种:一是双方通过签订备忘录,约定在监管实施中,互相提供便利,加强监管中的合作;二是双方签订协定,约定金融信息的共享,确保跨国银行的监管具有良好的信息。例如,后危机时代欧盟各成员国的监管部门、中央银行及财政部联合签订了关于危机管理和处置合作备忘录,强调成员国间的金融监管合作。美国为更好地与 G20 峰会等国际组织监管理念相容,推出了包括要求改进巴塞尔资本协议框架在内的 11 条具体措施。截至 2012 年年底,中国银监会先后与美国、英国、加拿大、德国等 49 个国家和地区的金融监管当局签订了监管合作谅解备忘录和合作协议,并与多个国家和地区的金融监管机构建立了定期磋商机制,共同探讨国际监管热点和难题。

典型实例

银监会首次重大架构改革　新设普惠金融部监管 P2P

2015 年 1 月 20 日,中国银监会宣布正式启动组织架构重大改革,将对内设机构重新进行职责划分和编制调整,同时清减下放行政权力,强化事中与事后监管。此次改革,银监会的机构和人员编制将向前台监管部门倾斜,调整后内设 22 个部门,监管部门由 11 个增加到 17 个,占部门总数的 77.3%。这也是银监会自 2003 年成立以来的首次架构大调整。

此次改革,银监会将撤销信息中心与培训中心两个部门,设立城市商业银行监管部和信托监督管理部,专司对城市商业银行、城市信用社、民营银行以及信托业金融机构的监管职责。根据中国信托业协会数据,截至 2014 年第三季度末,信托业管理的信托资产规模为 12.95 万亿元,仅次于银行总资产,如此看来,单独设立一个部门对信托进行监管确有必要。值得注意的是,此次改革中,银监会设立银行业普惠金融工作部,牵头推进银行业普惠金融工作。备受关注的 P2P 业务将划归给新设的普惠金融工作部。2015 年银监会对互联网金融的监管态度包括:坚守"四条红线",即一要明确平台的中介性,二要明确平台本身不得提供担保,三是不得搞资金池,四是不得非法吸收公众存款;互联网金融应当遵守金融法律法规;信息充分披露;金融消费者的权益保护应处于核心位置等。

银监会此次架构改革的重点在于清减下放行政权力。全国性机构,主要由银监会总部各机构监管部门承担风险监管的主体责任,派出机构负相应监管协助责任;而地方性机构仅对法人机构的新设筹建、市场退出、重组改制和破产重整进行审批，其他市场准入权力下放给银监局，并由注册所在地派出机构承担风险监管主体责任。这意味着，银监会只对政策性银行、五大行、股份制银行以及非银行机构中的四大资产管理公司负主体责任，其余主体职责将交由地方银监局，银监会将只保留上述提及的三项准入权力，即新机构的出生（只批筹建不批开业）、机构的重组改革、机构的破产重整。

详情链接：《银监会首次重大架构改革　新设普惠金融部监管 P2P》，《华西都市报》，2015 年 1 月 21 日（http://www.sc.xinhuanet.com/content/2015－01/21/c_1114073540.htm）。

第四节　互联网金融时代商业银行未来发展的方向

一、互联网金融发展现状

互联网金融是指借助于互联网技术、移动通信技术实现资金融通、支付和信息中介等业务的新兴金融模式。互联网金融最早出现于 20 世纪 90 年代中期，以全球第一家互联网银行——SFNB（Security First Network Bank，安全第一网络银行）于 1995 年在美国的诞生为标志，随后开始在欧洲及日本等一些亚洲国家和地区逐渐兴起。

互联网金融的产生根源在于：从需求方面看，传统金融较高的门槛以及交易成本的居高不下抑制了中小微用户的金融服务需求，互联网特别是移动互联网的发展大大提高了资源获取的便捷性，线上交易也使得交易成本大大降低，由此激发了大量中小微用户的金融服务需求；从供给方面看，数据分析技术、搜索引擎、云计算的发展促进了互联网经济的快速发展，互联网与金融的结合是其中一个重要领域。

目前互联网金融的商业模式层出不穷，大致分为四种典型模式。

1. 第三方支付业务

目前第三方支付已成为线上线下全面覆盖的综合支付工具，第三方支付公司的运营模式可以归为两大类。第一类是独立的第三方支付模式，即独立于电商网站，仅为用户提供支付服务，全球范围内比较知名的有美国的 PayPal、Google Wallet，荷兰的 Global Collect，英国的 Worldpay，以及中国的快钱、易宝支付、汇付天下、拉卡拉等。其中，PayPal 是世界上最大的基于互联网的第三方支付公司。它是美国电子商务巨头 eBay 于 1998 年 12 月成立的子公司，总部在美国加利福尼亚州圣荷西市，拥有全球超过一亿个注册账户。PayPal 的定位是“跨国交易中最有效的支付工具”。第二类是以支付宝、财付通等为代表的依托于自有电商网站，提供担保功能的第三方支付模式。在此类模式中，买方在电商网站选购商品后，使用第三方平台提供的账户进行货款支付，待买方检验物品并进行确认后，就可以通知平台付款给卖家，这时第三方支付平台再将款项转至卖方账户。

第三方支付公司的营利模式主要有交易手续费、服务费收入和沉淀资金利息等收入来源。近几年随着移动互联网及智能手机的技术革新，以及移动社交平台爆炸式的增长，基于移动社交平台的移动支付系统存在巨大的发展空间，移动支付应运而生。作为互联网支付在媒介上的补充，当前完善的网络基础设施为移动支付提供了良好的发展温床，而移动支付本身又能够明显改善用户体验,减少刷卡费等成本。

2. P2P 网络借贷

P2P 网络借贷这一商业模式最早出现在英国。2005 年 3 月,世界上首家 P2P 网络借贷平台 Zopa 在伦敦正式上线运营。P2P 网络借贷,即通过网络平台实现点对点的借贷服务,为借贷双方提供借款信息以及借款人信用评估、催还借款、逾期贷款追偿等服务,贷款的利率确定是由放贷人竞标确定或由平台根据借款人的信誉情况提供参考利率。P2P 平台的盈利模式主要是向借款人收取服务费。目前在美国市场上占据前两位的 P2P 网络借贷平台 Prosper 和 Lending Club 分别于 2006 年和 2007 年上线。由于这种模式比银行贷款更加方便灵活,很快在全球范围内得到复制,比如德国的 Auxmoney、日本的 Aqush、巴西的 Fairplace 等。截至 2014 年年底,中国 P2P 信贷公司也已超过 1 575 家,全年累计成交量 2 528 亿元人民币,是 2013 年的 2. 39 倍;总体贷款余额 1 036 亿元人民币,是 2013 年的 3. 87 倍。

典型实例

美国 Lending Club 运作模式

Lending Club 成立于 2006 年,是美国 P2P 网络借贷行业的先锋。Lending Club 为借款人提供网贷平台并让其获得贷款,投资者购买由贷款偿付支持的债券。Lending Club 在美国证监会注册登记,提供二级市场贷款交易。

作为借款者和投资者的中介,Lending Club 首先对借款人进行信用等级评定,再根据信用和借款期限确定贷款利率,最后将审核后的贷款需求放到网站上供投资者浏览和选择,内容包括贷款总额、利率和客户评级。投资者在网站注册后,根据自己的偏好选择投资对象,并自行决定分配给每个借款方的金额,每笔金额不低于 25 美元。而投资者跟借款人之间没有直接的资金往来,而是购买平台发行的与借款者的贷款相对应的受益权凭证,因此双方没有直接的债权债务关系,相当于一个贷款资产证券化的过程。还款时,借款人直接还给 Lending Club 平台,Lending Club 在扣除了管理费和其他费用之后支付给投资者。投资者的受益权凭证可以在一家投资经纪公司 Folio Investing 进行转让和交易,若转让成功,Folio Investing 向卖方收取面值的 1% 作为手续费。

对于借款人而言,付给 Lending Club 的融资费用由借款人所借款项的等级决定,这笔费用已经包含在借款人的年度融资成本当中,在贷款前一次性支付。对投资者而言,Lending Club 主要收取借款人所还金额的 1% 作为投资者服务费;若借款人未能及时还款,Lending Club 对需要催缴的部分征收 30%—35% 的费用。Lending Club 给贷款人的利率综合考虑了信贷风险及市场情况,其贷款利率计算公式由基准利率和对风险及波动率的调整两部分组成,后者考量的范围包括借款人的信用分数(FICO 信用分)、信用记录、社会安全号等。

此外,Lending Club 还充分运用社交平台 Facebook 上朋友间的信任关系,把 Facebook 对成员的认证作为附加增信,从而提高信用度和安全度。

详情链接:《投中:2014 年互联网金融模式现状专题研究》,新浪财经,2014 年 5 月 23 日(http://finance. sina. com. cn/money/fund/20140523/173019209520. shtml)。

3. 众筹模式

众筹模式是项目发起人通过互联网平台向大众筹集资金的模式，发起人主要通过在众筹平台上展示项目的创意及未来发展前景吸引大众的关注，每个对项目看好的人都可以投入小额资金，例如几十元或者几百元作为对项目的支持，通过大量的小额资金累积，发起人可以获得初始的项目资金。2009 年美国众筹网站 Kickstarter 的上线被许多人认为是互联网众筹融资兴起的标志。事实上，世界上最早建立的众筹网站是同样来自美国的 ArtistShare，该网站于 2001 年开始运营，被称为"众筹金融的先锋"，这家最早的众筹平台主要面向音乐界的艺术家及其粉丝。近几年，众筹模式在欧美国家迎来了黄金上升期，发展速度不断加快，在欧美以外的国家和地区也迅速传播开来。具有代表性的股权众筹平台有英国的 Crowdcube（全球首个股权众筹平台）、美国的 Fundable，非股权众筹平台有美国的 Indie Go Go 等。

4. 互联网金融门户

互联网金融门户是指利用互联网进行金融产品的销售以及为金融产品销售提供第三方服务的平台。它的核心就是"搜索 + 比价"的模式，采用金融产品垂直比价的方式，将各家金融机构的产品放在平台上，用户通过对比挑选合适的金融产品。按照业务类型可以将互联网金融门户划分为互联网银行、互联网证券和互联网保险三种模式。

互联网银行通常指纯线上的直营银行，这些银行一般不通过传统的营业网点和柜台服务，而是通过电话、信件和 ATM，以及后来的互联网和移动终端来提供银行的服务。互联网银行最早出现于 20 世纪 80 年代的欧美国家。由于在互联网技术的发展和应用方面具有优势，美国的互联网银行渐渐脱颖而出，数量也最为集中，基本代表了互联网银行的发展状况和趋势。人们普遍将 1995 年 10 月美国 SFNB 的成立作为互联网银行诞生的标志。

美国也是开展互联网证券交易最早的国家，它是伴随着互联网的普及和信息时代的到来而迅速崛起的。互联网证券交易主要包括网上开户、网上交易、网上资金收付、网上销户等四个环节。

互联网保险业务主要包括代理模式和网上直销模式。代理模式主要通过和保险公司形成紧密合作关系，实现网络保险交易并获得规模经济效益，优点在于其庞大的网络辐射能力可以获得大批潜在客户。网上直销模式则更有助于直接提升企业的形象，能够帮助保险公司开拓新的营销渠道和客户服务方式。由于在网络技术方面的领先地位和优越的市场经济环境，美国依然是发展互联网保险最早的国家，20 世纪 90 年代中期，美国就出现了互联网保险公司。在美国，多数保险公司都已发展网上经营，比较有影响力的主要有 Ins Web，Quicken，Quickquote，Select Quote 等网站。

二、互联网金融给商业银行带来的挑战

近年来互联网金融凭借其快捷、便利、准入门槛低、掌握信息丰富等优势，正在逐步挤占商业银行的传统金融中介功能，挤压商业银行的生存空间，不动声色地把银行业排挤到仅仅提供后台支持服务的互联网产业链末端，对传统商业银行的竞争行为产生巨大的影响。

1. 抢夺商业银行的客户资源

依据长尾理论,结合信贷资源稀缺性等原因,商业银行总是将业务重心放在需求曲线的头部,也就是资金力量雄厚的大客户身上。因此,在这种模式下,大量的中小企业、小微企业或低端个人客户无法获得需要的金融支持和产品服务。但现实情况中这部分客户数量巨大,互联网金融就凭借其独特的自身优势抢占了这部分客户资源。

2. 弱化商业银行的支付功能

近年来互联网巨头关注到互联网在金融领域的商机,依托技术平台衍生的网络生态链、海量交易数据、灵活商业模式,开发了新型支付工具,即第三方支付、手机支付等,这样的在线支付模式进一步加速了金融脱媒,颠覆了长期以来形成的商业银行作为主要支付中介的地位。随着互联网第三方支付平台交易量的增加、虚拟货币发行量的不断扩大,第三方支付已经成为一个庞大的产业。根据中国支付清算协会发布的数据,2013 年中国第三方支付市场整体交易规模达 17.2 万亿元,同比增长 38.7%。第三方支付的交易金额将迎来爆炸性增长,其对商业银行的业务冲击将进一步加剧。

3. 挑战商业银行的融资功能

大数据、云计算等互联网应用技术使得在无金融媒介参与的情况下,小微企业和个人投资者可以直接通过网络平台完成借贷。例如,大多数中小企业面临"融资难、融资贵"的难题,以中低端理财市场为业务目标的 P2P 网络借贷模式的出现,就可以很好地解决这类企业资金周转和资金匮乏的问题。与商业银行不同,P2P 网贷公司不受资本充足率和杠杆率的要求,低门槛、低成本、风险分散、高收益等特点,不仅吸引了大批投资者,更导致商业银行信贷客户的流失和利差收入的减少。互联网技术的发展已经动摇了商业银行的生存基础,长期享受低成本吸收资金的制度优势已经一去不复返。

三、商业银行未来发展的方向

面对互联网金融带来的一个又一个挑战,传统商业银行必须制定出一系列改革措施巩固自身地位,以在新的竞争格局中拔得头筹。

1. 通过互联网服务渠道与物理网点的转型拓展小微客户

互联网平台服务覆盖的地理范围和潜在客户群体远远超过当前物理网点的承载量,在互联网金融不断深化的趋势下,各个银行应将建设互联网客户综合服务平台提升至战略位置,使其作为未来重要的非物理渠道。目前很多大型银行在网络银行、手机银行的基础上也都开展了电商平台业务,同时已经存在大量较为成熟的购物平台,银行只有进一步以互联网公司的市场化方式来单独经营和大力运作这类平台,才能提升银行自有互联网平台的品牌和影响,拓展之前未纳入自家银行服务范围的客户,才能真正靠这些互联网平台来积累扩大客户群。同时,随着互联网的普及,银行客户会逐渐脱离银行物理网点,未来银行大量的物理网点也将随着互联网金融的深入发展面临转型和调整。银行当前高成本的大型物理网点的模式也应该随之发生变化,向轻型化、社区化、智能化发展,更加贴近和真正嵌入银行客户的生活体系中,提供除传统的金融服务外更加生活化、便民化的服务,把网点服务融入客户生活当中,只有这样才能通过物理网点保留住客户。

2. 强化对高净值客户及大客户服务方面的优势

互联网金融服务更多地在于为小微群体提供低成本、标准化的金融服务及产品。针对高净值客户及对公客户，银行依然保持着自身的经营优势，此类客户群体受互联网金融的影响及冲击相对较小，是银行最稳定的客户群体。同时此类客户群体也最需要针对自身特点的、定制化和高度专业化的金融服务及产品。通过定制化的单一客户综合服务方案与专业化的金融产品服务，再依托互联网金融的技术支撑来降低运营成本，银行依然能够保持现有的针对这类客户群体的竞争力，保证较好的利润来源。

3. 根据客户需求加强自主产品创新

随着互联网金融门户模式的发展，未来所有标准化金融产品都有可能通过互联网金融平台渠道销售，而银行原有的代销产品经营模式都将随着互联网直销平台的发展而逐渐改变。银行将自有客户资源作为代理销售渠道的能力将逐步弱化，所有非银行自主设计管理的代销产品都将转为直销产品脱离银行销售体系，银行的代销收入也将被大大压缩。因此部分特色银行未来可能转型为类基金公司形式的产品设计和管理方，针对客户快速变化的需求，有针对性地进行创新，大力加强银行自身的产品设计能力，这些也是商业银行未来应对互联网金融发展的重要手段。

4. 加强对大数据的分析与应用

作为最重要的也是最基础的金融服务机构，银行在为客户提供金融服务的过程中，也在不断大量积累客户金融行为的各种数据，这些数据所包含的信息是未来银行重要的收入和利润来源。银行应提早构建客户相关行为的数据库，并且通过专业的数据分析来挖掘客户的交易和消费信息，掌握客户的消费习惯，并准确预测客户行为。银行只有通过对不同类别客户的交易情况分析，真正掌握客户的需求，为产品的创新营销和风险控制提供更加系统化的业务支持，才能真正保持核心竞争力。

典型实例

阿里小贷业务模式

阿里小贷2010年6月由阿里巴巴和复星、万向、银泰等共同出资成立，是国内第一家服务于电子商务领域小微企业融资需求的小额贷款公司。阿里小贷以阿里巴巴、淘宝、天猫平台内积累的海量交易数据为依据放贷，无须抵押物，无须担保，贷款金额通常在100万元以内。所有贷款流程都在网上完成，通过支付宝发放，基本不涉及线下审核，最短放贷时间仅需3分钟。信誉度较高的客户还可以通过申请和人工审核获得超额贷款，金额在1 000万元以内。2013年，阿里小贷累计客户数超过49万家，贷款余额超过120亿元，不良贷款率在1%以内。在资金来源方面，阿里小贷自有资本20亿元左右，2013年完成资产转让约80亿元。阿里小贷作为小额贷款公司，不能吸收公众存款，在资金来源上受限，所以必须通过资产证券化方式盘活存量资金，提高资金周转速度。这里主要分贷款申请、贷款审批与发放、贷后管理三个部分来介绍阿里小贷的业务模式。

1. 贷款申请

准备申请贷款的客户，首先登录阿里小贷首页，在线提交贷款申请表。申请表信息主要包括申请额度、公司名称、法定代表人姓名、法定代表人手机号、法定代表人邮箱、法定代表人婚姻状况,其中前五项为必填项。

阿里小贷接收到贷款申请后,调查团队调阅客户在阿里巴巴 B2B、淘宝 C2C、天猫 B2C 等平台上的交易记录、信用记录、同业比较、库存变动、财务信息、非财务评价、征信报告、银行对账单等信息,并进行外包走访。外包走访工作包括:首先,阿里小贷授权并委托第三方专业机构派外访专员直接上门拜访申请贷款的企业,当面了解企业的经营情况,并对贷款所需资料进行拍照收集;然后,阿里小贷的客户经理与客户电话沟通确认,外访专员现场征信并拍照收集主要的申请资料。

值得一提的是,阿里小贷通过水文交易预测模型,对客户进行主动营销。其主要原理是,利用水文变量预测淘宝的未来交易金额(能有效剔除季节性波动的影响),判断客户资金规模和偿还贷款的能力,对处于用款高峰的客户开展最大力度营销,对即将达到用款高峰的客户开展提前式低强度营销。所有营销动作和反馈结果都记录在案,并在后期通过响应模型予以优化。

2. 贷款审批与发放

阿里小贷使用违约风险模型对网商进行信用评分。该模型分三个步骤:第一步,归集现有客户的个人信息、征信信息、历史表现、交易信息和经营状况等信息。第二步,根据归集的信息,筛选出对信用状况有显著影响的变量,建立 PD 模型。第三步,根据 PD 评分对潜在客户进行分类,区分出信用好和信用不好的客户。通过该模型,网商在阿里巴巴生态系统中的信用记录、交易、投诉纠纷情况等百余项信息得到了充分运用,最终作为贷款评审依据,解决了传统银行对中小企业(和个人)贷款存在的信息不对称、流程复杂等问题。

阿里小贷根据网商信用评分和商城融资担保情况,决定给网商的贷款额度、利率和期限等。如果贷款获批,客户需要与阿里小贷签署合同,绑定法人个人银行卡和支付宝账户。阿里小贷进行个人实名认证和支付宝认证,确认支付宝贷款到账金额。

在阿里小贷中,交易平台和融资平台实现了相互结合,两者之间信息高度互通,放贷者不必花费巨大成本作为交易局外人去获取信息,而是作为交易亲历者在第一线和第一时间发现融资机会、提供融资,使金融资源配置效率和生产效率得到了很大的提升。这体现了第十一章将讨论的互联网交换经济与互联网金融之间的关系。

3. 贷后管理

阿里小贷根据网商的交易信息和财务报表信息,利用监控评分模型、贷后催收评分模型,监控贷款用途和运作效率,及时收回贷款。在还款上,阿里小贷采用分期等额本息偿还法。客户定期将还款资金通过银行卡转入支付宝账户,或者在支付宝账户留出足够金额,由支付宝系统自动扣款。如果客户提前还款,阿里小贷一般会收取本金3%作为手续费。如果出现逾期,逾期期间按正常利率的 1.5 倍计息。

详情链接:《你知道“阿里小贷”吗?》,经济参考网,2014-5-20,(http://jjckb.xinhuanet.com/dspd/2014-05/20/content_505232.htm)。

关键术语

金融脱媒　互联网金融　第三方支付　P2P 网络借贷　众筹

复习思考题

1. 我国商业银行面临哪些挑战？
2. 试述我国商业银行经营的发展趋势。
3. 试述我国商业银行监管的发展趋势。
4. 简述互联网金融的含义和典型模式。
5. 互联网金融给我国商业银行带来哪些挑战？

参 考 文 献

[1] 杨宜主编,《商业银行业务管理》,北京大学出版社,2009 年第 1 版。

[2] 庄毓敏主编,《商业银行业务与经营》,中国人民大学出版社,2014 年第 4 版。

[3] 彼得 . S. 罗斯、西尔维娅 . C. 赫金斯编著,《商业银行管理》,机械工业出版社,2011 年第 8 版。

[4] 戴国强主编,《商业银行经营学》,高等教育出版社,2011 年第 4 版。

[5] 史建平主编,《商业银行管理》,北京大学出版社,2011 年第 1 版。

[6] 唐士奇主编,《现代商业银行经营管理原理与实务》,中国人民大学出版社,2015 年第 1 版。

[7] 彭建刚主编,《商业银行管理学》,中国金融出版社,2014 年第 4 版。

[8] 刘忠燕主编,《商业银行经营管理学》,中国金融出版社,2014 年第 2 版。

[9] 温红梅等主编,《商业银行经营管理》,东北财经大学出版社,2013 年第 2 版。

[10] 张晓明主编,《商业银行经营管理》,北京交通大学出版社,2012 年第 1 版。

[11] 甘当善主编,《商业银行经营管理》,上海财经大学出版社,2009 年第 2 版。

[12] 吴念鲁主编,《商业银行经营管理》,,高等教育出版社,2009 年第 2 版。

[13] 王志武主编,《商业银行经营管理学》,中国金融出版社,2009 年第 1 版。

教师反馈及教辅申请表

北京大学出版社本着"教材优先、学术为本"的出版宗旨，竭诚为广大高等院校师生服务。为更有针对性地提供服务，请您认真填写以下表格并经系主任签字盖章后寄回，我们将按照您填写的联系方式免费向您提供相应教辅资料，以及在本书内容更新后及时与您联系邮寄样书等事宜。

<table>
<tr><td>书名</td><td></td><td>书号</td><td colspan="2">978-7-301-</td><td>作者</td><td></td></tr>
<tr><td colspan="2">您的姓名</td><td colspan="3"></td><td>职称职务</td><td></td></tr>
<tr><td colspan="2">校/院/系</td><td colspan="5"></td></tr>
<tr><td colspan="2">您所讲授的课程名称</td><td colspan="5"></td></tr>
<tr><td colspan="2">每学期学生人数</td><td colspan="3">______人_____年级</td><td>学时</td><td></td></tr>
<tr><td colspan="2">您准备何时用此书授课</td><td colspan="5"></td></tr>
<tr><td colspan="2">您的联系地址</td><td colspan="5"></td></tr>
<tr><td colspan="2">邮政编码</td><td colspan="2"></td><td>联系电话（必填）</td><td colspan="2"></td></tr>
<tr><td colspan="2">E-mail（必填）</td><td colspan="2"></td><td>QQ</td><td colspan="2"></td></tr>
<tr><td colspan="5">您对本书的建议：</td><td colspan="2">系主任签字

盖章</td></tr>
</table>

我们的联系方式：

北京大学出版社经济与管理图书事业部

北京市海淀区成府路 205 号，100871

联系人：徐冰

电话： 010-62767312 / 62757146

传真： 010-62556201

电子邮件：em_pup@126.com　　em@pup.cn

Q Q：5520 63295

新浪微博：@北京大学出版社经管图书

网址： http://www.pup.cn